广视角 · 全方位 · 多品种

权威 · 前沿 · 原创

皮书系列为
"十二五"国家重点图书出版规划项目

广告主蓝皮书

BLUE BOOK OF
ADVERTISERS

中国广告主营销传播趋势报告
No.7

REPORT ON THE PROMOTION TREND OF CHIAN'S
ADVERTISERS No.7

黄升民　杜国清　邵华冬 等／著

社会科学文献出版社
SOCIAL SCIENCES ACADEMIC PRESS (CHINA)

图书在版编目（CIP）数据

中国广告主营销传播趋势报告. 7/黄升民等著. —北京：
社会科学文献出版社，2013.5
（广告主蓝皮书）
ISBN 978 - 7 - 5097 - 4430 - 7

Ⅰ.①中⋯　Ⅱ.①黄⋯　Ⅲ.①商业广告 - 市场营销学 -
研究报告 - 中国　Ⅳ.①F713.8

中国版本图书馆 CIP 数据核字（2013）第 056161 号

广告主蓝皮书
中国广告主营销传播趋势报告 No. 7

著　　者 / 黄升民　杜国清　邵华冬 等

出 版 人 / 谢寿光
出 版 者 / 社会科学文献出版社
地　　址 / 北京市西城区北三环中路甲 29 号院 3 号楼华龙大厦
邮政编码 / 100029

责任部门 / 社会政法分社（010）59367156　　　　　　责任编辑 / 孙燕生
电子信箱 / shekebu@ ssap. cn　　　　　　　　　　　责任校对 / 师敏革
项目统筹 / 王 绯　　　　　　　　　　　　　　　　　责任印制 / 岳 阳
经　　销 / 社会科学文献出版社市场营销中心（010）59367081　59367089
读者服务 / 读者服务中心（010）59367028

印　　装 / 三河市东方印刷有限公司
开　　本 / 787mm×1092mm　1/16　　　　　　　　　印　　张 / 27.75
版　　次 / 2013 年 5 月第 1 版　　　　　　　　　　 字　　数 / 452 千字
印　　次 / 2013 年 5 月第 1 次印刷
书　　号 / ISBN 978 - 7 - 5097 - 4430 - 7
定　　价 / 148.00 元

中国传媒大学广告主研究所
"中国广告主营销传播创新研究"课题组

组　　长　　杜国清

执行组长　　邵华冬　　李永山　　杨　懿　　陈　怡

成　　员　　刘蓝博　　陈琳珊　　安　琪　　王　叶　　周　茜
　　　　　　罗雄伟　　董慧颖　　任於斯　　孟丽莎　　黄　靖
　　　　　　徐　煊　　王向曼　　王　水　　李　坤　　吴亚博
　　　　　　班燕君　　宋欢乐　　王　涵　　童笑晓　　阮萍晶
　　　　　　刘　丽　　金　丹　　姚丽玲　　张　杨　　钱莉莉
　　　　　　阳　晓　　周韵荷　　李景怡　　李佩玄　　陈小小
　　　　　　洪洲颖　　金　迪　　潘小凤　　傅采杏

说　明

　　本书的案例来源除特别注明外，均出自中国传媒大学广告主研究所案例研究中心。

　　本书中的部分数据，由于四舍五入的原因与实际值存在一定误差，误差在 ±1% 之间。

　　本书为国家广告研究院"中国广告主研究"年度研究成果。

出品机构与主要作者简介

黄升民 著名学者，中国广告学专业第一学府——中国传媒大学广告学院院长，博士生导师，《媒介》杂志与《新趋势》杂志总编辑。1998年经人事部批准为有突出贡献的中青年专家。国务院学位委员会新闻传播学学科评议组成员，中国广告协会学术委员会常务委员，中国广告主协会专家委员会委员。主要研究领域为媒介经营与产业化、消费行为与生活形态、中国当代广告史以及广告学其他领域。代表作有《中国广告活动实证研究》《广告观——一个广告学者的视点》《媒介经营与产业化研究》《国际化背景下的中国媒介产业化透视》《数字电视产业经营与商业模式》《新广告观——产业立场/市场观点/竞争意识》等。

杜国清 中国大陆第一位广告学博士，中国传媒大学广告学院公共关系副主任、副教授、硕士生导师，广告主研究所所长，《新趋势》杂志主编兼发行人。中国广告主协会专家委员会委员，中国金融品牌营销专家委员会常务副主任。承担"中国营销传播实践与趋势研究""城市数字媒体广告研究""央企品牌建设与传播现状研究""国家广告战略研究"等科研项目，连续多年承担中国广告协会学术委员会的年度重大课题"中国广告生态调查"。主要著作有《广告即战略》《企业发言人策略与实务》《新媒体激变》等。

邵华冬 中国传媒大学广告主研究所副所长，危机公关管理研究所副所长，广告学博士。主要研究领域为广告主新媒体广告运用、广告主户外媒体投放策略、危机公关、企业社会责任与传播等。主要著作有《企业公关危机管理研究》。曾为北京市石景山区、朝阳区等区政府提供"危机管理与突发事件应对""政府发言人策略"等培训。

广告主研究所　中国领先的专业广告主研究机构。孕育于中国广告教育的领军之地——中国传媒大学广告学院，并以其具有优势的教育与科研资源为依托，主要从事以企业营销传播活动为核心的研究，包括企业营销、品牌战略研究，品牌传播及营销广告活动研究，企业文化与企业形象传播研究，危机公关与发言人策略研究，声誉管理研究等。经过 10 年发展，广告主研究所孵化并延伸出危机公关管理研究所以及高龄沟通与传播研究所。

摘　要

本书是广告主蓝皮书系列的第 7 本，作为系统考察中国广告主广告营销活动的实证调研报告，广告主蓝皮书一直是中国传媒大学广告学院广告主研究所年度最新研究成果的结集。自从 2005 年广告主研究所发布第一本广告主蓝皮书以来，一直受到业界和学界的持续关注。

广告主蓝皮书每年由国内知名广告学专家黄升民教授以及杜国清博士、邵华冬博士牵头，由广告主研究所专项课题组负责调研与撰写。全书围绕广告主营销传播活动，分别从总报告、重点研究篇、传播策略篇、公关传播篇、行业趋势篇、广告生态篇、个案研究篇共七部分内容来透视和把握广告主的营销传播趋势。本书由中国广告主营销传播研究报告以及央企品牌建设与传播研究报告、数字媒体运作研究报告、金融业品牌建设与传播研究报告四个重点研究报告统领。相比于以往，本册广告主蓝皮书结构更加合理，内容更加丰富，是广告主研究领域前沿性和趋势性成果的集成。

本书为营销传播、广告传播、公关传播等领域专业人士全面了解中国广告主营销传播发展动态提供了翔实的、具有前瞻性的观点、案例与数据。

Abstract

This is the seventh edition of *Blue Book of Advertisers*, which systematically and empirically investigates the marketing and advertising campaigns of China's advertisers. *Blue Book of Advertisers* is an annual collection of the latest research results by Advertisers Research Institute of Advertising School, Communication University of China. Since first released in 2005, *Blue Book of Advertisers* has been attracting attention from industries and scholars.

The writing of *Blue Book of Advertisers* is led by advertising experts Professor Huang Shengmin, Dr. Du Guoqing as well as Dr. Shao Huadong, and undertaken by the staff of Advertisers Research Institute. Taking advertisers' marketing and advertising campaign as the theme, this book divides the analysis of the tendency of advertisers' marketing communication into seven parts: *General Report*, *Research on Priority Issues*, *Research on Communication Strategy*, *Research on PR Communication*, *Research on Industrial Tendency*, *Research on Ecology of Advertising*, *Case Studies*. The four most prominent reports in this book are *Report on Marketing Communication of China's Advertisers*, *Report on Central Enterprises' Brand Construction and Communication*, *Report on Advertisers' Usage of Digital Media*, *Report on Banking Business' Brand Construction and Communication*. Compared with past editions, this edition of *Blue Book of Advertisers* is more reasonably structured with more comprehensive content, thus representing the latest achievement of the leading edge study on advertiser.

This book provides professionals of marketing communication, advertising communication and PR communication with forward-looking perspectives, valuable cases and detailed data, and will facilitate their comprehensive understanding of the development of advertisers' marketing communication in China.

序
2013：万物生

杜国清

2013 年，是"广告主研究"的第 11 个年头，是"广告主蓝皮书"的第 8 个年头。关于中国广告主 2012 年的态势分析以及 2013 年的趋势预测，广告主研究所在《中国广告主营销传播趋势报告（2013）》（广告主蓝皮书 No.7）中作了详尽的阐释。这 25 个专题报告，分别呈现在以下 7 个卷宗中：总报告、重点研究篇、传播策略篇、公关传播篇、行业趋势篇、广告生态篇、个案研究篇。通过 25 个专题报告和 5 组关键词，判读过往、洞察未来，让我们透过复杂多变的现象，摸索到事物的本质。

1. 收紧、盘整、整合

依据我们对广告主的调研，2012 年，营销推广费用占企业销售额的比例达到自 2004 年以来的最低点，甚至低于 2009 年金融危机时期。总体收紧的态势并没有影响广告主遵循竞争法则和品牌生命周期去争夺市场。广告主的媒体策略实践依然是盘整之路。碎片化的受众和媒体虽然发展迅速，但是无盘整、不聚合，而只有经过整合，实现效益才有可能。

2. 中央企业营销传播的崛起与行业分化

具备双重属性的国家中央企业（以下简称央企）在品牌建设与形象传播方面将进入一个新时期。和国有企业（以下简称国企）的诸多改革一样，虽然这是一条并不平坦的路，但是势必会有更多的国企和央企在诸多力量的推动下开始参与到营销传播的产业中来。与此相应，行业伴随其不同的生命周期以及激烈竞争，不断演进和分化，如智能终端、电商、通信等新兴行业在 2012 年的营销传播大战此起彼伏，传统行业则稳健地寻求突破。

3. 政策体系与思维变革

2012 年是国家广告战略提出的第一年。国家工商总局提出发展与监管并重的思路，积极推动国家广告战略的研究以及实施。广告发展 30 年，国家的广告观发生了变化，这是值得期待的历史进程。对于广告产业的经营者而言，思维变革更为紧迫。

4. 数字与共创

数字营销和共创价值是天生一对。数字媒体带给消费者的变化就是广告主转向数字营销的起点，同时也标志着广告主定位了数字营销的方向。其根本区别在于，即便是小众和分众，也具备了共创价值的诸多可能。与消费者的深入互动是聚合的核心线索，也是整合的依据。依托近两年新媒体平台以及终端的强势增长，以技术和创意为支撑，广告主在数字营销领域创新不断，成为实践共创价值不可或缺的平台。

5. 声誉管理与传播战略转型

对大多数中国企业来说，危机已经成为企业经营的常态。正确的危机处理以及预警都和传播密切相关。在声誉管理理念的指导下，传播战略势必转型。声誉管理落地中国会带着其特有的适应性。声誉管理理念会让企业重新认识和周边环境的关系，重新认识成长中的消费者力量。从危机管理、企业文化、企业沟通、企业形象传播到品牌构建，各个层面都将在新的传播战略思路下重新规划。

和以往每年相同的是，2012 已渐渐远去，再浓烈的过往都会成为旧事。

和以往每年不同的是，2012 着实是人们前所未有地关注结局与命运、生存与未来——从个人到国家、从国家到世界，莫不如此。

如我们所能感受到的，"反思力"始终是一种正能量，它鞭策着我们稳定坚实地走向新年度，并发愿在新的一年里，要开拓出更加精彩的生活——积极的、协作的，惠及更多人的、环保的、长久的、可持续发展的……

如我们所能传承到的，上至星宿，下至万物，既有相克之法，又有相生之道，相克相生使我们的世界矛盾又统一，每一年无不如是。

2013：相克相生，万物生。

目 录

B I 总报告

B II 分报告

皮书数据库阅读 **使用指南**

CONTENTS

Ⅰ General Report

Ⅱ Special Reports

Research on Priority Issues

Research on Communication Strategy

广告主蓝皮书

总 报 告

General Report

B.1

报告一

2012～2013 年中国广告主
营销传播研究报告*

中国传媒大学广告主研究所

摘　要：

　　言及 2012 年中国的广告市场，有惊喜、有唏嘘。2012 年全球经济大
环境再度陷入不景气，中国亦未能幸免。同样是下行的经济形势，与
2009 年不同的是，当前营销领域的实践运作有了更多的支撑和新鲜的元
素。如微博此类的社交平台、微信等移动应用、智能机等移动终端……这
些新鲜的元素在短短两年多的时间内实现了爆发式的增长。

　　“危”与“机”一向并存，2012 年亦是如此。尽管广告市场出现紧

* 报告中除特别说明，其余数据均来自“中国广告市场生态调查”项目。该研究项目成果隶属中
国广告协会学术委员会 2012 年广告生态调查课题，课题组长：陈永、丁俊杰、黄升民；执行总
负责：杜国清；执行组长：邵华冬、陈怡、李永山、杨懿。该报告之外的相关成果陆续刊登在
《现代广告》杂志上。

缩的迹象，但众多广告主积极考虑如何实现更好的成长，即利用新兴的、未知的新鲜元素引领发展动向，抓住跃升机遇，成为企业战略布局中的一部分。无论是大胆探索还是持续观望，广告主都在进行主动的探索和尝试。

关键词：

  广告市场　媒体策略　数字媒体　公关传播　传播趋势

一 2012 年全球经济遇冷，中国广告市场收势明显

（一）欧美主权债务危机深化，中国企业信心不足

欧美主权债务危机仍在不断发酵深化。欧盟是中国第一大贸易伙伴，据海关总署发布的数据显示，2012 年上半年，我国外贸进出口总值为 18398.4 亿美元，同比增长 8%，增速比 2011 年同期回落近 18 个百分点。外贸进出口的艰难行进对中国经济出现整体下滑趋势起到了推波助澜的作用。而中国作为美债最大持有国，美债危机给中国经济造成明显的不利影响。欧美债务危机在短期内恐难解决，对全球的经济复苏带来了极大的不确定性，对中国经济也将不可避免地产生负面影响。

根据中国人民银行发布的《2012 年第二季度企业家问卷调查报告》显示，2012 年第二季度，企业家宏观经济热度指数为 37.3%，连续四个季度位于 50% 的临界值以下；同时，企业家经济信心指数为 67.5%，较上季度和 2011 年同期分别下降 2.7 个和 8.3 个百分点。在经济下行的大趋势下，中国企业信心下降，整个大环境的"冷"势倒逼中国企业的市场动作更加趋于保守与谨慎。

（二）国内消费紧缩，消费者购买行为更趋理性化

2012 年 1 ~ 10 月，社会消费品零售总额为 18934 亿元，同比名义增长 14.1%，增速较 2011 年同期下降 2.9%。经济的衰退致使人们心理上产生强烈的不安全感。在此情况下，不管生活是否受金融危机的影响，许多人都开始削减开

支。人们的消费行为更加理性和谨慎,从衣食住行到休闲娱乐,各类消费都有明显缩减,特别是金银珠宝、家电、汽车等软性消费产品受影响巨大。①

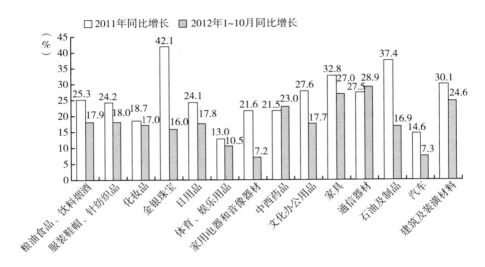

图 1-1 2011 年和 2012 年 1～10 月社会消费品零售总额对比

(三)政治环境风云变幻,广告主经受考验、静心观望

2008 年金融危机爆发后,国务院新增"4 万亿"政府投资。与出口拉动和启动消费比起来,"4 万亿"政府投资拉动,无疑是对经济改善见效最快的手段,继而带动了投资关联行业和产业的发展。而深受金融危机重创的世界经济则困境重重。经过 30 多年改革开放创下奇迹的中国正在进入转变发展方式、深化改革、全面建成小康社会的新的历史阶段。中共十八大的召开,新老领导班子的交替,迎来了关系中国未来前途命运的"关键时刻"。在新的一轮经济政策出台之前,中国广告主保持观望的态度。

钓鱼岛争端升级,中日关系持续紧张。日本企业遭到前所未有的考验。2012年 9 月 17 日,包括佳能、松下和狮王等在内的日本企业相继传来工厂生产暂停的消息,日本品牌产品在华销售出现下滑态势。一家大型电商企业的内部数据显

---

① 数据来源:国家统计局。

示，北京、上海、广州三地日系彩电 2012 年 8 月各品牌销售额与上月相比均出现了大幅下跌，其中东芝下降 40.31%、三洋下降 44.32%、松下下降 23.41%、夏普下降 21.06%。① 中国汽车工业协会公布的 2012 年 9 月的汽车销售数据显示，与 2011 年同期相比日系汽车销量下降了 40.8%。全国乘用车市场信息联席会议分析称，日系车可能丧失自 2005 年来在华取得的持续领先地位；而以资生堂为首的日本化妆品公司正在计划转移阵地积极开拓东南亚地区的化妆品市场。

（四）中国广告主营销推广费用紧缩，广告市场增幅跌至历年最低点

在经济不景气的情况下，中国广告主也开始削减营销推广费用。2012 年中国广告市场生态调研发现，2012 年被访广告主营销推广费用占企业销售额的比例达到自 2004 年以来的最低点，只占 8.5%，甚至远远低于 2009 年金融危机时期企业营销推广费用占销售额的比例（见图 1－2）。另据昌荣传播 2012 年 8 月发布的《2012 上半年中国广告市场分析报告》，2012 年上半年中国整体广告市场同比增长仅为 4.2%②，为近年来最低增幅，意味着中国广告进入发展的慢车道。

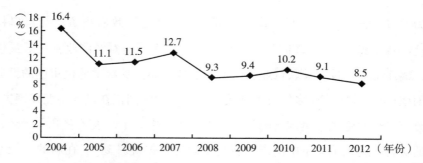

图 1－2 连续 9 年被访广告主营销推广费用约占企业销售额的比例情况

（2004 年 n＝91，2005 年 n＝132，2006 年 n＝105，2007 年 n＝103，2008 年 n＝103，2009 年 n＝129，2010 年 n＝99，2011 年 n＝95，2012 年 n＝115）

---

① 左盛丹：《日系家电销量全线大跌　钓鱼岛问题成衰退催化剂》，中国新闻网，http：//finance. chinanews. com/it/2012/09－12/4176338. shtml，2012 年 9 月 20 日。
② 数据来源：昌荣传播 2012 年 8 月发布的《2012 上半年中国广告市场分析报告》。

我们认为这一变化是继 2008 年金融危机之后，中国广告主营销推广费用新一轮审慎收缩的一个印证。此外，除了广告主的收缩之势，无法避及的还有各路媒体广告收入的增幅减缓：即便是强势的电视媒体（如湖南卫视）也开始面临连续 9 年高增长后的首次下滑；而增长强劲的互联网更是告别了高速增长的势头，仅保持了相对平稳的 25.7%[①]的增长，在这个增幅低于 1/3 都被视为"疲软"的行业，也着实可以窥见广告市场增长的乏力。

二　2012 年广告主行业营销传播策略盘点

在潜在消费需求相对旺盛，总体消费能力还没有被彻底挖掘的中国市场，处于不同生命周期的不同行业呈现差异化的发展态势。繁荣者如智能终端、电商、通信等迎合了消费者的新需求而呈跳跃式发展的行业，可谓如火如荼，激战正酣；稳健者如日化、食品饮料、汽车、家电、服饰等传统行业正在绞尽脑汁，考虑如何能够突破在行业发展已迈入成熟阶段后消费市场遭遇成长的"天花板"的困局。

广告市场的发展亦是顺应行业起伏的大局，一方面新兴行业广告主的投放量实现爆发式增长，高曝光助力其品牌知名度与认知度的迅速提升；另一方面传统行业的广告主为适应行业竞争格局和变化了的需求环境，不断调整营销策略，或全面收缩战线，或持续市场下沉，或向终端大力倾斜，或在全新的细分领域谋求更大的市场份额，但是无论采取何种策略走向，品牌都当之无愧地成为广告主拓展新空间的营销利器。

（一）新兴行业：高增长、高曝光，品牌激战正酣

1. 智能手机：广告投放爆发式增长，广告形式日趋多样

2011 年，全球智能手机出货量以 4.91 亿部[②]首次超过 PC，世界范围内掀起智能手机终端热潮。伴随着智能手机销售量的大幅提升，以及热度不减的消

---

① 数据来源：昌荣传播发布的《2012 上半年中国广告市场分析报告》，2012 年 8 月。
② 数据来源：市场研究公司 IDC 数据。

费需求，智能手机行业的广告增长十分可观。根据移动网络机构 InMobi 发布的数据，2011 年全球智能手机的广告投放数量较 2010 年增长了 488%。智能手机广告投放在媒体选择上形式多样，可谓是媒体全面覆盖。央视、地方卫视等权威、高端媒体资源是智能手机品牌广告的主要选择。步步高和 OPPO 手机赞助 CCTV5 法网和美国职业篮球总决赛并与多家卫视优质栏目（如《快乐大本营》《非诚勿扰》《中国达人秀》）合作，实现品牌突围。户外媒体也是智能手机的广告聚集地，从数字楼宇电视到地铁、公交等移动媒体，随处可见智能手机的身影。

智能手机采用的广告形式也日趋丰富，微电影、定制剧备受青睐。2012 年 10 月，微电影《唯一抉择》中 HTC 的手机功能一一展示，并开创了"手机拍摄微电影"的先河。三星手机微电影《看得见的幸福》，用镜头捕捉平凡生活中被遗忘的幸福，品牌内核与电影内容完美融合。此外，在营销方法上也屡有创新，各显神通。苹果公司采取可控的"饥饿营销"，吊足消费者的胃口，保持消费者购买热度；小米手机则利用微博等社会化媒体，提高营销的精准性、互动性，并大大降低成本。

2. 电商行业：优胜劣汰再洗牌，借力品牌谋出围

2011 年全国电商行业井喷式发展，电子商务网站总数量达到了峰值。然而，盈利前景不明朗，风险投资纷纷撤出的背景下，大批电子商务网站被迫退出市场，2012 年电子商务遭遇寒冬。在广告主研究所对互联网广告公司以及电子商务的访谈中，访谈对象纷纷谈及小型电子商务迫于生存压力在广告投放上大幅缩减，而巨头电子商务，如淘宝、京东、苏宁等在经济实力的支撑下保持品牌高投入，但也适当调整了广告策略。

在竞争白热化的行业环境下，电子商务更加注重品牌投入的影响力与实际销售效果。一方面，电子商务以更多元深入的广告形式强化品牌渗透力。继 2011 年携手《男人帮》后，京东商城再度与《北京青年》合作，再度以植入生活方式的软营销传达出其"过日子到京东"的品牌理念，并基于影视剧内容开展外围的营销，如邀请主角做代言，投放电视硬广告、网络贴片，并开展主题线下活动；2012 年 4 月凡客与韩寒续签"春天体"，利用明星实现品牌的自我表达；苏宁易购搭车《中国好声音》，选用实力派学员代言，宣传"网罗好声音，网购好产品"，树立高性价、好产品的品牌定位。另一方面，向来强调价格优势的电子商务（以下简称电商）习惯开展大规模的价格促销战，但是价格战恶性循环的负面效果已经开始显现，因此，电商纷纷开始通过挖掘自身的差异化价值，力图通过错位竞争实现品牌的崛起。京东商城、1号店、当当、卓越、淘宝、天猫等电商平台通过强化自身的主要产品品类定位，打造不同的电商品牌形象，来争夺更专业化的细分市场的消费者。

（二）传统行业：遭遇成长阈限，品牌助力突围

1. 日用化工产品行业：营销策略转型期，本土品牌或迎转机

日用化工产品始终是广告投放的主力军团，但受原材料涨价等因素影响，也开始进入发展的慢车道，广告增长幅度略显疲软。据尼尔森数据显示，2012年上半年广告投放前五大行业分别为化妆品/浴室用品、商品及服务行业、饮料、食品和药品。化妆品/浴室用品广告投放量相比2011年同期的广告投放量增加了7.8%。其中电视媒体方面，宝洁公司广告投放量排名第一，但较2011年下降18.7%，大规模转向网络媒体；而欧莱雅全线发力，除杂志外各媒体广告投放量均有所增长，电视广告更是增长了53.5%，直追宝洁；联合利华电视媒体的广告投放也增加了19.2%。

跨国品牌受到较大的金融危机余波的冲击。一个明显的例子是占市场份额较大的宝洁。宝洁第一财季利润降低6.9%，净销售额下降4%，至207.4亿美元，其中宝洁在中国牙膏市场的占有率从20.8%下降到19.7%。[①] 与外资日用化工产品（以下简称日化）品牌的业绩缩水相比，本土日化品牌却在奋起直追。在洗衣粉和肥皂的品类中，广州立白和纳爱斯集团两家本土公司的产品份额已达到27.6%，占据着龙头地位，而宝洁的份额为7.6%，联合利华为6.6%。[②]

正是由于利润的下滑，宝洁作出了全球推广战略的重大调整，压缩电视等传统广告而转向新媒体。网络游戏就是其迈出的重要一步。宝洁上线了由洗护发全线品牌联合推出的模拟经营类社交游戏《梦幻沙龙》，并且和新浪微博、

---

① 邓丽娟：《日化市场外资败退本土品牌迎来转机》，《劳动报》2012年11月19日。

② 数据来源：欧睿咨询。

QQ 空间进行了合作。"早在 3 年前，我们就开始关注社交媒体的市场潜力，关注社交媒体发展的趋势——用户基数很大，在国外有的游戏用户达到几千万甚至上亿；在中国用户数也快达到一个亿了。社交游戏一个比较大的特点是女性用户偏多，而且年龄偏低，这和宝洁洗护品类的目标用户相当契合。从这个特点出发，我们就想是否可以将这种新的模式运用于品牌推广。"《梦幻沙龙》项目负责人、宝洁大中华区技术市场及传讯公关高级经理乌维宁如是说。

然而，浙江卫视广告招标会，国产日化品牌百雀羚却以 7000 万元巨资获得《中国好声音》第二季独家特约。① 其实除了百雀羚，上海家化、相宜本草等本土品牌近年在营销上也是加大投放力度。据业内公开的数据，佰草集持续在全国主流时尚、女性媒体、电视剧投放广告，投放总量保持每年 50% 以上的增长。

2. 汽车行业：大宗消费不景气，市场、营销齐下沉

2012 年第一季度交通行业广告市场呈现低迷态势，CTR 媒介智讯广告监测数据显示，全行业广告花费同比缩减 16%，其下滑主要来自交通工具传统媒体广告刊例花费超过 18%。从交通工具投放的主要类别看，占六成市场份额的轿车类广告花费同比减少 23%，降速快于行业整体水平；2011 年全年广告刊例花费增幅超过 40% 的 MPV 汽车 2012 年一季度同比下滑 72%。

在经济下行的趋势下，消费者大宗购买受影响，汽车厂商库存多。汽车企业的广告投放更加重视实效，开始缩减电视、平面广告，转向更多在网络等数字媒体上的投放。根据精硕科技和胜三管理咨询有限公司的最新调研，2012 年，汽车广告主在数字营销上的投放预算增加超过 32%，高于营销市场的平均值 27%。例如，作为美国三大汽车公司之一的克莱斯勒，携手国内领先的移动整合营销平台力美广告平台，推出"Jeep 全能攻略"活动。高效的广告形式加上精准的定向技术，投放仅 10 天，力美广告平台为"Jeep 全能攻略"带来了 109224122 次的展示数，总点击量突破 50 万次，数百名用户注册预约试驾，电话咨询人数也随之激增。②

---

① 闫鹏飞：《〈中国好声音〉招标价格"吓退"部分国际品牌》，《东方早报》2012 年 11 月 19 日。
② 李群：《Jeep 携手力美广告平台发动移动营销引擎》，比特网，http：//telecom. chinabyte. com/ 495/12429995. shtml，2012 年 9 月 18 日。

此外，面对国内越来越频繁出现的限购城市，各大汽车公司不得不针对市场环境变化而改变策略。

访谈：北京现代——

深挖二、三、四线市场，渠道拓展与常规手法并重，三、四线继续向下铺。针对限购城市做一些特殊化的处理，比如促销政策在限购城市和非限购城市效果是不一样的，假如在非限购城市一台汽车便宜 3000 元，那么这个月销量可能上涨 20%，但是在限购城市降价 3000 元，可能提升不了多少，因为一个月摇出来的号就 1 万多个。所以，我们在非限购城市的促销力度会更大，除了增加在二、三、四线市场的媒介推广费用以外，线下的推广活动也会铺展得更广。

3. 食品饮料行业：保持增势，营销推广新招不断

在 2013 年的中央电视台招标中，食品、饮料行业的中标额度增量明显，两个细分行业中标额均超过了 10 亿元，分别位居中标行业的第二、三位。在整体经济下行的环境下，2012 年食品饮料行业虽然增速放缓，但在新年度仍然继续聚焦中央电视台优势资源，保持着书写品牌传奇的愿望。与此同时，食品饮料行业交叉运用央视、省级卫视等电视媒体，协同各级报纸媒体、户外广告共同发力。传统媒体上大量、持续的广告投入，成为食品饮料快消品在激烈的竞争中拼杀的重要手段。

广告主在网络媒体的选择上，还结合网站特色细分消费者人群，进行有效的精准营销。如 2012 年麦当劳针对网上订餐服务的推广与 PPTV 英超直播合作，准确把握球迷深夜看球的心理和习惯，在赛事直播中创意植入浮动硬广告，不仅提升了麦当劳"24 小时网上订餐"的知名度，成功传递关键利益点，而且有效拉升了网上订餐量。

访谈：中粮食品——

由于我们涉及的行业是基础性行业，虽然 2012 年经济形势不乐观，但是影响不是很大。在营销推广活动中希望更加具有实效性，因此，我们很看重在

终端的直接推广，通过线下终端请客户试吃、抽奖、捆绑赠品等方式，促进销售效果，增加面向消费者推销费用也成为我们今后营销推广中的趋势。

4. 家电行业：大众消费被透支，品牌、促销双发力

一方面，家电行业的消费需求被预支，多重政策因素引发了行业波动。2012 年开年后的政策紧缩、房产低迷、产能过剩、成本高涨等情形让家电行业内人士苦不堪言。2012 年前三季度，国内家电市场零售总规模为 8650 亿元，同比下降 5%，整体市场仍处负增长态势。① 一方面，这是由于国家的房地产调控政策直接影响到家居家装、家电行业的发展；另一方面，"建材下乡""家电下乡"政策的阶段性停滞也影响了家电行业的销售。

据 CTR 媒介智讯广告监测数据显示，2012 年 1 ~ 4 月，家用电器行业广告市场整体表现低迷，行业广告刊例花费同比降幅为 21%。在不同媒体类型的费用分配中，除了家电的户外广告有小幅增长外，其他媒介均有不同程度的缩减，其中报纸媒体更是下降了 40%。

不过，另一方面，熬过了最为艰难的"寒冬"，"春天"似乎也不会远了。2012 年上半年是家电行业近 10 年来行业运行最差的一个上半年，在经历了低迷后，家电行业市场正在逐步回升，其中多渠道及促销策略成为助力家电行业逐渐回暖的利器。

有不少业内人士表示：中国的家电行业目前已经到了一个发展的拐点，未来 5 年内，家电行业发展的核心将是"多渠道战略"。首先，是依靠已经非常成熟的一级市场渠道；其次，是从正在快速拓展的三、四线城市渠道获益；再次，就是电子商务这一互联网渠道的开发。

此外，在行业整体广告预算缩减的同时，家电企业形象广告花费却出现了较高的增长。这一变化从某种程度上说明了中国广告主在大众消费需求并不旺盛的情况下，将产品广告的费用更多转向了对企业及品牌形象广告的投入。另一方面，在家电行业的电商渠道，促销成为其笼络消费者的重磅武器。如"双十一"期间，九阳股份 2012 年在天猫旗舰店的日销售额达到了 2011 年的

---

① 陈维：《家电市场正逐步告别阴霾　市场逐步回升》，《北京商报》2012 年 11 月 22 日。

9 倍；国美网上商城销售额比 2011 年同期增长了 7 倍。① 可见，电子商务的发展正以惊人的爆发力引导家电市场步入新消费时代。

5. 运动品牌：市场拓展陷入困局，品牌、渠道助力突围

国内运动品牌的发展在遭遇市场份额提升的"天花板"，尤其是在北京奥运会的高潮过后，国内运动品牌普遍面临发展的困境，业绩下滑、库存严重、关店频繁，因此，在 2012 年的伦敦奥运会到来之时，其广告投放普遍趋于理性。2012 年上半年体育品牌的广告投放总量同比下降 23%②，不过在广告投放 TOP 10 的榜单中有 3 个是国际品牌，其余均为本土品牌。其中，由于近年经营业绩疲软，本土的领军者李宁的广告投入显得心有余而力不足；而安踏作为中国奥组委的合作伙伴，遵循先前签订的巨额赞助协议，在伦敦奥运会期间的表现尚可圈可点，通过节目赞助、电视、户外等媒体广告给品牌注入了一针强心剂，向本土"大哥"李宁发起强力攻击。此外，位于第二阵营的特步、乔丹、鸿星尔克、匹克、361°、贵人鸟则纷纷加大了广告投放，欲进一步争夺市场份额。

在媒介选择上，电视仍然是体育品牌最重视的平台，投放量远高于其他传统媒体。全国性电视媒体（央视、卫视）所占份额比重最大，且呈现不断上升的趋势，而省级台和城市台所占的份额不断被压缩。此外，传统户外媒体（含地铁）和杂志媒体作为必要的补充也有一定的投放量，报纸和电台的体育品牌投放量则相对较低。

此外，大规模的市场下沉成为运动品牌拓展市场成长空间的路径之一。由于中国市场代工、租金、人力等方面成本的不断上涨，加之一线城市的市场已趋于成熟饱和，运动品牌的拓展开始进入瓶颈期。与之形成鲜明对比的是，中国的三、四线及以下市场基本上还处于消费不断升级的状态，成长潜力有待挖掘。因此，从 2011 年初开始，耐克和阿迪达斯几乎同时作出了进入一、二线以下城市的决定。2012 年，耐克相继关闭了上海的旗舰店以及在华唯一的自有鞋厂，并停止对亚洲多家运动鞋代工厂下单，最终在终止与数家亚洲服饰代工厂的合作后，明确宣布要向三、四线城市进军。这一举动再度吹响了国内运

---

① 李燕京：《大促销透支家电消费能力　商家瓶颈尽显》，《中国消费者报》2012 年 11 月 22 日。
② 数据来源：CTR 媒介智讯。

动品牌向三、四线甚至五、六线市场进发的号角,在成长遭遇"天花板"的运动品牌行业,县域市场成为各家企业占位争霸的新领地。

同时,渠道的挑战日益严峻,电子商务与实体间如何更好地协调以促进销售成为关键。走过了高速扩张期的运动品牌,受经济环境以及成本上涨的影响,其实体店铺的赢利能力正面临考验,许多运动品牌加快了在新兴电子商务方面的步伐。特步(中国)公司总裁丁水波在 2012 年中国鞋服行业电子商务峰会上表示:"对于鞋服企业来说,我们就是把电子商务当成一个清理库存的地方。"根据 361°的年报,也已通过独立第三方代理在淘宝网销售鞋服产品,重点拓展电子商务;而李宁、安踏和匹克也纷纷在年报中提到要继续加强电子商务渠道建设,以适应当下的消费需求,应对高库存的情况。

因此,电子商务的发展成为解决运动品牌高库存问题的方式之一,然而电子商务与实体店铺在产品、价格等方面的冲突也成为运动品牌必须努力解决的问题。究竟是以产品细分、子品牌战略,还是以价格区隔来做好两大渠道的协调,成为这些企业需要考虑的问题。

三 2012 年度风云广告主——加多宝

加多宝无疑是 2012 年度营销领域最热门的广告主,无论是加多宝和广药之间的"红绿之争",还是加多宝借《中国好声音》的成功复活,都成为 2012 年最为引人关注的事件。2012 年春末的"去王老吉化"将加多宝逼上了重谋品牌道路的梁山,2012 年夏天加多宝借势奥运红遍伦敦,2012 年秋,加多宝强势媒体遍地开花,重塑品牌之路。观察加多宝一年来的营销动作,不难发现,加多宝企业跌向冰点源于痛失王老吉品牌,重新走入高峰也源于加多宝品牌的重塑,可谓"败也品牌,成也品牌"。加多宝跌宕起伏的经历也给中国广告主一个最生动的启示:品牌是企业巨大的隐性资产,营销是企业良性发展的有力手段。

(一)"中国商标第一案":与品牌失之交臂的惨痛教训

中国广告主之间从来不乏品牌纠纷的案例,先有达能与娃哈哈的官司纠纷，后又有深圳唯冠与 IPAD 的商标争议，加多宝与王老吉"红绿之争"的实质是抢夺以商标为核心的品牌资产大战，"红绿之争"也随着国际经济贸易委员会的仲裁而尘埃落定，加多宝以痛失王老吉品牌而告终。

商标争夺大战前，"加王双方"对于专利、配方等品牌资产的预估不足，这也是中国企业在发展中的顽疾，与此同时也滋生了企业的投机心理，企业长久发展依靠的不是对自创品牌的深耕细作，而是搭乘他人品牌之车，其中埋藏的危机不言而喻。品牌不再可有可无，对于企业来说有可能是生死攸关。广东一带向来是民营企业发达的区域，企业对于商标品牌的认识已经在一定程度上领先于国内其他地方省市，但就是这样一个领先者，仍旧在商标上多次栽了跟头，我们足以看见中国企业对于品牌的认识还停留在较肤浅的层面。在一定程度上可以说，"中国第一商标争夺案"在中国企业品牌发展史上有着里程碑式的警醒意义。

（二）"去王老吉化"，转移广告诉求重点

痛失王老吉品牌无疑是致命一击，但是作为具有丰富的品牌培养经验的加多宝不会坐以待毙。早在商标大战刚刚打响的 2011 年底，加多宝就已经做好了失去王老吉商标的准备，所以才会及时在产品包装上逐步弱化王老吉，将加多宝从"幕后"推至"台前"。2011 年底，加多宝已经宣布凉茶产品准备使用新包装，2012 年 1 月新出的红罐王老吉就加了醒目的"加多宝"字样，并且在 3 月，加多宝在其官网发布换装声明。

然而，失去商标使用权之后，加多宝与王老吉之间的关系也将不复存在，加多宝需要的就不仅仅是换装这么简单，还需要在传播上加大力度，从身份层面的告知转到能力层面的告知。推出新品牌"加多宝凉茶"初期，一直以"王老吉"的更名为核心诉求，将"加多宝"就是原来的"王老吉"这一概念灌输给消费者，完全无视已经完全归属广药的正宗"王老吉"品牌的存在。加多宝果断更换了使用多年的广告语，将"怕上火喝王老吉"改为"怕上火喝正宗凉茶"，并强调"正宗凉茶加多宝出品"。加多宝广告在各大媒体遍地开花，央视、卫视是加多宝不能放过的传播宝地，央视《新闻联播》之后出现了加多宝的最新广告，强势卫视的王牌栏目也频现加多宝冠名的身影。与此

同时，公交站牌、地铁等户外广告也都着重强调"正宗凉茶加多宝"。后期搭车《中国好声音》，更是直接将原来的广告语重新编辑为"怕上火喝加多宝""领先全国的红罐凉茶更名加多宝"。

有数据显示，营销上长袖善舞的加多宝仅 2012 年 4 月广告费用就达 4 亿元，如此大手笔的广告投放也在一定程度上宣告了加多宝凉茶广告造势的决心，打响了品牌重塑战的第一枪。[①] 根据尼尔森的监测数据，从纠纷升级的 4 月开始，加多宝猛砸钱投放新品牌的凉茶广告。截至 8 月，其广告费用与 3 月相比陡增了 304%，其增长幅度及广告费比例已远远超出正常标准，成了名副其实的广告"大跃进"……加多宝的轮番广告战通过偷换概念，宣称自己就是原来的"王老吉"，对"王老吉"商标造成了严重的损害。

（三）"红动伦敦"，借势营销扩大品牌影响

2008 年的北京奥运会点燃了中国广告主的营销热情，对奥运营销也产生了前所未有的关注，因其宣传效果明显而颇受企业喜爱。2012 年恰逢伦敦奥运会，包括加多宝在内的诸多广告主展开了新一轮的奥运营销，加多宝借助此次盛事，展开了长时间、多地区的营销活动。

2012 年 4 月，加多宝"红动伦敦，精彩之吉"活动在广州拉开序幕，以"城市接力"的形式通过红旗收集全国民众的签名祝福，并且"红动伦敦之星"评选活动同期启动，产生广泛影响力。7 月 8 日，伦敦奥运会开幕之前的国家体育场上空，由巨型加多宝红罐造型的热气球牵动这面写有万人签名的"红动"大旗冉冉升起，人群欢呼雀跃。伦敦时间 7 月 22 日上午，加多宝集团携"红动伦敦之星"在伦敦新地标——"伦敦眼"开展伦敦奥运祝福活动。线上传播也伴随着这些线下活动开展起来，加多宝借助官网、新浪微博、腾讯微博、豆瓣、腾讯 QQ 等网络媒体在越发重要的新媒体世界开展了一场线上线下紧密互动的"红动伦敦，畅饮加多宝"活动，利用创新的传播形式借势奥运大事件，打造大品牌，刺激大销量。

[①] 钟可芬、林向：《加多宝下调今年销售目标至 90 亿 一个月广告费达 4 个亿》，《第一财经日报》2012 年 5 月 4 日。

加多宝奥运营销的成功进一步彰显了体育营销的商业魅力，但体育营销并不是一蹴而就的，广告主在从事体育营销时，不仅仅是一掷千金的豪气，更重要的是要遵循自身品牌和赛事理念的高度统一的理念，并持之以恒地贯彻这种理念。

（四）《中国好声音》战略合作，广告主娱乐营销投资的典范

2012 年最火的电视综艺节目非《中国好声音》莫属。自节目播出以来，一次次冲击收视榜首，随着《中国好声音》的持续爆红，作为独家冠名的加多宝集团理所当然地成为大赢家。"正宗好凉茶，正宗好声音"这句主持人华少翻来覆去的口号，一次次冲击着观众的耳膜，加多宝品牌也随着节目收视率的一路上扬而名噪一时。"加多宝，押对宝"，加多宝凭借独到的眼光，在品牌重塑一役中完胜。

加多宝在节目中的植入式广告不仅仅体现在主持人的"绕口令广告"上，加多宝的名字、商标、产品几乎无孔不入，每一个镜头都可以看到它的身影。进场的大门上、大屏幕上、地板上、评委席旁几乎铺天盖地，节目的内容也涉及加多宝品牌，甚至工作人员现场直接调侃加多宝。与此同时，加多宝集团展开线上线下联动传播的攻势，全国几万个加多宝终端的海报配合，利用互联网制造话题进行炒作。

除了《中国好声音》的植入式营销外，加多宝集团在全国多家卫视都发动营销攻势，强势卫视的王牌栏目也频现加多宝冠名的身影。安徽卫视《势不可挡》、湖南卫视《向上吧少年》等王牌节目均成为加多宝的传播阵地。

除了不遗余力的广告投入外，加多宝在事件营销、公益营销等方面也表现不俗。通过多种多样的传播手段，线上线下相互配合，加多宝力图全面扩大知名度，塑造健康、良好的品牌形象，不断加深品牌对消费者的影响。

加多宝不仅是一家逐利的商业化公司，还是一个深谙市场谋略的营销高手，在经营上的超强把控能力足以使其短期内实现迅速增长，在广州医药发力之前打其一个措手不及。在 2012 年 12 月诸多媒体公布的数据中，国家统计局中国行业企业信息发布中心发布前三季度饮料行业调研数据，数据显示："凉茶市场，加多宝 73.0%、王老吉 8.9%、和其正 4.3%、宝庆堂 0.5%，销售量占到行业总销量的 86.7%。"对此，广药集团反驳称："根据快消行业最权威的市场研究公

司 AC 尼尔森最新数据表明，2012 年 1～10 月王老吉凉茶平均市场份额约 42.6%，王老吉稳居凉茶市场第一品牌，而加多宝排名第二，只有 28.35%。从 6 月至 10 月，红罐王老吉凉茶的销售月增长率均在 3 倍以上。"两组数据差异巨大，乍看是要选择相信谁的问题，其实不然。问题出在两组数据的统计方式上，国家统计局的数据是按公司出品来统计，而 AC 尼尔森的数据则是按品牌来统计。但退一步讲，即便是加多宝品牌的凉茶只有 28.35% 的市场份额，也是相当惊人的，因为新品牌凉茶推出毕竟只有短短几个月的时间。

四　审视加多宝　思考王老吉

商业竞争的现实很复杂，二者相争的现状并不全是我们所看到的表象。抛开法律事实，加多宝或许可以成为一个经典的营销案例；加多宝以强大的终端控制与漂亮的营销战遮盖了其在法律缺陷上的原罪，光鲜背后是我们需要认清的事实。在这个租赁关系中，一方面加多宝租借王老吉品牌，利用他人的有历史底蕴的品牌开拓市场从而获得巨额收益，同时承担经营失败还要支付租金的风险；另一方面，广药出租品牌获得的收益是租金收益以及品牌的增值，需要承担的不利则是品牌被破坏的可能性以及自己不能生产的限制。本可以实现双赢的一项商业契约被加多宝亲手撕毁。其第一步就是在看到经营风险很低而成功的可能性巨大的时候，以贿赂的手段谋求不合法的商业利益。这种违背商业道德的冒险是加多宝的原罪。第二步就是企图将他人的增值收益完全归于自己，这也从根本上违反了法律合同中互惠互利的原则精神。

因此，面对事实与法理，加多宝显然难以招架，其转而面向不甚知情的大众消费者，先是悲情诉求以打造品牌传承者的幻象，继而将服务过的品牌践踏于脚下以求"脱颖而出"。

在产权归属尘埃落定之后，加多宝为新的品牌谋求空间，此后来看似乎占尽了上风，也许加多宝能够最终成为机会营销的胜利者，作为一个纯商业公司，加多宝追求的自然是经济利益最大化，这一点无可厚非。若加多宝凉茶能够顺利发展下去，最好的结果就是为世界贡献新的凉茶品牌。但我们无法忽视的是，这一新的商业品牌如若成功，充其量只能是中国民族品牌崛起的代表之一，并不能够实现中华老字号和"王老吉"凉茶作为国家非物质历史文化遗产的传承，并且在它崛起的初期对原本存在的王老吉凉茶文化已经造成了不可磨灭的损伤。

品牌之争的背后不能只是企业的一厢情愿，还需要多种条件的支撑，比如企业的资源、品牌的故事、凉茶的文化、企业的价值观等，以及与消费者互动时最为核心的品牌认同感的建立，这些不是一个空壳的品牌名称就能给予的。长期而言，品牌需要经营，更需要积淀。

"王老吉"究竟为何物？在业界对加多宝与广药的纷争热议的时候，在老百姓因加多宝的广告轰炸而为两个品牌纠结的时候，在经销商们不分青红皂白地将二者混为一谈的时候，似乎大家都将目光聚焦在了两大凉茶品牌的高下之争上，而忽略了一个历史性的存在，那就是"王老吉"的本源。

如果你认为"王老吉"只意味着一个凉茶品类的驰名商标或领导者品牌，那就大错特错了。关于它的界定，我们可以借用一个既存的现实认定——"王老吉"在《国家珍贵非物质文化遗产名录》中榜上有名。我们常说伟大的品牌拥有伟大的基因，"王老吉"作为具有百年史的中国老字号，更是有着鲜明的历史烙印与文化基因。

这要追溯至 180 多年前：王老吉原名王泽邦，广东人，乳名阿吉，是一名草药医生，为研制药方不惜亲身试药，惠泽民众，被百姓亲切地称为"王老吉"。王老吉被视为凉茶始祖，有"药茶王"之称，凉茶的药方就是他潜心研制的。王老吉将凉茶免费给患病的百姓服用，药到病除，赢得了很多赞誉。为了让凉茶药方惠及更多百姓，王泽邦开始专门煲凉茶售卖，"王老吉凉茶"逐渐在岭南卖出了名声。1828 年，王泽邦在广州开设第一家王老吉凉茶铺，王老吉的百年品牌就此诞生，1925 年王老吉凉茶还曾代表中国民族品牌在伦敦参展。从"王老吉"三个字，我们看到的不只是一个凉茶商标，更令人感动的是一位悬壶济世、救死扶伤的老中医践行医德的故事。

不过，由此谈开来，"王老吉"并不仅仅局限于王泽邦个人化的品牌属性，它还有着强烈的地域属性与中国文化特色。凉茶是广东、广西地区的一种由中草药熬制，具有清热去湿等功效的"药茶"，这种凉茶在岭南的饮用尤为普遍，渗透着浓厚的南粤文化色彩。很长一段时间内中国北方地区对凉茶的理

解甚至停留在"隔夜茶"的意义上，直到近几年凉茶品牌崛起，企业才通过市场拓展和营销策略实现了对消费者的教育启蒙。

此外，"王老吉"作为凉茶的代表，凝聚了鲜明的中医文化特色。与西药长于短期显效的功用不同，包括凉茶在内的中药方在病患身上发挥药效都要靠"小火慢炖"、长期持续，内调和慢"补"的医学原理已经成为中医文化的内在体系，并在凉茶的饮用中体现得淋漓尽致。

因此，从背后的历史文化渊源来看，"王老吉"是凉茶饮料的商业品牌，更是蕴涵着中国传统文化基因的百年品牌。

王老吉是一个大品牌，2008年抗震救灾晚会现场的一亿元捐款彻底地吸引了所有人的目光，此后以一年翻几番的销量增长发展成为凉茶饮料的领导者（见表1-1）。2010年，"王老吉"更是以1080亿元的品牌价值荣登中国品牌榜首。

表1-1　王老吉2002~2010年历年销售额

年份	销售额	年份	销售额
2002	1.8亿元	2007	约90亿元(含盒装)
2003	6亿元	2008	约150亿元(含盒装)
2004	14.3亿元	2009	约170亿元(含盒装)
2005	25亿元(含盒装)	2010	约190亿元(含盒装)
2006	40亿元(含盒装)		

资料来源：成美营销顾问。

对"王老吉"的品牌崛起而言，加多宝功不可没。正是加多宝这个卓越的品牌推手，经过它不懈的努力和巧妙绝伦的营销策略将蛰伏多年的王老吉推上前台，突破了地域的限制和药品的拘束而成为普及全国的品牌。

加多宝集团是一家以香港为基地的大型专业饮料生产及销售企业。1995年，没有精力发展罐装凉茶的广药集团将红色罐装"王老吉"租赁给了加多宝进行经营，加多宝开始使用"王老吉"商标在内地进行生产销售，并于当年推出了第一罐红色罐装"王老吉"。加多宝集团在经营"王老吉"期间，为配合开拓全国市场策略，在内地建立了多个生产基地，其销售网络遍及中国内地30多个省、直辖市、自治区，并销往东南亚、欧美等地。

把"王老吉"从岭南推向全国，突破药物的局限做成快消饮品，实现过千亿元的品牌价值，离不开加多宝的营销功力。产品及品牌定位的明朗化是加多宝最成功的地方。通过产品自身的属性分析以及对消费者的深入洞察，加多宝找到了适合"王老吉"进一步打开市场的钥匙——满足全国各地消费者在当前的饮食习惯中"怕上火"的需求定位，直接有效地打破了"王老吉"作为凉茶饮品的地域限制与药物饮品双重属性的束缚，使其从原来定位模糊的广告诉求中成功跳脱出来。当然，不仅在营销推广的层面，加多宝渠道终端的策略也强势助力了"王老吉"的快速成长。

然而，抛开在租赁基础上对"王老吉"品牌的有限使用权，加多宝只是一家纯商业属性的公司，没有任何凉茶产品的基础和文化，只有借"王老吉"做营销深加工的经验，即便营销能力超群，但若没有好的品牌资源做基础，也很难破局。因此，加多宝以远超出正常标准的广告投入覆盖大众的视听，正是为了弥补其弱势的部分。而与之相比，王老吉的广告声量尚处于弱势，但由于强势的品牌积淀，仍旧能够以小声量获得较稳定的市场份额。而若想达到同样的效果，加多宝就需要几倍甚至几十倍的品牌投入与付出。当然，我们也不能排除加多宝会逐渐为其纯商业属性的本源寻找并注入新的文化元素，编织品牌的故事，使得"加多宝"这一品牌不是空有其名，而是一个立体的、活生生的、有文化有个性的凉茶品牌。但是概念可以随意篡改，广告能够造就一切的造牌观念是加多宝的误区，而品牌价值也不是它随意就可以强加上去的，必须是与消费者共创的结果。

因此，无论是产权、品牌，还是文化的较量，深入这场世纪纷争最核心的部分，或许我们能看见另一番风景，其中有加多宝在高调背后对未来发展的焦虑，还有王老吉进一步爆发的巨大潜力……

支撑品牌存在与发展的文化与价值积淀是最为核心的东西，没有这些，品牌关系的搭建就失去了有效的载体，品牌在市场竞争的持久战中就很难赢得最终胜利。而加多宝的弱势正在于此，尤其是在品牌长期关系的构建上。虽然目前其声势占优，但是当我们尝试预见品牌未来的时候，它的焦虑就隐约可见了。

作为大型国企，广药集团的经济实力不可小觑，并且在其"大南药"与"大健康"的战略布局下，生存于广药旗下的"王老吉"并不是单一产品作

战，而是有强大的产品及品牌集群的支撑。此外，"王老吉"的历史文化等珍贵的品牌资源为广药提供了最坚实的品牌运作的基础。而依赖经济投入的渠道、推广等营销层面尚未完善的品牌运营机制一旦着力，又为"王老吉"提供了新的成长空间。因此，广药集团可以做的、需要做的还有很多。

首先，需要生产与传播的助推。"王老吉"目前的最大问题其实并不是在广告的声量上，在对品牌之争准备不足的情况下，广药并没有迅速在全国布局更多的生产线，所以在产能有限的前提下，如果盲目加大广告声量，广药面临的将是供不应求的生产问题。因此，产能的扩充是广药正在努力做的，在有配方、有原料、有资金的基础上，全国多地布局代工厂以解决产能的问题并不难，重要的还是面向大众的传播力。加多宝与广药的广告竞争已经蔓延到了央视，据了解，王老吉在2013年的广告投入达20亿元，其力挽狂澜的决心可见一斑。王老吉在取得央视3套《开门大吉》的2013年独家冠名权之外，还一举狂揽四川卫视跨年演唱会、湖南卫视春节联欢晚会、元宵喜乐会主冠名权，揭开了新的一年娱乐营销战略的序幕。凉茶饮品属于快消品，而广告的持续投入是快消品品牌运作最为鲜明、有效的特征之一，通过加大广告的声量，唤起大众心中的"王老吉"，与加多宝分庭抗礼，是广药的必然选择。

其次，在打基础与高声量广告的夹层中，品牌还需要扎实的实地建构。与加多宝相比，王老吉的终端铺货着实滞后不少。一方面，加多宝的广告高覆盖为渠道进货和销售提供了巨大的支持与信心；另一方面，通过向渠道让利，以及与其签订排他协议，实现了对零售、商超、餐饮等终端渠道的严格把控。此外，除了常规化的销售渠道外，王老吉厚重的药饮文化、丰富的产品线足以支撑其以旗舰店的形式做形象示范，与其他终端相呼应，这对凉茶文化的传递与王老吉形象的塑造推广大有裨益。

最后，回归到根本，王老吉能够赢加多宝的还是文化牌。唤醒历史文化、活化集体记忆，广药拥有的除了品牌故事外，还有那些极为宝贵的地标资源。陈李济博物馆、白云山"神农草堂"、敬修堂等先期的老药厂建筑和后建的文化地标，如果能有一辆类似伦敦双层巴士的摆渡车将彼此串联，王老吉大健康产业的文化旅游线路就此水落石出，王老吉的文化之旅就不仅仅是停留在口口相传的层面，而是有了体验的载体，而大南药文化与大健康理念的影响力也会由此更好地发散出去。

对于王老吉来说，历史记忆的激活与公共记忆的维护是品牌活力持续迸发的原动力。它不仅是一个商业品牌，还是一段历史、一种文化，更是一个城市、一个地区的集体记忆与文化地标。只有将其文化的基因不断发酵，王老吉才有可能成为真正的伟大的品牌。品牌是关系到广告主命脉的无形资产，营销则是护卫品牌的"尚方宝剑"，我们期待着 2013 年中国广告主再度续写新的品牌传奇。

五 2012 年广告主营销传播媒体策略

（一）媒体环境风云变幻，内容、技术创新为广告主营销开辟新空间

近两年媒体环境的变化主要出现在多元化的创新上，这种基于媒体自身的内容创新和技术创新都为广告主进行营销活动提供了优质的资源和平台。

一方面，在内容创新上，电视媒体表现十分突出，广告主借力新的内容平台不断开发营销新形式。影视剧软植入、娱乐节目营销等都与之前单纯的品牌曝光有所不同，而是在内容资源的深入挖掘与外向延展上花了更多工夫。此外，基于不同的传统媒体平台，广告创新形式也有所差异。除了多元视角的软性传播在电视媒体上的表现更为突出之外，广播电台以及报纸、杂志等平面媒体的广告主更多向线下活动倾斜，而户外则以突破传统的创意内容和呈现形式吸引了消费者的大量关注。

另一方面，数字新媒体发展渐入正轨，为广告主创新营销提供了条件。2010 年以新浪微博为代表的新型社交媒体平台开始运营；2011 年被称为智能机这一代表性移动终端的发展元年；2011 年互联网巨头腾讯推出全新的微信平台为用户提供私人化互动平台……互联网、移动电视、手机 APP 和数字户外等新技术为广告主提供了更加精准的营销传播方式，为企业开发新应用、创新营销提供了基础。在技术的支撑下，数字平台及终端的发展正在经历初期发展阶段，虽然有宝贵的实践，但是广告主对此类平台的认知尚不完善，营销运作的实践也不成熟，效果监测上也尚未形成有效的、获得广泛认可的评估体系。因此，在数字媒体的营销运作方面，广告主还处于不断探索、尝试的阶

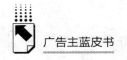

段，完善的商业模式还有待形成。

无论是哪一种类型的媒体搭台唱戏，在广告主的全媒体布局中，基于互联网的媒体融合正在形成。在整合营销传播的大趋势下，传统媒体在企业营销传播媒体组合中扮演的角色在发生转变，其借权威形象为品牌提供背书、维持品牌曝光，而作为传统媒体有益补充的数字媒体，则以更加互动化、精准化的优势发挥其功用。二者有效配合，实现从孤立到联动的跨媒体传播，从而发挥全媒体联动的力量。

（二）内容驱动式的跨媒体联动，广告主与媒体深度合作实现共赢

模式一：传统媒体搭台，新媒体、线下活动齐助力

（一）以电视媒体为大本营的营销创新

1. 电视媒体策略趋势

首先，不同层级电视媒体费用分配呈现了整体向地市县级倾斜的态势。根据中国传媒大学广告主研究所调研数据，被访广告主继续缩减在央视及省级卫视的投放量，卫视以外的省台以及地市县级电视台的投放量持续看涨，与中国广告主市场下沉的大趋势相配合，也反映出广告主拓展地方市场的努力（见图1-3）。

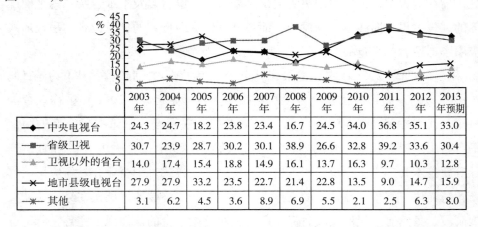

（%）	2003年	2004年	2005年	2006年	2007年	2008年	2009年	2010年	2011年	2012年	2013年预期
◆ 中央电视台	24.3	24.7	18.2	23.8	23.4	16.7	24.5	34.0	36.8	35.1	33.0
■ 省级卫视	30.7	23.9	28.7	30.2	30.1	38.9	26.6	32.8	39.2	33.6	30.4
▲ 卫视以外的省台	14.0	17.4	15.4	18.8	14.9	16.1	13.7	16.3	9.7	10.3	12.8
✕ 地市县级电视台	27.9	27.9	33.2	23.5	22.7	21.4	22.8	13.5	9.0	14.7	15.9
✳ 其他	3.1	6.2	4.5	3.6	8.9	6.9	5.5	2.1	2.5	6.3	8.0

图1-3 连续9年被访广告主营销推广费用约占企业销售额的比例情况

（2004年n=91，2005年n=132，2006年n=105，2007年n=103，2008年n=103，2009年n=129，2010年n=99，2011年n=95，2012年n=115）

当然，细分行业又各有分化。如广告巨头日化和饮料行业缩减 CCTV 投入，加大在省级卫视和地市级终端媒体投放，而药品和邮电通信行业由于行业产品特性，需要更为权威、影响力更强的传播平台，倾向于 CCTV 高空覆盖＋地面媒体渗透媒体组合方式。酒类广告投放量继续维持着在 CCTV 30% 以上的高幅增长，是 CCTV 投放额最大的行业，剑南春更是一举拿下 2013 年央视招标的"标王"头衔。

其次，"不要把鸡蛋放在同一个篮子里"，从聚焦"龙头"卫视到兼顾多家卫视，实现优质资源互补。电视媒体格局经历了从一枝独大到群雄逐鹿各分天下的变化，广告主基于差异化、层级化的品牌传播目的，采用央视与卫视并驾齐驱的媒体策略，满足营销传播多元化、动态化、灵活化的需求。广告主在省级卫视的广告投放日益注重战略性的资源考量与配置，由聚焦"龙头"卫视到兼顾多家卫视的内容互补，充分利用各大卫视差异化的平台进行营销传播活动。

案例：京润珍珠跨卫视整合传播

2011 年，本土化妆品品牌京润珍珠起用徐静蕾做代言，开始广告发力。京润珍珠十分看重各家电视媒体的核心资源，顺卫视之势做了强力的整合。2011 年 10 月整合浙江、东方、天津、安徽四家强势卫视频道剧场资源，进行都市情感热剧《男人帮》的大剧营销；2012 年同时与浙江卫视和天津卫视强强联合，达成战略合作，抢占两大卫视核心剧场资源，一举拿下中国蓝剧场和快乐生活剧场两大黄金剧场的冠名权，并打通《非你莫属》《爱情保卫战》《今夜有戏》《王者归来》《年代秀》等热门综艺栏目，全天高频次品牌曝光。

2. 多方联动，品牌理念深层次嵌入，全面延展释放影响力

基于各大电视台在新闻改版、节目创新、影视剧版权购买、自制剧等内容资源上的不断创新，广告主在电视媒体上的广告投放形式也得到不断拓展，并且在与电视台合作的深度上不断开掘，逐步建立起战略合作伙伴关系。以电视内容为主平台，广告主的软营销充分延展到了电视媒体之外。

影视剧植入的发展在国内也已经有几年，2011~2012 年，京东商城在植入营销中表现出色。从《男人帮》到《北京青年》，京东商城不断创新植入的理念和营销方法。一方面，将品牌内涵通过剧情内容融入主人公的生活方式中去；另一方面，将单一的影视剧资源的影响力充分利用并发挥至最大化，如邀请剧中主人公作为京东商城代言人，开展相关的线下主题活动，将影视剧与品牌的联结延展至线下，极大地深化了大众消费者对品牌形象的认知，释放了品牌的影响力。

案例：京东商城

电商巨头京东商城于 2011 年 10 月首次试水植入营销，将自身广告植入到都市情感剧《男人帮》而一时大热，获得广泛热评。京东还在《男人帮》热播的五大省级卫视以及分众传媒等数字媒体都投放了广告，邀请孙红雷作为代言人，并多次推出相配套的主题营销活动，提高知名度的同时也可以联动多种营销形式实现销售。在《北京青年》中，京东同样不仅进行品牌植入，还让剧中人物生活在"过日子到京东"的习惯中，以一种拟生活化的营销方式，把"过日子到京东"渲染成都市白领的时尚生活方式。在剧中担纲主演的一线明星相继与京东合作，成为其形象代言人。目前，在京东商城的网站上，随处可见他们为京东拍摄的宣传图片，京东的"时尚"形象进一步彰显。

在影视剧之外，近两年卫视综艺节目崛起，产生了一批优秀的节目，如《中国好声音》《天籁之声》《一战到底》《声动亚洲》等，成为广告主与媒体合作的重要平台。而娱乐节目的营销经历了从传统冠名到内容化传播的质化升级，广告主与媒体的合作更加深化，呈现多元化的营销模式。

在节目策划及运作日益成熟的今天，广告主的品牌得以贯穿整个节目的始终，品牌获得最大化的呈现甚至有了与节目内涵的互动。节目中广告主产品与品牌的关联度更高，最好的例证就是化妆品与美容等女性节目的结合，如《我是大美人》《美丽俏佳人》等。此外，广告主及其代理公司与电视台的合作贯穿节目创意、策划、制作、刊播的全过程。这种植入的形式上升到了更高的层次，品牌内涵与节目创意紧密结合，通过品牌内涵的有效延伸，在节目与受众的互动中极大地提升了品牌影响力。

案例：卡夫食品奥利奥与《天天向上》的合作

为纪念奥利奥百年诞辰，该品牌发起了"唤醒人们的童心、重燃童年精神"活动。在中国市场，奥利奥专门与《天天向上》举办了生日专场，当天奥利奥中国区总裁肖恩也带着他的家庭成员共同庆祝奥利奥 100 岁生日。以家庭和童年的主题将整档节目串联，最后顺势推出奥利奥的百年纪念，成功的策划使得节目收获了高收视率，奥利奥的品牌影响再度实现升级。

（二）区域媒体技术升级，发动地面攻略

新媒体技术为广播及平面等传统媒体开拓了多元化的新平台和新形式，为媒体"开源"的同时也为广告主的营销运作开辟了新的空间。如广播媒体，

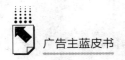

一方面得益于私家车数量的增加提高了车载广播的收听率，另一方面依托技术的发展在网络、移动终端等平台上新的收听方式的开发，为广告主利用多个平台开展广播媒体的营销运作提供了便利。平面媒体亦是如此，数字化的转型为广告主利用技术发布互动、高清、精美的广告形式提供了支持。

此外，在利用电视的高覆盖和新媒体的互动功能之外，广告主积极挖掘广播及平面媒体的区域性和本土化的优势，开展丰富的线下活动和终端促销，追求实效。广播及平面媒体因其形式上的限制，媒体资源本身可供开发的空间有限，因此广告主在广播媒体营销上的创新主要基于外围的延伸和形式的不断拓展。

一方面，广告主日益强调广播广告与线下活动的联合，通过广播广告的告知和线下实体活动两大部分的"高空 + 地面"的联合夹击，实现资源的真正贯通，将广播广告的影响力延伸至线下受众群体；另一方面，广告主充分发挥广播广告所具有的地域性优势，无限贴近终端销售，与终端卖场促销活动结合，拉动一线销售。

案例：多媒体与线下齐联动——海马牵手 Music Radio 爱@1200 助学行动

海马集团的营销活动借助广播媒体和微博推广进行品牌印象的巩固。接下来还有慈善高尔夫、探访、爱心路演、慈善晚会等线下活动吸引更多社会爱心人士的关注，也是对其品牌美誉度的进一步提升。

#微力助上学##好书通缉令#2012MusicRadio我要上学海马汽车爱@1200助学行动已经启动！从本月开始，海马汽车#微力助上学#微博助学行动同步启动，携手大家，共同聚爱我要上学助学行动！助学第一波温暖袭来。#好书通缉令#通缉上学时最喜爱书籍，9月17日-9月28日，请大声说出书名，共同传递阅读的快乐❤

模式二：新媒体"四轮驱动"，成为整合营销主平台

1. 数字营销持续高增长，投放流向有微调

得益于近两年来基于网络平台的社交媒体的推出及其用户的爆发式增长，以及多元化数字媒体终端的发展，数字新媒体在与受众互动的优势性能方面进一步得到质的提升，与此同时，数字媒体、通信运营商、终端生产商不断在提升用户体验上下功夫，为中国广告主的数字媒体营销运作提供了崭新的平台和手段。基于数字技术的可追踪性和可计量性，数字媒体在搜集、分析乃至管理维护广大用户的信息数据上占据优势，这成为越来越多的广告主纷纷将部分精力转向数字新媒体的动力之一。此外，传统媒体受众向新媒体的大规模转移更是为广告主的营销转向推波助澜。

截至 2012 年 6 月底，中国网民数量达到 5.38 亿，互联网普及率为39.9%。其中，通过手机接入互联网的网民数量达到 3.88 亿，相比之下台式电脑为 3.80 亿，手机成为我国网民的第一大上网终端。[1] 根据昌荣集团传播公布的数据，2012 年上半年，互联网广告保持了 25.7%[2]的稳定增长。交通

---

① 数据来源：CNNIC 发布的《第 30 次中国互联网络发展状况统计报告》，2012 年 7 月。
② 数据来源：昌荣传播发布的《2012 上半年中国广告市场分析报告》，2012 年 8 月。

类、网络服务类、房地产及食品饮料类行业仍旧是网络广告的主体行业，占据整个互联网广告总量的半壁江山。而在团购、电商等投资热潮减退的情况下，网络服务类广告逐渐趋于平缓，传统的食品饮料、日化、娱乐及休闲、医疗服务行业均有较高的增长。

在以互联网为代表的新媒体广告投放热潮中，广告主的投放走势发生了细微的变化。就互联网平台而言，根据 2012 年国内互联网公司发布的季度财报来看，以新浪、搜狐、网易等几大门户网站的品牌广告业务均增长趋缓，对此有人将其归因于中国宏观经济疲软带来的增长阻力。但与此同时，门户之一的腾讯在广告收入上却实现了一枝独秀的显著增长，其首席战略官以"开源"解释了这一逆势的增长，"我们将利用一些新业务的发展，在新平台上开展广告业务"。与门户广告业务的增长放缓相比，拥有更多忠诚用户以及话题更加聚焦的专业性垂直类网站、网络论坛、网络游戏等互联网平台在广告主的选择中呈现明显的上升趋势。根据广告主研究所 2012 年中国广告生态调研的数据，以上三项互联网广告形式的被选择率分别上升了 25.5 个、17.5 个、37.7 个百分点。[1]

2. 营销创新不断涌现，"四轮驱动"助力品牌跃升

在传统的网络展示广告形式之外，依托近两年新媒体平台以及终端的强势增长，以技术和创意为支撑，广告主在数字新媒体平台上的营销创新不断涌现。

首先，广告主纷纷依托媒体提供的创新平台与载体抢先占位，积极尝试各种创新的品牌传播方式。如基于百度新推出的品牌专区做整合营销，并通过专区缩短信息传播的路径，直接导向销售，提高营销的效率；腾讯亦适时推出微信的品牌平台，充分利用广大用户为品牌传播创造一个动态的链条，如招商银行就曾利用微信"漂流瓶"和"摇一摇"的搜索功能邀请用户参与其举办的公益慈善活动，为自闭症儿童捐赠积分。

其次，广告主与新媒体的合作不断深化，互联网等媒体也纷纷开始跳出广告平台的樊篱，升级到营销与全方位服务的角色，从数字媒体内容的打造到后端的传播与用户互动，积极提供媒体资源为广告主营销传播助力。

最后，就数字媒体的营销运作而言，在线互联网传播与线下活动相结合的

---

① 数据来源：中国传媒大学广告主研究所 2012 年度中国广告生态调研。

营销模式深得广告主青睐，成为其数字媒体营销的主要作战方式。其中既有微博平台与地面活动联合，通过在线话题引发热议、实行有奖转发，与户外路演积极配合，也有大量广告主依托移动终端进一步开展基于位置的品牌传播与直接导向销售的服务。

归根结底，助力广告主新媒体营销运作离不开以下四大因素的内在驱动。

第一，要重视内容化的驱动力。品牌传播的内容成为与消费者建立联系的首要门槛，深度的内容营销是品牌进入消费者心智的关键。广告主日益需要打造能够引发消费者共鸣的品牌故事，通过品牌价值观念的有效传递实现与消费者价值观的深层次互动，达到品牌对消费者的强力渗透。在2012年围绕伦敦奥运开展营销活动的广告主中，国际品牌耐克、宝洁，以及本土品牌伊利纷纷打起了情感营销的牌。宝洁与百度合作打造网络平台，开展"为母亲喝彩"主题活动，温情牌打动人心；耐克"活出你的伟大"以有力的文案和敏捷的反应速度在社交媒体平台引发"病毒传播"；而伊利通过发起草根性质的视频制作与上传活动，结合路演与户外宣传，塑造了感染力极强的大众明星，以其追求健康人生的行动引发消费者共鸣以及话题讨论，还依托微博等社会化媒体与消费者展开深度互动。

案例：2012伊利和你一起奥林匹克——"做自己的健康冠军"跨媒体传播活动

伊利围绕针对伦敦奥运策划的传播口号"2012伊利和你一起奥林匹克"及主题"做自己的健康冠军"，以网络视频的征集和传播为核心，对各媒体渠道的传播活动进行了全方位的策划，掀起了一场以草根为代表的健康运动，彰显了健康生活的品牌主张。

网络视频征集活动	与优酷合作举办"一起奥林匹克"视频征集活动。选取优秀草根人物制作精良视频，与用户开展深入互动，并于社交媒体开展相关视频与话题的"病毒传播"
电视公益广告	联手代言人孙杨、刘翔、李娜等奥运明星推出系列公益广告
线下活动	网络视频征集活动甄选出来的4组普通人物形象登上400辆伦敦大巴，展现中国人健康的生活方式；此外，在奥运前还开展了"伊利品质，奥运见证"的线下活动，邀请消费者到伊利工厂生产线参观
终端体验	伊利携手商超，在终端开展奥运主题的体验活动，如邀请消费者看奥运赛事、体验奥运游戏、感受奥运精神等；此外，伊利在户外大牌及地铁灯箱广告也有大量投放

第二，是来自社交化的驱动力。只有深入开展社交化（即平台型）互动才能够实现与消费者的持续联动。通过互联网平台上的微博、论坛等形式，以及多元化的移动互联网应用，与消费者保持对话才能够使得这种品牌关系的构建是人际化的、价值沟通的、持续稳定的。

案例：微博上的"社交专家"——杜蕾斯

在 2012 年初艾瑞网对 2011 年度微博营销赢家的盘点中，杜蕾斯位居榜首，以其在社交平台的出色表现，这一殊荣实至名归。从 2011 年初注册至今，杜蕾斯已经赢得了 56 万粉丝。这位社交专家最初在微博平台将自己打造为"宅男"的形象，后来转向"花花公子"的定位，继而以风趣幽默解风情的谈吐笼络了大量粉丝的心。除了品牌的人际化定位，杜蕾斯通过专业化的团队对微博平台的意见领袖及热点话题实时监控以及应对迅速，才有了"鞋套雨夜传奇"和"作业本怀孕事件"的精彩表现。

第三，移动化的驱动力在数字新媒体的营销中日益发挥关键作用。依托于技术与终端的发展，移动化的沟通平台日益发达。移动化的营销趋势一方面能够实现对消费者 24 小时媒介生活的无缝嵌入，另一方面基于 LBS、SoLoMo 等营销模式帮助广告主实现终端销售的提升。如星巴克研发闹钟 APP 开展早餐优惠活动，赛百味运用人人网移动广告产品"手机置顶新鲜事"向 1 公里内用户投放广告，将 5638 位消费者带入门店购买三明治等。线上线下的结合一方面充分释放了短期活动的影响力，另一方面以传播或销售的实效作为标准之一，为品牌活动评估提供了便利。

第四，则是源自消费者要求营销活动富于体验化的驱动力。基于消费者日益发展完善的高需求，体验化成为笼络人心的关键。体验的主要渠道是企业的销售终端以及线下活动，通过不同形式的互联网传播与线下活动的交融，最终实现互联网用户向消费者转化的目标。

案例：兰蔻大眼娃娃梦幻巴士之旅

2012 年 8 月 31 日从北京起步，兰蔻的粉色大巴途经上海、南京、成都，最后在沈阳"收官"。15 天的城市梦幻之旅为当地爱美丽的女孩儿带去最专业的彩妆指导和最梦幻的亲身体验。经过精心布置的大巴车就是兰蔻的流动主题化妆室，顶级彩妆师为前来体验的人们定制专属的大眼娃娃妆；同时，巴士上还开设现场娃娃眉睫课堂，进一步加强与目标人群的互动沟通。配合这一新品的上市，兰蔻还在 *ELLE*、《时尚芭莎》等刊物上投放了密集的广告，网络媒体上更是依托自有的官方网站、活动网站和微博平台等投放了相关的广告和彩妆达人的亲自授课短片。截至 2012 年 11 月 4 日，以新浪微博平台上的品牌推广信息为例，搜索"兰蔻大眼娃娃 BAR"，包括原创与转发的微博在内共有 218052 条结果，其中原创的微博信息有 30285 条结果。

3. 增势趋缓后的理性回归

然而，值得我们关注的是，一向被冠以性价比优势的数字媒体广告投放对广告主而言，是否收获了应有的品牌及销售实效？根据昌荣传播的报告，与 2011 年同期相比网络广告的增长已呈现趋缓的态势，也侧面印证了在经历了爆发式增长之后，广告主回归理性思考，开始更冷静、更客观地看待网络等新媒体对品牌与销售的贡献作用。此外，数字新媒体受众规模虽然有迅速的增长，但是在全媒体的考量中，数字媒体的小众角色和分众化特征依旧鲜明，覆盖率更高、传播面更广的传统媒体也仍旧是大多广告主的倚重。数字新媒体营销模式的不成熟以及实效导向难以监测与评估成为广告主营销运作的一大障碍。

六　2012 年广告主危机公关传播策略与挑战

(一) 2012 品牌危机事件大盘点

广告主研究所在 2012 年广告主调研中发现，有 73.6% 的被访广告主表示在近 12 个月中发生过产品或品牌危机（见表 1-2）。

表1-2　2012年典型危机公关事件盘点（截至11月底）

1 月	圣元乳业"致死门"
2 月	京东商城压榨小企业供货商事件,红牛"添加剂"事件,"归真堂"活取熊胆事件,苏泊尔"锰超标"事件
3 月	万科"纸房门""毒地板"事件,东阿阿胶造假事件,麦当劳"3·15"晚会遭曝光
4 月	立邦多乐士质量丑闻,医药"毒胶囊"事件,可口可乐"含氯门","螺旋藻铅超标"事件,万科"变电站门"
5 月	隆力奇非法传销事件,霸王凉茶"造假门",1 号店"盗号门",雪碧"含氟水"风波,双汇排骨"蛆虫"事件
6 月	蒙牛"头发门",上海家化驱蚊花露水"农药门",五芳斋粽子发霉事件,光明牛奶"碱水门"
7 月	宜家"代工事件",今麦郎酸价超标,雅漾薇姿化妆水成分事件,阿迪达斯"血汗工厂"事件
8 月	蒙牛篡改牛奶生产日期事件,英孚教育"欺诈门",健康元"勾兑门",张裕"农残门",屈臣氏"毒面膜"事件,汾酒"黑色漂浮物"事件
9 月	光明220毫升装小口瓶鲜牛奶变质事件,统一面桶活虫事件,古井贡酒酒精"勾兑"事件
10 月	耐克篮球鞋对华双重标准事件,"钓鱼岛"日系车被打砸事件,富士康郑州工厂员工罢工事件
11 月	酒鬼酒"塑化剂"事件

　　中国经济经历了30年的高速发展，正面临转型期的阵痛，当下又正值经济下滑时期，在这样的背景下，由于相关部门及法律的监管漏洞、部分企业唯利是图，中国进入产品或品牌危机高发期，各种损害消费者权益的事件频繁发生。一错再错的企业被推向了舆论的风口浪尖，其面对危机的应对能力也正在经受着严峻考验。第一，在数字技术的推动下，舆论传播行为也在发生变化，传播主体由单一化向多元化转变，传播渠道由简单到平台化，传播及互动的反馈加快，解构的、草根的、平等的舆论文化正在形成。在数字化媒体的背景下，企业产品及品牌危机一经爆发便引起多方关注。在2012年被访广告主中，网络媒体"荣膺"最迅速曝光的媒体类型，成为危机事件触觉最灵敏的媒体。其次为报纸等平面媒体，电视媒体排在第三。网络媒体虽然在广告主危机曝光与传播上负面影响大，但网络媒体同样能够帮助企业进行有效的对外沟通。平面媒体与电视媒体则并列第二位成为危机发生时企业对外沟通中最有效的媒体类型。

　　第二，消费者维权意识的觉醒，企业及时、高效地应对危机的能力面临挑战。在新媒体环境下，控制信息来源已不大可能，危机发生后，如何在最短的时间内最大限度地挽回消费者的信心，成为企业的必修课。如"问题胶囊"

的应对不足就可引以为戒：央视曝光 4 天后，修正药业才开始在官网公开致歉，召回问题药品。修正药业姗姗来迟的道歉并没有赢得公众的谅解，有网友在愤怒之余还戏称"修正药业，专注皮鞋 30 年"。修正药业的迟缓反应不仅暴露了其内部管理机制的不足，也再度提醒修正等药品企业要以最坦诚、最真挚的态度去同消费者等利益相关者沟通。因此，与消费者或利益关系群体的沟通已成为企业应对危机时的最大挑战。在 2012 年被访广告主中，选择与消费者或利益关系群体的沟通所占比重最大。

（二）广告主危机应对能力面临挑战

全球知名危机管理专家史蒂文·芬克曾说过："危机就像死亡和纳税一样难以避免，必须为危机做好计划，充分准备，才能与命运周旋。"在危机常态化的形势下，企业应该未雨绸缪，建立好危机预警机制；一旦危机发生，亦应迅速积极地采取应对措施，防止危机进一步扩大化。

第一，反求诸己，加强企业社会责任建设，重塑企业形象。在"毒胶囊"事件爆发后，很多相关医药企业都先是撇清责任，向公众诉苦，并没有就如何进一步妥善处理危机作出回应。而事实却证明在互联网日益发达的今天，信息透明度日趋提高，负面消息传播范围更大更广，逃避、推诿、狡辩或者漠然处之，只会使得企业错失补救良机，使得其苦心经营与营销传播建立起来的与消费者之间的良好关系毁于一旦。"毒胶囊事件"不仅使被曝光的多家企业名誉扫地，而且使整个中国医药行业也面临一场公关危机，声誉和形象严重受损。在惨痛的教训面前，药企有必要检讨和反思。一个真正的品牌一定是内外兼修、知行合一、坚守企业社会责任、重视与重要的利益相关者沟通，仅仅靠明星代言和广告以及自我标榜无法打造持久的品牌。一切漠视企业社会责任的企业都注定难以持续发展。

第二，建立和保持与媒体的长效信息畅通，利用媒体做好企业声誉管理。斯坦福大学管理学教授柯林斯在《基业长青》一书中指出，一个高瞻远瞩的企业在于长期绩效投资，而一个展现出可观的韧性与弹性，跨越数十年、上百年而长盛不衰的企业，声誉管理是其重要一环；没有保护好这一根基，任何企业都将行之不远。而媒体作为传递企业信息的重要渠道，链接企业与相关利益

者的桥梁，已俨然成为企业声誉管理必不可少的工具。在 2012 年广告主研究所的调研中，"与媒体的沟通"上升为被访广告主在危机公关活动中面临的第二大挑战，占到了 56.4%（见图 1 - 4）。

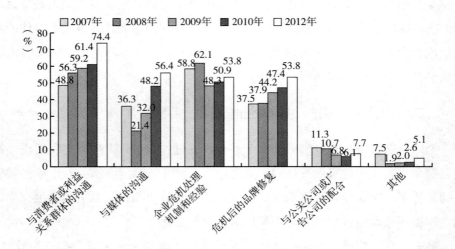

图 1 - 4　2007 ~ 2010 年、2012 年被访广告主在危机公关活动中面临的较大挑战

（2007 年 n = 80，2008 年 n = 103，2009 年 n = 147，2010 年 n = 114，2012 年 n = 39）

资料来源：中国传媒大学危机公关管理研究所。

万科在"纸房门""毒地板"事件后仍然稳操中国地产市场胜券，作为中国最大的地产开发商，曾经连续 6 次获得中国最受尊敬企业称号。在过去的一年中，万科曾举办了答谢媒体"万科品牌体验之旅活动"，并携手搜房网为偏远山区孩子送温暖，通过这些举措，万科不仅保持和维护了与媒体的良好关系，并通过媒体向公众传递正面信息，进一步建立起了良好的企业声誉。当企业危机时，正是良好的企业声誉帮助万科在最短时间内恢复公众信心。

第三，利用微博等社会化媒体，化危机为转机。2012 年央视"3·15"晚会对麦当劳北京三里屯店销售超过保存期限食物的情况进行了曝光。节目播出之后仅仅一个小时，麦当劳就充分利用其微博对事件作出迅速的回应，承认这是一次违规事件，表示将立即调查并严肃处理，表达了对消费者的歉意的同时，还承诺必将在今后工作中作出改善。截至 3 月 17 日上午，这条微博共有 19148 次转发，13070 条留言，微博的大面积转发为麦当劳赢得了最广泛的正面评价。麦当劳没有因此陷入"尴尬"境地，反而借央视的"免费广告"又火了一把。

七　2013 年中国广告主营销传播趋势展望

2012 年，是中国经济、政治经受双重考验的一年，是挑战倍加艰巨的一年，时至年尾，伴随十八大的圆满结束，最困难的时期似乎已经过去。虽然长期的结构调整不可避免，但是 13 亿人的巨大的消费市场还有很多成长潜力可以挖掘。新一届政府的举措令广泛的中国广告主怀有期许；而市场层面，电商、家电等行业的价格大战，以及诸如白酒行业的大规模造牌运动，也着实应该回归理性，形成良性循环的竞争格局。只有广告主所在的各行各业进入科学有序的发展轨道，中国市场的成长才值得给予更多的期待。而营销在其中所发挥的作用，不仅仅是为已有品牌提供防御，更多的是成为广告主进一步开疆拓土的利器。

（一）经济"软着陆"，政策新期许，中国广告市场曙光再现

在全球背景下纵观中国的经济发展环境，我们有一个基本的预判：就大环境而言，2012 年中国的经济冷势或许会持续更久，宏观经济由"熊"转"牛"的路径也将充满挑战。针对中国的广告市场，我们认为，作为出资方的广告主在经济下行的走势中对于企业的营销推广持一种怎样的态度，对未来几年的企业成长有着怎样的预判，是关系到中国广告市场未来发展的重要因素。中国经济和社会整体正处于关键的转型时期，在这种大的社会背景下产生了诸多生产与经营上的矛盾，在这些矛盾还未得到完全解决的情况下，中国广告主究竟是坚持品牌方面的持续投入还是审慎前行，在新一轮的经济政策出台之前，或许会长期处于一个观望的状态。

不过，我们似乎也可以看到一丝曙光。对比全球市场，中国消费者的需求仍旧处于不断高涨的发展阶段。广告主研究所调研发现，在被访广告主对2013 年营销投入的预期中，其营销推广费用占销售额的比例有小幅的上升，为 9.0%；此外，在我们的深度访谈中，也可以依稀听见广告主对于未来一年

经济形势与自身发展较为乐观的期许和预判。2012 年 11 月，党的十八大顺利召开，这一盛会的圆满结束也给中国广告主注入了一针强心剂，新的领导班子和新的政治经济举措必将为中国广告主创造出崭新的发展环境和成长空间。

（二）实效导向日趋鲜明，企业营销投入更趋理性

如前文所述，宏观经济的不乐观直接给广告主的营销推广开支上了枷锁。此外，重要的一点是，中国广告主在多年营销运作的过程中，逐渐回归理性思考。这一变化既体现在其依据自身所需量力而行，根据销售额划定较为稳定的营销推广费用的比例并成为长效的机制，也体现在广告主更加要求投入有所回报，即便是品牌广告的投入，也要求能够反映在品牌口碑甚至是产品销售的提升中。

广告主根据一定阶段内传播目标的制定和年度销售额来决定品牌投入以及广告的预算。在这一决策的制定与执行中，实效性的导向日趋鲜明。

一方面，在营销费用紧缩的情况下，广告主将更多的品牌广告转向了促销广告，直接导向一线销售，这一变化在报纸、广播、户外等具有区域性和本地化特征的广告媒体上体现得更为鲜明。

另一方面，广告主对广告刊播期间的监测与广告最终效果评估的要求正在不断提升，并且这种对实效的监测与评估在未来广告主的营销决策中将成为更加重要的一大考量。因此，无论是具有追踪和可计量技术的新媒体，还是依靠视听率监测的传统媒体；无论是提供综合服务的广告代理，还是专业性的网络营销公司，谁能够提供全面科学的效果监测与评估体系，谁就更能赢得广告主的青睐。再者，广告主对实效的追求还将日益体现在对线下活动和销售终端的大力倾斜方面。线下活动能够直接将品牌传播和消费者参与以及消费者的购买行为作无缝衔接，如策划科学不仅可以实现品牌影响力的提升，还能够促进销售。对终端促销不断加大投入也是如此，原来对广告的投入转向大规模的终端促销，将间接的传播改变态度并影响购买行为的路径转变为直接让利于消费者，实现销售量的增加。

（三）基于内容与创意，强化媒体的工具属性

"全媒体"的概念在业界反复被提及，对于媒体而言，全媒体是一种全方

位的布局，最终在不同类型的媒体之间实现平台化运营。而对于广告主来说，全媒体有着别样的意义，那就是媒体的平台化为广告主的营销运作提供了全方位整合的机会，从而有了开展无缝营销传播的可能性。

正如现今的电商平台和移动支付所体现的便捷性，在当前及未来的媒体技术的支撑下，从广告主的产品或品牌信息开始到最终消费者，媒体充当的既是信息传播通路的角色，又为直接实现销售、支付或者间接导向最终销售的关键一环，是企业完成品牌传播和营销目标双重任务的重要平台。因此，在全媒体日益交融的环境中，广告主对媒体的运作日益呈现一种手段或工具性的运作特征，即在大创意或大内容下对媒体工具进行组合使用，最终实现最大化的营销传播效益。具体来说，广告主基于其一定时期内的传播目标，围绕其品牌内涵和要传递的价值观，制定一个基于其核心内容和大创意的整合性营销传播方案，而对媒体的组合运用只是广告主传播方案的一部分，是为广告主的大创意服务的。

其中值得广告主关注的是，消费者的媒介接触习惯和使用行为是其选择媒体并进行组合运用的依据。要对消费者进行全面捕捉开展精准化的传播，需要广告主全面考量传统媒体的高空覆盖、互联网在线的话题传播与互动、移动互联网平台的位置服务与支付功能等，以及必要时以线下活动的形式加强消费者的参与性，从而实现 360 度全方位的传播。

（四）面对日益聪明的消费者：长效互动、构建关系、共创价值

国内社交媒体平台呈现的爆发式增长一方面反映出广大消费者权益意识与话语权的提升，另一方面这些平台也依托技术进一步助推了这种权益意识的发展。其中涉及对社会公共话题的热议，对国内大众消费的关注，也存在着政治、经济、娱乐以及各种与大众日常生活相关的各种权益的呼声。就广告主而言，媒体环境发生了巨变，任何一点风吹草动都可能酿成企业的形象危机，而风吹草动的源头很大程度上正是来自已经开始发挥自媒体功力的消费者群体。

无论是企业的危机防范意识与应对机制，还是企业的常态营销机制，回归消费者的战略原点被重新提及，其中作为"双刃剑"的数字新媒体，在增加企业品牌风险的同时也通过技术给企业带来了全新的营销革命。

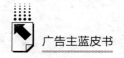

　　总之，内容化、社交化、移动化、平台化将成为广告主在全媒体的营销运作中至关重要的几大趋势，同时，这也顺应了消费者关系搭建与维护的要求，成为广告主与消费者沟通时应综合考量的因素。伟大的品牌都有自身独特而伟大的基因，消费者同样是完整的"人"。因此，品牌价值观的传递与共鸣至关重要，当前广告主在营销传播上的精进表现已经验证了这一点。但是，未来的进一步发展，需要广告主更多地深挖消费者的心智需求，能够与消费者实现利益共赢、价值共创的企业才是未来的胜者。

分 报 告

Special Reports

【重点研究篇】

B.2

报告二

央企开启品牌战略决胜时代

——央企品牌建设与传播研究报告

中国传媒大学广告主研究所

摘　要:

　　央企品牌建设与传播研究是 2012 年度中国传媒大学广告主研究所的一个重大课题,课题组通过分析央企品牌发展现状,找到了央企研究的一个突破口,这在广告主研究历程中有着特别重要的意义。央企,作为中国最为特殊的一个企业群落,具有事业与企业的双重属性。这一双重属性不仅使得央企的改革任重道远,更对其品牌的发展影响至深。与央企的强大经济实力相比,其品牌上却呈现明显的弱势,严重阻碍了央企向国际一流企业前行的步伐。研究表明,央企即将迎来品牌建设的新时期,其发展目标之一就是要突破品牌建设的瓶颈,改变"经济巨人、品牌矮子"的现有局面。

关键词：

　　央企　品牌建设　品牌传播　企业社会责任　央企发展战略

一　央企——事关国家命脉的企业群落

央企是指由中央政府监督管理的国有企业，是中国国民经济的重要支柱。广义的央企包括三类：一是由国务院国资委（国务院国有资产监督管理委员会）管理的企业，从经济作用上分为提供公共产品的，如军工、电信；提供自然垄断产品的，如石油；提供竞争性产品的，如一般工业、建筑、贸易。二是由银监会、保监会、证监会管理的企业，属于金融行业。三是由国务院其他部门或群众团体管理的企业，属于烟草、黄金、铁路客货运、港口、机场、广播、电视、文化、出版等行业。

狭义的央企通常指由国务院国资委监督管理的企业。在 2003 年国务院国资委成立之初，国务院国资委所管理的央企数量是 196 家，经过重组，至 2011 年 11 月，央企数量减少为 117 家。

1. 双重属性：中国最特殊的企业群落

央企的特殊性集中体现在其身份的双重属性上，即央企应是一个完全的市场经济主体，同时又是国家机器及公权力的一部分。央企虽然在股权结构上隶属于国资委这一政府资产管理机构，但其实质上仍属于市场经济主体的一分子，经营利益最大化依然是其主要目标。然而，央企往往集中于国家能源、军工等自然垄断或者政府控制行业领域，其所承载的不仅是企业职能，还面临着体现社会公共职能的压力。自国有企业改革以来，央企一直在试图摆脱其社会公共职能，希望完全定位于普通企业的性质。然而，日渐集中的自然垄断与政府资源在特殊管制领域的集中，客观上强化了央企的社会公共职能。

因此，体现在企业价值观上，对央企来说，顾客利益和国家利益不易平衡。首先，从市场角度看，经济利益最大化的前提是满足顾客利益，而往往国家利益又高于顾客利益。双重性使得央企在获取垄断利润时强调企业经营的性质，而在获得政府各类补贴时则强调社会公共的职能。

其次，从企业行为上看，央企的市场行为与政府行为混杂在一起，行为过程相互制约、行为结果相互波及。与一般企业不同，央企由国资委这样的国家机构代理国务院以出资人身份治理，因此，在人事、体制、机制上明显存在行政色彩，无法完全按照市场规则办事，同时也需连带背负政府形象与社会公器责任。从市场层面看，央企占据更多社会资源，在相关领域往往处于垄断地位，产品、价格等市场化要素仍受国家控制，因此，不能说央企是一个完全市场化的企业群体。

这一双重属性决定了央企改革任重道远，同时也决定了央企在品牌建设与品牌传播上面临着巨大挑战：虽然央企在国内外市场都有着强烈的品牌传播需求，但是又不可能完全像一般企业一样做传统意义上的营销传播活动。这一特殊属性为央企的品牌发展奠定了基调，央企迫切需要找到一条适合自身属性的品牌发展路径，进而实现其成为国际一流企业的发展目标。另外，良好的品牌建设能够解决由于身份的双重属性带来的种种困惑与挑战，是平衡不同利益群体诉求与矛盾的结合点，但更多的央企仍旧徘徊在过去与现实以及利益平衡的迷茫之中。

2. 强经济实力：国民经济的生力军

提及"央企"，我们习惯将其称为"共和国长子"。作为国民经济的"顶梁之柱"，央企对中国经济和社会的发展发挥着重大作用。在国内市场，央企80%的资产集中在石油石化、电力、国防和通信等关系国家安全、国计民生的关键领域，以及运输、矿业、冶金和机械等支柱行业。在国民经济重要行业和关键领域的央企户数占全部央企的 25%，资产总额占 75%，实现利润占80%，央企更多地集中存在于具有战略性或公益性的行业和领域中。

"十一五"期间，央企经济效益和整体实力再度实现大幅提升，资产总额、营业收入、上缴税金和税后净利润等主要经营指标实现了五年翻一番。仅在 2011 年，央企就实现营业收入 20.2 万亿元，同比增长 20.8%；实现净利润9713.1 亿元，同比增长 6.4%；上缴税收 1.7 万亿元，同比增长 19.7%，约占全国税收总额的 1/6。[①]

随着央企公司制改革的推进，逐步建立起规范的法人治理结构，央企及其

---

① 数据来源：2012 年 2 月国资委（国务院国有资产监督管理委员会）公布的统计数据。

所属子企业的公司制股份改制由 2005 年的 40% 提高到 2010 年的 70%。股份制改革和境内外上市有力促进了企业经营机制的转换，完善了法人治理结构，提高了市场化、国际化运营水平。目前，部分央企的管理水平已经达到甚至超过了国外的世界 500 强企业。

在国际市场，央企也占据着举足轻重的地位，截至 2008 年底，央企在全球 127 个国家和地区共设立对外直接投资企业 1791 家，累计对外直接投资 1165 亿美元，占中国对外直接投资累计净额的 63.3%。在《财富》杂志 2012 年评选的世界 500 强企业的榜单中，中国企业（不含台湾）占据 73 个席位，而央企以 58% 的超高比例占据了中国企业的 42 个席位，成为榜单中十分亮眼的一道风景。

二 央企品牌建设任重道远

（一）央企品牌与企业发展不匹配，缺乏广泛的社会认同

1. 央企品牌价值落后于其经济实力，落后于中国企业整体水平

转型中的中国经济，更加注重科技、品牌、形象等无形资产的积累，中国企业纷纷加大了品牌投入，以品牌抢占消费者的心智资源。但中国企业品牌建设仍与世界存在较大差距，中国企业品牌价值严重落后于美日发达国家，而央企更是落后于中国企业整体水平，与其在国民经济中的主导地位形成鲜明对比。央企品牌建树少、旧伤多，品牌建设与企业发展、社会评价极不协调。

2011 年，世界 70 个主要经济体 GDP 排名中，中国超越日本，居第二位，国家竞争力得到了迅速的提升。相对于中国经济的强劲增长，中国品牌却未能在世界品牌中占据一席之地。中国与美日等发达国家相比在企业品牌数量与质量上都有明显差距。在 2011 年《财富》世界 500 强的统计中美国占 133 位，日本占 68 位，中国（内地）占近 61 位；而在品牌实验室世界品牌 500 强的排名中，美国占 239 位，日本占 41 位，而中国仅占 21 位（见图 2 - 1）。① 在《商

---

① 郭儒逸：《〈财富〉世界 500 强中国超一成公司来自金属产品业》，《每日新报》2011 年 7 月 9 日，http://finance.jrj.com.cn/biz/2011/07/09113510403374.shtml。

业周刊》公布的年度全球最佳品牌百强排行榜中，还未有中国企业入围全球最佳品牌百强。我国在包括能源、化工、建材、纺织、家电和电子等十多个行业的百余种产品产量位居世界第一，然而却没有世界著名品牌，成了典型的"制造大国，品牌小国"。

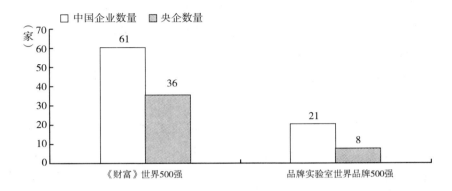

图 2－1　中国企业及央企在《财富》世界 500 强及品牌实验室世界品牌 500 强中的企业数量对比

世界品牌实验室与《世界企业家》杂志联合颁布的 2010 年世界品牌 500 强中，共有 17 家中国企业上榜（但均未进入前 60 名），中国移动和国家电网等优秀企业的品牌价值步入世界前列，但是，央企品牌资产价值与世界品牌还有相当大的差距。世界最有价值品牌可口可乐的价值为 704.52 亿美元，央企最有价值的品牌——中国移动为 196.75 亿美元，前者约为后者的 3.58 倍。

不仅是央企的品牌价值与其经济实力存在较大差距，而且央企的品牌实力与中国企业整体水平也存在差距。根据世界品牌实验室评选的世界品牌 500 强榜单显示的结果，中国企业占据 21 个席位，其中央企有 8 家，只占 38% 的比例。中国由于缺少国际知名品牌，被视为"品牌小国"和"贴牌大国"，"中国制造"常常是"低价"的代名词，而央企在品牌方面的表现更是落后于很多活跃在世界舞台的其他中国企业。当下，我们亟须进一步打造全球知名的国际品牌，全面提高中国企业国际化程度。以品牌为撬杠，助推中国企业尤其是代表中国经济中流砥柱的央企向引领者过渡，成为国际产业规则与相关标准的

制定者，进而跻身世界一流企业行列。

2. 央企社会责任的建设成就不被认知

"做强做优、培育具有国际竞争力的世界一流企业，是'十二五'时期中央企业改革发展的核心目标。无论是'做强做优'，还是'世界一流'，企业社会责任都是其中的核心要素。"国务院国资委副主任、中央企业社会责任指导委员会主任邵宁在 2012 年 8 月举行的中央企业社会责任管理提升专题培训班上如是说。

企业社会责任（Corporate Social Responsibility，缩写为 CSR），是企业全球化进程中无法回避的使命。国资委于 2007 年 12 月 29 日签署、2008 年 1 月 4 日正式下发了《关于央企履行社会责任的指导意见》，首次在央企履行社会责任理念、目标等方面提出明确的指导意见。2011 年发布《央企"十二五"和谐发展战略实施纲要》，并计划于当年推出《央企社会责任工作指引》。

"十一五"期间，央企认真贯彻落实国务院国资委《关于央企履行社会责任的指导意见》，积极探索开展符合国情和央企实际的社会责任工作。部分央企建立了社会责任工作委员会和社会责任工作专门机构。许多央企在总结提炼将社会责任融入企业使命、战略和日常运营的有效模式方面进行了积极探索。一些央企积极参与社会责任国际标准制定，深入开展社会责任国际交流，在国际社会中产生了积极影响。

2011 年，中国社会科学院发布的企业社会责任蓝皮书显示，国有企业的社会责任指数（31.7 分）仍领先于民营企业（13.3 分）和外资企业（12.6 分）。其中，央企得分最高（44.3 分），国有金融企业紧随其后（38.9 分），其他国有企业处于较为落后的水平（11.9 分）。然而，国外机构对央企社会责任的评价与此相反。在《财富》杂志评出的 2011 年中国企业社会责任 100 强中，分别给予 50 家中国企业、50 家在华外资企业入榜资格，再综合评定其社会责任表现并打分。中国企业社会责任 100 强榜单入围企业平均得分为 47.4 分；中国企业社会责任 100 强榜单入围央企平均得分为 39.9 分。央企平均得分远远低于入围企业平均得分。央企在 100 强榜单中仅占据 26 个席位，在榜单前 50 强中仅占据 7 个席位。

国外媒体和国内机构对央企社会责任的评价为何形成强烈的反差？主要是

因为部分央企缺乏社会责任信息披露经验，披露覆盖面仍不够广泛，导致央企社会责任的建设成就没有得到相应的了解和认可。由此可见，央企尽管在社会责任建设方面开展了非常多的工作，但仍旧在满足社会公众对其期待方面有所欠缺，尤其是在面向公众的社会责任传播方面存在诸如需求不对接、传播姿态刻板、传播形式生硬等问题。

与党中央、国务院的要求及社会的普遍期望相比，央企在履行社会责任、促进和谐发展方面还有不少改进和发展的空间。突出表现在：和谐发展、可持续发展和企业社会责任理念意识还不够强，社会责任管理体制机制和制度还不够健全，社会责任报告的数量和质量有待进一步提高；完善法人治理结构任务还很重，维护各利益相关方权益的机制还有待进一步完善；高投入、高消耗的粗放式增长问题还没有根本解决，节约资源保护环境的创新能力不强，加快转变发展方式的任务还很艰巨；企业内部存在的一些不和谐、不稳定因素，一些因素仍然影响着企业的科学发展与和谐稳定；应对复杂舆论环境的能力还比较弱，运用互联网等新媒体的能力和水平需要进一步加强，塑造责任央企品牌的意识和能力需要进一步提升。

3. 央企舆论环境处于劣势

正如前文所述，在企业属性与事业属性所带来的双重压力下，央企被政府、社会、公众等利益相关群体寄予了很高的期望。一方面，在政府的利益考量中，央企应该成为中国企业的领头羊，不仅要追求经济效益，还要承担更多的社会责任，在中国企业"走出去"的进程中央企还要扮演好开路先锋的角色，并且成为品牌形象良好的国际大企业。另一方面，在社会公众的期望中，央企因为占据国家资源，具有较高的垄断性，应该做到"取之于民，用之于民"，积极地将所占用的社会资源转化为社会贡献。

但是显然，央企在实现自身价值、满足双方期望的道路上略显迷茫，并没有获得相应的认可与好评。"与民争利""慷人之慨""止于捐赠"等种种来自社会公众、指向央企的指责与质疑从来没有间断过，"共和国长子"似乎陷入社会责任流沙中。如《南方都市报》《上海国资》等业界知名媒体组稿的《央企凶猛》系列文章，纷纷指责"央企每年对 GDP 增长的贡献不足 30%，吸纳的劳动力不到 20%。而占有资源不到 40% 的非国有经济，其创造的 GDP

增长近70%，吸纳的劳动力更是在80%以上"。① 与其巨大的社会资源占有量相比，其所履行的社会责任及其对国家、对社会、对公众的经济贡献量和公共利益的谋取相对弱小。

通过社会大众给央企贴上的诸多标签，我们不难发现央企在未来发展与品牌建设上所面临的尴尬。在公众眼中，央企是垄断、暴利、腐败、低效、极具行政色彩的企业，是"国进民退"呼声的重点批判对象，占据着很多的社会资源却没有相应的社会贡献，还常常以高姿态、高门槛拒绝与社会公众的平等沟通……央企所处的尴尬境地从前文中其社会责任的被认可度上也可见一斑。

（二）央企品牌建设与传播整体落后于时代步伐

1. 品牌管理机制不健全

品牌管理机制是现代化企业改制的重要体现之一。由于长期受困于国有企业政企不分，加之很多央企在行业内具有较高的垄断性，所以竞争意识颇为薄弱，靠品牌增强企业竞争力的意识更是薄弱。这反映在央企品牌建设现状上就是品牌管理机制不健全，品牌管理简单、粗放，专业性不强。

首先，在部门的设置上，很多央企没有直接负责品牌管理的专职性部门，而是将品牌工作划分到党委办公室、新闻、外联等部门下面，并在具体操作上与企业其他业务混淆在一起。

其次，人才的持有上，央企品牌管理相关专业性人才不足。由于企业整体品牌意识的落后，在相关人才引进与培养上呈现较强的自我封闭性和更替滞后性。很多央企选择原本从事行政文秘、新闻宣传工作的人员兼职品牌管理工作。而在多品牌的平衡上，央企横跨诸多行业领域，旗下子公司、子品牌众多，在母子品牌以及子品牌之间的统筹管理上往往力不从心。

再次，有部分央企品牌建设意识较强，设立了与品牌相关的公关部等类似部门，在国资委的统一号召和要求下也设立了新闻发言人。但是本课题组在查询国资委网站公布的各央企新闻发言人的联系方式之后曾向众多企业发送品牌

---

① 王铮：《央企凶猛》，《上海国资》2010年4月18日，http：//www. tongliaowang. com/Finance/content/2010 - 04/18/content_ 3931. htm。

建设相关的采访邮件，但均未得到有效回复。见微知著，当下，众多央企的新闻发言人制度仍仅仅停留在纸上谈兵，并未真正发挥出其沟通大众、协调关系、树立企业良好形象的积极作用。

2. 品牌传播理念陈旧老化

品牌传播是品牌建设非常重要的一个环节，甚至可以说是一个企业品牌建设能否成功的关键要素之所在。而目前，众多央企在品牌传播方面的特点显示了其品牌传播观念的落后和不合时宜。综观央企在品牌传播方面所显露出来的理念特征，可以总结为以下几个方面。

首先，向上传播意识浓厚，与公众沟通不足。

由于过去央企长期处于一种政府主导经营的状态，没有完全参与到市场经济的竞争当中，所以很多央企一直是一种官本位的思想主导企业发展。当中，也不乏一些央企的高层领导以企业为平台谋求自己的政治利益，所以央企在发展尤其是品牌建设方面不可避免地存在浓厚的政绩观色彩。长期以来，央企的品牌建设形成一个严重的误区：品牌就是给领导看的。所以，在进行品牌传播的时候就会选择企业领导和上级领导最经常接触的媒体（如一些党报党刊、企业内部的宣传材料等）进行投放、传播。自始至终，央企在进行品牌传播过程中都以上级为核心，而没有把消费者、广大公众放在核心对象的位置，忽视消费者、公众的感受。

在当下利益相关者日益多元化、公众权利日益高涨的时代，只关注领导，而无视消费者在内的广大利益相关者，将给企业的生存发展带来巨大风险。

其次，企业社会责任做多说少，公众传播意识薄弱。

企业社会责任是企业品牌建设非常重要的组成部分。如果操作得当，能够为品牌增色不少。而且企业社会责任有一定门槛，并不是每一个企业都能够承担起的。央企是企业社会责任的先锋模范，不管是政策要求还是主动承担，每年央企社会责任上的贡献都不菲。企业社会责任本应该成为提高央企品牌的重要武器，但由于营销传播意识的不足，既有的优势反而成为被公众诟病的品牌建设劣势。

央企社会责任传播，呈现一种只做不说和做多说少的状态。公众对于央企参与的公益事业、承担的社会责任几乎不知，这样就造成了公众认识不足，从

而导致央企形象"被偏差",形成了央企反哺社会不足的不良印象,对于企业发展和参与世界竞争十分不利。

除此之外,由于企业社会责任的发布是国资委的硬性规定,因此也有很多央企开展的企业社会责任项目是政府摊派的。由于和央企内部的发展战略缺乏关联,所以社会责任传播动力不足。对上完成任务即可,因此缺乏主动传播相关活动的意识及行动。

最后,事件性、间歇性传播多,缺乏连贯性。

近年来,央企的迅速成长,使得相当一部分央企有实力投入重大事件资源,开展相关传播活动。如2008年北京奥运会、2010年上海世博会等重大事件都有诸多央企活跃其间。如国家电网的奥运传播等都是比较优秀的案例。但是,也有很多央企在品牌传播中表现出强烈的跳跃性——事件之年往往投入较多,平常年份几乎没有投入。这样间歇性、跳跃性的传播状态不利于公众形成连贯的品牌认知,往往导致前期的品牌积累在持续的销声匿迹之后大打折扣。例如,2005年中石油全力冠名赞助"首届中国越野锦标赛",与中汽联共同致力打造中华民族自己的越野品牌赛事。但两者的合作不够持久,2006年就冷淡退出。有点无线、有线无面的品牌传播很难达到良好的效果。时断时续的传播活动不利于树立企业一致的品牌形象。

3. 品牌传播策略偏颇失衡

(1)传播渠道固化:重平面轻其他,重行业性轻大众性媒体

长期以来,由于目标受众定位不明确,央企在党报、行业性报纸和杂志等媒体的投放力度都相对较大,行业性报刊及其他B2B的传播渠道都受到了重视;而对于像电视、大众性杂志和报纸的投放则相对较少;新媒体方面,更是鲜见央企品牌的身影。但纵观国内外竞争对手,则频繁在广告投入上发力。由福田雷沃重工携手好莱坞专业广告制作团队重磅打造的广告片,于2011年3~6月在央视正式播出,据悉,这是迄今中国工程机械行业投资最大、制作班底最强的广告片。山东临工集团也在2011年大手笔拿下央视招标段广告。如此一来,对比鲜明。广大公众很难通过媒介渠道接触到央企的正面信息,但是公众对于这些信息的需求不会减少,所以一些小道消息就会在坊间广泛传播,甚至出现丑化央企形象的现象。

（2）传播形式单一：重新闻轻广告，重硬广告轻软植入

重视新闻报道这一传播渠道是央企较为突出的特色。一方面，央企产品与服务的特殊性质使其与国家社会经济发展大局联系更为紧密，搭车新闻报道不可避免地成为其宣传自身形象的重要窗口，这也是央企品牌传播的一大资源优势；另一方面，央企的向上传播意识决定了将新闻宣传作为其重要传播途径，以向国家展现其发展业绩与成就。当然，部分央企也认识到广告传播的重要性，认识到广告是市场竞争的必要工具，但是由于央企的定位以及民众对于央企的期望，央企在投放广告时顾虑较多，心态十分复杂。

首先，部分央企重视市场销售的广告，但不太重视广告对央企所带来的社会效益和长远品牌效益。这在一些不直接面对普通消费者的行业里最为常见。

其次，因缺少投放经验，同时也缺乏有效的媒介策略和媒介手段，无法有效利用媒介资源实现利益最大化，在预算有限的情况下更是望而却步。甚至部分央企有着"富而不露"的心理，怕因广告而"惹是生非"，干脆回避广告以求舆论环境的安稳。

再次，对于广告形式的理解，央企大多保守、稳健，在广告传播上显得比较正统、古板，广告形式比较单一。硬广告是其首选项，而对于一些植入广告的新形式则较少尝试。单一的传播形式使得央企品牌的理念、文化等无法更快速和有效地传达给受众，造成传播资源的低效利用。

（3）传播内容狭隘：品牌形象定位不明晰

央企对品牌形象概念的理解局限在品牌标志、品牌口号等较为浅层次的阶段，表现在传播上就显得内容狭隘，缺乏内涵支撑。诸多央企的品牌广告集中在产品优良及服务到位上，没有彰显品牌独到之处。

对比分析中石油与中石化形象广告，中石油广告"于平凡，见非凡"，强调服务无处不在，而中石化广告"中国石化，竭诚为您服务"，强调便捷的服务体系。二者表达的方式不一样，但是传递的信息几乎没有差别，没有突出品牌的个性，甚至我们可以把两个广告中的品牌直接互相替换。

此外，诸多央企在进行品牌营销时，没有统一的品牌传播理念，因此在多个渠道传递的声音很难形成一致的品牌联想。在传播理念上，GE（美国通用

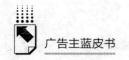

电气公司）做得可谓相当出彩。GE 于 2003 年 1 月推出了"梦想启动未来"的广告口号；在 2005 年北京国际通信展上，GE 首次参加，并喊出"绿色畅想"口号。配合这两大口号，GE 做了大量的电视、平面、视频广告，共同打造了"绿色安全、激情梦想"的理念，使 GE 品牌理念与品牌形象高度衔接，整个品牌也跃然脑海，变得形象生动起来。如今，当我们提到 GE，就不由自主地想到了它的"绿色畅想"和"梦想启动未来"。

4. 危机预警及应对机制相对滞后

一方面，央企的危机预警机制并不完备。央企在处理危机过程中存在的最为常见的问题是对危机警报反应迟钝，即企业自身对危机预警系统所预警的危机信号并不敏感。

大部分央企危机意识相对薄弱，甚至没有专门的预警机制。因此，当危机真正来临时，会出现不知所措的状态，在危机处理上，常常错失时机或者前期处理不合时宜，一旦危机扩散，就算管理者能力再强，也无法力挽狂澜。

另一方面，央企在危机处理的具体策略上有失偏颇，略显稚嫩。

首先，经常采取沉默不语的"鸵鸟政策"或"挤牙膏"的方式，对化解危机毫无帮助。

由于过去很长时期，大部分央企缺乏充分的竞争，因此企业对危机的认识和管理比较缺失。央企在处理突发危机事件时，经常以沉默不语的"鸵鸟政策"来应对，这种态度给公众造成一种不理会、不重视的印象，以致使本来不甚严重的问题进一步演化为更大的公关危机事件。

2009 年 7 月，网友爆料中石化总部吊灯价格达 1200 万元，并引发公众对于垄断性国企奢侈装潢的议论。中石化在"天价灯"问题的回应上可谓是经过了一个"挤牙膏"的过程，即从一开始讳莫如深、不予回应，到抛出"'天价灯'纯粹是谣言"的强硬说辞，直至在舆论压力下，其提供给公众的信息开始越来越丰富和明晰。但是由于并非一开始就透明公开，而是在舆论压力之下的被迫行为，所以危机处理的效果并不尽如人意。事实上，如果中石化在网友质疑之初便详细说明情况，将票据和相关资料在网上公布出来，事情何至越来越大，甚至形成了一个社会舆论高度关注的

"新闻热点"？

沉默不会让危机自动消失，相反，对于急于探求真相的民众来说，无疑更激起了他们强烈的好奇心。因此打破沉默，加大透明度建设对央企非常重要。一旦公众想知道的信息有正常的获取途径，谣言就不会被轻信，就会不攻自破。

其次，与反面意见对立的"鹰派作风"只会加剧危机。

在危机发生之后，对反面意见进行打压，并将持不同意见的人树立为自己的敌对面，这是绝对的愚蠢之举。尤其是企业与公民个体之间实力悬殊的对阵，往往会将民意推向弱势的后者。就连普通企业在危机处理中表现出强硬态度都会引来舆论攻击，本来就处于舆论弱势地位的央企，如果采取"鹰派作风"势必会将自己推至舆论的风口浪尖而难以招架。企业在处理危机时，一味采用强硬立场，只会令事情更糟。危机的缓和，都是在企业立场由"鹰派"向"鸽派"转变时才得以发生。

最后，央企内部未能统一声音，造成受众理解混乱。

在某些危机处理事件中，央企也可能犯口径不一的错误。如国家电网的降薪风波是 2010 年 7 月至 10 月人民网舆情监测室观察到的内部口径不统一的最大失败案例。整个舆情过程中，出现了企业相关负责人、部门负责人、企业员工等发出的不同的声音。

最开始由经济观察网从员工口中得知的国家电网主动降薪消息引发了第一轮舆论波动，虽然有媒体质疑国家电网此举意在作秀，但总体的舆情表现是良好的。第二轮波动是在《新京报》跟进的专稿《国家电网未证实大规模降薪》发表后爆发的，舆论由赞扬转变为质疑。随后，央广新闻从"相关人士"的口中得知，的确有降薪之事，最高幅度达 50%。此消息发布期间正值国家电网发布亏损消息，两者的结合将舆论指向了"报亏损、降薪，是为电价上涨埋下伏笔"，成为第三波舆论。后由有其内部员工发出的降薪消息，继续将国家电网推向了风口浪尖。从该案例中可以看出，不一致的言论，尤其是内部言论，会导致舆情的多次反复，甚至风向逆转。

突发的危机事件很难预测，甚至无法规避。面对危机，问题的焦点不是压制、掩盖，而是需要正面思考如何将危机的危害面控制在最小的范围之内。诘

责央企不是目的，而是期待看到央企进一步完善应对危机建立预警和应对机制，即使未来仍将面对各种危机，也能从容面对，转危为机。①

（三）央企品牌建设须直面三股力量

1. 竞争升级，央企品牌遭遇更强挑战

随着经济全球化的进一步加剧，企业之间的竞争早已经跨越国界，海外资源与市场的争夺愈演愈烈。在这样的大背景下，央企面临的挑战是前所未有的。在国内市场，央企往往享有较多的政府政策扶持。但在国际市场上，央企的这一政策优势将不复存在，海外市场的竞争是真正意义上的市场竞争，比的是企业的生产能力、管理能力以及营销能力，是真枪真刀的实力比拼。央企在国际市场上必须适应这种完全开放的竞争环境，最大限度地发挥品牌的力量，以在世界竞争中占有自己的一席之地。

当今环境下，不管是国内企业还是海外企业大鳄，都已意识到品牌对于发展的重要意义，因此纷纷以品牌为支点，持续高效地进行投入，以此来撬动企业未来的大发展。

从国内来看，诸多企业都已意识到品牌建设的重要作用，在品牌建设上不遗余力，并且取得了一定成就，央企面临的品牌竞争环境更加激烈，考验也更为严峻。Interbrand 公布的 2011 年中国最佳品牌排行榜前 50 名，仅有中国移动和东风汽车两家央企。2010 年和 2011 年入围 Brandfinance 世界品牌 500 强的中国内地企业数量均为 19 家，其中非央企分别占 12 家和 11 家。

放眼全球，品牌竞争更加白热化。品牌成为决定企业生死的魔咒。苹果品牌价值排名从 2010 年的第 20 位上升至 2011 年的第 8 位，品牌价值从 198.29 亿美元上升至 295.43 亿美元。诺基亚的品牌价值排名从 2010 年的第 21 位降至 2011 年的第 94 位，品牌价值从 195.58 亿美元降至 96.58 亿美元。而 2012 年，百年品牌柯达却宣布破产，战略方向选择的错误加上"胶卷＋傻瓜相机"的陈旧品牌形象最终导致了其灭亡。反观品牌新贵苹果，该公司的每一项技术

---

① 黄升民、邵华冬、陈怡：《2008：模范生的拷问——略论新世纪以来中国企业危机公关传播的危情与转机》，《国际广告》2009 年第 3 期。

都是可以复制的，但是苹果公司的产品是独一无二的。其原因就在于苹果强大的品牌力量，将文化的元素深深烙印在每一个元器件之中。

一方面，整个竞争环境的大变化要求央企将品牌建设提升至企业发展的重要战略地位；另一方面，竞争对手在品牌上的与时俱进，更加急迫地需要央企扛起品牌的大旗与之在世界级市场展开交锋对决。两方面的压力使央企在品牌建设方面面临着前所未有的挑战。

2. 媒体环境复杂化，品牌传播难度加大

数字新媒体发展迅猛，媒体环境趋于复杂，信息传播的可控性大大降低。全媒体时代，人人皆媒体，事事皆传播。媒体环境更加复杂，品牌与消费者的信息接触点更加多元。而近年随着社交媒体、微博等自媒体的出现和发展，信息传播的可控性大大降低，每一个电脑屏幕前面的网民都可能成为一个新闻话题的制造者和传播者。而对于网民传播的信息，企业对其的管控却显得极其无力。

这也印证一个观点，即在数字化时代，对于信息的管理不能是控制，而是疏导。靠强力来控制信息、控制消费者是十分愚蠢的做法，非但不能奏效，反而会加深对品牌的伤害。这个时代，有效的品牌管理方式是顺应民意。首先要学会和消费者沟通，选择他们喜欢的媒体形式，用他们乐于接受的方式，传播他们感兴趣的内容。这个过程看似简单实则蕴涵玄机。什么是当前消费者喜欢的媒体形式，什么是他们乐于接受的品牌传播方式，什么又是他们所感兴趣的内容？要准确洞悉这些问题的答案，企业需要投入大量资金进行前期调研。而目前，央企对品牌的认知还远没有达到这个高度，对品牌的投入自然也无法达到这一要求。但是现实环境所迫，央企不能一步一个台阶地往前走，而是要三步并作两步地实现品牌建设的时代跨越，紧跟媒体环境的变化，实现品牌传播的进一步升级。

新媒体环境下，全媒体的概念已经悄然登场。众多企业纷纷试水全媒体营销，一些品牌意识和实践较为先进的央企已经加入这场全媒体营销的华丽盛宴当中。中粮集团在 2010 年启动了一场以社交媒体为核心平台的全媒体营销活动来为其全产业链概念的提出预热布局。首先，中粮集团设计了一款针对城市白领群体的社区小游戏"中粮生产队"，利用 SNS 社区为核心传播平台进行推

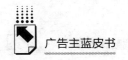

广。在游戏当中，中粮植入了其全产业链的相关概念和形象，通过一种非常有趣的方式向消费者传达其"产业链好产品"的核心理念。与互联网上的传播相配合，中粮集团还通过电视媒体对这一理念进行传播，包括电视硬广告、冠名赞助电视节目"链上美好生活"来扩大中粮"产业链好产品"的影响。除此之外，借助2010年上海世博会的良好契机，中粮将世博会纳入传播链条当中。随着世博会的闭幕，"中粮生产队"的游戏也慢慢下线。但是游戏当中的"靠谱"却成为流行语，产业链的概念也实现了良好的传播。

中粮全媒体营销个案就是央企适应媒体环境的变化，升级品牌传播理念、优化品牌传播渠道的有益尝试。但是，目前大多数央企还处于一种较为初级的传播状态中，面对复杂多变的媒体环境，央企面临重重挑战。

3. 消费者力量崛起，央企被寄予更高期望

媒体环境的变化带来最深刻的变化是消费者的变化。

首先是数字化消费者数量的增多。CNNIC数据显示，目前中国互联网网民数量已经超过5亿，手机网民的数量也在不断攀升，数字化消费者数量的激增对企业产生的最直接影响就是企业营销传播渠道的改变，即企业必须改变传统的广告投放习惯，更加注重利用消费者当前最经常接触的媒体对其进行有效捕捉。

其次是媒体接触习惯的改变带来了消费者自身的变化。当前丰富的新媒体形式为公众时刻关注热点话题事件、发表自己的观点提供了多元化的平台，消费者话语权意识空前增强。近年，消费者对于企业频频爆发的危机事件持续关注，并不断利用各种媒体平台及传播渠道发表自己的意见。调查显示，越来越多的官员上网收集民意，71.9%的公众认为这意味着政府开始重视网络民意。

消费者的权益意识获得前所未有的提升。这一方面体现在消费者对产品和服务的期待上。在物质生活与精神生活不断丰富之后，消费者对产品和服务的质量、体验等的要求不断提高，对品牌的关注与追求前所未有。另一方面体现在消费者对企业作为社会经济主体的企业公民身份的期待上。换句话说，就是消费者不再仅仅将眼光局限在企业为自己提供的产品和服务上，而是以一种更为宽广的视野来关注企业对社区乃至整个社会的贡献；消费者不再是将企业仅仅作为产品和服务的提供方来看待，而是将企业视为社会的有机组成部分，要求企业在自身发展的同时扮演好企业公民的角色，积极履行其社会责任。

以上变化促使央企不得不改变以往高高在上的姿态，而是重视消费者，重视变化着的消费者。而这种转变对于央企来说也是极大的挑战。一方面，通过一种平等对话的方式来进行沟通对于以往习惯于对上不对下开展沟通的央企而言确实需要时日；另一方面，当今的消费者是不断变化着的，变得更加难以捉摸、难以取悦，这对于连与其平等对话经验都尚缺乏的央企而言实在是一大挑战。

但是，中央企业作为"共和国的长子"，掌握着重要的国民经济命脉，不管是巩固其在国内的经济地位还是在国际市场开疆拓土，都必须学会和消费者交流，必须重视消费者的变化和消费者力量的崛起。

三　央企品牌建设迎来大发展

（一）央企拥有国家信誉背书

从央企的自身概念与范围的界定上我们不难看出，央企在先天属性上具有政府背景的优势，国家为央企品牌提供了强力的信誉背书效应。这一先天的出身优势使得央企具有与生俱来的良好社会地位。对社会公众而言，央企隶属于社会结构中的顶尖精英权威阵营，与中小民企的草根出身直接形成鲜明对比。其一，央企及其监管机构都有"国"字头背景，在资源占有与经营规模上给大众以大企业、大品牌的印象。其二，央企产品服务关系大众生活与消费，实用性与必需性十分凸显。其三，大众更倾向于相信央企能够在未来发展中获得更多国家力量的支持，在发展遇挫等困境中也可以将风险降至最低，相对民企来说更加稳定。央企所拥有的这种国家信誉背书有待转换为品牌力，目前，尚未得到充分的挖掘与利用。

（二）央企经济实力为品牌发展提供最强支撑

品牌的持续发展需要企业经济实力的强大支撑。中小型企业因为经济实力有限，品牌建设与投入往往随着市场竞争忽高忽低，超前的投入可能致使企业资金链断裂，滞后的投入则可能无法形成营销力。与之不同的是，央企无论在

资源占有量、生产规模、市场份额还是企业施展能力的空间方面，都有着支撑品牌发展的强大实力与广阔空间。

我国的 117 家央企分布在关系着国计民生的九大基础性行业。整体来看，占据着国家 60% 以上的社会资源，涉及国民经济核心命脉的石油石化、电网电力、电信、航空运输、水运、商贸、机械制造、钢铁、矿产、建筑施工等诸多支柱产业，并且在其中的众多领域享有独占与垄断地位。例如，2011 年，中国石油的国内原油产量占全国的 53%，天然气国内年产量占全国的 80%[1]，而根据 2012 年 6 月的最新统计，中国移动控制着中国 6.83 亿[2]的移动通信用户。丰富的资源以及强大的用户基础都成为央企实现品牌发展的重要支撑。

（三）品牌是央企赢得未来发展的关键

1. 央企品牌建设是国家发展战略的要求

中国的国家软实力在世界竞争中还处于低水平，不仅是文化输出，而且中国品牌的成长和影响也是重要的考量。改变落后的品牌现状，不仅是央企自身的迫切需要，更是国家从战略层面对央企提出的要求。

一方面，企业品牌建设上升到国家战略高度。"十一五"规划及党的十七大报告中把培育中国自己的跨国公司和国际知名品牌作为落实科学发展观、转变经济增长方式的重要任务之一。2011 年发布的《中华人民共和国国民经济和社会发展第十二个五年规划纲要》中则进一步指出要"推动自主品牌建设，提升品牌价值和效应，加快发展拥有国际知名品牌和核心竞争力的大型企业"。

另一方面，品牌建设成为央企自身发展战略的重要组成部分。"十二五"时期中央企业改革发展的总体思路概括起来是：围绕"一大目标"，实施"五大战略"。"一大目标"即做强做优中央企业，培育具有国际竞争力的世界一流企业。围绕这个核心目标，要重点实施转型升级、科技创新、国际化经营、人才强企、和谐发展"五大战略"。

2. 品牌助力央企形象重塑工程

相当数量的央企在提供可靠的产品及服务、履行社会责任、实施公益慈善

---

① 数据来源：中国石油官网。

② 数据来源：2012 年 6 月中国移动公布的统计数据。

等方面都作出了卓越贡献。但是，一方面，不曾以亲民与谦逊的服务者的姿态与大众进行深入、积极的沟通；另一方面，当负面新闻甚嚣尘上时并没有积极回应，开展企业形象自救。因此，大多数危机事件的升级都是源于央企以高高在上的行事作风，在矛盾与危机中越陷越深。

一直以来，央企被置身于"垄断""暴利""权力"等负面词语之中，傲慢、低效率、牟取私利等尖锐的指责声似乎都成为公众眼中央企的典型标签。同时，央企的社会责任"做多说少"，更使其深陷质疑和猜测的旋涡中，而难以通过有效的方式和社会公众沟通来化解误解、改变人们对央企的印象。

要开启央企形象重塑工程，品牌建设的完善与品牌传播的升级是央企的必然之选。也只有通过品牌化的路径，央企才能实现与社会公众的深入沟通，实现自身形象的重塑。

3. 央企进军国际急需品牌助力

纵观全球市场，世界一流企业无不是百年品牌或品牌强企。世界一流强企不应仅是在产值、利润等经营业绩上领先，而应依托品牌生命力为企业发展注入持久的活力。即便是 IBM、巴斯夫、壳牌、GE 等 B2B 类的企业，也无一不在世界品牌价值排行榜上。

自 20 世纪末中国政府正式提出"走出去"战略以来，十余年间央企在中国海外并购市场上一直扮演着中坚力量的角色，尤其是实力强劲的"三桶油"和矿产企业，频频在海外并购市场上出手，刮起了一股海外并购的中国风。①

但从中铝集团等多宗并购失败的案例可以看出，央企要在世界舞台赢得一片竞争领地，单纯依靠资金实力、规模效应必定不会长远。央企的国际化进程需要品牌助力，全球市场的开拓也为央企品牌的崛起提供了绝佳的实践机会。

无论是金融危机之后海外市场盘整蕴藏的发展机遇，还是央企自身不断进行市场开拓的需求，抑或是中国在国家战略层面对央企提出的国际化要求，海外市场为央企品牌的发展完善带来了挑战，但也提供了更多的机遇。资料显

---

① 《央企民企海外并购稳中求进，PE 机构或成助推剂》，中国经济网，2012 年 8 月 6 日，http：//news. cqnews. net/html/2012 - 08/06/content_ 18327577. htm。

示，仅 2012 年上半年，中国企业共完成 60 起海外并购交易，同比增长 22.4%；涉及金额 194.20 亿美元，同比增长 23.8%，环比更是激增 56.5%。①

近年来，国资委曾多次表示到 2010 年前后要培育 30～50 家具有国际竞争力的跨国企业。根据 2012 年最新出炉的《财富》世界 500 强榜单，中国首超日本，成为入选企业数量排名第二的国家，从 2003 年的 6 家增长至 2012 年的 73 家，而央企占据了其中的 42 个席位。

过去中国企业"走出去"更多地关注资源、人员、机械、制造等方面，未来的中国企业要在世界舞台上争奇斗艳，更应该关注的是核心技术、品牌影响力、人才和渠道等领域，一切都要力求创新与高品质。

（四）央企品牌实践的沉淀和升级

1. "排头兵"央企的示范效应

品牌建设在整体呈现落后状态的央企中早有分化，部分代表性央企的品牌建设与传播活动已经走在了中国企业的前列，在央企群体内部也发挥着积极的带头示范效应。这一类企业是在品牌建设成熟度以及品牌建设成效方面相对领先的央企，以中国移动、中国一汽集团、中粮集团、南方航空等为代表；第二类是品牌建设相对成熟、知名度较高但企业危机频发，企业形象不尽如人意的央企，以中国石油、中国石化等为代表；第三类则占据着央企的大部分，以中国五矿、中国南车、宝钢、神华集团等为代表，主要集中于 B2B 企业，该类央企也是品牌建设与整体品牌发展较薄弱的群体。

以中国移动、南方航空等为代表的央企不论是在品牌管理架构的设置上，还是人才的配备上都已经体现出与外企比肩的品牌专业能力，多年持续的品牌活动也呈现内在连贯性与长期性，这都为其他央企的品牌工作起到了积极的示范作用。

2. 央企整体品牌意识升级

国企的改革曾被视为"最难啃的骨头"，而央企的深化改革同样艰辛。在

---

① 喻春来：《中石油再购中东油气 "三桶油"海外收购频现》，《每日经济新闻》2012 年 7 月 27 日。

不断适应市场化生存，朝着建立现代企业制度前行的过程中，央企也逐渐开始有了品牌助力企业发展的认知，品牌意识渐浓。如国家电网领导人刘振亚，上台后积极布局品牌战略、更换新品牌标识系统、进行宣传口号的内部贯彻与外部推广……央企从高层至管理层、执行层面的变化都是其品牌意识升级的重要体现。

央企品牌意识的升级既有来自内生性的成长与发展，也有在市场竞争压力下对先进品牌的学习与借鉴，与此同时，公众日益提升的需求以及媒体环境的变迁，都是推动央企品牌意识不断前进的动力因素。

此外，竞争中的失意、消费者的崛起、新媒体技术的演进，这些都是激发央企要培养品牌经营管理能力的经验来源。央企越来越关注声誉与形象，重视大众消费者，并积极尝试进行沟通与传播。

3. 社会责任建设成效显著

与国内众多中小型企业等相比，央企的社会责任建设呈现起步早、投入规模大、成果丰富、领域广泛的优势，并且央企的社会责任建设相对国内其他企业来说更具规范性与系统性。

首先，央企形成了常规性的社会责任报告发布机制。国家电网作为央企之一，是第一家发布社会责任报告的中国企业（2006 年），随后其他央企纷纷开始将社会责任以报告刊发的形式向社会公示。此外国资委中央企业社会责任指导委员会于 2012 年 5 月成立，国资委的督促及监管使央企社会责任建设的不确定性大幅减弱。

其次，央企对社会责任的内涵理解日渐成熟。例如走在前列的国家电网将社会责任进一步划分为共同责任与特定责任，涉及十二大板块，既有时代背景的影响，也源于国家电网对社会责任的持续研究与深入探索。

最后，央企社会责任实践投入多、规模大，涉及领域也相对广泛。如 2011 年 117 家央企中就有 108 家发生对外捐赠，累计支出总金额高达 37. 70 亿元。①

因此，"从绝对绩效上来说，央企的社会责任实践是中国所有企业中最出色的"。

---

① 数据来源：2012 年 6 月国资委公布的统计数据。

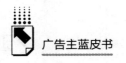

四　开启央企品牌的战略决胜时代

（一）以战略性眼光为品牌配置资源

央企从整体发展战略的层面对品牌发展所需要的相关资源进行有效的配置，并遵循发展战略、营销战略的大方向，制定相应的品牌战略，使其品牌活动具有长远规划性。

针对央企目前的品牌经营现状，一方面，央企要实现从重视产品经营管理到重视品牌经营管理的转变。很多央企只重视经济指标，忽视口碑、形象等品牌相关指标，因此即便部分央企能够在技术、产品等硬性标准上达标甚至形成领先优势，但由于品牌的落后使得这种优势难以长存，尤其是在国际竞争中长期处于落后的地位。

另一方面，要切实对品牌进行战略性投资。品牌建设不是一蹴而就的，必须长期投入、持续维护从而实现品牌升级。与央企在开拓市场中的大手笔并购动作形成鲜明对比的是，其在品牌投入上明显缺乏纵观全局、展望未来的战略性眼光和央企应有的气魄。

（二）建立科学健全的品牌管理机制

央企品牌建设要实施战略性的资源配置，其中的重要支撑就是相关组织机构的建立完善与品牌管理机制的健全。

首先，硬组织是品牌软实力施展力量的平台和保障。央企需建立品牌业务的专职部门，具体形式可以多元化。同时保证在品牌管理工作上的统一协调性，不管采取扁平化还是垂直化的管理方式，都要保证在品牌规划和具体执行上的统一性。

其次，软实力助力央企品牌发展主要通过人才来实现。央企要使人才成为品牌发展的不竭动力，需要打破"高门槛"和现有封闭性的人才培养和引进机制，以更加开放、公平、公正的心态吸引优秀人才的加盟。如国家电网面向全球公开招聘公关部负责人，就是一种积极的转变。

最后，央企要加强与外部品牌支持机构的战略合作。一方面，央企要通过与媒体开展深度合作实现对媒体资源的充分挖掘与利用，实现既有媒体平台的多元化开发。另一方面，积极利用代理机构等智囊团，借助外脑的力量使央企品牌工作更具系统性与规划性。如中国移动等通信运营商以及中粮集团等大众消费品类的央企，都有长期合作的广告代理公司，因此有相对系统的品牌管理规划，品牌传播活动间的连贯性也较好。

（三）社会责任为重，重塑央企形象

1. 以企业社会责任强势立足

央企的形象重塑工程是品牌建设与传播中的首要问题。作为国民经济的重要支柱，从企业社会责任入手开展品牌建设不仅能够发挥央企的基础优势，还更易被社会公众接受与认同。同时这也是央企成为国际大品牌以及令人尊敬的企业的必然之举。

首先，改变"只做不说"的现状，央企在开展企业社会责任建设中要具备营销意识，与企业品牌定位有机结合，使之成为能够给企业带来切实回报的活动。如国际能源巨头 BP 开展的公益活动都是围绕其环保的品牌定位展开，多年的持续性运作不仅塑造了其热心公益的形象，还有效地为其树立了环保行业领先的地位。

其次，企业社会责任内涵十分广泛，央企需要多元化拓展，不应仅局限于救灾捐助等狭隘的领域。与员工、公众等利益相关者有关的所有领域都可以成为央企践行企业社会责任与公益的着力点。

此外，具体的传播形式也可以多样化延展。如赞助相关主题栏目、电影等，进一步扩大企业品牌建设活动范畴——如危机公关、线下活动、企业文化建设、企业声誉管理等多领域，系统化地承载品牌建设活动。

2. 关注危机，建立预警及应对机制

央企长期以来处于社会舆论的中心，稍有闪失就易引发企业危机，因此央企有必要迅速建立针对危机的预警以及应对机制。

一方面，央企要有从信息封锁到信息公开、透明的科学危机传播管理意识。央企危机应对的指导思想要从"堵"信息的思想转变到"疏"信息的

思想。

另一方面，央企要积极建立舆情危机应对工作体系，包括常态化、制度化的舆情监测、分析、应对机制，建构互联网时代央企舆论引导工作的新格局。通过专门的舆情监控和危机应对团队，保障危机处理工作的有效进行。

3. 打造长效的公众沟通平台

央企态度上的转变至关重要。从居高临下的姿态转变为与公众的平等对话，改变央企"高高在上"的形象。像国家电网近年来提出以公众为核心的全新口号"你用电、我用心"，开始以服务者的姿态重新面对消费者。

打通与社会沟通的通路，搭建长效的与公众沟通的平台对央企品牌建设与传播十分重要。平台的搭建保障了沟通的顺畅。央企与社会公众进行沟通的平台形式多元化，可以像国家电网一样通过品牌口号的传播与公众拉近距离，也可以通过所有强调互动性、参与性与实效性的传播平台与社会公众建立联系。

（四）传播有道：科学传播助力央企实现强品牌

1. 传播对象多元化

央企品牌传播活动存在的一个重要问题就是传播对象过于局限。目前很多央企的传播特点是"对上不对下""对内不对外"，要么更多将传播对象锁定为相关领导，要么更多将传播对象锁定为内部员工，往往忽视了更多的利益相关者。央企的良性发展离不开与投资者、上下游企业、消费者、社会公众、媒体等诸多利益相关者的良好沟通与互动。

例如 GE，作为国际知名的 B2B 企业，却常年在与大众消费者的沟通中有巨大的投入，通过广告、公益活动等宣传其企业形象，欲通过构建一个利好企业的公共关系环境，为企业的长远经营与发展创造条件。

2. 传播主题精益化

由于缺乏战略视角，目前相当多央企在品牌传播方面的主题定位模糊，且品牌传播活动相互孤立、各自为战，缺乏一个集合所有传播活动的爆发合力。

首先，定位精准才能有效构筑竞争壁垒，强化竞争优势。伴随竞争升级，从产品到服务的同质化日益严重，而能够形成有效竞争区隔的领域就是品牌。只有形成了精准的品牌定位，央企才能够以独特形象脱颖而出，真正形成自身强有力的品牌竞争优势。

其次，在精准定位基础上形成系统化品牌建设才能真正形成品牌爆发力。企业的一系列广告、公关活动都围绕该主题展开，才真正有利于品牌的形成。如 BP 在确定了"不只提供石油"这样一个大的品牌传播方向后，几乎所有的广告活动、公益活动、新闻宣传都是以此为主题进行衍化。

3. 传播渠道创新化

当下，央企在品牌传播的渠道选择上过于保守，与受众相脱节，更与利益相关者的品牌接触习惯存在较大差异。

首先，传播对象的拓展要求央企的传播渠道应该更具延展性。央企应积极调整其传播渠道选择策略，依据传播对象的媒体接触习惯，进行积极的媒体渠道布局。

其次，目前传统的报纸媒体是央企在开展品牌传播时首选的媒体类型，而对于互动性较强的媒体渠道则较少涉及。当下，互联网、手机、数字户外等数字媒体形式具有双向互动、效果可测量、定位精准、传播形式多样等特性，央企利用这些媒体可以实现对目标人群的精准传播，并利用其喜闻乐见的形式与之进行互动沟通，从而达到品牌的有效传播。

最后，"创新"对于央企品牌传播提出了高要求，任何与目标对象能够发生关系的企业或品牌的接触点都可以成为央企着力的品牌传播渠道。从产品服务、终端、人员、公益实践等都是传播央企品牌形象的有效载体。

4. 传播活动系统化

央企要开展科学的品牌传播活动，就要在合理的品牌管理机制执行上做到系统化。

长期以来央企分散的传播活动不仅削弱了效果，而且浪费了一定的传播投入。因此，重要的一个方面就是要做到横向上的系统性传播，即多种传播形式之间的协同联动性。如就某一主题的公益活动，央企可以通过权威媒体（如央视等媒体平台）对其进行新闻报道，同时也可以投放相应的公益广告。此外，还可以与媒体合作一档定制栏目来对这一相关主题的活动进行植入，或开展可引发消费者互动、参与的线下活动，既传播了公益主题，又可以彰显企业的公益之心，一举两得。

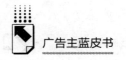

　　系统性不仅体现在横向的联动上，还要求在纵向上做到持续性与时效性的有效结合，即央企在品牌传播中既要有持续投入的战略性长远眼光，又要有敏锐把握品牌传播重要机遇的时效性追求。如国际知名品牌三星，积极地把握住奥运营销的重要契机，发力品牌传播实现品牌爆发；与此同时制订了长期的针对体育营销施力的战略规划，连续多年深耕体育营销，两者的结合促使三星快速地由区域性品牌成长为全球性的品牌。

5. 建设品牌营销主平台

　　因其业务领域不同、行业属性多样、体制改革进程不同，各央企在经营市场化程度、企业内部管理水平以及品牌发展成熟度上存在一定差异。因此，一方面，央企整体品牌发展呈现相对保守、步伐缓慢的落后状态；一方面，央企内部也有区隔，不同央企在品牌发展上的问题各有差异，所寻求的解决方案也不尽相同。但央企与其他企业有着共同的品牌发展需求，那就是追求形象提升和营销实效，只不过由于央企需要承担更多社会责任，公众对其寄予更高期待，加之品牌现状也是不容乐观，因此其需求更为迫切。

　　同为央企的中国中央电视台，作为中国最具实力企业的战略合作伙伴，在过去的 30 年间有效提升了中国企业的品牌价值，有力推动了中国企业的做强做大。在央企品牌建设和传播亟待突破的这一历史性时刻，它既是支持者又是引领者，最核心的定位是央企品牌建设的高端营销平台，甚至超越媒体的范畴，成为央企品牌发展的智囊机构，以多年来辅助无数品牌运作的经验来帮助央企实现品牌价值的飞跃。

B.3

报告三
广告主数字媒体运作研究报告

中国传媒大学广告主研究所

摘　要：

　　数字媒体的快速普及发展和消费者的数字化生存推动广告主对数字媒体的运作，从尝试性、补充式向整合化发展。发展到2012年，数字媒体从广告传播载体发展成为与消费者互动沟通、实现销售的营销平台，数字媒体营销对广告主产生革命性的影响。广告主在利用数字媒体开展对外营销传播活动之外，也在内部管理和战略布局方面向数字媒体倾斜。

关键词：

　　互联网　数字户外　营销传播　战略跨越

一　广告主数字媒体运作步入战略跨越期

（一）广告主数字营销传播的历程回顾

　　回顾6年来数字新媒体在广告主营销传播组合中角色和作用的变化，可以划分为两个大的阶段，即战术初探阶段与战术升级阶段。第一阶段是广告数字营销传播的战术初探期，即数字新媒体只是作为广告主营销传播活动的一种媒体工具，与电视、报纸、广播的角色相似，从对广告主数字营销传播发挥的作用来看，可以顺序总结为一个"补位—提升—归位"的过程。

　　2006年，可以看作新媒体的"补位之年"。随着经济社会的发展，都市居民的生活形态也在发生着改变，开始呈现碎片化的趋势，媒介接触习惯也随之改变。传统的大众传播媒介的效果在不断地下降，为了精准地捕捉目标受众，广告主开始尝试更多样的媒体组合，如楼宇液晶、电梯框架、互联网等。在此阶段，新媒体起到填补传统媒体覆盖间隙的作用，广告主的尝试也是初级的，所占份额非常小（见图3－1）。

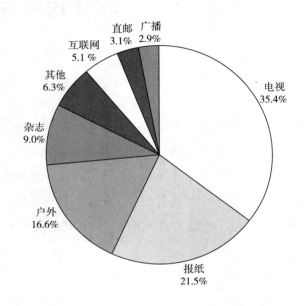

图3－1 2006年被访广告主媒体广告费用分配情况

2007年可以看作数字新媒体的"提升"之年。在中国传媒大学广告主研究所的调研中发现，2007年在广告主的媒体组合中数字新媒体有了一个飞跃式的提升。在这一年中广告主的数字新媒体投放从观望进入积极试水的阶段。广告主数字新媒体运作理念也日益清晰，开始关注新媒体对碎片化的人群的围捕，"时空交融"的媒体组合渐成主流。如"液晶电视""互联网"和"电视媒体"形成互补（见图3－2）。

2008～2009年，广告主使用数字新媒体进行营销传播的策略再次出现调整，发展到了"归位、整合"的阶段，即互联网、数字户外等媒体与电视、广播、报纸、杂志、户外大牌等媒体各自发挥传播优势，协同发挥作用，形成系统化的整合传播体系。数字媒体在广告主的营销传播中的地位逐步上升。

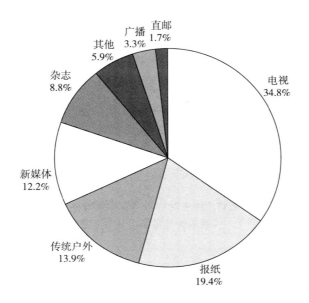

图 3 – 2　2007 年被访广告主媒体广告费用分配情况

2010 年以来，广告主数字营销传播进入第二阶段，即战术升级期。时值后金融危机时期，由于国际和国内经济遇冷，市场疲软，国内大部分广告主营销传播费用缩减，看重实际销售效果的营销传播手段受到广告主的青睐。与此同时，随着互联网应用的普及率提升，视频、微博、SNS 等新型互联网传播形式出现，电子商务发展日趋成熟，广告主的传播与销售可以同时在互联网平台实现，销售又为广告主的传播提供了内容和口碑，广告主的数字营销传播呈现"传播即营销、营销即传播"的特征。数字营销传播在广告主营销传播中的地位持续提升，同时数字营销传播对广告主的营销理念和营销传播策略起到了本质上的革新作用。2011 年，被访广告主的媒体花费中，互联网首次超过了报纸，次于电视，位列第二（见图 3 –3）。

（二）消费者呈现数字化生存，广告主数字营销传播战略持续升级迫在眉睫

截至 2012 年 6 月底，中国网民规模达到 5.38 亿。互联网普及率达到 39.9%。中国手机网民规模达到 3.88 亿。2012 年上半年，即时通信用户维持

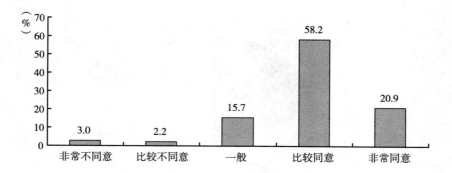

图 3－3　被访广告主对"数字媒体营销在企业营销
传播中的地位在上升"观点的态度

较高的增速，继续保持中国网民第一大应用的领先地位。此外，网络视频以及网络购物、网上支付等电子商务类应用的用户规模增幅明显，这几类应用在手机端的发展也较为迅速。①

受众形态呈现媒体化生活，即媒体与生活无缝对接。在传统媒体时代，受众总有跟媒体没有接触的时段和区域，现在的媒体环境可以实现与消费者的无缝连接。② 数字媒体的多元化发展为各类网民提供了直接的刺激：互联网应用的增加，手机、平板电脑等移动互联网终端的更新换代，以及在数字技术基础上不断涌现的数字媒体新形式，它们构建了基于数字技术的媒体无缝衔接，几乎嵌入了消费者 24 小时的媒介接触与媒介使用生活，消费者的数字化生存状态由此渐趋明显。

获取信息、交流沟通、娱乐、购物成为互联网用户的主要行为。2011 年中国网民即时通信、电子邮件、社交网站、论坛/BBS 的使用率分别为80.9%、47.9%、47.6% 和 28.2%。网络音乐、网络视频、网络游戏和网络文学用户使用率分别为 75.2%、63.4%、63.2% 和 39.5%。电子商务类应用稳步发展，网络购物、网上支付、网上银行和在线旅行预订等应用的用户规模全面增长。与 2010 年相比网购用户增长 3344 万人，增长率达到 20.8%，网上

---

① 数据来源：中国互联网络信息中心（CNNIC）《第 30 次中国互联网络发展状况统计报告》。
② 丁俊杰：《未来五年中国广告发展的几个趋势》，《广告人》2011 年第 7 期。

支付、网上银行使用率也分别增长至 32.5% 和 32.4%。团购成为全年增长第二快的网络服务，用户年增速高达 244.8%，用户规模达到 6465 万，使用率提升至 12.6%。

"70后""80后""90后"是全面数字化的一代。这些青年族群的传统电视收视率和时长正呈现不断下降的趋势。上班族、年轻白领、中产阶级等中高端人群对传统报纸、电视的接触率和接触时间都在不断下降；除了对互联网的重度使用，他们还因工作环境和偏好对数字户外有着更高的关注度，对手机等移动终端的依赖程度较高。

数字营销传播不再只是企业提高营销传播效率的手段，而是关乎企业生存发展的根本问题。换言之，中国市场的消费主力生活在数字媒体环境中，如果不倚重数字营销传播，企业将失去生存的基础；一旦信息不对称的状态被打破，多年来通过一对多的发声行为所建造的品牌大厦就迅速崩塌，数字营销传播的战略意义因此而倍加凸显。

（三）直面当下，广告主数字营销实现战略跨越

1. 广告主眼中数字媒体地位上升，费用投入再创新高

数字新媒体在中国广告主营销传播中的战略地位的升级，最为直观的表现就是广告主对数字媒体角色的认可和提升，以及持续增加的费用投入。中国传媒大学广告主研究所 2012 年度数字媒体专项调研数据显示，被访广告主在数字媒体方面的营销费用分配比例较之 2011 年有不同程度的提升。其中，互联网依然超过报纸，排名第二，所占份额达到了 18.2%。

中国传媒大学广告主研究所的调查数据显示，各行业广告主平均的数字媒体广告投放量占媒体广告投放总量的比重已经从 2009 年的 10% 提升到了 2012 年预期的 20%（见图 3 - 4）。IT、汽车、金融、房地产等较为倚重数字媒体的行业，企业在数字媒体上的平均广告投放比例已经突破了 30%，部分企业甚至高达 50%。近几年，宝洁在中国市场的营销策略也开始向数字营销转型，宝洁大中华区品牌运营副总裁靖捷公开表示，宝洁中国在数字方面的营销预算以每年至少 50% 的速度递增，数字化营销尤其是社会化营销被提升到公司营销策略中非常重要的地位。

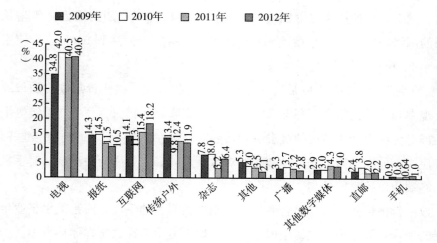

图3-4　2009~2012年被访广告主在不同媒体上的广告费用分配情况

（2009 年 n = 131，2010 年 n = 108，2011 年 n = 102，2012 年 n = 86）

2. 媒介渠道"一体化"发展提速

艾瑞咨询最新统计数据显示，2012 年前三季度中国网络购物市场交易规模为 7861.9 亿元，已经超过 2011 全年的网购交易规模。2008 年以来我国传统企业进入 B2C 电子商务的趋势明显，并且发展迅猛。国美、苏宁进入家电网购市场，百丽、Kappa、李宁、TCL、格兰仕、相宜本草、中粮等服装、鞋类、日化、食品领域的传统生产型企业也纷纷涉足电子商务。百丽、李宁、爱慕在与淘宝商城、京东商城等平台合作的同时，也先后建立了独立的官方网上商城。

企业面向消费者的电子商务平台搭建的提速，为互联网上传播与销售的联动和融合提供了基础。例如，2011 年 4 月 7 日吉利汽车的全球鹰品牌淘宝旗舰店开业，截至 2012 年 4 月全球鹰官方旗舰店开业一年，累计独立浏览量超过 385 万人，累计回答咨询 100 余万个，吉利汽车已经累计销售 357 台车，平均每天销售 0.98 台车。

3. 企业内部组织结构全力变革响应数字营销趋势

一方面，广告主对于数字营销专业人才的需求不断加大，不断积极引进各种数字营销专业人才，同时数字营销相关培训也被纳入企业自身的日常工作中；另一方面，广告主在认识到数字新媒体营销传播的重要性之后，在组织结构设置、人员配备和工作安排上作出了新的探索。

从 2008 年开始，较早尝试运作互联网媒体的企业，比如 IT、汽车等行业企业为了迎合数字营销发展的需要，纷纷在原市场部设立 E-Marketing 小组或在媒介部设立新媒体专员。2011 年以来，企业的数字营销变革升级，部分企业设置了独立的数字营销部门，与市场部、销售部并列，主要开展电子商务和数字营销传播管理。

2012 年东风日产汽车公司成立全新的职能部门数字营销部，以应对互联网营销发展的需要。此举开了中国汽车市场网络营销的先河，东风日产数字营销部通过整合网络信息和营销资源，在网络互动营销和网络销售线索追踪上作出了多种尝试，成效显著。

二　广告主三大数字新媒体营销传播运作特征

（一）互联网：多形式—跨平台的全方位整合，人性化体验与深度互动趋于成熟

1. 广告主互联网花费占比稳居全媒体排名第二

根据中国传媒大学广告主研究所调研，2011 年互联网首次超过报纸媒体，费用占比跃居全媒体排名第二。2012 年，被访广告主媒体广告投放费用比例中，互联网占比达 18.2%，稳居广告主媒体广告费用第二位。CTR 关于媒体刊例价的监测结果同样显示，互联网媒体广告收入已经超越了报告媒体广告收入。

根据普华永道下属的市场调研机构调查显示，2013 年，全球互联网广告市场份额将由 2004 年的 4% 增长至 19%，规模将由 180 亿美元增长至 870 亿美元；2013 年，中国网络广告市场规模也将达到 912.46 亿元。

2. 围绕消费者网络行为，整合多种广告形式实现跨平台传播

互联网媒体新型广告形式、新的传播手段不断出现，广告主在运作互联网多种广告形式的过程中，根据消费者的网络行为和运作效果，逐渐形成了一个跨平台传播的模式，即"搜索引擎 + 网络广告 + 社交媒体 + 电子商务"的全方位传播。

中国传媒大学广告主研究所的调研数据显示，2012 年在被访广告主看好的互联网媒体类型中，门户网站居于首位，比例达 62.6%；居于第二位的是专业垂直频道，比例达 54.7%；微博以 47.5% 的选择率居第三位。移动互联网、具备互动功能的搜索引擎以及电子商务平台等新兴互联网媒体形式也被看好。

其一，传统互联网广告形式，深耕细作谋求更高价值。

根据中国互联网络信息中心（CNNIC）发布的《第 30 次中国互联网络发展状况统计报告》显示，截至 2012 年 6 月底，搜索引擎用户规模达到 4.29 亿人，较 2011 年底增长 2121 万人，在网民中的渗透率为 79.7%。用户规模的扩大，推动广告主逐步倚重搜索引擎这一网络营销平台。广告主摒弃之前简单停留在购买关键词的基本层面，而是将自身品牌传播中的元素与搜索引擎做到实时互动、紧密合作，开展创新营销。

国际品牌欧莱雅为进一步提升欧莱雅在中国消费者中的品牌影响力，借助搜索引擎创新营销实现了品牌的高曝光度。欧莱雅借助 2011 年戛纳电影节的热点事件，通过国际电影节对巨星之爱的彩妆品牌形象进行提升。在电影节举办的过程中，受众的搜索目标会倾向于实时信息，所以根据戛纳电影节进展不断优化、调整关键词，以接近网民的搜索意图。欧莱雅将目标消费群体定向为"爱时尚、爱娱乐、爱彩妆、爱明星"，根据这样的人群定位，搭配出相应人群背后可能产生影响的关键词组。比如，在范冰冰戛纳红地毯走秀的事件基础上，增加"范冰冰 + 欧莱雅"关键词组，使搜索量有了突破性的增长；同时，对关键词也可以进行人群细分，针对不同的人群，比如喜欢时尚类的、喜欢彩妆类的，给出不同的广告形式和广告内容。

其二，积极布局 SNS 社会化营销，强化消费者与品牌的情感联系。

广告主在对传统互联网广告平台上策略性选择进行创新的同时，对新兴的互联网广告平台的发展也给予了极大的关注。

2011～2012 年，我国的社会化媒体发展迅猛。中国互联网络中心 DCCI 数据显示，2011 年社交网站的市场规模超过 10 亿元，增速超过 200%，2012 年市场规模有望翻番，超过 20 亿元。并且预计未来几年，SNS 广告将持续保持高增长态势，到 2015 年其广告规模将达到 144 亿元。社交网站上的好友之间在相互转发分享帖子，在微博上关注品牌、关注明星逐渐成为人们的习惯和爱好。当有着相同兴趣爱好的社团、群体在网络上呈现上涨的趋势时，社交媒体对广告主传播品牌信息的强有力的价值便凸显出来。

案例：宜家的社交时代，让消费者成为品牌传播者

宜家家居自 2010 年 10 月在中国成立社会化媒体营销团队后，其在微博、SNS 社会化媒体平台上的营销动作便频频出现在大众视野中。社会化媒体营销被宜家放在一个战略协同层面来进行。在不同的社会化媒体平台上，宜家充分结合平台特性，与粉丝展开互动，提升品牌与消费者的友好关系。

2011 年 9 月 19 日到 10 月 17 日，宜家在豆瓣网展开"电影里的梦想空间"的营销传播活动。网友只需上传电视、电影、MV 等影视作品中自己喜欢的空间装饰风格的截图到活动相册，并加以描述，分享它的出处以及喜欢的理由，就有可能获取奖品。此外，网友还可以通过微博、SNS 等互动平台分享自己展示的"梦想空间"，充分发挥不同平台的优势。一个月内，豆瓣宜家小站访问量达 5 万多次，粉丝数增长到 12000 人之多，活动参与度也非常高。为了让更多普通人参与到实现梦想的旅途中，宜家还启动了跨越一整年的"让梦想超越空间"的系列活动，通过宜家社区网站在消费者中征集"百万居家梦想"，并在微博、豆瓣网、开心网等社会化媒体平台上进行传播，激发广大消费者发挥自己的"小创意"，实现居家"大梦想"，把方法和创意分享给更多人。通过发挥社交媒体的互动性和分享性，良好的口碑传播拉近了宜家品牌和消费者的情感距离。

中国传媒大学广告主研究所 2012 年度广告主数字媒体调研数据显示，被访广告主认为效果最好的互联网广告形式中，微博（37.7%）位列第三，仅次于传统的搜索引擎广告和网幅广告，也成为广告主眼中效果最好的新兴互联网广告形式之一。2012 年，广告主不再将微博当作单纯的发布信息和反馈意见的平台和工具，而是相继推出高卷入度的微博营销模式以满足用户的社交体验需求，利用微博平台实现与消费者的深度沟通和互动，并以此来与消费者建

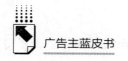

立长久而稳定的友好关系，提升消费者对品牌的黏性（见图 3 – 5）。例如，2012 年 6 月杜蕾斯便有效结合热点事件和自身品牌的特性，进行创意性的微博营销，和粉丝适时互动促成良好的传播效果，一时引发业界热议。

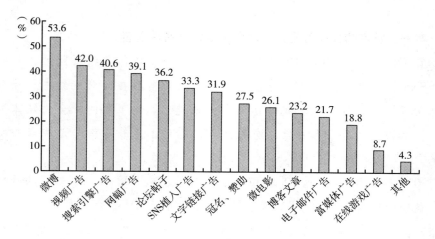

图 3 – 5　2012 年被访广告主预期增加使用的互联网广告形式

3. 网络视频创新内容营销，实现与消费者的深度互动

自 2006 年起步，中国网络视频用户呈现几何级增长态势。2012 年，电视媒体"限娱令""限广令"的颁布实施，再次促使广告主大军挺进视频广告领域，广告主借助网络视频这一平台，和消费者的互动更加深入。

第一，广告主借助网络视频实现品牌内容化进而影响消费者消费行为。这主要以品牌定制剧和自制剧为代表。

第二，广告主将网络视频广告与 SNS 社交网络等平台打通，发挥互联网整合营销作用。广告主不仅投放视频广告，而且更加注意扩大视频广告的影响力，借助微博、SNS 社交网站在聚集人气、扩大影响力方面的天然优势，实现品牌最大范围的传播。例如，以中高端人群为目标受众的奢侈品牌 LV 和 Dior 在中国选择了优酷投放视频广告，均投放了贴片广告、时尚频道广告来展现其新品发布、品牌核心内容等，以求覆盖的全面性。同时，借用优酷开放性的分享机制，使两大品牌可通过视频分享机制分享到 SNS、微博等平台形成话题，产生更深层次的互动。

案例：

麦当劳进行大量市场调研后，了解到消费者最关注的是食品安全问题，以解密鸡肉产品原料的概念吸引消费者的注意，深入养殖场去真实拍摄鸡肉的生产过程并实时发布给消费者。为了建立公信力，麦当劳联合新浪生活频道的记者，拍摄了6段共计4分钟的现场采访视频，呈现养殖场的实地环境等信息来展示麦当劳肉鸡的自然生长过程。

在传播过程中，麦当劳通过新浪官方微博随时披露视频拍摄进度、拍摄花絮并上传视频。同时将视频投放到新浪视频、土豆网、优酷网等视频播出平台，其中在土豆网开设了官方活动网站，除了进行视频联播以外，还开展了"分享麦当劳绝对鸡秘，赢全新真萃麦辣鸡腿汉堡套餐"活动，只要网友将视频转发到新浪微博、开心网、人人网，并成功邀请三位好友回访活动网站，就可以得到套餐奖品。

第三，广告主网络视频营销实现从明星阵容到草根力量。

雪佛兰冠名的微电影《老男孩》两年前在网络上一夜走红，随后佳能联手姜文推出微电影《看球记》，凯迪拉克推出由吴彦祖主演的《一触即发》和莫文蔚主演的《66号公路》，"微电影广告"应运而生。

广告主借助微电影丰富的内容形式更充分地表达出品牌内涵，用更加感性的方式联络与消费者的情感。早期，豪华的明星阵容、名导演和名制作团队可以制造话题，提高受众关注度，但使广告主的制作成本大大提升。同时，明星和普通百姓的距离感也将削弱品牌内涵的传递效果。伴随广告主的逐步探索，一些另辟蹊径的广告主开始起用草根人群演绎品牌故事，特别是针对处于奋斗阶段的青年人或者经历过奋斗阶段的中年人，身边的故事加上草根的表演，引发目标消费者的强烈情感共鸣。例如，三星公司在2011年3月和2012年5月均开展了微电影的产品推广活动。首先，三星将微电影策划与制作的四个环节拆分成四个征集活动，即剧本、导演、音乐和演员。三星事先将已经谈好的参与微电影拍摄的名人分成四个征集活动的形象代言人。通过四个平台征集到的优秀人才将一同加入最终微电影的制作。这次大规模的行动，受到网友的热烈响应，给那些怀揣电影梦想的草根阶层以一次实现梦想的机会，取得了巨大的成功。

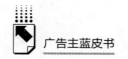

（二）"品牌＋销售"双轮驱动，数字户外在广告主媒体组合中的地位不断上升

中国传媒大学广告主研究所调研数据显示，2009～2012年，数字户外[①]媒体呈持续增长的态势，2011年广告主在数字户外媒体费用分配比例为4.3%，较2010年上升了1.3个百分点，2012年被访广告主的选择率为4.5%。在2011年的调研中，广告主呈现了观念上的一次跃升，被访广告主同意"数字户外媒体在企业媒体组合中的地位正在提升"的比例相比2010年提升了9.1个百分点，达到了64.9%，持中立态度和不同意态度的广告主占比则分别下降了4.2%和4.8%（见图3-6）。

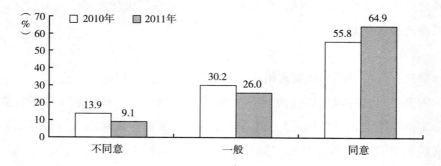

图3-6 被访广告主对"数字户外媒体在企业媒体组合中的
地位正在提升"的态度变化情况

还是同一年，被访广告主同意"数字户外是树立品牌形象的有利方式"和"数字户外有利于拉动产品销售"观点的比例分别比2010年高出12%和5.6%，分别为67.9%和61.5%，

这足以说明，数字户外在广告主媒体组合中地位的不断提升，一方面是由于其对广告主品牌的有效提升，另一方面是在销售上的有效拉动。

1. 数字户外媒体投放整体增长放缓，分媒体类型投入趋于平衡

值得注意的是，数字户外媒体投放整体增长幅度趋缓，在分类型数字户

---

① 本报告所指的数字户外媒体包括商务楼宇液晶电视、移动数字户外媒体、卖场液晶电视和电梯框架媒体四大类。

外媒体的费用分配上，呈现均衡发展之势。中国传媒大学广告主研究所2012年新媒体调研数据显示，2012年，移动户外媒体的选择率最高为37.3%，商务楼宇液晶电视以26.3%的比例位列第二，并且在2013年仍将保持上升趋势（见图3－7）。

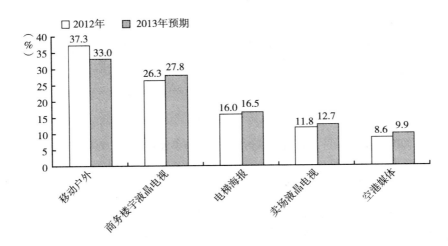

图 3 － 7　2012 ～ 2013 年预期被访广告主投放数字户外媒体情况

2. 数字户外与目标消费人群的贴近性、精准性和较强的广告表现力得到广告主的青睐

数字户外媒体在广告主的媒体组合战术中占据着重要的地位，其精准细分的独特价值已经凸显并得到了广告主的认可。中国传媒大学广告主研究所2011～2012年新媒体调研数据显示，在广告主选择数字户外媒体的原因中，数字户外与目标消费群体具有适切性的选择率最高，占比为61.1%，其次是精准性强，占比为50%，而广告表现力强也以45.8%的占比进入前三甲（见图3－8）。广告主希望借助数字户外媒体将自己的信息有效地传递给目标消费者。

首先，以商务楼宇电视等为代表的数字户外媒体，带有强制性地出现在受众的视野内，成为消费者生活空间的一个重要组成部分。地理位置不同的数字户外媒体所面对的消费群体存在着差异，便于广告主根据消费者的不同状态和特点针对性地选择数字户外媒体形态。

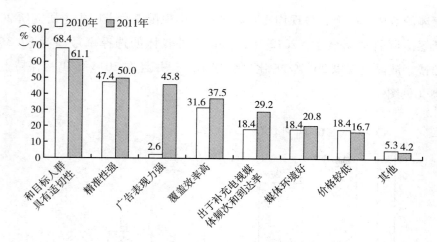

图 3 - 8   2010 ~ 2011 年，被访广告主选择投放数字户外媒体的原因

其次，随着数字技术在数字户外媒体中的应用，数字户外媒体在内容上不断实现新的升级，在有限的空间以更加丰富多元的表现方式实现了无限的可能，不仅吸引了消费者的眼球，也赢得了广告主的青睐。

（1）广告主看好商务楼宇液晶电视、卖场液晶，预期投放呈现平稳增长

商务楼宇液晶电视投放日趋成熟，2012 年依旧是广告主在数字户外媒体投放中最为倚重的媒体类型。由于商业楼宇联播网市场存在良好的规模效应及人群覆盖较精准等特点，使得整体市场继续保持稳定的增长。以分众楼宇 LCD 联播网为例，CMMS 新富研究数据显示，其在 20 ~ 50 岁、年收入 4 万元以上的新富人群中的达到率高达 66.8%，而这部分人恰恰是中高端产品的广告主最关注的重点消费群体。

而同时，分众等数字户外媒体运营商也在不断寻求更加符合广告主需求的产品。以分众传媒为代表打造出的紧密围绕消费者生活路径的"生活圈"媒体矩阵，填补了户外移动人群尤其是高端人群在不同场所的主要传播空间。

案例：美素佳儿奶粉案例

美素佳儿奶粉是荷兰原装进口奶粉，该品牌希望提高自身品牌知名度、好感度和信赖感，在竞争激烈的高端奶粉市场占有一席之地。美素决定以数字化

媒体为平台，主打互动屏和短信问答，来突出安全奶源的概念，吸引受众目标增加购买意向。具体投放策略是，在国内一线和二线的 10 个主要城市只投放数字化媒体组合吸引 20～35 岁女性目标受众，首先在楼宇 LCD 上播放 TVC 广告传播品牌形象，同时利用电梯海报与受众深度沟通、传递产品具体特色与信息，更注重利用互动屏（Q 卡和短信推送方式）来增强与目标受众的互动，建立品牌好感度与信任感。从 2011 年 10 月至 2012 年 7 月期间，持续的数字媒体传播活动让北京和上海地区的购买意向提高了约 60%。美素佳儿在 2012 年销售额从 8 亿元增长到 16 亿元，是销售额 5 亿元以上的奶粉里增长最快的品牌。

（2）广告主看重数字户外与其他数字媒体整合联动传播

Millward Brown 的研究成果显示，在中国市场有三个最主流的视频广告，就是传统电视、互联网视频和楼宇视频，三者共同组成了大视频的概念，替代了传统电视的概念。越来越多的广告主亦开始重新审视广告预算的投入和结构分配。一些预算在 8000 万元以下的广告主开始利用新媒体的优势进行组合传播。以神州租车为例，仅通过分众旗下的几个媒体组合，数千万元媒体预算，仅半年时间，就从群雄争霸的租车行业脱颖而出，其销量已经是排名第二到第十的其他公司的总和，创造了租车行业的一个奇迹。

随着广告主对媒体的效果和投资回报率越来越重视，网络视频、户外视频等新媒体组合正成为越来越多广告主的必然选择。通过整合传统电视媒体与户外电视媒体、网络视频媒体，进行组合传播，力求对高收入、高学历、高消费的"三高"人群进行精准覆盖的同时实现大覆盖率、低重叠覆盖率，同时又增加了跨媒体的广告曝光频次，实现了广告传播效果的最大化，达到资源的优化利用。

（三）广告主掘金移动互联网营销时代

中国互联网络信息中心（CNNIC）发布的数据显示，截至 2012 年 6 月底，手机网民规模达 3.88 亿人，手机首次超越台式电脑成为第一大上网终端。其中，智能手机网民规模达到 1.9 亿人，渗透率达 53.4%。早在 2011 年，平板

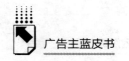

电脑和智能手机的出货量就已经超过了 PC，移动互联网正在加速渗透到人们的生活工作之中。

1. 广告主眼中的手机媒体：地位升级，预算增加

2012 年移动互联网在广告主品牌营销传播活动中的地位有了新的提升。之前，手机媒体在广告主的整合营销传播活动中一方面被看作是可有可无的补充工具，另一方面广告主尽管看好手机这一媒体形式，但是在运用上保持着谨慎观望的态度。消费者不满于手机广告一度成为阻碍广告主选择手机媒体的一大障碍。手机媒体短信广告市场一度比较混乱，各种不规范甚至是虚假广告充斥市场，使得被访广告主认为投放手机广告会影响到自身的品牌形象。

但是，随着消费者移动化时间的增多，手机媒体的功能也由之前单纯的通信扩展到社交、购物、支付等更多功能时，广告主开始将手机媒体逐步纳入自己的营销传播策略中。2011 年中国传媒大学广告主研究所的专项调研数据显示，被访广告主对"手机媒体与自身品牌形象不符"的顾虑大大降低，由第二位的 46.4% 下降至第五位的 28%。同时，针对"手机广告未来的发展前景良好"这一观点，表示同意的被访广告主比例为 69%（见图 3-9）。

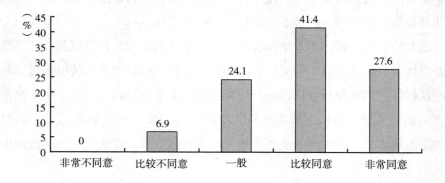

图 3-9　被访广告主对"手机广告未来的发展前景良好"观点的态度

手机媒体的营销价值逐步得到广告主的认可还表现在广告主对手机广告的投放费用有所提升上。根据中国传媒大学广告主研究所数字媒体调研，仅 2011 年度，被访广告主专门针对手机广告的预算分配的占比就由之前的不足

1/2 升至超过总数的 2/3。

2. 广告主移动互联网营销趋于社交化、体验化和整合化

2012 年，越来越多的广告主在尝试移动互联网营销，并不断创新，呈现社交化、体验化和整合化的特点。

（1）APP 营销：加速品牌与消费者互动的步伐

随着移动互联网时代的到来以及大屏触控移动终端的流行，基于各类操作系统开发的移动应用 APP 正在成为广告主移动营销新的出口和突破口。各种 APP 广告形式可以实现对用户的精准定位、透过传感器可以实现有效定位，进而达成推送广告等目的；同时，APP 不再仅仅是生硬传统的展示类广告形式，而是更加富有创意性和互动特性，使移动用户感受到移动网络广告所带来的乐趣。以 APP 为核心，整合多种资源平台扩大传播效果成为广告主无线营销的重要组成部分。

综观 2011～2012 年，广告主 APP 营销的广告形式主要集中在三类：第一类，利用 APP 应用平台进行品牌展示，达到品牌宣传的目的，但同时也会整合其他资源实现品牌更多的沟通目标。例如，2012 年，宝洁旗下的博朗选择在 Admob Android 上所有的 APP 上全天展示其品牌广告，其中包括当前比较火爆的 Angry Bird 这款游戏应用，宝洁采取了 CPC 的购买方式，其目的是吸引消费者点击该品牌展示广告，进入博朗的手机网页浏览，可以实现引导消费者前往淘宝完成购买。

第二类延续了之前广告主在 SNS 社交游戏中进行品牌植入的精髓，通过利用有价值的、用户喜爱的手机 APP 进行品牌植入的方式也渐入佳境。这类广告主要集中在情景类的游戏 APP 中。例如，乐淘和水果忍者的合作，使乐淘的广告出现在水果忍者游戏界面中。

第三，与目标消费者实现更深刻、更人性化的互动体验在移动互联网营销领域也开始凸显。品牌开发定制 APP 成为越来越多广告主广泛关注并积极探索的热点方向。2012 年 2 月，星巴克中国推出了适用于 iPhone 和 Android TM 操作系统的首款手机 APP，手机用户通过扫描二维码或发送手机短信至指定号码下载安装 APP 后可以查询到所在地附近的星巴克门店，管理个人的星享卡账户，分享自己的体验以及获取最新的促销活动信息等。

案例：立邦试水 APP 营销

随着消费者生活品位要求的提升，立邦漆也紧随变化大胆尝试颇具时尚感的创新营销策略，伴随"立邦为你刷新生活"新品牌口号的提出，开启了新的品牌传播征程。在无线营销方面，2012 年 2 月，涂料行业品牌立邦推出业内首款名为"立邦刷新生活"的色彩 APP 应用。手机用户通过下载安装该 APP 后，可以运用各种亮丽的立邦油漆色彩，粉刷自己上传的居室照墙面，同时系统也会提供样板房，生成一个预览效果图。除了实用性，这款色彩 APP 工具在趣味性上同样有独具匠心的创意性设计，刷新生活 APP 系统提供多种墙面小贴纸，并且能邀请@微博好友来粉刷，同时通过粉刷还可以做色彩性格的小测试。通过"立榜刷新生活"APP 的互动，消费者不仅感受到立邦作为国际化品牌的营销创新精神，同时也体验到了其产品的特色和品牌理念的升级，收到了品牌销售达成与品牌形象提升的双重营销效果。

（2）跨界整合成为移动互联网营销的主旋律

广告主在开展移动互联网营销时，更多的是采用将手机媒体与其他媒体跨界整合的方式来实现传播的。广告主通过结合不同媒体的优势从而使消费者的互动体验更加全面和深刻，进而让广告对驱动消费者的决策和购买行为的影响力加强，释放出更大的营销价值，让广告更加精准和具有实效。移动互联网与户外数字媒体、电视等传统媒体，加上位置服务的结合，可引导更多消费者到销售终端或到互联网上参与品牌活动，从而实现销售。

例如，2011 年 9 月，三星智能手机 Galaxy SII 推出了国内首部挖掘微电影《变幻的年代》，通过定制开发"时光胶囊" APP 应用，并将二维码、图像识别等技术融入微电影，鼓励消费者用手机识别剧中明星的脸，通过二维码来方便地获得隐藏剧情、主人公活动和手机产品等信息，让微电影营销从单向观影变为双向参与互动，升级化了用户的观影体验。与此同时，该款 APP 与 AR、LBS 技术结合开展的互动游戏，为产品推广赢得了更广的参与和口碑。

美国的约翰·杜尔提出的 "SoLoMo" 概念很好地体现了这一点，SoLoMo 将 Social（社交）、Local（本地化）和 Mobile（移动）整合在一起，将之前已经根植于广告主的营销框架并且由广告主实践过的多种营销概念有机地整合在一起。例如，社会化的强大让每个消费者都能找到属于自己的交流互动平台，以签到、位置综合服务，满足了人们分享与交流的需求，还有被关注的愿望，而户外不断移动的消费群体人手一机的壮观情景显然成为现实，移动终端的

APP 应用成为广告主进行营销的最佳突破口。

（3）全面捕捉消费者碎片化时间，优化体验助推产品销售

电子商务行业的崛起带来了消费者的消费行为和消费习惯的改变。消费者网上购物成为常态。广告主在和消费者互动沟通的同时，更是借助消费者这一购物习惯不断创新营销，充分发挥移动互联网整合消费者碎片化的优势，带给消费者全新的消费体验。例如，获得 2011 年戛纳国际创意节媒介类金奖的韩国 Home plus "地铁虚拟超市" 就是移动互联网和移动户外媒体的结合典范。Home plus 超市在地铁站台的防护墙上安装了显示屏，里面陈列的所有商品都只是图片，顾客只要用手机扫描商品后附带的二维码，通过智能手机中安装的购物应用程序就能直接购买，商品会在当晚约定时间被直接送到家中。目前，有超过 1 万名忠实的顾客每天在地铁站里轻松完成当天的采购，Home plus 超市的新增会员人数也上升了 76%，线上销售总额增加幅度达到了 130%。随后，在中国市场也出现了相似的案例，1 号店在地铁里复制了 Home plus 的手机购物体验，吸引了消费者的注意。

案例：1 号店的"地铁虚拟超市"

从 2011 年 7 月起，1 号店相继在上海、深圳、北京等地铁站推出了虚拟超市"无限 1 号店"项目，消费者只需通过"掌上 1 号店"手机客户端扫描商品二维码就可快速完成整个购物流程，有效地利用零散的时间碎片，享受全新的网购体验。将"货架"由原来的地铁站厅"搬移"到了地铁站台等候区，真正做到了"等待中完成购物"更好地让顾客在等车之余消耗碎片时间，逐步优化 1 号店虚拟超市模式构想。同时，"无限 1 号店"进一步增强了与顾客的互动，专门设置了"1 元商品体验区"，街旁网签到等互动活动让更多顾客体验这个全新的购物模式。

"无限 1 号店"第一期上线的第一周，"掌上 1 号店"APP 的下载安装量、订单数，包括成交额，呈现 3 倍以上的增长速度。目前，"掌上 1 号店"的注册用户已经突破了 300 万规模，每日订单数也呈现"加速跑"状态。据悉，1 号店 2012 年第一季度的手机订单数，与 2011 年第四季度相比，增长了 173%。

3. 广告主移动互联网营销：探索中起步，整合中升级

2012 年，国内试水移动互联网营销的广告主越来越多，除了国际性的品牌广告主外，一些本土品牌的广告主也在模仿中不断探索。目前国内移动互联网营销的发展还处于起步阶段，大多数企业的运作仍停留在模仿国外品牌运用形式的阶段。但可以预见的是，手机媒体的随身携带性对于广告主实现精准传播的价值巨大。手机媒体作为联系品牌与消费者的桥梁，会得到越来越多广告主的应用。

三 广告主数字新媒体运作三大趋势

（一）根基：洞察消费者，构建长期关系

中国传媒大学广告主研究所 2012 年广告主数字媒体运用情况调研数据显示，2012 年被访广告主对"消费者洞察和研究是推动广告市场发展的主动力"这一观点持同意态度的比例由 2011 年的 71.3% 上升至 81.1%。

随着媒介环境愈加复杂，受众不断演变和分化，广告主开始转变其媒体选择策略，相较于之前的以量化指标为先，广告主目前更加关注媒体受众与目标消费者的吻合度。

2012 年生态课题组调研结果显示，被访广告主在选择广告投放媒体的主要依据时，选择"媒体受众与企业目标消费者的吻合度"的比例达 75.6%，比 2011 年同期高 5.7 个百分点，"媒体性价比"和"媒体覆盖范围"的选择率均为 52.8%，并列第二（见图 3-10）。

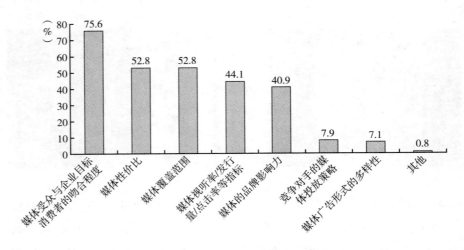

图 3 – 10　2012 年被访广告主选择广告投放媒体的主要依据

2012 年，广告主更加关心媒体传播的针对性和传播效能，而不仅是媒体覆盖范围等传统的规模化指标。随着媒体形式越来越多样化，广告主在进行营销传播时更加重视多媒介整合，但同时广告主认识到过去粗放型的媒介整合策略已经不能适应复杂的媒体传播环境。广告主充分领略到以消费者为核心的整合营销传播要点，紧紧围绕目标消费群，进行媒体优化，展开精准化、高性价比的传播活动。

洞察消费者的目的已经不单纯停留在传播品牌和提高产品销量上，因为消费者群体越来越难以把握和了解，加之激烈的竞争对品牌忠诚度带来巨大冲击，企业开始意识到只有与消费者构建长期且和谐的关系，才能够维系对品牌的好感和忠诚，所以部分企业开始将建构关系作为数字营销传播的核心。宝洁全球市场与品牌执行官马克·普里查德（Marc Pritchard）明确提出，"如今我们谈论的不只是数字营销，而是在于在数字世界中建立品牌形象"，宝洁数字营销战略的目的是"为全球的客户创造一对一、实时并且终身的品牌关系"。企业进一步转变营销方式来创造更好的消费者忠诚度，同时降低销售成本。面对数字化时代，宝洁公司大中华区销售总裁翟锋曾对媒体表示，宝洁的服务形式已经不再局限于产品和实体店，而是在升级版"4C"理论构建品牌数字化模型下，创新地利用网络便捷的沟通平台，与消费者直接对话，更为有效地为他们服务，有利于建设和维护与消费者的长期关系。

（二）形态：整合传播应对多屏时代

数字技术的快速发展已经将媒体带入"一云多屏"的发展阶段，生活在多屏环境中的消费者，注意力更加分散，同时对信息的选择性更加凸显。广告主再次面临着一个熟悉但纠结的挑战：如何让极大丰富的数字媒体广告发挥最佳的传播效果？越来越多的广告主倾向于选择整合的策略，理性分析各种数字媒体广告形式的特征和价值，将互联网、数字户外、手机协同运用，真正做到将品牌与消费者无缝对接。

中国传媒大学广告主研究所数据显示，2011～2012年被访广告主脱离传统媒体而运用数字媒体开展营销传播活动的比例达到了79.8%，运用两种以及两种以上数字媒体进行数字整合营销活动的被访广告主比例也达到了51.4%。Millward Brown基于中国6万多个品牌的数据库，经过研究发现，如果媒体预算在增加，电视投放又减少的情况下，效果是最好的，市场平均增长能够有27%。如果媒介预算不增长，甚至说要省钱的情况下，如果把更多的钱从电视预算转到其他媒体上去，仍然可以实现11%的增长。反之，如果把钱更多地向电视集中，则品牌占有率份额反而下降了3%。可见，广告主已经开始抛弃以电视为主的媒介策略，大胆地转向多媒体组合的媒介策略。

数字媒体公司也在积极调整，围绕消费者在数字媒体环境中的消费习惯，进行多种媒体的合作经营。分众传媒近年来一直致力于提高其媒体互动性的探索。2010年，分众传媒联动新浪热门品牌专区及12580，以三屏互动组合形式尝试建立广告主与消费者的互动沟通渠道。2011年，分众传媒在三屏互动领域又作出了新的尝试，通过联手新浪微博共同推出"等电梯随手拍"活动，分众以新浪微博为平台全力推动广告传播线上线下互动。2012年7月，分众互动屏与支付宝和聚划算又达成战略合作。分众的显示屏会登载聚划算提供相关服务的广告，并配有二维码，有兴趣的用户可拿出装有支付宝客户端的手机对准其二维码拍摄，随即手机上就能跳转至该商品的介绍，用户可立即购买，商品随后也会通过快递送货上门。

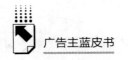
（三）机理：从自创价值到共创价值

据 DCCI 互联网数据中心的调查显示，品牌与消费是网友在维护关系链时的重要话题，用户在网上交流品牌信息的行为相当活跃：有近八成的用户会在和好友聊天时交流品牌信息，使用论坛交流品牌信息的比重也较大。社交网站已经成为影响消费的重要媒体，而且社交网站上用户对品牌信息接受度极高，信息是从自己关系链上的人那里传播过来的；此外，还有74%的用户不介意收到带有品牌信息的虚拟礼物，这更给品牌在关系链中的传递提供了空间。①

传统营销时代对应的是大众消费时代，在产品观念和推销观念指导下，企业之间的竞争是大规模生产和销售能力的比拼。数字媒体时代，消费市场分化和重新聚合同时发生，市场需求更加多元化和个性化。在大规模生产时代，一个型号抓住一个定单可以生产几十万甚至上百万件产品，互联网时代的制造由大规模的制造转变为大规模的定制，可能仍是几十万甚至上百万件产品的订单，却变成几十或上百个型号。确切地说，企业和用户之间信息不对称的主动权改变了。过去传统经济下，不对称的主动权在企业手里，企业生产什么，用户被动接受什么，而现在主动权到了用户手里，用户可以在互联网上看到所有的产品、所有的价格，都可以进行选择，这就不是以企业为中心，而是以用户为中心，这是非常大的改变。

目前我国已经有个别先行者成功探索"众包"的经营模式，即通过与消费者持续的沟通合作，把握消费者最真实的需求，创造需求和价值的同时完成企业的营销过程，也满足消费者需求。比如，2010 年小米公司在研发 MIUI 操作系统的时候采用了"众包"模式：小米手机研发过程中，在手机新功能开发之前会通过论坛提前向用户透露一些想法，或者在正式版本发布前一两周，让用户投票选择需要什么样的产品。通过与小米论坛上的粉丝互动收集意见，每周快速更新版本，进行产品改进。这些最初由小米论坛产品研发阶段积累起来的"发烧友"后来成为小米手机最忠实的核心用户，成为帮助小米手机开

---

① 李靖：《寻找关系链营销的引爆点》，《中外管理》2010 年第 9 期。

展口碑传播的意见领袖。这几乎是最低成本的推广方式。小米公司副总裁黎万强表示："这种模式不仅短、平、快，尽可能多地将问题暴露在上游，降低了产品风险。更重要的是产品的研发过程就是一个营销的过程。这种方式帮助小米探测到了用户最真实的需求。过去两年基本上没有花过一分钱打广告。"①

小米手机研发销售过程中，成功利用微博与消费者沟通，提高了营销决策的效率，有效地维护了企业与消费者之间的关系。小米公司几位高管都是微博高手，他们习惯在微博中回复用户的问题。由于有太多粉丝在微博上询问电信版小米手机什么时候发货，小米副总裁在微博中告诉大家：3月中旬开始对外发货，目前仅仅提供黑色机型。这条微博迅速获得了1000多条粉丝回复，4000多条转发。许多人略带失望地问道：为什么没有银色机型？我们想要银色的！在与手机生产部门做了沟通之后，3小时之后，小米副总裁在微博中更正说明：新增银色版1~20000台。小米公司副总裁表示："由于有了微博，收集粉丝意见变得非常直接快速，做出新的决策前后不过3个小时，这在以前的媒体环境下是不可想象的。"②

①《小米"众包"：不花钱也可以打广告》，《IT经理世界》2012年4月1日，http：//www.brandcn.com。

②《小米"众包"：不花钱也可以打广告》，《IT经理世界》2012年4月1日，http：//www.brandcn.com。

B.4

报告四

金融业品牌建设与传播研究报告

中国传媒大学广告主研究所

摘 要:

与世界经济的整体发展态势相比, 中国经济一直保持着稳健的增长, 即便是在金融危机的多番洗礼下, 中国金融业还是经受住了多方考验。但我们也不能忽视, 中国金融业正在艰难转型的过程中, 弱品牌成为金融业全面健康发展的一大软肋。虽然近年来在品牌传播上的投入有较大的增长, 但是我国金融品牌的发展现状依旧不容乐观, 品牌的质化升级并没有落到实处。金融广告主应如何提升品牌建设与优化品牌传播成为其面临的一大挑战。

关键词:

金融品牌 营销传播 银行 保险

一 中国金融业: 硬实力与大投入的拷问

(一) 中国金融业: 危机中持续稳进

当前国际经济形势不容乐观, 中国国内无论在政策还是经济实体的发展中持续维稳。2010 年中国 GDP 历史性地升至全球第二位, 成为中国经济在金融危机中实现逆势增长最有力的注脚。2007～2011 年, 是中国金融业全部兑现"入世"的开放承诺、与外国金融机构同台竞技的首个 5 年。金融业是经济的核心, 无论是在经受危机考验的攻坚战中还是在和经济危机二次探底的质疑声中，我国金融行业整体保持了稳健增长。

从"稳健"到"从紧"，再到"适度宽松"，然后又回归"稳健"，国内的货币政策工具也在经济形势的更迭中得到了空前的运用。中国银行业、保险业、证券业、基金业等金融行业始终沉着应对多方的复杂挑战，不断出台各项措施，其抗风险能力在危机中得以锤炼和不断提升。

首先，在"银行业高利润时代走向终结"的论调下，金融业的最典型代表——银行机构的利润虽然有所下滑，但仍保持了相对较大的增幅。2011 年银行业利润增幅曾经达到 30% 以上，根据截至 2012 年 6 月末的数据，经济冷势下中国银行业的利润同比增幅仍达 20%。[①] 此外，截至 2011年 12 月 30 日的数据显示，中国银行占据全球银行市值排行前十的四大席位，中国工商银行已连续五年稳坐"全球市值第一银行"的冠军宝座（见表 4 - 1）。

表 4 - 1　全球市值十大银行榜

单位：亿美元

排名	银行	市值	排名	银行	市值
1	中国工商银行	2290	6	摩根大通	1263
2	中国建设银行	1748	7	中国银行	1254
3	美国银行	1453	8	澳大利亚联邦银行	798
4	汇丰控股	1361	9	花旗集团	769
5	中国农业银行	1355	10	巴西伊塔联合银行	747

资料来源：全球市值十大银行榜单（截至 2011 年 12 月 30 日）。

其次，保险业在 2012 年发展增势有所回暖。在 2011 年的银保新政以及公众对车险商业条款的信任危机等因素的影响下，保险业经历连年的高速增长后于 2011 年首现小幅下滑，但是与此同时保险业对市场的适应性也在不断加强。另外，依托国内农业险的良好发展势头，保监会作出预计：2012 年全年国内保险业的增速将不低于 10%。

---

① 数据来源：2012 年 8 月 15 日中国银监会公布的数据。

最后，在银行业、保险业之外，虽然证券业、基金业近年来的走势始终不容乐观，经营业绩持续下滑甚至达到低点，但是自 2012 年开始，随着金融等各项创新业务贡献力的提升，我们预计证券、基金等两大行业将逐渐走出持续下滑的发展低谷，开始走上业绩回升之路。

（二）金融业品牌投入：广告市场低迷中强势增长

2012 年第一季度，中国 GDP 同比增长 8.1%，中国广告市场整体投放额同比增幅仅为 1.7%，低于中国 GDP 8.1% 的同比增长，是近年来的最低增幅。但是与之形成鲜明对比的是，金融行业广告投放异军突起，实现了金融业广告投放的高速增长（见图 4-1）。我们预计 2013 年及以后的一段时间内，中国金融企业将稳抓宣传的制高点，进一步提升企业品牌形象，推进产品业务增长。

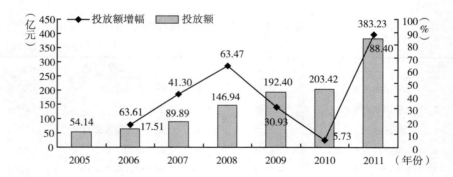

图 4-1　2005~2011 年金融业广告投放额及增幅

资料来源：CTR。

聚焦金融行业分媒体的广告投放额，可以更清晰地看到金融业广告投放的强劲增长势头。在传统媒体的广告投放中，金融业广告投放增幅达 17%，位居所有行业的第二位；在网络媒体的广告投放中，金融服务类广告增长率最高，同比增幅 56.8%。此外，在金融业对具体细分媒体的广告投放上，电视媒体广告增长了 16.3%，但其中又有分化。如虽然金融业广告主在央视有 1.3% 的小幅下滑，但是省级卫视广告投放增长 29.3%；报纸广告增长 6.7%，杂志广告增长 27.5%，电台广告增长 22%。[①]

　　此外，金融业相关企业通过在 2012 年和 2013 年央视广告资源招标会上的表现也可以看到其在品牌投入上的热情。在央视 2012 年整个招标过程中，金融板块黑马般崛起，整个行业增长率达到了 20% 以上。[②] 金融行业 2013 年央视招标的中标额有所下降，但是金融行业参与招标和中标的企业数量有所提高，排在行业第三位。

　　聚焦金融重点的细分行业：一方面，银行业品牌建设不断升级。在 2013年央视招标中中国工商银行、中国农业银行、中国银行、中国建设银行四大国有银行都现身，招商银行、浦发银行、广发银行等股份制银行也集体亮相。中国邮政储蓄银行作为行业新秀，正处于品牌知名度的提升阶段，在 2013 年发力央视平台，成为招标黑马。目前，国内众多银行机构整合已经结束，品牌营销成为众多企业首选。银行业的央视招标比 2012 年增长 16% 多，成为排名第二的行业。

　　银行业整体发展较为成熟，其品牌工作也日益谙熟，在持续稳进中更加注重企业理念、品牌内涵的深化传播，强调用户体验与产品服务附加价值的提升。国有银行开展防御战，积极实行品牌延伸，通过服务等改善自身形象；股份制银行向国有银行的第一方阵发动攻击，深化特色定位，持续向个性化转型；城市商业银行则在服务地方经济的同时尝试走向全国市场，不断夯实品牌基础，扩大知名度。

　　另外，保险业品牌传播各有侧重。保险业的品牌传播整体保持增长（见图 4-2），不同规模公司的品牌路线有所分化：如外资公司继续走高端化路线；保险业巨头持续保持高投入；保险新人寻找爆发点实现品牌崛起。但保险业整体都始终面临着行业形象不佳的巨大挑战，是品牌传播工作需要解决的重点问题。2013 年央视招标中，中国保险行业协会成为国内首个参加招标的行业协会，发力推动行业整体品牌形象的优化。与此同时，中国人寿保险、太平洋保险等保险业巨头也纷纷中标。

---

① 数据来源：CTR。
② 数据来源：中央电视台 2012 年广告资源招标会结果公示。

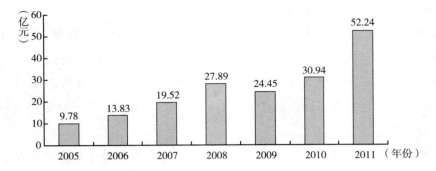

图 4 – 2   2005～2011 年中国保险业广告投放额变化情况

资料来源：CTR。

而证券业和基金业在业绩走势有待观望的基础上，在受众人群窄化的影响下，其品牌工作需攻坚克难，任重而道远。比如基金业，在业绩压力下将精力多用在新基金的发行上，缺少对企业品牌的积极建设，甚至持一种"鸵鸟心态"。虽然对社交媒体热情高涨，到目前为止，90%以上的基金管理公司开办了官方微博，但各家公司对于微博的重视程度与运用水平有较大差距。

（三）硬实力与大投入下，金融业依旧缺失强品牌

正如前文所述，中国金融业多年来的发展以及相关机构的经济实力已经达到国际一线水平，如我国已拥有全球市值最大的银行和保险公司，拥有全球最大的 IPO 融资额和商品期货交易量，拥有全球最多的金融从业人员和金融消费市场……但我们不能忽视的是，在中国金融业经历"入世"后首个完整的 5 年，仍旧缺乏一流的国际金融品牌，中国这一"制造大国"和"金融小国"身份依然没有改变。虽然具备了"硬实力"的基础，但缺乏成为"金融大国"的"软实力"，缺乏如"高盛""摩根士丹利""汇丰""花旗"这样一流的国际金融品牌（见表 4 –2）。

表 4 – 2   中国四大国有银行市值排名与品牌排名的对比

银行	全球市值十大银行榜单排名	2012 年全球银行品牌 500 强榜单排名	银行	全球市值十大银行榜单排名	2012 年全球银行品牌 500 强榜单排名
中国工商银行	1	11	中国农业银行	5	18
中国建设银行	2	10	中国银行	7	15

资料来源：全球市值十大银行榜单、2012 年全球银行品牌 500 强榜单。

中国银行行长李礼辉曾表示："按照国际化水平，我们中国的银行业排名是全球最后的。品牌的落后直接导致中国的银行国际竞争力的不足。"中国金融业无论是参与国际化竞争，还是实现自身长远发展，都亟须品牌助力。

二　解读金融业品牌建设与传播的七大战术

（一）企业定位是核心

对于金融企业来说，定位的确定与其他行业并无大的差别。首先要对市场或目标消费者进行定位，然后对品牌进行定位。银行的市场定位注重寻找新的市场空间，也就是目标人群的差异化，就可以获得较快的发展。

金融业产品服务同质化竞争严重，企业在差异化定位基础上，进行品牌建构和产品服务的延展，才能够体现自身价值，形成独特的竞争优势。

案例：山西晋城银行

山西晋城银行于 1998 年成立，截至目前，在其发展的 13 年里始终坚持审慎经营规则和服务地方、服务中小企业、服务市民的经营方向，逐步从弱小走向强大。特别是 2009 年确立"做城市草根银行"的战略定位以来，选择了与草根客户契合度最高的微贷业务，并将之做精、做细、做出特色。无论资产规模、监管评级还是盈利能力都逐年提升，跻身全省乃至中西部城市商业银行前列。

（二）提供个性化解决方案

个性化解决方案要求在产品上寻求独特性等硬件因素，实现个性化产品的提供。尽管金融产品差异化难求，但还是要从用户价值出发，在产品上寻求独特性因素，努力提供一对一的个性化解决方案。并且从受众角度来说，每个人的背景、资产及其对风险的承受力完全不一样，这就使金融企业面对非常大的挑战。也就是说，在理论上来讲，金融企业不可能进行批量生产，它们要做的实际上就是提供个性化的解决方案。

案例：招商银行

招商银行品牌建设与传播相对成熟，不断夯实产品、服务等品牌基础。其在个性化产品的提供上也一直付出着努力。比如针对高端客户，策划并推出"金葵花"品牌，开展以高雅艺术鉴赏等为主线的品牌传播活动；针对白领人群，则提供以"便捷"为主的网点及电子银行服务；针对年轻群体，贴心设计了"时尚"主题的信用卡产品及演出活动，像"hello kitty"的主题信用卡就受到了很多年轻女性的欢迎。

（三）服务至上，体验至上

由于金融产品及服务的特殊属性所致，金融企业与用户的交易通常是长期性的，甚至可以是几十年或一辈子的交易关系。因此在金融行业，口碑传播成为关键。贴心服务与用户体验对于金融产品消费者来说至关重要，这也通常成为用户口碑的最直接来源。也正因如此，金融品牌用户的个人体验与人际传播的圈子需要企业在品牌传播中进行精心维护。

案例：光大银行

光大银行在优化用户的体验上做得非常有特色，强调互动和参与，并且收到了很好的效果。比如邀请媒体与客户到光大银行的信用卡中心，参观光大能够监控全国 ATM 设备的技术和客服的工作；在高端私人业务领域，为客户设置专门的休闲区域，如收藏活动中心、摄影区、红酒区、珠宝区等，甚至在郊区专为高端客户设置了鱼塘等供用户休闲娱乐。

（四）由内至外，输出企业文化与价值观

归根结底，金融业提供的是可信任的文化，是可信赖的情感，是安全稳健的产品、服务或附加价值。这是金融业未来实现品牌立足的根本，也是为自身赢得竞争优势的关键所在，同时这也是当前金融业暴风骤雨式的品牌攻坚战没有为自身带来相应品牌实效的原因所在。因为太多急功近利的金融业营销之争

过于关注高利润的追逐，而没有注重自身企业文化与企业形象的塑造与维护。

而纵观国际市场知名的金融品牌，我们可以发现厚重的企业文化积淀与价值观，由内而外，为整个企业树立了鲜明的品牌形象。如渣打银行，不遗余力地通过各种社会性活动向公众声明："我们的品牌就是我们一贯坚持的承诺。一心做好，始终如一（HERE FOR GOOD），为股东创造价值，为客户提供支持并结成伙伴关系，为更多的社区作出贡献。这已经成为150多年来我们在亚洲、非洲和中东地区的战略和成功经验；这也必将是我们未来成功的基础。"

（五）坚守两大心态

首先，金融企业要坚守"企业公民"的心态，着力付出才能着眼收获。商业社会里面最重要的就是金融，金融协助人们应对各种需求，如果不把它放在一个大环境格局上去做金融服务品牌的定位，就会失去大的重心。先为消费者提供利益与价值，才能收获应有利益。简而言之，在营销战中，要想获得长久的、真正的胜利，不是要看我们从中得到什么，而是要问我们付出了多少，为别人提供了多少价值。

案例：兴业银行

兴业银行于2008年开始公开采用"赤道原则"，后期又推出以能效金融、环境金融、碳金融三个板块为主体，面向企业和零售客户的"绿色金融"业务体系。这一业务不仅没有成为兴业银行的财务负担，还成功拓展了原本难以介入的企业和项目，带来了优质的资产和新收入来源。如果说兴业银行播种的是"绿色"的社会责任，今天已开始收获沉甸甸的"金色"效益。

其次，要始终将消费者作为战略原点。一个成功的品牌是把你的消费者转化为你的信徒。要真正地从消费者需求出发，研究消费者，做金融品牌的时候不是瞄准客户的口袋，而是替客户提供解决方案。世界上许多著名的银行如巴克莱银行、花旗银行、汇丰银行等都非常重视对客户的洞察与分析，为不同级别的客户提供不同的服务。这既有利于银行对客户的管理，又可以使银行集中资源为核心客户提供优质服务。

（六）践行四大原则

首先，要重视员工或者更广泛意义上的"人"的作用。除了员工之外，还有金融企业的合作伙伴，比如品牌授权方、品牌合作方等。对于一个注重稳健、依赖口碑的行业来说，利益相关者的个人感受与二次传播关乎金融企业的品牌生死。

其次，善用已有资源，既有的接触点是把所有的品牌讯息传递出去的首要载体。从金融企业的产品本身一直到各地区的营业网点、服务中心、销售人员，甚至产品宣传简介，以及线上的企业官方网站、数字化营销平台等，都是企业可以迅速着手进行完善与升级的传播渠道。既有的平台只有做到有效管控，才能谈及更多更灵活的传播渠道与形式的运用。

再次，在品牌传播的持续性与稳定性上，尤其关注金融品牌。正是因为与消费者的长久金钱交易关系的存在，金融品牌需要润物无声、细水长流的持续长效性运作，而非一夜成名的泡沫式繁荣。

最后，"适合自己的才是最好的"，这句话同样适用金融业品牌工作。不同的企业规模、不同的产品定位、不同的消费者群体，指向了不同的传播之道。比如一个保险业新人缺乏大规模的营销传播资金的预算，就必须放弃保险巨头一般的长期广告投入，而是通过一个有效的平台切入，撬动品牌传播的整体局面，实现品牌知名度与美誉度的提升。

（七）关注两大热点——新媒体和危机管控

热点之一来源于新媒体。金融核心消费人群生活形态报告显示，当需要信息时，社会总体人群中 44.6% 的人会选择网络，而金融核心消费人群中 66.6% 人会这么做。这个报告虽然发布在两年前，但是至今依然有启示意义。新媒体是成长中的未来金融消费人群的主要媒体使用阵地，必须予以关注。

一方面，金融业运用新媒体可以充分借助其三大优势：互动、精准、实效。首先，可以借助新媒体建立关系的平台，以人性化的故事实现与用户的互动交流。值得注意的是，互动不只是形式上的你来我往，更是内容上的共鸣。如支付宝微电影《郑棒棒的故事》讲述了重庆"棒棒"历尽艰辛找回货主的真实故事，充分诠释了支付宝新的品牌主张"知托付"的内在精神，这为注重服务的金融业提供了有效的借鉴。

其次，瞄准目标群体，尤其是意见领袖，使品牌传播的影响裂变至更广泛的受众。像富国基金推出中国基金业首部微电影，通过《超越》系列短片借助卡通代言人"超越哥"与以白领为核心的目标消费者对话，宣传其指数增强子品牌，表达了其产品内涵，即在每一天的投资实践中积少成多，以超越指数的稳定收益让投资人"看得见"。富国基金还通过微博、官网、视频网站多平台互动，立体化传播，希望"用更具辨识度、亲和力与社交性的形式，将合适的产品推介给合适的人"。

最后，与线下活动相结合，线上线下联动放大品牌实效。兴业银行于2012年在地铁中投放了大量的海报广告，与传统海报不同的是其充分利用数字化传输技术与表现方式，吸引用户用手机扫描二维码，然后登录兴业银行活动网站，按照活动要求刷低碳信用卡，就有机会获得环保自行车。这不仅宣传了兴业银行环保的品牌形象，还为低碳信用卡的发行助力一把。

另外，我们必须承认新媒体是一把双刃剑。大规模的用户、高效的反馈、病毒性的传播，为企业增加了品牌危机发生的概率，尤其是对于注重稳定安全的金融品牌来说，更要谨防危机、审慎运作。

金融企业在新媒体的利用中必须做到两点：一是做好防御之术，二是要学会适度出击。因行业属性，金融业新媒体运作仍较保守，可充分利用新媒体实时的舆情监测功能帮助企业有效应对变化。此外，还可以结合自身情况，从适度、中性、风险小的新媒体传播内容与形式入手，逐步完善基于新媒体平台的品牌运作体系。

然而，金融企业的品牌危机不仅来自新媒体。由于消费者增权、媒体环境激变、市场竞争的白热化，金融企业面临的危机是全方位的，因此品牌危机还来源于危机管控，新环境中金融企业尤其需要全面强化危机意识。

全面强化危机意识要求金融企业内外两手抓，通过内部危机的管控和外部危机的防范稳定渡过难关。一方面，在内部管理危机的管控上，要做到保持内部沟通顺畅，对员工实施人文关怀并给予充分的价值尊重，同时积极进行企业文化的建设与价值理念的内部宣传贯彻。另一方面，在外部品牌危机的防范

上，应该通过与消费者群体、与媒体的关系经营实现风险危机的最小化。其一，在与消费者的关系维护上，坦诚相待，与消费者保持沟通渠道的畅通；其二，开展外部的战略合作，通过与媒体建立战略合作伙伴关系，实现长效沟通，为金融企业自身的传播环境优化打好基础。

访谈：嘉实基金——

建立起沟通的渠道后对媒体与企业双方有益。而且我们与媒体沟通也都是兵对兵、将对将的沟通，要互相尊重，我们对媒体每年都安排一些公关活动。良性的互动和沟通对企业和媒体都是必要的。这种投入一定会有很好的产出。

三　金融业品牌发展：新旧挑战有几何

（一）正视固有的顽疾

1. 金融企业定位不清晰，品牌形象趋于雷同

产品服务的同质化是金融品牌形象趋同、定位差异化不明显的根源所在。比如在银行一年的理财产品中，甚至会推出多达一万款，但这些产品之间并没有本质的差异，多是组合形式的不同。

而品牌涉及企业内涵、文化价值观与核心理念，是形成企业竞争优势的关键。但目前国内银行围绕自身核心价值衍生的品牌形象定位趋于雷同，难以在消费者心目中构架差异化的形象。

再以银行业为例，虽然各大银行不断增加广告投放，但在各自的品牌形象上是否真正拥有了明晰的定位？想要塑造的企业或品牌的形象究竟是什么样的？又是否真正围绕着既有规划中的品牌形象定位来统筹一系列营销传播活动？这一系列问题都是对国内金融业长期以来的品牌定位与传播活动的警示。像中国银行的宣传口号"选择中国银行，实现心中理想"，中国工商银行的"您身边的银行，可信赖的银行"，以及光大银行的"共享阳光，创新生活"，等等，并没有清晰的品牌特性和个性区隔，也就难以谈及在消费者心目中构建

起明确的品牌形象。

2. 粗放式的营销传播方式仍旧存在

金融行业领域最容易受到投诉的是与大众日常生活息息相关的银行业和保险业，而长期以来粗放式的品牌传播方式正是这一现象的根源所在。

而金融行业粗放的传播方式主要是指银行信用卡、保险产品的电话促销以及人员推销等广告行为，过于频繁且无严格操作规范。诸如此类没有针对性的推销、促销等广告形式，既不利于金融企业精细化的传播，又易招致消费者的诟病，极大地损害了行业的整体形象。

而从国内金融机构的产品及品牌运营来看，大多数企业走过或正在走这样一条路。像招商银行等发展业已成熟的银行品牌已经走过了粗放式的品牌传播之路，并从中学习到了宝贵的经验教训。而新生或后起的金融品牌是否还要重复这个老路？诚然，这条路并不可行，像招商银行的自身经验也证明了"盲目追求信用卡发卡率"等短视行为终究会引发负面影响，并难以控制最后局面。不仅银行业，而且保险行业整体形象不佳也是因为其长期以来极其粗放的传播方式，本来定位"人生有效保障"的保险行业产品与服务却被人拒之千里之外，成为低劣的推销行业的代名词。

（二）迎接新生的挑战

相比金融行业在品牌建设与品牌传播方面固有的顽症，新生的挑战更多的是来源于环境的变化。首先，金融业的市场竞争日益激烈，这种竞争已经从单纯的产品服务等层面的竞争上升至营销、传播、企业文化、声誉的竞争，"品牌"二字在新时代的内涵更深更广；其次，消费者的变化令金融企业措手不及，消费者权益意识的崛起、个人素质的提升、话语权的增加等等，都促使企业更加谨慎地做好面向消费者的服务；最后，媒体环境的变化给金融企业的品牌建设与传播带来了最直接的挑战，"人人皆媒体、事事皆传播"的无孔不入的传播环境需要企业眼观六路、耳听八方。

1. 体系化竞争中接触点的管理

体系化竞争时代，产品服务、资产规模、广告行为等任何单一要素的竞争已不能使金融企业常胜，而是上升至涉及一切品牌接触点的、综合的、全面的

竞争。

而在品牌传播的核心产品服务之外，金融企业的渠道网点、员工、客户等自有传播渠道以及所有利益相关者都是关系品牌发展的竞争要素。只有在每一个点上都具有领先别人的优势，才能最终赢得全局的胜利。

当前金融企业多注重在终端销售一线人员素质的提升与服务的完善，要求为消费者提供优质体验，正是出于接触点管理的考量。企业追求的是顾客价值最大化，而关系顾客价值的顾客满意度来源于他们对产品服务的体验与评价。因此，一切与其品牌相关的接触点行为若得到有效管理，都能为企业创造更多的顾客价值，积累更多的品牌资产。

2. 声誉管理时代危机的管控

在中国消费者不断增权、新旧媒体环境激变的趋势下，再加之金融业的本质属性决定了它与民生关系的密切程度，因此向来追求稳健发展的金融品牌在新的环境下，更加需要为自身构建一个良好的发展环境和舆论基础。简而言之，企业之间的竞争经历了价格竞争、质量竞争和服务竞争，当今已开始进入一个新的声誉竞争的时代。而企业的声誉管理在这种背景下提高到前所未有的高度，其危机管控能力不断受到挑战。

声誉，是指一个企业获得社会公众信任和赞美的程度，以及企业在社会公众中影响效果好坏的程度。而声誉管理是对企业声誉的创建和维护，是企业以正确决策为核心，通过声誉投资、交往等手段，从每个员工做起，建立和维持与社会公众的信任关系的一种现代管理方法。尤其是当前金融业面临的是一个"微"时代的声誉建设，更加需要谨慎小心地管理企业的言行，一旦有所闪失，金融企业的声誉资本就会一败涂地，难以挽回。

3. 多媒体联动的整合能力

金融业在传统媒体广告投放保持持续增长，同时新媒体广告投放激增，正如前文所提到的，在网络媒体的广告投放中，金融服务类增长率最高，同比增长 56.8%[①]。强势的增长说明金融业在广告投放上对新媒体日渐倚重，而这种倾斜除了受到新媒体与受众媒介接触习惯转换的影响之外，一方面来源于金融

---

① 数据来源：CTR。

业自身产品与业务创新的增长点，一方面也得益于金融企业在电子商务渠道的不断尝试与拓展。因此，无论是新媒体的运作还是传统媒体的坚持，品牌传播与产品服务的业务经营密切联动，这也为金融企业实现各大媒体之间的有效联动与整合带来了新的挑战。

如保险公司近来开始纷纷涉足虚拟保险领域，对网络平台上的交易行为以及游戏中的虚拟财产提供保险保障，并且通过淘宝等主要电子商务或者建设自有渠道销售保险产品。这也从侧面印证了消费者注意力的转移，而如何在互联网、移动互联网、传统电视媒体、报纸媒体等不同类型的媒体间实现传播主题的一致、传播活动的同步以及最终传播目标的达成，是对金融企业提出的新要求。

4. 传播内容对消费者的黏着力

科特勒的最新著作《营销革命3.0》再度提醒企业：要将消费者视为真正的"人"。经历了物质丰富、产品多元的时代，消费者进一步追求精神上的发展型消费，其价值观和精神理念都极需要在品牌上寻求共鸣。品牌的个性化与人格化成为至关重要的一点。

金融业销售的是虚拟的产品服务，更需要在传播内容上深度挖掘，在传播主题上更为凝练，引发消费者的共鸣和认同，从而提升消费者黏着度。而金融业向来以保守稳健著称，尤其是国内的金融业机构还处于产品及品牌形象严重雷同的阶段，因此对于传播内容的把握成为其品牌传播的又一艰巨的挑战。

四　加大战略资源向品牌的倾斜，实现品牌战略升级

营销与创新是企业最根本的职能。一方面是环境的压力，包括国际竞争的需要以及体系化竞争的需要；另一方面是金融企业自身发展的需要，包括发展阶段的要求、发展目标的需要以及品牌运作的升级，等等。这些力量推动着中国金融业的品牌价值提升进入深耕期。在实现连年高增长后，在当前中国经济转型的大背景中，中国金融业同中国经济一起进入转型、调整的新时期，金融创新与品牌助力成为新发展阶段的必然要求。

中国金融企业的品牌之路开启较晚，通过多年品牌实践经验的积累，其品

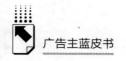

牌运作已经由最初简单粗放式的做法逐步发展完善，当前的金融品牌运作进入了精细化运作的新阶段。我国金融业真正的品牌层面的较量才刚刚开始。

在不断夯实根基、锤炼战术的过程中，金融品牌的竞争必将上升至金融企业战略层面的竞争，这同时是未来金融品牌开展竞争的必然趋势。因此品牌营销传播应该成为金融企业在整体发展中必须全面考量的战略。目前金融企业品牌发展的主要问题直接来源于企业在品牌传播运作上的策略失衡，而战术实施上的问题根本上来源于企业内部在战略资源上对品牌的倾斜不够。战略资源向品牌的倾斜涉及高层对品牌的重视程度、品牌管理机制的完善与否，以及明确的品牌定位和长期系统的品牌规划等。战略的升级要求金融企业从观念意识到管理架构、人才引进与培养，再到品牌的实际运作，都为品牌发展配置相应的战略资源，并将其品牌战略的理念与规划充分体现在企业的整体战略与系统布局中。品牌只有成为战略要素，才能够真正助力金融企业的快速成长。

B.5

报告五

以共创价值为核心的
品牌价值提升战略

——营销传播新思路与新方法

中国传媒大学广告主研究所

摘　要：

　　传统上，企业创造价值，并与消费者交换。这种以企业和产品为中心的价值观，正在被一种个性化体验和共创的价值观所快速替代。消费者贡献的灵感创意不仅为企业提供了新的生产可能，而且消费者也可从中收获参与的乐趣与经济回报。在新时代，消费者不再是产品或服务的旁观者和接受者，而是转变成为创造者，成为与企业共同创造价值的合作者。企业与消费者共创价值是企业品牌价值提升的重要方法。共创价值的领域很大，而营销传播作为企业品牌链重要的一环担任着重要的角色。

关键词：

　　共创价值　体验　营销传播

一　与消费者共创价值成为广告主新的竞争优势来源

（一）媒体环境的复杂和消费者崛起改写企业价值源泉

从企业的发展历程中我们可以发现，企业最早的价值来源于资源、能源的

耗费，企业竞争优势来源于低成本、低人工。随着能源和资源的耗费和价格的不断上涨，成本优势逐渐丧失，企业向规模、产品和技术寻找新的竞争优势，企业就有了品牌的概念。品牌成为大家追逐的潮流，品牌成为这个阶段竞争优势的集合体，也成为企业自创价值的源泉，这个价值是企业创造的。企业通过品牌获得新的价值源泉，消费者与企业是纯粹的买卖关系。企业通过营销传播将品牌信息传递给消费者，消费者通过对产品或服务的消费实现了与品牌的价值交换。在这个阶段，品牌是企业价值的源泉，而作为品牌传播重要方式的营销传播成为建设品牌的有力工具。

但是随着市场的发展，市场竞争变得更加激烈，媒体环境和消费者也发生了巨大的变化，而企业价值的来源也在发生着变化。

首先是媒体环境的改变，新媒体不仅引发了传播生态环境的剧烈变革，使得传统媒体遭受颠覆性打击，而且也引发了消费社会文化的巨大变迁。企业的优势地位、厂家的话语权正在被新媒体迅速瓦解，互联网的自组织现象使得消费者正在形成日益广泛而强大的同盟。居高临下的传播模式被扁平化，草根意见、口碑传播成为最具杀伤力或最有价值的舆论场，媒体之间的信息流变方式与以往截然不同。① 新媒体的层出不穷使得信息海量化，信息海量化的结果则是消费者注意力的分散，信息被消费者迅速消费或者遗忘。随着数字技术的发展，媒体终端呈现多元化现象，多元的终端也在改变着消费者的媒体接触习惯和使用习惯。

消费者的意识和行为发生了很多改变，消费者力量正在崛起。首先是消费者意识的觉醒，公众对品牌的消费意识提升，消费者不再满足于物质享受，而是追求精神层面的满足，强调品牌价值观的自我认同，对企业与品牌的要求更多。消费者的口碑传播影响越来越大。其次是消费者行为的变革，消费者越来越主动出击，主动进行品牌信息搜寻、产品购买、购后的传播与分享，整个消费过程不再由企业单一主导。不仅如此，消费者也越来越强调深入互动和追求美好的体验，追求与企业、品牌及其他同类消费者的信息沟通。无论是媒介接触、产品服务的消费，还是与企业的沟通过程，是否具有良好的体验成为消费者选择的关键。

---

① 王丰斌：《整合营销传播的"环境智慧"》，《公共关系》2012 年第 2 期。

（二）市场环境恶化给品牌价值提升提出严峻考验

2012 年以来，不但发达国家经济陷入低迷，主要发展中经济体，包括印度、巴西等，经济增长速度也迅猛下行，与发达国家的情形相比更加不容乐观，引发了企业对全球经济二次探底甚至长期萧条的担忧。在欧债危机爆发、全球经济放缓的背景下，这些现象引发了企业和社会对中国经济增长潜力和宏观经济基础的担忧。2010 年以来，中国经济增速下滑，通胀压力显著，房地产价格高位居高不下，地方政府债务压力增大，而且转变经济增长方式收效不明显。2012 年第一、第二季度中国经济的增速分别为 8.1% 和 7.6%，从 14% 的增长速度下降了几乎一半。① 中国正逐步陷入通货紧缩。温家宝同志也再次警告称，中国经济面临严峻压力。②

在恶化的环境下，企业利润下滑，中国正在出现对投资者来说最糟糕的"脱钩"：经济增长相对轻度地放缓，但企业利润的下滑幅度大得多。从电信到航空航天，从零售到房地产，各行业都普遍感受到业务下滑之苦。③ 中国最大的电子产品零售商之一苏宁电器（Suning Appliance）已发布警告称，上半年利润可能下滑 30%，其主要竞争对手国美（Gome）则表示，很可能出现净亏损。这两家零售商都称销售"疲软"。经济低迷，中国各大航空公司的乘客数量也令人失望，中国国际航空公司（Air China）警告称，上半年利润将下滑逾 50%。体育用品企业抱怨整个行业出现庞大库存积压。④

市场环境的恶化也使得企业间竞争更加激烈。企业利润下滑，品牌同质化竞争，媒体环境与消费者的改变，等等，都使得原来广告主与消费者之间简单的产品使用和售卖关系发生了变化。企业只能通过提供定制产品和服务来满足

---

① 徐建国：《中国不缺经济增长点》，《金融时报》2012 年 7 月 26 日，http：//www.ftchinese. com/story/001045675？page＝1。

② 迈克尔·佩蒂斯：《经济增长放缓对中国有益》，《金融时报》2012 年 7 月 25 日，http：//www.ftchinese.com/story/001045656。

③ 欧阳德、席佳琳：《中国企业利润大幅下滑》，《金融时报》2012 年 7 月 30 日，http：//www. ftchinese.com/story/001045744#s＝d。

④ 欧阳德、席佳琳：《中国企业利润大幅下滑》，《金融时报》2012 年 7 月 30 日，http：//www. ftchinese.com/story/001045744#s＝d。

消费者个性化需求，并借此取得竞争优势，从而获得品牌价值提升。然而，即使以大量定制（Mass Customization）方式提供产品与服务也只能在短期内保持领先地位，因为这些方法、技术和策略以及产品和服务都很容易被竞争对手模仿和改进，企业需要探索新的价值来源。

（三）企业与消费者共创价值时代来临

21 世纪初，普拉哈拉德（C. K. Prahalad）和拉马斯瓦米（Venkat Ramaswamy）提出了"价值共创"（Value Co-creation）的概念。当时两位大师就预言，企业未来的竞争将依赖于一种新的价值创造方法——以个体为中心，由消费者与企业共创价值。

随着信息技术越来越多地被应用于企业与顾客的沟通上，无论是企业的经营环境还是顾客的角色都发生了巨大的变化，企业不能够再独立自主地设计和执行没有顾客干预的营销流程，而顾客则从一个旁观者转变为参与者，参与到了企业的各个价值创造环节，从产品概念的形成、设计制造到消费，再到顾客反馈与回馈等环节，顾客影响的范围不断扩大，涉入的程度也不断加深。顾客不满足于现有产品，而希望与企业互动，共创价值从而使自己更加满意。以企业和产品为中心的传统价值观正在被一种个性化体验和协作共创的价值观快速替代。①

借助信息技术手段，加强企业与顾客从产品生产到消费各个环节的互动，这种企业与顾客共同创造和拥有产品的经历将给予顾客独一无二的体验，一方面使产品更好地满足顾客需求，提升顾客价值，使顾客满意；另一方面企业通过与顾客的互动，能够持续地获得顾客反馈，并且有利于获得顾客满意与忠诚，从而实现了企业与顾客共创价值。企业越重视顾客在每个环节的参与，注重增进顾客体验，顾客满意度就越高，企业也因此得到更高的市场份额和利润，通过价值的提升立足于市场。②

综上所述，新的企业竞争优势的重要来源之一是企业和消费者的价值共

---

① 普拉哈拉德：《企业成功定律》，中国人民大学出版社，2009，第 45 页。
② 陈述：《基于顾客体验与顾客共创价值策略研究》，《价值工程》2010 年第 10 期。

创，而在价值共创的过程中，企业应抛弃原有的以自我为主导的思维定式，更多地从消费者出发思考问题，与消费者深入互动，与消费者构建长远的伙伴关系。为了获取更多的利益，为了使关系更加稳固企业需要付出更多的心血。

二 共创价值的三大特征

共创价值指的是企业通过与消费者共创产品和服务，消费者通过贡献的灵感创意为企业提供新的生产可能，而消费者从中收获参与的乐趣、体验与经济回报等价值，企业通过产品和服务获得经济利益，从而实现品牌价值提升，至此，各自获得价值。在共创价值的过程中，企业应该注意其独有的特性，从而更好地与消费者共创价值（见图 5 - 1）。

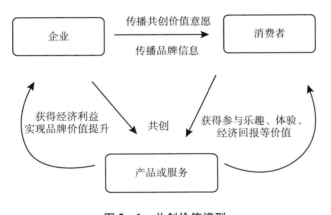

图 5 - 1 共创价值模型

首先，企业需要将共创价值的意愿传播给消费者，这个过程同时也是品牌信息传播的过程。消费者接收到信息后，对此作出反应，选择参与或者不参与，参与价值共创的消费者则在源源不断地接收品牌的信息。因此，我们可以发现在这个过程当中，价值创造和品牌传播是互相融合的，这是共创价值的一大特征。

其次，共创价值是互动和沟通的过程。沟通能够帮助企业了解消费者的各种背景，获知消费者的意见和建议，从而获得创新的知识。沟通不仅是倾听并作出反应，它还是双方深入的参与、生动的交流、精神上的理解以及强烈的交流愿望，特别是在消费者和企业意见相左的时候，只有通过互动和沟通，企业

才能在与消费者的交流中创造新的符合消费者期待的产品或者服务，而消费者也能更好地获得价值需求。共创价值是开放式的，即企业愿意与所有的消费者沟通，消费者可以表达他们的任何想法和意见，只要有利于共创价值，企业就乐于接受。

最后，共创价值强调消费者的体验。现代的顾客更加主张个性，强调特立独行，然而科技的进步与技术的发展使企业间产品与成本的差异性越来越小，如何满足顾客的个性化需求就成了企业亟须解决的问题。由于顾客固有的个体差异，体验则显示出唯一性与不可复制性，顾客在产品产生到消费各环节的互动本身就是一种体验，这种行为的结果使顾客又去体验自己的创造物，从而形成美好而深刻的感受。顾客与企业共同开发、共同拥有产品的经历赋予顾客难忘的个性化体验，能够满足顾客的个性化需求，使顾客的满意度与忠诚度得到提升，帮助企业建立良好的口碑以支持企业。

三 以共创价值为目标的营销传播新策略

与消费者共同努力可以帮助企业提升价值，而这就需要企业付出更多的努力，将共创价值理念传递给消费者，并且激发消费者的参与热情，号召和激发消费者参与进来，从而实现共创过程。消费者参与价值创造不是一次行为或限于某个环节，而是一个系统过程。在这个过程的每个阶段的传播都具有独特性，企业需要把握好每个阶段消费者的心理特性从而进行有效传播，并且无论在传播的哪个环节都要尽可能地运用一切渠道将信息传播出去，吸引更多的消费者参与。

（一）寻找具有持续性的、广泛关注度的创意点引发消费者共鸣

时下的传播环境非常复杂，消费者的信息屏障①阻碍了信息的传达。因此企业需要寻找一个具有持续性的、广泛关注度的、可讨论的话题作为创意点引发消费者的共鸣。共鸣是共创的前提，共鸣就是要求企业把握消费者的心理，

---

① 信息屏障指的是消费者将信息阻挡于门外，这使得信息更加难以到达消费者。来源于电通的《跨媒介沟通》。

尽自己最大的努力，说出消费者的感受或者体验抑或是一种价值取向。不论是什么话题内容，都必须不断地接近消费者的喜好，必须是足够吸引众多目标消费者的，能让目标消费者有所触动。

这个创意点需要体现企业的诉求本质，也就是能够传达企业希望与消费者持续共创值的核心战略与品牌传播核心内涵，并且可以统领项目全局，使整个项目能够覆盖主要目标客户，统领项目主干，促进价值共创传播目标达成，体现项目格局的核心。而且，这个创意点可通过多种传播手段来表现和延展，对主要的传播手段没有技术壁垒。共创价值项目的核心创意必须是唯一的、统一的，在项目策划阶段，这个核心创意必须清晰化、唯一化，否则就会令整个共创价值项目陷入混乱，整个项目向消费者传递的信息也会因此而失效。

（二）将体验作为价值共创的主要形式

1. 个性化体验增强消费者的互动性

新一代的消费者正在崛起，他们期待被作为独特的个人对待，他们期待可以在任何时刻得到个性化的体验，社交网站的兴起也使得个性化要求空前高涨。消费者的个性化体验是消费者参与价值共创的基础。企业所强调的价值必须能够使消费者具有参与的意愿，这就要求这个价值具有能够与消费者互动，使消费者获得个性化的良好体验的特性。因此，在进行创意时，必须基于使用者的角度及心态进行思考，考虑如何让消费者在最快、最顺畅的环境里主动地得到他们想要得到的信息，并且得到一次愉快的感官及心灵的体验。这种体验不是企业强加在受众身上的，而是需要考虑影响广告互动性的三个主要因素，即信息要个性化、要增强消费者的介入程度、要注重与消费者的实时沟通能力。[①]

2. 娱乐体验建立情感纽带

体验的方式有很多种，而娱乐方式所具有的轻松参与、快乐、大众共享的特质有助于建立企业与消费者之间的情感纽带。在进行创意的时候企业要充分

①　薛媛：《以"互动"为核心取向的网络广告创意策略分析》，《广告大观》（理论版）2007 年第 5 期。

调动消费者的娱乐情感，娱乐式创意所带来的亲身体验的参与性、节目难度的挑战性、游戏结果的不确定性会对消费者产生强大的吸引力。而快乐、兴趣、激情、潇洒，不仅成为现代人追求的一种潮流，而且其本身就是一种有价值的情感释放。[①] 体验也应该在形式上体现出娱乐与易参与性，就是要求体验形式运用多媒体技术创建具有复杂视觉效果和交互功能的新型网络，集视频直播、Flash 动画、游戏、网站链接、发表评论、在线调查、网上购物等多种功能于一身，促使信息传播的展示形式及过程随受众的意志而调整演变。

案例："大众自造"营销活动

"大众自造"是国内首个由汽车厂商创造的，以"汽车及设计"为主题的大型 SNS 网络互动活动，是大众汽车品牌在中国历史上最大规模的品牌营销活动的核心部分。"大众自造"是大众汽车在互联网环境中建立一个中国消费者与大众汽车平等对话、相互交流的沟通平台，分享对未来汽车的创意和想法。"大众自造"在社交网络平台上提供了便利的汽车设计工具，让用户在互动中从外观、内饰和功能等方面创造出自己梦想中的汽车，并与他人分享自己的创意。得到用户的创意后，大众汽车利用专业的设计团队，将用户设计的"璞玉原石"深入完善，从性能、造型等方面进行二次设计，从而创造出具有新颖独特的设计理念、富有科技感的概念车。在 2010 年的北京车展上大众汽车首次展示了三款"大众自造"的宝贵财富："磁悬球形车""幻彩音乐车"和"智能钥匙"。

大众汽车不仅在网络平台推出项目，而且通过多种传播方式进行了推广，不仅有百度推广、各大门户网站推广、央视广告等，还有户外 LED 大屏幕、公交车站牌、餐厅贴纸。大众汽车分阶段、分主题地在全国范围内引发了一场用户与用户、用户与大众汽车品牌之间关于未来汽车生活的创意讨论和沟通。

大众中国大众汽车品牌前市场总监胡波说，"大众自造"的短期目标是希

---

① 薛媛：《以"互动"为核心取向的网络广告创意策略分析》，《广告大观》（理论版）2007 年第 5 期。

望把这些讨论结果反馈到大众汽车总部的研发部门和设计师，而他们可能会根据这些来自消费者的反馈对未来在中国推出的产品进行调整。从中长期来说，这些好的想法和设计可能会对大众汽车未来的设计和技术开发产生长远的影响。从厂商的角度来看，"大众自造"是大众公司跟消费者交流的方式上的转变，从单向的沟通到双向的交流。互联网给大众公司提供了一个最佳的平台，让这种交流成为一种可能。因为过去你想了解消费者的想法需要做大规模的调研，现在有了"大众自造"平台，大家会主动到这个平台上来告诉我们他们需要什么。不仅企业主动，而且让消费者也主动说出来，这也是前面提到的双向沟通的一部分。

　　这是一个非常典型的共创价值的案例，大众很好地掌握了"梦想"这个为所有人所拥有，但又并非能够轻易实现的东西。"自造"梦想轻易地吸引了人们的注意力，是因为这是一个永远具有内容的话题，这个话题还能够引发很多的讨论。当消费者看到别人梦想被实现的时候，他们的参与欲望被激发了，成为跟随者参与创造。随着越来越多的人参与，更多消费者的梦想被实现，他们的价值受到了肯定和散发，而大众也因此提高了知名度，据统计，"大众自造"为大众带去了9200万个品牌印象，1000万个特殊访客，12万个创意以及为大众品牌知名度带来8.3%的增长。① 对于大众汽车来说，推行"大众自造"不仅可以提升用户"满意度"，提升大众汽车品牌亲和力，还能够使得大众汽车不断进步，从而为消费者提供更好的产品和服务；而对于消费者来说，它是一个实现梦想的平台，消费者通过设计，通过"找灵感，来造车，去PK，看进展"四个项目的参与在此平台上获得了良好的体验，虽然并非所有人的梦想都能够实现，但是消费者能够将自己的想法传递给汽车制造商就已经给了他们价值实现的体验。

　　而专业公司智囊也表示，现在的品牌越来越多地依靠消费者的智慧，只有广告主、广告公司与消费者一起努力，才能够创造巨大的价值。

---

① 薛媛：《以"互动"为核心取向的网络广告创意策略分析》，《广告大观》（理论版）2007年第5期。

访谈：阳狮集团——

阳狮集团大中华区首席执行官郑以萍："客户创意越来越看重消费者的智慧。基本上对于创意的要求都是 Open Source，用大众的力量一起寻找 idea，不再只是靠广告公司，广告公司只是形成创意的平台。"

（三）多渠道传播驱动消费者参与价值共创

驱动消费者参与价值共创很重要的一个步骤是让消费者知晓信息，因此将信息传播出去变得尤为重要。在媒体丰富的当今，多渠道传播成为很多广告主的选择。多渠道传播是要实现多个媒体的有效联动进而达成精准传播，而落脚点则是选择与目标消费群体高度吻合的媒体形式，做到合适的时间、合适的地点、合适的人的有效传播沟通。建立起一个全方位的消费者信息反馈和科学的信息搜捕与控制平台，这个平台将是媒体传播的关键和基础。

1. 驱动消费者引领价值共创，多渠道沟通是关键

现代传播技术，尤其是互联网的迅速普及提供了一个零距离、低壁垒的沟通渠道和交互环境，促使消费者真正产生有效的彼此影响，建立和分享新的共同价值。

案例："因为'米粉'，所以小米"——小米公司致力于与消费者构建长期关系

小米手机（2011 年 10 月以后上市）在 2012 年初位居国内畅销手机第十位，也成为畅销手机中唯一的国产手机。小米公司领导人亲力亲为做品牌是小米公司成功的重大原因之一，以雷军为首的小米团队在预售、发布会、"米粉"节等场合积极与消费者互动，从而传达其品牌价值观。而小米手机的畅销不仅源自创始人的强大吸引力和优质的手机，更源自小米公司对与消费者共创价值理念和建立与消费者关系的重视。

小米手机在发售前期就已有大量的"米粉"，米聊软件（一种类似于 QQ 的聊天软件）的开发为小米公司积聚了大量的"拥趸"。小米公司将手机免费赠给这些"米粉"试用，"米粉"将自己的试用体会和意见反馈给小米公司，小米公司从而进行改进，最终推出了更具人性化、更具吸引力的手机。而这些"米粉"也因为提供意见而得到了免费的体验。

　　小米公司还通过多种形式与消费者互动，如创建了"小米手机爆米花"，在互动现场，小米公司创始人、软硬件工程师、社区管理员等和消费者面对面，一边吃着爆米花，一起玩游戏，一起探讨小米手机的使用心得，一起分享"小米人"和"米粉"们的点点滴滴。

　　"小米手机爆米花"只是小米公司与消费者多渠道沟通形式中的一种，小米公司还运用了小米 BBS 社区、手机主题设计大赛、爆米花电子期刊等多种形式，期待在消费者心中深植共生共荣的概念；开发周边产品，强化小米社区是小米公司构建小米的圈子意识，帮助"米粉"产生更强烈的归属感。小米公司在传播之初就有了一批手机发烧友，而手机发烧友就是手机行业的舆论领袖，他们的舆论领袖地位也决定了他们喜欢尝试新鲜事物，发表观点，具备很强的社会性，也就是我们前面所说的"共振型的消费者"。他们的试用心得、评价常常可以决定一款手机的畅销程度。他们对手机有很多自己的想法，小米公司给了这些想法施展的空间，驱动他们成为能够与企业共振的消费者。

　　在与消费者沟通的渠道建设上，小米公司并没有局限于大众传播媒介，而是应用自行开发软件和采用面对面地直接沟通形式与消费者沟通和互动。这两种快速而又直接的方式很好地拉近了企业与消费者之间的关系。小米公司深知口碑传播的力量，通过在各大社区网站传播热点话题，而本就具有很大争议性的雷军（小米公司创始人）则充分利用他的个人魅力通过微博等渠道引发热点话题的讨论。

2. 激励消费者加入虚拟社区

　　互联网的出现以及广泛应用使得新经济下的消费者发现他们可以比较容易地加入允许自我选择的虚拟社区，同一虚拟社区的消费者通常有相似的一个方面或者几个方面，如相同的兴趣爱好，同一品牌的使用者或同一款游戏的玩家，虚拟社区对市场、对企业的影响很大是因为消费者之间具有共振效应。精明的企业所要做的是寻找适当的方法在虚拟社区中实现信息的统一传播，以动员虚拟社区中的消费者和企业共创价值。企业应该积极地对社区内成员进行引导，努力向价值共创的道路发展，让社区成员了解价值共创所能给他们带来的

利益。小米手机的各大 BBS 论坛、米聊等一定程度上就是消费者建立的虚拟社区。而另一个比较典型的借助虚拟社区实现与消费者共创价值的企业是国外的一个传统行业公司，该公司借助虚拟社区获得了巨大的财富，虚拟社区中的成员则同样获得了巨额的奖金。

案例：

2000 年，世界上最大的黄金生产企业之一——加拿大 Goldcorp 公司开展了一个找矿挑战赛。该公司建立了专门的竞赛网站，公开了过去 52 年来积累的安大略省红湖地区 55000 英亩（合 333960 亩）矿区的内部机密地质数据。竞赛问题是："在红湖地区的哪些地点可以为公司找到 600 万盎司黄金？"来自 50 多个国家的 1400 个个人、公司、大学、地质机构在挑战赛网站上注册，这些虚拟探矿者在研究数据后标示出了 110 多个勘测目标，探明的黄金储量达到800 万盎司。现在，红湖地区是世界上最富有的金矿区，也是世界上 5 个生产成本最低的矿区之一，其每盎司黄金的生产成本只要 60 加元。在竞赛过程中，参与者们获利不菲，获奖者共计 29 名，总共获得了约 65 万美元的现金奖励。

3. 运用新智能化媒体构建长期关系

智能媒体是智能终端、网络、平台共同发展的结果。智能媒体以互联网为基础，依托智能终端、云计算、云存储等技术，具有感知和思考多种能力，实现媒体主动找人，人即媒体。个人成为媒体的发布、生产和接收者。在智能化媒体阶段，终端是智能的，系统也是智能的，可以进行智能搜索、关联、分析、推荐、定位和广告等。智能媒体具备思考、感知、识别等多维度的智能，能主动寻找目标受众。在行为分析当中，可以进行受众行为习惯的分析，可以进行识别搜索，还可以感知位置、方向、温度和动作，甚至人的心跳、血压以及表情。智能媒体时代，媒体主动寻找每个人的习惯和爱好，然后通过云计算寻找相应的信息，再分发到个人。[1] 比如，广播电视机构在推进的 NGB（下一

---

[1] 孙进：《百视通进化路径：从一云多屏到智能化媒体》，腾讯科技，http://www.bestv.com.cn/news/2011/2/1827.shtml。

代网络）就具有智能化的作用，可以跟物联网对接，同时具有智能传输平台，可以实现智能管控、关联、受众分析和个性化。

智能媒体的这些功能对于需要与消费者建立长久、互动关系的企业来说具有很大的利用价值。人性化、智能化的媒体可以提高消费者的互动性，有利于增加消费者黏性。但在创意策略方面切不可追求技术的新奇体验，以专业人士的喜好代替目标受众的理解与接受能力。好用、实用的互动式媒体更要努力成为目标受众得心应手的工具。

总而言之，媒体与企业、受众这三者之间其实是一个定向的生态系统，企业只有清晰地意识到这点，才能对媒体环境、对单个媒体价值作出相对客观的判断，在实际的媒体应用中，进行创造、整合，实现众多资源的有效整合传播，为企业和品牌创造一条可持续的生态链。作为企业，我们必须对当下的媒体环境有清醒的认识，对于自己的企业、品牌的发展有着自己的执著与坚守，这将为我们更好地实现与消费者共创价值。

四　总结

言及当下，我们想起了狄更斯的"时代说"：这是最好的时代，也是最坏的时代；这是智慧的年代，也是愚蠢的年代；这是信仰的时期，也是怀疑的时期；这是光明的季节，也是黑暗的季节；这是希望的春天，也是失望的冬天；大伙儿面前应有尽有，大伙儿面前一无所有；大伙儿正在直登天堂，大伙儿正在直落地狱。

市场环境时好时坏，这个市场只会更加复杂而非更加简单，消费者也只会更加智慧，企业唯有迎面而上，不断地学习和改进，并且与消费者共同努力才能有源源不断的价值流出。共创价值是一个复杂的系统，营销传播人员需要与各部门协调合作才能通过营销传播的方法将能量放大。而我们也期待在这最好和最坏的时代、有越来越多的企业能够适应时代、超越时代，与消费者共创美好价值。

B.6

报告六

迎接新挑战，探索新趋势

——中国广告主传统媒体营销运作研究报告

中国传媒大学广告主研究所

摘　要：

传统媒体作为中国广告主长期以来最为倚重的营销传播平台，为其品牌的成长与自身营销运作能力的提升提供了强大的助推力。但伴随数字新媒体的崛起，近年来中国广告主的传统媒体营销运作遭遇到了不小的挑战。但是我们应该注意的是，传统媒体并没有就此式微，而是在新的媒介格局与广告主的营销传播体系中逐渐转换角色、被重新定位，并由此出现了诸多基于传统媒体平台的创新营销策略。

关键词：

传统媒体　营销传播　数字新媒体

一　传统媒体营销："危"中寻"机"、努力适存

在营销理论的范畴，传统媒体营销并非专业术语，不过一经提及，营销人都对其有着共同的理解。传统媒体营销，主要是指广告主利用传统媒体开展的一系列广告活动，包括硬广告和软广告（植入广告、软文广告等）。传统媒体营销因其所承载的媒介载体不同，主要可以分为以下几个大类：电视媒体营销、报纸媒体营销、杂志媒体营销、广播媒体营销、传统户外媒体营销等。

在新媒体带来强势冲击的今天，我们之所以尤为关注传统媒体，是因为基于其自身的发展需要以及新媒体带来的巨大挑战，传统媒体及广告主的营销方

式正在经历新的变革。但值得注意的是，这种变革并不是呈现逐渐退出历史舞台的颓势，更多的是一种角色的转变。在集体唱衰的声音中，传统媒体依旧在中国广告主的营销传播中占据着相对强势的地位，并且正在寻找新的发展路径。而广告主在传统媒体的运作上也日臻成熟，不断适应着新的营销传播和变化。

（一）传统媒体营销依旧强势

多年来传统媒体的广告经营额一直呈上升的趋势。因此，虽然互联网广告的高速增长已经使其成为仅次于电视媒体的第二大广告媒体，但我们不能否认，在由电视、广播、纸媒、户外等构成的传统媒体阵营依旧十分强大，在广告主的营销传播费用分配中占据着极大的体量。

1. 传统媒体营销队伍不断扩容

传统媒体遭受新媒体冲击，但不能忽视的是，它一直是广告主重量级的营销平台。当前电子商务等非传统广告主也开始加入传统媒体的营销大军，从地铁等户外大牌到电视广告、节目植入等，传统媒体的营销传播运作日渐成熟；而电视、报纸等传统广告平台也依旧是中小企业提高知名度，开拓更广泛市场，实现品牌升级的必经之路；央企等大型国企实施品牌传播活动的首站通常也是从电视、广播、报纸等传统媒体起步的；而国内各省市的旅游业、银行保险等金融业的传统媒体营销投入持续走高，成为广告市场崛起的"黑马"；等等。这些新加入的营销大军和始终钟情于传统媒体的广告主，都使得这些传统媒体的生存前景依旧乐观。

2. 广泛覆盖及性价比，依旧是传统媒体营销的优势

尤其对于某些传统行业或特定行业来说，传统媒体占据绝对优势。例如，地产业依赖报纸媒体；电视媒体始终是快消品广告投放的大头；还有广泛的地方性服务业、商业机构等大量依靠区域性电视、报纸、广播、户外等传统媒体；等等。

交通行业广告作为电台广告投放的重点行业，对电台整体广告量造成了直接的影响。在互联网品牌、电信运营商的高增长带动下，邮电通信业整体快速增长，该行业进入报纸广告投放 TOP 5 榜单，并且在传统户外广告中表现得后

劲十足。而杂志广告投放增幅最快的仍是个人用品行业，其持续在杂志媒体中树立高端形象。北京、上海、广州等大型城市轨道交通的快速发展正为传统户外广告注入鲜活动力，2012 年第一季度地铁轻轨广告投放同比增长 18.8%。①

（二）传统媒体营销遭遇挑战

1. 数字新媒体强势冲击，传统媒体营销增势趋缓

据 CTR 发布的中国广告花费数据显示，2012 年上半年整体广告市场同比增长仅为 4.2%，低于 GDP 的增幅，形势不容乐观。五大媒体中，电视媒体79% 的份额继续占据着广告量的"头把交椅"，但增长速度呈现放缓的趋势，增长 4.7%；电台虽然以同比 13.5% 的增幅继续领跑传统媒体，但较 2011 年同期 50.5% 的高速发展，也呈现大幅度回落；报纸继续萎缩，较 2011 年同期下跌 7.4%，为近年来的最低；杂志同比增长 11.1%，增速放缓；互联网增长的势头与 2011 年同期相比虽然有所减缓，但仍保持了 25.7% 的高增长。② 数字技术基础上的新媒体极大地丰富了广告主的媒体营销，传统媒体所遭遇的强大挑战主要来源于以下几个方面：首先是单一性遭遇互动性挑战；其次是被动性传输遭遇主动性搜索挑战；再次是影响力泛化遭遇高精准性挑战。

案例：新媒体格局下，宝洁集团调整营销策略

新媒体环境下，广告主开始调整媒体营销策略，很重要的一个方面就是自身的投放策略调整。宝洁全球负责人早在 2012 年 2 月初就表示"在最近还没有大幅度的削减传统广告投入的计划，对于新媒体方面的投放，宝洁会有很多的考虑"。虽然中国区不在调整范围，但是随着宝洁在中国市场的渗透率饱和，其营销转向也是必然。而其全球策略则是中国市场营销策略的未来方向。

2. 消费者注意力"被分散"，数字化生存状态凸显

数字媒体终端的发展使媒体实现无缝衔接，嵌入了消费者 24 小时的媒介

---

① 数据来源：CTR 媒介智讯。
② 数据来源：昌荣传播发布的《2012 年上半年中国广告市场分析报告》，2012 年 8 月 22 日。

接触与使用，消费者进入数字化生存状态。

消费者的注意力是一种有价值的稀缺商品，对广告主如此，对消费者本身也是如此。进入21世纪，广告市场的竞争愈演愈烈，无处不在的广告降低了消费者对广告的专注程度。首先，如前文所述，新媒体平台海量的信息以及互动式、主动式的信息获取与分享属性吸引了广大的年轻受众从电视等传统媒体分流向新媒体平台；其次，形式多元的网络媒体终端使得受众强力黏着新媒体；再次，就广告本身而言，基于传统媒体平台的广告更为单向固化，形式单一，并且是强制性的传播，这些说教式的传输方式已经不能满足消费者挑剔的眼光，更难以转化为切实的消费行为。与此形成鲜明对比的是新媒体广告形式的多元灵活性。正如科特勒最新著作《营销革命3.0》所谈及的，消费者不再是单纯的消费者，而是丰富饱满的"人"，企业必须将消费者视为能够通过长期互动构建关系，并为双方创造价值的伙伴。因此，基于消费者的种种变化都要求广告人寻求一种更易于接触到消费者、使其欣然接受广告的平台与具体形式，但是与新媒体相比，传统媒体由于固有的一些弊端在实现与消费者的利益共创上还处于相对劣势。

3. 市场竞争日趋激烈，营销战场硝烟四起

一方面，过去的基于产品、规模、成本等层面的市场竞争目前已经逐步进入到以营销能力为核心的综合竞争力的较量中。因此，广告主的营销能力得到前所未有的重视。而传统媒体既作为广告主营销推广费用支出的重头，也是广告主最为熟悉和熟练应用的营销平台，所承接的营销传播压力自然不言而喻，这从每年广告主对于稀缺广告资源的白热化争夺也能略见一二。能否基于这一传统平台做好做精营销传播，是企业能否竞争突围的关键。当前传统媒体广告纷呈，但是海量广告中良莠不齐，某种程度上助长了广告环境的杂乱与急功近利的企业传播心态。

另一方面，营销的竞争还体现在对多媒体的掌控运用上。在新媒体大行其道的今天，消费者转向新媒体，单纯的传统媒体营销很难帮助企业在品牌传播上构建差异化优势并收获良效，因此如何定义传统媒体在广告主营销传播中的角色与地位，如何更好地与新媒体优势互补，也是对广告在品牌经营中的地位的巨大挑战，对广告主提出了更高的要求。

（三）传统媒体在广告主营销传播中的角色正在发生改变

1. 传统媒体角色发生变化

基于互联网的媒体融合正在形成，在整合营销传播的大趋势下，传统媒体在企业营销传播媒体组合中扮演的角色在发生转变。如何辅助整合营销传播效果的实现，发挥自身的作用成为关键。在维持品牌曝光度、借权威媒体背书提升品牌形象、针对家庭收视群体、对大众消费者发挥影响上，传统媒体发挥着更大的作用。

2. 广告主营销目标实现升级

广告主的营销目标更加注重精准性与实效性。2012 年中国传媒大学广告主生态课题组调研结果显示，被访广告主在选择广告投放媒体的主要依据时，选择"媒体受众与企业目标消费者的吻合程度"的比例达 75.6%，跃居第一位，"媒体覆盖范围"选择比例为 52.8%，位列第二位（见图 6 - 1）。

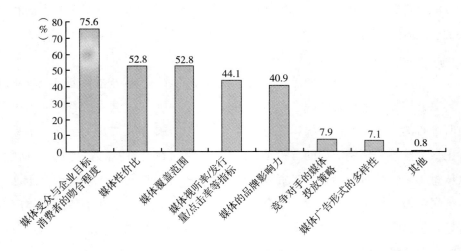

图 6 - 1　2012 年被访广告主选择广告投放媒体的主要依据（n = 127）

资料来源：中国传媒大学广告主研究所 2012 年度广告生态调研。

广告主认识到过去粗放型的媒介整合策略已经不能适应复杂的媒体传播环境。2012 年，广告主更加关心媒体传播的针对性和传播效能，而不仅是媒体覆盖范围等传统的规模化指标。广告主充分领略到以消费者为核心的整合营销传播要点，紧紧围绕目标消费群进行媒体优化，展开精准化、高性价比的传播活动。

访谈：碧生源日益看重电视媒体的精准性传播——

在电视媒体的选择上，要充分分析和利用目标消费群的收视习惯，并兼顾成本。湖南卫视金鹰独播剧场的受众与碧生源品牌 18 ~ 40 岁女性目标消费群高度吻合，碧生源通过提示收看的标版植入，获得了目标消费者的高关注度。

3. 广告形式不断延展

不断开发传统媒体营销的新形式，深入挖掘媒体内容资源，广告形式日益多元。软植入、公关活动、公益广告、微电影等成为广告主的新选择。

正如前文所述，消费者的变化也要求传统媒体的广告形式有更多的创意与拓展。进入 21 世纪，广告市场的竞争愈演愈烈，无处不在的广告降低了消费者对广告的专注程度。而更易于消费者接受、能够引发其共鸣的一定是在内容方面占据强势地位的广告作品或广告活动。抛开日益多元的广告形式不谈，究其根本，都是顺应了"广告内容化、内容广告化"的大趋势。广告内容化强调的正是"广告成为内容，以获得更确定的关注"。一方面，即使是在传统媒体平台上，随着信息技术和表现手法的进步，新时期的广告也已经可以打破传统，充分调动观众的主动性。另一方面，传统媒体在内容制作方面的不断升级也为广告主的营销提供了更多更好的资源平台。

二　传统媒体营销之分媒体营销战场

（一）电视媒体营销：独占鳌头，策略升级

1. 电视广告实现持续增长，但势头锐减

伴随受众和整个媒体大环境的变迁，广告主力求通过精准覆盖和深度沟通以收到精准化传播效果，因此为达到品牌沟通、产品推广、实效传播的目标，

广告主会锁定那些定位明确、受众清晰、传播形式灵活多样的数字户外、互联网及移动互联等新媒体。然而，在新媒体的强势冲击下，电视媒体作为传统媒体的长期霸主，仍旧在广告主营销中占据着重要地位（见图6－2）。

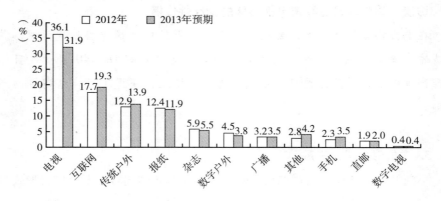

图6－2　2012年被访企业媒体广告投放费用在下列
不同媒体类别间的费用分配比例

(2012 年 n = 122，2013 年预期 n = 109)
资料来源：中国传媒大学广告主研究所 2012 年度广告生态调研。

根据 2012 年中国广告生态调研数据显示，被访广告主在电视媒体投放上的费用比例为 36.1%，电视仍然是广告主营销推广费用的重头戏。其中，被访广告主分配在央视和省级卫视上的广告费用比例占到了电视媒体广告费用的 68.7%；在地市县级电视台以及卫视以外的省台上的费用比例较低，两者之间形成了一个外开的"八"字。而分配在省级卫视上的广告费用比例更是与央视几乎持平，省级卫视的强势崛起在 2012 年更加明显。

不过我们也不能忽视，在全球经济遇冷的形势下，大部分广告主首先大刀阔斧缩减的就是营销传播方面的费用。其中，电视媒体因为较高的刊例价，以及互动性不强等因素成为广告主削减开支较多的媒体。根据 CTR 的监测数据，2012 年上半年，电视媒体虽然实现持续增长，但是增幅仅有 4.7%，达到近年来的低点（2011 年上半年增幅为 14.6%）。因此，作为广告主营销传播的重点媒体，电视既占据着绝对优势，也极其需要居安思危、未雨绸缪。

2. 电视媒体的固有优势与持续创新

广告主在电视媒体营销上呈现的持续火热态势有着多方面的因素。

一方面，电视媒体的高覆盖、广传播、家庭收视等特殊属性，以及在广大的三线、四线城市及县域市场的强势地位，都给予了电视媒体持续的增长空间。

与广告主的营销大趋势相同，电视媒体的市场也在不断下沉中。尤其是在广泛的中国县域及农村市场，电视媒体具有强大的影响力，央视及省级卫视对于受众的说服力更是突出。

不仅是市场下沉的趋势，电视媒体本身相对新媒体更为贴近大众消费与家庭型消费市场，这也是电视的先天优势，因此电视媒体尤其适用于快消品、大众消费品等品牌的广告投放。例如，2011年护肤用品等日化产品的广告投放呈现微增维持的局面，而高利润的彩妆、香水等积极使用电视做营销推广，以提升大众消费。无独有偶，CTR媒介智讯的广告监测也显示，欧莱雅集团2011年的传统电视广告投放花费同比增加1/3。

电视媒体因其面向的广大消费市场所赢得的竞争优势，在开展电视媒体营销的广告主群落的分布上也有所体现。除了快消品、药品保健品等电视广告的大头，原来守在新媒体营销传播领域的电子商务企业也开始在电视上大投广告，很少做广告的中央企业也不断增加在电视上的曝光率，像旅游、金融业等行业都成为电视广告崛起的"黑马"……

另一方面，除了电视媒体一些固有的传统优势，当前电视的竞争进入新的阶段，以央视以及各家上星卫视为核心的电视之争持续火热，主要竞争的途径就是内容的不断创新与广告形式的深入拓展。这些竞争对于传统媒体的全面发展来说是良性的助推器。

在内容方面，除了原创性强、质量有保证的新闻类节目，电视媒体还纷纷加大了在强大的资金实力支撑下对欧美大型真人秀节目的引进与本土化改造，大幅提高了电视台收视率，为广告主提供了新的营销机会。此外，电视媒体在影视剧方面基本不存在版权问题，作为广告主的营销载体，相比网络来说更具稳定性，这也是电视媒体长期以来在内容方面的巨大优势。

再者，强势电视媒体广告价格的不断攀升以及各种"限令"带来的优质

资源的不断"被稀缺",更加推波助澜,使得电视媒体火力不减。在"限广令""限娱令"等广电新政下,电视媒体上的优质资源稀缺引得广告主激烈争夺。广告主电视媒体营销的竞争是全方位的,涉及黄金广告位、优质节目、正规版权影视剧等各领域的资源竞争。

对硬广告位的争夺的一大例证即央视的 2012 年和 2013 年黄金资源广告招标,中标金额均创历史新高。

3. 电视媒体营销创新不断涌现

正如前文所述,广告主开展电视媒体营销,其中重要的方面就是对日益稀缺的黄金广告位的激烈争夺,通过对央视及卫视的投标竞标的拼杀,以大规模的广告投入抢占优质广告资源,一直以来都是实力强大的广告主提升品牌形象的有效路径。

但与此同时,与广告主对硬广告资源的抢夺相辅相成,广告主电视媒体运用策略的一个重要趋势就是通过高曝光率、灵活却又相对经济的公关、植入、栏目冠名与深入合作等软性传播方式,传播自身品牌。因其潜移默化的影响力,日渐受到各行业广告主的青睐。而对于内容资源的深入挖掘与利用也成为广告主电视媒体营销最容易出新出奇的地方。

电视媒体营销的软植入主要是顺应了"广告内容化、内容广告化"的大趋势,集中呈现在影视剧植入以及电视节目的深度合作上。而与节目的合作因广告主参与程度的不同又呈现多元化的营销模式。

首先,节目的冠名、赞助实现质的升级。在节目冠名中与原来厂商直接冠名电视节目实现品牌曝光的单一性传播有所不同,在节目策划及运作日益成熟的今天,广告主的品牌得以贯穿整个节目的始终,品牌获得最大化的呈现,甚至有了与节目内容的互动。节目冠名赞助的营销模式中,冠名国外引进的大型真人秀节目成为一种大趋势。广告主与电视台的合作深度与合作模式也略有差异,但都是借助优质节目的资源平台提升品牌影响力。一种是先有节目后冠名,如海飞丝与《中国达人秀》、阳光保险与《我要上春晚》;一种是广告代理公司专门为某广告主量身策划或引进节目,如金立手机与《激情唱响》;一种是与电视台一同斥资引进并打造优质节目,如加多宝与《中国好声音》。

案例：加多宝

加多宝集团联手浙江卫视正版引入 *THE VOICE* 模式并大手笔投入 2 亿元巨资打造，实现正宗凉茶与正宗好声音的结合。加多宝集团整合包括线上电视、平面媒体、户外广告、电波媒体以及网络在内的所有公司媒体资源，同时结合线下终端进行数万次路演宣传，加多宝集团与浙江卫视联手《中国好声音》打造前所未有的音乐饕餮盛宴，为中国观众带来最正宗的视听享受。

其次，节目中广告主产品与品牌的植入。这种植入主要是指在节目中国产品作为节目道具元素之一向公众展示，因与节目内容紧密相关而非常容易获得受众的关注，引发其主动的信息搜索行为。最好的例证就是化妆品与美容等女性节目的结合，如《我是大美人》《美人我最大》《美丽俏佳人》等各大卫视女性节目中各种品牌化妆品的亮相（见图 6 – 3）。

图 6 – 3　《美丽俏佳人》《我是大美人》《美人我最大》等女性节目

最后，广告主及其代理公司与电视台的合作贯穿节目创意、策划、制作、刊播的全过程。这种植入的形式上升到了更高的层次，品牌内涵与节目创意紧密结合，通过品牌内涵的有效延伸，在节目与受众的互动中极大地提升了品牌影响力，如奥利奥与《天天向上》的深度合作。

案例：卡夫食品奥利奥

为纪念奥利奥百年诞辰，该品牌发起了"唤醒人们的童心、重燃童年精神"活动。在中国市场，奥利奥专门与《天天向上》举办了生日专场，当天奥利奥中国区总裁肖恩也带着他的家庭成员共同庆祝奥利奥 100 岁生日。以

家庭和童年的主题将整档节目串联，最后顺势推出奥利奥的百年纪念，成功的策划使得节目收获了高收视率，奥利奥的品牌影响再度实现升级。

（二）广播媒体营销：春天再现，前景看好

1. 广播广告增幅持续领涨传统媒体

根据 CTR 监测数据显示，广播媒体以同比增长 30% 持续领涨传统媒体。广播广告的增长主要源于以下几方面的利好因素。

其一，电视媒体涨价，广播性价比凸显。广电总局 61 号等限令的颁布使得广播媒体性价比优势凸显，广播媒体广告费用相对于电视媒体价格要低廉得多，面对昂贵的电视硬广告价格和不断被稀缺的资源，一些广告主将部分预算分流到一些性价比较高的广播媒体展开促销攻势，以期直接促进销售。

其二，本土化区域性受众覆盖，迎合广告主精准性需求。广播媒体更多的属于区域性媒体，其所覆盖的受众群体更加明晰。而广告主在选择媒体时更加注重媒体受众与自己目标消费群体的吻合度，更加关注广告信息到达的精准程度。

其三，从行业属性看，广播媒体对部分行业具有很大的吸引力和影响力，特别是那些具有显著区域特性的商业、服务性行业。根据 CTR 媒介智讯监测数据，2011 年选择广播媒体进行广告投放的行业中，商业及服务性行业广告主投放广告量最大，其次是交通类行业，金融类行业紧随其后，特别是车险、理财产品等表现比较突出。这些广告主中有不少都是多年来持续选择广播媒体，并将其作为受众清晰化和区域促销的营销利器。

此外，私家车的增加提高了车载广播的收听率，有车一族成为汽车、金融、房产等行业广告主瞄准的高消费人群。广播广告的再度崛起还与技术的发展有密切的联系，当前在数字、网络、终端等技术的推动下，广播收听方式实现了多元化的发展，受众不再局限于收音机的单一广播媒体，像数字电视机顶盒、手机等移动终端以及网络平台等都可以成为受众收听广播电台的有效渠道，这在一定程度上拓展了广播的受众人群。

2. 广播媒体营销的多元化拓展

广播媒体因其形式上的限制，媒体资源本身可供开发的空间有限，因此广告主在广播媒体营销上的创新主要基于外围的延伸和形式的不断拓展。广告主的广播媒体的营销新形式主要倾向于从以下两个角度切入。

一方面，进一步加强媒体之间的联动性。不是聚焦在广播广告的单独作业上，而是利用一切营销资源与网络、户外等多种媒体平台形成互动，广播广告作为营销传播的重要一环，与其他媒体平台发挥传播合力的作用。除了实体的媒介平台间的互动，广告主日益强调广播广告与线下活动的联合，通过广播广告的告知和线下实体活动两大部分的"高空＋地面"的联合夹击，实现资源的真正打通，将广播广告的影响力延伸至线下受众群体。

另一方面，电台与广告主的合作模式发生了新变化，围绕大事件进行巧妙植入，品牌广告并非高不可攀。2012 年 3 月 3 日，宝马作为中国奥委会合作伙伴，启动了中国奥林匹克计划，为配合宝马推出的"为悦，全力以赴"的奥运推广主题，北京交通台等播出了宝马冠名的《中国奥运故事》连环展播，取得了较好的反响。

（三）报纸媒体营销：略显疲态，地缘性优势凸显

1. 报纸广告名落三甲之外

2012 年，被访广告主媒体广告投放费用比例中，互联网份额占比达到了17.7%，成为份额排名第二位的媒体，广告主对 2013 年预期也呈现互联网继续攀升的势头。报纸所占份额为 12.4%，比列"探花"之位的传统户外广告低 0.5 个百分点，2013 年预期也不容乐观。

2. 部分行业依旧钟情

从报纸媒体的广告主行业属性来看，在 2011 年报纸广告 TOP 30 中，汽车品牌占据了半壁江山，但与 2010 年报纸广告 TOP 30 相比，除了 5 个高端品牌两度上榜外，其他均为新面孔。此外，我们通过榜单简要统计可以发现，2011年报纸广告 TOP 30 广告主基本由以下几大行业构成：汽车（15）、金融（5）、家电（5）、通信（3）、日化（1）、酒类（1）。与 2010 年情况相比差异并不大（见表 6 - 1、表 6 - 2）。

表 6 – 1 2010 年 1～11 月报纸广告投放额 TOP 30 的企业

1	苏宁	11	茅台	21	中国银行
2	国美	12	东风日产	22	雷克萨斯
3	美的	13	梅赛德斯—奔驰	23	奔腾
4	大中	14	中国联通	24	马自达
5	比亚迪	15	奥迪	25	招商银行
6	中国移动	16	佳能	26	中国电信
7	格力	17	中国工商银行	27	北京现代
8	天籁	18	凯美瑞	28	中国农业银行
9	宝马	19	东风雪铁龙	29	宝马
10	益生康健	20	交通银行	30	欧米茄

表 6 – 2 2011 年 1～11 月报纸广告投放额 TOP 30 的企业

1	苏宁	11	奔驰	21	茅台
2	国美	12	梅赛德斯—奔驰	22	东风日产
3	中国移动	13	索纳塔	23	中国联通
4	美的	14	帕萨特	24	中国农业银行
5	大中	15	马自达	25	昊锐
6	沃尔沃	16	招商银行	26	上海大众
7	东风悦达起亚	17	中国工商银行	27	兰蔻
8	宝马	18	比亚迪	28	宝马
9	格力	19	尼彩	29	交通银行
10	奥迪	20	中国银行	30	东方之子

资料来源：慧聪邓白氏研究。

因此，相比其他广告媒体，报纸媒体虽然处于逐渐没落的态势，还是有很多行业的广告主始终钟情于报纸媒体。这主要是由于报纸媒体的地缘性优势突出，内容更具深度，具有区域性受众覆盖等优势。此外，在报纸广告投放上，这些广告主的目标消费者定位与报纸读者基本一致，主要面向的是中高层消费人群。因此，报纸依旧是房地产、卖场、汽车、药品保健品、金融等行业广告主的重要选择。

并且，与广播媒体的发展新趋势相似的是，广告主的报纸广告营销日益倚重与线下活动、终端促销相结合的营销方式。

访谈：海信集团——

公司总部的层面对网络宣传很重视，但区域市场很多在做即时性的促销广告，依赖最多的还是报纸广告，手机短信广告也比较多。尤其是近两年家电市场竞争很大，每周都在做促销活动，肯定要看信息送达度怎么样，各个公司都在比拼。在竞争者之间，区域市场报纸广告性价比还是不错的，在区域市场肯定先推荐报纸广告。

（四）传统户外媒体营销：潜力巨大，创意无限

1. 传统户外依旧占据户外媒体投放主体

根据中国广告生态调研，广告主根据自身行业特点以及传播目的，有选择性地考虑户外媒体的组合策略。2012 年被访广告主整体的户外媒体费用分配上，传统户外媒体比例依然高于数字户外所占比例。

随着生活节奏的加快及出行方式的便利化，人们的出行频次在逐年提高，户外媒体更成为广告主接触移动消费者的最有效途径。

首先，户外广告具有画面冲击力强、到达率高、千人成本低、展示时间长等强势特征，在广告主媒体选择上具有无可替代的地位。户外广告被世界权威市场研究公司亨利中心评为"21 世纪最具成长性和发展潜力的优异媒体"。

其次，在广告主整体营销推广费用缩减的情况下，户外媒体的地域性以及终端贴近性成为部分广告主偏好投放的重要原因。

最后，广告主可以利用户外媒体创新性地开展整合营销传播。广告主会有意识地整合户外媒体的创新形式，从显示屏、招贴、地贴到墙贴，以点成线，以线带面，力图营造强烈的产品或品牌体验氛围，加深品牌印象，直接带动销售。户外媒体为广告主提供了围绕消费者展开"最后一公里"传播和促销的机会。

2. 传统户外媒体营销新看点

数字户外为广告主提供了与消费者近距离互动的机会，加深了用户体验，不过传统的户外大牌、灯箱、展位等仍旧是深受广告主以及消费者欢迎的户外广告形式，并且广告主通过不断开发创意，利用新材料、新技术创新传统的户

外广告形式,给消费者最直观的观感甚至互动,加深品牌印象。

　　首先,广告主积极在形式上突破传统的户外广告展示方式,正如电商亚马逊在上海地铁的立体广告所呈现的(见图6-4、图6-5、图6-6)。

图6-4　亚马逊地铁广告一

图6-5　亚马逊地铁广告二

图6-6　亚马逊地铁广告三

其次，传统的户外广告因其材质、空间、形式的限制，刺激广告主在户外平台的多元利用上下功夫，而创意就成为重中之重。

图6-7　宜家在地铁中的立体墙贴广告一

图6-8　宜家在地铁中的立体墙贴广告二

图6-7和图6-8宜家厨房新近推出的以3D概念为基础的广告，宜家倡导的"小空间大作为"的家居布局理念在此得以完美体现。立体墙贴吸引了不少乘客好奇的目光，有不少人上前触摸墙贴，更有人走来走去观察墙贴的变化效果，宜家巧妙地在与受众互动之间加深了受众对产品的印象。这次的地铁广告仅在传统墙贴上做了一点巧妙的小变动，花费不大，却收到了受众积极的反馈。

案例：士力架

横扫饥饿，做回自己。士力架巧妙地利用曲面镜的成像效果与人们在上下班途中的饥饿状态相联系，在一根士力架的指引下，前方的正常镜面又使人们恢复了正常饱腹的状态，看到这样的广告，大多数人都会会心一笑（见图6-9）。

再次，广告主积极利用传统户外广告与数字媒体实现联动。例如，目前二维码的利用已经十分常见，很多传统的广告主也开始积极在传统户外广告中尝

图6-9　士力架的地铁广告

试这一新技术。例如，兴业银行在户外的传统海报上附上了二维码，人们拍下
二维码登录网站就可以参加兴业银行卡的绿色行动。一张传统的海报因此成为
与互联网联动的创新广告形式（见图6-10）。

图 6 – 10 兴业银行的户外二维码海报

三　传统媒体营销之新趋势

（一）顺应整合之势，实现多媒体联动

伴随着消费者媒介生活的"碎片化"，广告主在品牌营销活动中也越来越重视整合多种信息传播渠道，以期达到更好的营销传播效果。

从 2012 年广告主研究所针对"广告主选择广告公司时看重的因素"做的调研数据可以看出，广告主在选择合作的广告公司时，对广告公司的整合营销传播能力依然很看重（见表 6 - 3）。

表 6 - 3　2012 年被访广告主"选择广告公司时看中的因素"

单位：%

2008 年	创意制作水平	56.40
	整合营销传播能力	27.40
	市场调查及数据分析能力	24.80
2009 年	创意制作水平	50.00
	整合营销传播能力	33.30
	媒介策划能力、代理及服务价格合理（并列）	28.30
2010 年	创意制作水平	48.70
	整合营销传播	34.50
	代理及服务价格合理	28.30
2011 年	创意制作水平	41.18
	整合营销传播能力	39.50
	媒介策划水平	33.61
2012 年	创意制作水平	42.30
	整合营销传播能力	38.00
	代理及服务价格	29.20

资料来源：中国传媒大学广告主研究所 2012 年度广告生态调研。

多屏时代，传播渠道之间的界限正在模糊，而新媒体助力线下营销的巨大价值日益凸显。为了能够全面覆盖受众，广告商正在越来越多地整合电视台、平媒、网络电视台、手机广播、手机电视、微博、交互式网络电视、论坛等多种传播资源，配合品牌的线下活动，实现多终端、全方位的高效联动。

传统媒体营销虽然具有覆盖范围大、权威性强等天然优势，但是面对新媒

体的挑战，存在时效性差、互动性差、宣传功能过多容易引起读者反感等弊端；而新媒体宣传效率高、速度快，但是存在虚假报道多、转载报道多、控制手段滞后、舆论导向混乱等问题。因此，在数字化时代，广告主在做营销时，既要发挥传统媒体营销的优势，又不能忽略新媒体的影响力。通过传统媒体与新媒体的联动推广，共同助力品牌传播。广告主的多屏合一可以实现融电脑、电视、移动终端等多种屏幕于一身的视频投放，即投放内容根据每个用户的行为特点而定，而投放关注重点在于对目标人群的黏度高低，最终实现精准化营销。

（二）唯内容独尊，重视媒体影响力

与之前看重媒体覆盖面的阶段相比，媒体内容的独创性与影响力前所未有地受到广告主的重视。长期以来，广告主在进行媒体营销时，都希望向有正确需求的正确用户传递正确的信息，因此，营销计划需要找到能匹配用户需求的媒体资源。

看重媒体内容影响力的重要表现之一，就是当前广告主选择在更具针对性、逐渐细分化的媒介载具上发布广告，明确指向其目标消费者，而不是强调一味在覆盖面广的媒介载具上投放广告。此外，重视媒体内容的质量与影响力，在一定程度上是在寻求广告与内容的高契合度。当前，媒体资源细分日渐分明，寻找目标消费者并不是一件太难的事情，但是广告主在制定传统媒体广告营销策略时，除了考虑媒体的影响力、媒体受众与产品目标消费者的契合度外，尤其重视节目内容与产品定位是否搭调，能否帮助产品在受众心目中创造积极正面的品牌联想。

（三）多视角切入，软性传播备受青睐

中国的传统广告在经历多年的高速发展后增长趋缓，进入低速增长期。一方面，在稀缺的硬广告资源不断提价的影响下，广告主倾向于选择其他更加高性价比的传统媒体营销方式；另一方面，受众注意力的转移使传统硬广的影响力与效果日益受限，软性植入异军突起，成为广告业的新宠和关注的焦点。

在传统媒体日渐多元化的广告形式中，软性传播备受青睐。选择好的内容结合点是广告主打好营销战的重要一步。在电视媒体营销上广告与内容的交织日益凸显，比如影视剧的植入、节目的冠名和其中品牌的曝光，甚至是围绕品牌量身定制的栏目和剧作，等等。在这种"广告内容化、内容广告化"的趋

势下，广告主的品牌营销传播实践既有成功的标杆，也有不少失败的案例，多数情况下还是在内容的选择与广告具体的植入形式与方法上出现了问题。不把品牌仅当作节目或剧情的道具，而是将其作为一个角色进行统筹规划，才能够在媒体内容的传播中将品牌影响力充分释放。

（四）互动性凸显，线上线下持续发力

广告的投放已经进入网络和电视联动时代。电视广告和互联网视频广告能够形成有机补充，能够实现广告资源的充分利用和数字营销的视频化，还可以满足不同受众的媒体接触习惯，实现最大的广告到达率。

案例：互动的新型电视广告

2012 年 3 月 1 日，国内首个可互动的电视广告在央视上映，观众可以使用手机扫描广告片中的二维码参与到网络活动中。该广告片制作方支付宝表示，在广告片中植入二维码是希望带给观众新的体验，业内人士指出此举将推动移动互联网与相关产业的发展（见图 6 – 11）。

图 6 – 11　国内首个互动电视广告

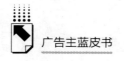

（五）关注实效，向终端销售看齐

相比传统媒体而言，新媒体除了互动性占优之外，其技术上的精准性和用户行为的可追踪性都为广告主追求实效提供了条件。而要通过传统媒体提高品牌营销传播行为的实际效果，一方面要像新媒体一样利用各种技术实现互动的升级；一方面需要与线下活动紧密结合，通过线上线下的配合拉动终端销售。

广告主目前在传统媒体上的表现正是不断追求实效的结果。正如前文所述，广告主在电视媒体上互动技术的创新运用，广播及报纸媒体与区域性促销活动的连接，以及户外媒体在传统广告形式基础之上所作的改进与创新，等等，都是广告主基于传统媒体的平台拓展的多元广告形式，以获得销售实效的提升。向终端销售看齐虽然在一定程度上会使广告主的传统媒体营销面临短视的问题，但在可见的未来，追求实效将成为广告主营销传播的必然趋势，并指导广告主的营销传播行为。

B.7

报告七

在嬗变中成长，中国
广告主的体育营销之路

广告主研究所

摘　要：

南非前总统曼德拉曾说："体育，拥有改变世界的力量。"对于营销界而言，这句话同样合适。经过 2008 年北京奥运会的历练，体育营销已经成为中国广告主重要的营销工具之一。然而近年来营销大环境已发生潜移默化的改变，消费者需求在"碎片化"，数字媒体的大发展也对体育营销实践产生了广泛影响。本文将重点讨论广告主体育营销的策略、效果和发展趋势，希望为中国广告主面临的问题提出建议。

关键词：

体育营销　策略　趋势　效果

一　体育营销胜在品牌作用力

（一）作为一种营销手段的体育营销

体育营销可谓由来已久，并在广告主长期的营销实践中得以完善。19 世纪末，欧美一些国家就已经产生了早期的商业性体育赞助活动。1978 年，"体育营销"一词首次出现在美国《广告时代》杂志上。1984 年洛杉矶奥运会，美国商人尤伯罗斯首创奥运会商业运作"私营模式"，标志着体育营销在现代营销中的真正运用。

在体育营销发展的过程中，不少学者都对体育营销进行过定义，有人将体育营销仅限于体育行业有关的广告主营销活动，也有人将体育营销定义为任何广告主可用的一种营销手段。综合前人观点及营销实践，中国传媒大学广告研究所认为，体育营销是指广告主利用体育赛事、体育媒体、体育组织或体育明星，以目标消费者为对象，围绕产品、服务或品牌开展的一种市场营销活动。

这个定义强调了体育营销的三个方面：首先，体育营销的核心是体育资源，这里的体育资源既包括广告主所拥有的正式的官方权益，也包括广告主所制造的与体育关联的某种有价值的关系；其次，广告主是广义的广告主，既可能是体育行业主体，也可能是非体育行业主体；最后，体育营销对于广告主而言其本质是一种营销手段。

（二）体育营销胜在品牌作用力

体育营销之所以受到广告主的青睐，归根到底源于体育营销所具有的品牌作用力。这是其区别于互动营销、事件营销等其他营销手段的最大特点。具体而言，体育营销的品牌作用力可以体现在如下几个方面。

1. 体育营销可以实现广覆盖和精准传播，助力品牌传播升级

无论是传统竞技体育活动还是民间体育活动，都具有广泛的社会参与性和社会关注度，因此能实现对相关受众的广泛覆盖。而不同区域、不同时间、不同内容的体育活动，吸引的是不同类别的受众，体育使受众自然细分，有利于广告主针对目标受众进行精准性传播。二者共同结合，广告主可有效实现品牌传播的升级。

例如，安利纽崔莱积极倡导和推动"跑出健康"的理念，自 2002 年开始举办"安利纽崔莱健康跑"大型公益活动以来，10 年间该项活动共计覆盖 51 个城市，吸引约 240 万人参加，已成为中国最大的全民健身运动之一。通过发起全民性的体育活动，安利纽崔莱将品牌与产品信息有效传递给了注重生活品质的目标消费者；同时借助公益事件，安利纽崔莱更是将品牌形象推到了一个新的高度（见图 7-1）。

图 7 - 1　安利纽崔莱发起"健康跑"大型公益活动

2. 体育营销可以快速提升品牌认知度、提升品牌传播效果

聚焦眼球，吸引广泛的注意力，是体育活动所具有的天然优势。体育赛事不仅吸引专业媒体的广泛而深度的报道，同时也吸引消费者的直接关注。再加上媒体的转播和体育爱好者的人际传播，借势体育资源的广告主，能通过这种高曝光、多级传播的信息扩散优势而迅速提高广告主的知名度和美誉度。

三星公司通过赞助切尔西球队迅速提升了其在欧洲市场的品牌影响力就是一个典型案例。切尔西俱乐部是一家位于伦敦的英格兰足球俱乐部，是世界上最具规模的豪门俱乐部之一，成立时间超过 100 年，绝大多数时间均参与英格兰最顶级足球联赛，其在 21 世纪初异军突起，成为世界级劲旅。2005 年，三星成为英国切尔西足球俱乐部的新官方赞助商，利用切尔西已有的区域影响力，同时在媒体的大力度传播之下，三星在欧洲地区的知名度提升了 68%（见图 7 - 2）。

图 7 - 2　三星公司与切尔西达成合作

3. 体育营销可以有效树立清晰的品牌形象，增强品牌感染力

体育文化和体育精神是塑造品牌形象的有力武器，它们与广告主的产品和品牌精神本身很容易找到结合点。基于这种结合点，体育营销所承载的品牌可以充分借用体育资源的传播平台、影响力和关注度，进而树立清晰的品牌形象，更加增强品牌感染力。

这样的体育营销案例非常多。例如，可口可乐积极、青春、热情的品牌内涵与奥运会"更快、更高、高强"的体育精神的有机融合。又如，北京现代汽车以现代速度著称，选择赞助国际滑冰联合会短道速滑世界锦标赛及中国房车锦标赛等竞技性较强的体育赛事来彰显现代汽车的时尚高端品质，扩大品牌影响力。

二　中国广告主体育营销运作日趋成熟

从 1988 年汉城奥运会李宁赞助中国体育代表团开始，中国广告主就开始了体育营销的探索历程。1990 年北京亚运会让健力宝、安踏等中国企业在本土进行了一次大规模体育营销演练。2004 年，联想集团与国际奥委会正式签约，成为国际奥委会全球合作伙伴的第一个中国企业。2008 年，北京奥运会65 家官方赞助商中一半以上为本土企业，中国广告主的企业体育营销迎来了一个新高潮。在经历 20 多年的实践摸索之后，中国广告主的体育营销从简单到复杂、从积累经验到科学总结，在整体运作上正日趋成熟。

（一）机制慎密，决策更加科学合理

如同其他营销活动一样，体育营销需要进行科学决策，与早期盲目跟风或根据企业领导喜好决策相比，这一观点已经为众多广告主所认识和接受。

访谈：

"首先，识别体育营销资源的机会点，看它是否有广泛受众，是否有一定的关注度；其次，借鉴相关研究机构的资料，看我们是否有相应的资源能拿到这个赛事；最后，基于前面理性的分析作出一个相对感性的评估。"

——金龙鱼

"我们对体育营销资源前期的评估一般不少于 5 ~ 6 个月，有一定的决策流程：我们有自己的法律顾问，有第三方的调研，然后最终通过 5 ~ 10 人组成的高层组委会进行讨论，并提交董事局进行最后决策。"

——Evoc

在具体的决策过程中，一般企业会首先确立一个关于体育营销的基本意向，这个意向是基于企业、市场以及体育资源的相关情况所作的缺乏验证的初步判断。在这个基础之上，企业相关部门会进行充分的信息收集和调研分析，以求证先前的判断是否合理，是否具有可行性，等等。为了保证决策的科学合理，这些企业还会咨询广告公司、体育圈人士、广告专家等。在综合各方参考性意见和资料的基础上，企业还会再进行内部的集体商讨，最后交由企业领导人和决策层作最终的决定。

（二）灵活掌控，条条大路通罗马

中国广告主已经认识到，无论企业规模如何，无论掌控着何种体育资源，体育营销的目的是明确的，无外乎为广告主的市场销售服务，为广告主的品牌提升服务。在现实中，不同规模的企业通过寻找适合自身的资源平台，能实现

符合自己特点和阶段性需求的营销目标。

总体而言，广告主仍然钟情于大平台，尤其是大品牌。大品牌广告主倾向于赞助和投资大型赛事，如综合型运动会、世界级体育赛事。例如，青岛啤酒与 NBA 合作、伊利赞助背景奥运会、王老吉牵手广州亚运会等。

但是，"冷平台"亦可实现"热营销"。一些企业避开大家虎视眈眈的热门赛事资源，转而向一些专业性较强的"冷项目"抛出橄榄枝，避热就冷、避大众就专业，"冷平台"玩转"热营销"，收到意想不到的营销效果。例如，韩泰轮胎赞助专业性较强的中国汽车拉力锦标赛，该比赛的社会影响力与关注度不及一些大众性运动项目，但是这种专业性比赛也能有效影响韩泰轮胎的目标受众，体现的是一种精准传播的思想。这种思路的转变，体现的是当前中国广告主务实的态度和观念。

（三）策略各异，效果各有千秋

在具体的体育营销策略上，每个广告主不尽相同。关键是要能达到既定的目标，既能达到眼前的效果，也能服务于长期战略。因此，不同的广告主会充分考虑自身的特征，再与体育资源作有针对性的结合，通过科学的运作，实现效果最大化。

例如，七匹狼服装公司与"中国俱乐部杯"帆船挑战赛的合作，强调的是二者在内涵上的深度吻合，即帆船比赛的高端、时尚、休闲的特性与七匹狼品牌特性相符。而金威啤酒牵手深圳大学生运动会是出于地缘因素的考量，是责任与担当的表现；同时，围绕大运会，金威啤酒开展一系列相关活动，也必然将体育营销效果扩大化。又如，匹克瞄准海外资源，携手 NBA，是希望通过国内对赛事的转播，实现品牌曝光，达成"墙外开花墙内香"，一举两得。

三　中国广告主体育营销四大策略

正如上面所述，企业的体育营销虽然具有个性化特征，但在众多具体的体育营销策略上也能体现出一些共性。总结起来，中国广告主的体育营销一般采用如下四种策略。

（一）提升品牌内涵的"文化渗透"策略

一般来说，广告主体育营销十分强调融合体育文化与品牌文化。年轻、健康、积极、向上的体育文化为消费者共同认可，与广告主的品牌文化也相得益彰。广告主普遍重视寻找到品牌与体育文化的结合点，注重内涵融合，通过借助体育文化建立品牌文化系统。

例如，青岛啤酒与 NBA 的合作，青岛啤酒一直努力向消费者传递一种进取、自信、畅爽、激情的品牌文化，而这与 NBA 坚韧、速度、永不放弃的精神是不谋而合的（见图 7 - 3）。

图 7 - 3　青岛啤酒通过与 NBA 合作来传递品牌文化

（二）强化消费感知的"互动体验"策略

体育本身所具有的竞技性、健身性、娱乐性和教育性的特征都与体验密切相通，因此广告主开展体育营销常要强化消费者的切身感知，也不可避免地将体验策略融入体育营销的产品、价格、促销和品牌等具体策略中，并通过多种途径来实现体验式体育营销。

案例：雪花啤酒的"勇闯天涯"之路

2005 年推出并持续多年，举行全国性选拔活动组织消费者广泛参与，通过打造户外运动的"激情之旅"，让人们充分感受到雪花啤酒"激情十足"的品牌特质（见图 7-4）。

图 7-4 雪花啤酒以"勇闯天涯"为主题的"体验式"运动活动

- 2005 年，"雪花啤酒勇闯天涯"之"雅鲁藏布大峡谷探索成长之旅"；
- 2006 年，"雪花啤酒勇闯天涯"之"探源长江之旅"；
- 2007 年，"雪花啤酒勇闯天涯"之"远征国境线"；
- 2008 年，"雪花啤酒勇闯天涯"之"极地探索"；
- 2009 年，"雪花啤酒勇闯天涯"之"挑战乔戈里"；
- 2010 年，"雪花啤酒勇闯天涯"之"共攀长征之旅"；
- 2011 年，"雪花啤酒勇闯天涯"之"穿越可可西里"。

（三）发挥放大效应的"灵活寄生"策略

基于大型赛事的体育营销活动是高投入和高风险的，这对于很多中小规模的广告主而言，门槛显得比较高。但显然中国广告主已经懂得并非常重视充分放大体育资源价值，因为大企业营销内容本身不可能面面俱到，而小企业通过精心策划找到机会，完全可以以较少投入达到既定营销目的。"灵活寄生"就是要充分发挥体育资源的价值，放大营销传播效果。这主要适用于规模相对较小、资金相对有限、活动范围相对有限的广告主。从具体的营销实践来看，广告主体育营销所使用的"灵活寄生"策略主要分为三种情况。

1. 对媒体进行赞助

大的企业赞助体育活动，而小的企业可以赞助报道这些活动的媒体，尤其是强势媒体，而媒体受众远比现场受众多得多，从而使消费者将其与赛事联系起来。

2. 对优秀的运动员进行赞助

这是投入相对小、效果较好的借力行销手法。优秀的运动员在比赛中曝光次数较多，上镜时间较长，而且这种赞助属于合法的商业运作，采取这种方式往往能收到较好的效果。

3. 举行与赛事有关的营销活动

将赛事与营销活动联系，这是最富于变化的一种有效寄生。这种形式更多时候被以"隐形营销"或"埋伏营销"广泛提及。使用这种方式的广告主往往没有官方授权的体育资源或权益，因此通过"打擦边球"的方式来获得相关效果。

需要强调的是，这种类型的"灵活寄生"策略具有一定的风险，稍有不慎可能引来法律层面的纠纷。但不论怎样，广告主都需要谨慎为之。

案例：蒙牛的非奥运营销

2008 年北京奥运乳品行业的赞助商是伊利，但其竞争对手蒙牛却被更多的消费者误认为也是北京奥运赞助商。其原因在于蒙牛成功地进行了一系列依附"奥运话题"的营销活动。

- 2001 年蒙牛发动的支持北京申奥的万人签名活动；
- 2004 年被国家体育总局训练局选定为"国家体育总局训练局运动员"

提供食品；

● 2005 年斥巨资成为 2008 年奥运会选拔 10 万名志愿者 "志愿北京" 活动首席合作伙伴；

● 2006～2007 年与中央电视台打造《蒙牛城市之间》全国大型 "百姓奥运会"，在 80 个城市全部 320 场活动中参与人数达几十万人（见图 7 - 5）。

图 7 - 5　2006～2007 年《蒙牛城市之间》全国大型
"百姓奥运会" 在全国各地举办

2007 年 8 月的一项中国公众对企业奥运营销认知度的调研资料显示，蒙牛成为误认率最高的非奥运赞助商，误认率高达 57%。

（四）注重整体与长效的 "大局整合" 策略

在整合营销传播的观念引导下，中国广告主在营销实践中的整合意识已普遍增强。而体育营销作为广告主的营销工具之一，服务于广告主的整个营销战略，是企业整体营销活动的有机组成部分。在开展体育营销的过程中，广告主体育营销十分注重整体与长效的 "大局整合" 观，这主要体现在以下三个方面。

1. 营销手段的协调性

体育营销的具体手段多种多样，对于具体的营销活动，广告主可灵活使用赛事冠名、体育团体赞助、运动员形象代言、媒介广告投放、线下主题活动、产品包装更新、视觉设计等各种形式开展营销活动，各种营销工具优势互补，密切配合，协同作战。其中，注重线上线下营销方式组合，成为广告主的共识。中国传媒大学广告主研究所 2011 年中国广告主体育营销专项调查显示，85%的被访广告主同意"线下线上结合的整合营销模式将成为企业体育营销的主要模式"。

案例：王老吉亚运营销整合策略

2010 年广州亚运会，王老吉作为官方赞助商，除了投入赞助费外，还要采取一系列相关营销活动，从公益、文化、热点等各个角度，运用广告、促销、活动等多种手段，从而达到整合的功效，力争在一定的时间和空间内形成一个品牌的沟通高潮，产生轰动效应。

"唱响亚运　先声夺金""举罐齐欢呼　开罐赢亚运""点燃吉情　传递精彩"，以及"王老吉亚运之星"评选，王老吉凉茶亚运营销四部曲环环相扣，不仅营造了很好的亚运气氛，同时也为王老吉凉茶积累了数十亿的人气，强化了品牌与消费者之间的互动。

据零点公司发起的《城市关键活动影响力研究 SIKCE——广州亚运会》赞助商的识别和认知度调查结果显示，在接受调研的 30 家企业样本中，公众普遍认为是亚运赞助商的前 10 家企业中，有一半并非是亚运赞助商；而公众普遍认为不是赞助商的 10 家企业中，有 9 家是真正的亚运赞助商。可喜的是，近 40%的公众能识别王老吉的亚运赞助商身份，北京、上海、广州三地其识别率高达 50%，相比其他知名大企业 20%左右的识别率，王老吉的这一成绩相当突出。无独有偶，知名网络数据公司缔元信同样发布了一份网民对品牌及亚运赞助商身份认知度的调查，结果表明在网民对品牌的认知度调查中，王老吉凉茶以 85%的品牌认知度和 48%的亚运赞助商认知度名列双榜之首（见图 7－6）。

图 7 - 6   王老吉与广州亚运会展开了全方位的深度合作

2. 媒介平台的联动性

在传统媒体依旧强势，数字新媒体迅猛发展的今天，广告主在倚重传统媒体开展体育营销的同时，也在积极尝试新媒体的使用。据中国传媒大学广告主研究所开展的 2011 年中国广告主体育营销专项调研数据可以发现，协同联动但有所侧重地综合使用传统媒体和数字新媒体，是广告主开展体育营销时常采用的一种策略（见图 7 - 7、图 7 - 8、图 7 - 9）。

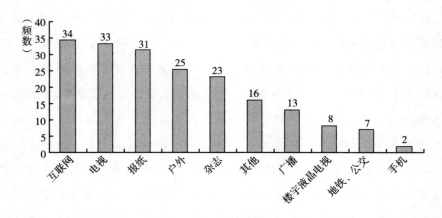

图 7 - 7   广告主在体育营销中的媒体运用情况

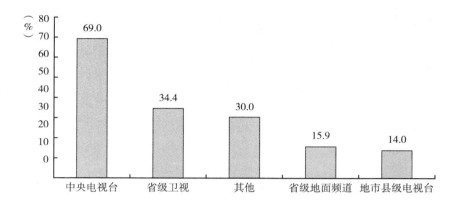

图7-8　广告主体育营销中各级电视媒体广告费用平均分配比例

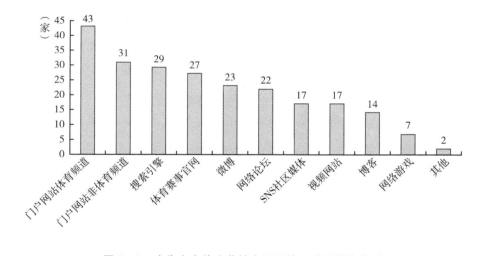

图7-9　广告主在体育营销中运用的互联网媒体类型

　　数据显示，中国广告主在开展体育营销时，传统媒介资源的运用集中在电视媒介上，数字媒介的运用以互联网为主。电视媒介的运用集中在CCTV 5上，而互联网媒介的运用又集中在门户网站上。

3. 阶段策略的继承性

　　阶段策略的继承性，即广告主制定与企业和品牌战略发展相协调的多阶段体育营销规划，注重体育营销策略的话题性、延展性，追求体育营销的长远效果。

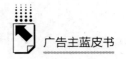

注重短期利益还是追求长期利益，这对于中国广告主而言一直都是一个矛盾和冲突的问题。中国广告主只注重短期利益，不注重品牌打造的"陋习"向来为人诟病。但随着越来越多的中国企业走出国门参与全球竞争，重视对企业的长远规划，注重企业阶段策略的制定，已经为联想、海尔等中国企业所积极践行。但在这一点上，中国广告主还需要进一步改变思想，强化执行，努力向国外的优秀品牌学习。

案例：可口可乐 80 年奥运合作历史

从 1928 年登陆阿姆斯特丹奥运会，到 2008 年红遍北京奥运会，可口可乐与奥运会已经合作 80 年，在奥运 TOP 计划中的企业不断变更时，可口可乐却坚定宣布与国际奥委会的合作至少延续到 2020 年。继承发展，创新形式，回报社会，这是多年来可口可乐与奥运会合作的基本精神。可口可乐立足基本、眼光长远的营销策略，相比通过一届奥运会短暂提升产品销量的企业而言，更加值得思考和借鉴。

- 1928 年：阿姆斯特丹第九届奥运会，可口可乐公司首次赞助奥运会。

- 1956 年：墨尔本/斯德哥尔摩夏季奥运会，可口可乐捐助产品由残废退役军人协会义卖为第二次世界大战伤兵筹款。

- 1964 年：东京奥运会，奥运会第一次在亚洲举办。可口可乐公司为大会官员、记者、观众提供日英短语手册，这种形式被日后多届奥运会采用。

- 1992 年：巴塞罗那奥运会，可口可乐公司首开先河赞助有 50 多个国家共 200 多名代表参加的国际奥林匹克火炬接力，开创了由各国代表与主办国代表共同传递奥运圣火的历史。

- 2004 年：可口可乐公司赞助了雅典奥运会火炬接力活动，圣火跨越五大洲，进行了第一次环球传递。

- 2008 年：可口可乐借北京奥运会"全民奥运"之机掀起"畅爽"风潮，在奥运场馆内的销量就达到 2500 万瓶（见图 7 - 10）。

图 7－10　北京奥运会期间可口可乐推出的特别产品

四　体育营销，中国广告主正逢其时

正如体育营销本身在不断发展一样，中国广告主所处的环境也在不断改变。中国赞助网数据研究中心发布《中国赞助市场年报 2011》的数据显示，2011 年中国体育竞技类赞助交易额达到 1350 亿元，占据赞助类市场交易额的45%，位居第一。可以说，中国广告主开展体育营销的内部和外部因素，都呈现前所未有的有利局面。

（一）受众关注和参与体育意识的增强为企业开展体育营销提供了良好基础

广告主开展体育营销最终都是为了影响受众，这里的受众与体育的参与者和关注者是一个基本重合的概念。随着体育产业的发展以及体育场馆等体育设施的大规模兴建，公众关注体育、参与体育的意识日益增强，体育活动趋于日常化。有统计显示，广州有 58.82% 的"体育人口"，这个比例甚至高于发达

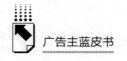

国家"体育人口"为50%的水平。①

公民关注和参与体育活动意识的增强，一方面让众多的体育活动能得到更加广泛的关注和支持，另一方面使广告主开展的依托体育资源进行的传播活动也得到了更大的关注，客观上有利于体育营销传播活动效果的提升。

（二）体育资源的增加为广告主开展体育营销提供了广阔的选择空间

据统计，1998年中国体育表演市场不足10亿元，民众用于体育场馆的健身娱乐支出人均仅50~100元，家庭体育用品支出仅2000元，体育用品行业的产值仅38亿美元，包括体育赛事赞助及体育赛事转播、体育经纪等体育服务业的市场规模仅数亿元，整体的体育产业的产值仅百亿元。而到了2010年，根据国家体育总局的统计数据，2010年中国体育产业增加值为2220亿元，比上一年增长13.44%，超过了GDP的增长速度，占GDP的0.5%左右。

我们可以看到，中国的体育产业在过去的十多年中，发展异常迅猛。除了全球及全国性的大型体育赛事的不断呈现，各地区性大大小小的体育赛事也是热火朝天地蓬勃发展。体育市场的发展给体育营销创造了机会，广告主可以根据自己的营销策略和目标选择不同类型、不同规模的体育项目开展体育营销。

（三）广告主分布广泛，手段形式趋向多元

从参与体育营销的行业分布来看，现在参与体育营销的广告主行业分布越来越多，在全媒体方面活跃的行业几乎无一不或多或少地进行着体育营销。而在以往，体育营销的行业更多地集中在与体育赛事有直接关系的行业，如饮料、运动服饰等。现在可以看到，金融、家居、航空、房地产等行业，都在积极运作，力图借助体育营销的平台实现品牌的跨越。

---

① 罗艾桦、陈建族：《广州：58.82%市民爱运动》，人民网，2006年2月10日，http://www.people.com.cn/GB/paper49/16825/1478442.html。

能不能运用体育营销，除了要遵守基本法律法规外，关键是找到自身与体育赛事巧妙的结合点，行业类别的不同基本不是门槛。

五 三大趋势推动体育营销未来之变

（一）趋势一：体育营销由寻求广泛影响转向精准聚焦

消费者需求"碎片化"、广告主营销成本上升、媒体形式和数量增长、不同发展阶段广告主需求各异等原因导致广告主体育营销不再单纯追求营销传播活动的广泛影响力，而强调聚焦目标受众，被越来越多广告主所重视。广告主体育营销由过去的"广而告之"逐步转向"广而告之"和"精而准之"并重。

正如前面提及的广告主体育营销媒体策略现状，长期以来，电视媒体类中CCTV 5无疑是很多中国广告主希望登上的平台。优质专业媒体的稀缺性和CCTV 5的权威性决定了这一基本现状。但广告主选择CCTV 5的背后主要还是考虑其广覆盖和高曝光的效果。

而在今天，越来越多的广告主认识到，盲目地追求高曝光率并不一定能实现有效的信息传播和消费者沟通，而且代价可能是高额的推广费和难以控制的营销风险。选择与目标受众相匹配的媒介传播渠道，强调"精而准之"的传播，既能有效节约成本，也可以利用品牌与传播信息与目标消费者进行深度沟通。

案例：2011年欧莱雅男士借助PPTV——上海网球大师赛进行品牌推广

2011年欧莱雅男士借助PPTV——上海网球大师赛进行品牌推广，充分考虑了PPTV网络电视对赛事拥有的全程直播权益，以及PPTV受众与欧莱雅男士目标受众的契合度。为实现品牌信息与体育赛事的内涵结合，欧莱雅男士专门确定了"巴黎欧莱雅男士，大师制胜之选！"的推广主题，PPTV为巴黎欧莱雅男士建立品牌专属的赛事专区，内容包含赛事直播、赛事点播、线上互动与品牌调研。最终，PPTV为欧莱雅男士品牌带来了809万用户的持续关注，收到了良好的传播效果（见图7-11）。

157

图7-11 2011年欧莱雅男士借助PPTV——上海网球大师赛进行品牌推广

（二）趋势二：体育营销步入数字化全媒体营销时代

传统媒体与数字新媒体融合发展，媒体形式日益丰富。具体而言，互联网、手机、IPTV等数字媒体不断涌现，前所未有地影响着人们的日常生活，而电视、广播、报纸、杂志、户外等传统媒体已经开启自身的数字化进程。这些变化不但丰富了传播形式和内容，同时也获得了以往所不曾有的传播效果。数字新媒体的出现，以及传统媒体数字化正在改变传统的"入侵式"的广告模式，新环境下的媒介传播活动更强调与消费者的沟通、互动、体验，消费者本身在其中扮演了重要角色。

消费者的信息行为变化是数字化传播环境下的一大特征。过去人们常习惯用AIDAS模型来形容受众的信息行为，即Attention（引起注意）、Interest（引起兴趣）、Desire（唤起欲望）、Memory（留下记忆）、Action（购买行动）。但今天，消费者更愿意主动获取自身需要的信息，并通过各种媒体分享这种信息，数字化的媒介环境为这种信息获取和分享提供了可能。因此，日本电通提出了消费者行为的AISAS模型，即Attention（引起注意）、Interest（引起兴趣）、Search（进行搜索）、Action（购买行动）、Share（人人分享）。

消费需求的"碎片化"则是数字化传播环境下的另一重要特征。包括社会化媒体、移动互联、微博、视频、LBS 在内的互联网越来越呈现"碎片化"的趋势，导致消费者的媒介接触行为和习惯更加"碎片化"，人们有充分的机会接触自己方便且喜欢的媒介形式，进而满足自己个性化的信息获取需求。从这层意义上讲，消费者的需求也随之变得"碎片化"。而如何将"碎片化"的消费者需求有效聚合，并实现广告主信息的精准沟通，这是所有营销传播活动所面临的难题。

　　正是由于上述媒介环境和消费者信息行为的变化，传统的媒体传播活动效果逐渐减弱。对于广告主而言，要想接触到目标消费者，就必须覆盖所有可能的渠道，在适当的时候还需要对渠道进行整合，以便获得最佳覆盖率。全媒体营销时代的体育营销，需要确立以电视等传统媒体广覆盖、强曝光为基础，以互联网平台化、互动性、体验性、精准性传播为核心的立体化、全方位的媒体传播解决方案。而体育营销也将由过去的传统媒体为主逐步向全媒体营销转移。

案例：喜力（Heineken）啤酒让看足球变得更具社交化

　　欧洲冠军联赛时，AKQA 公司为 Heineken（喜力啤酒）制作了这款 APP。用户下载 APP 并安装，当在电视或互联网上看比赛进入点球、射门、角球等情况时，用户拿出手机根据自己的经验进行实时的预测，所有预测结果实时反馈，预测正确即能获得积分，而所有用户得分还能上传互联网进行排名。整个 APP 都是为球迷设计的，一来考验球迷的专业水平（业余选手也可以当游戏玩），二来可以把看球的快乐分享给好友，很多人会说："看看，我就说他会进球吧！"那么这个 APP 就是让你来证明给你好友看的，证明你确实预测对了，增强用户的荣誉感。

　　喜力啤酒的这一举措就是利用数字新媒体的典型例子。这一活动充分利用数字新媒体所具有的互动体验优势，让消费者深度介入其中。消费者在这个过程中不但享受到了游戏的娱乐性，同时也达到社交目的，可谓一举多得（见图 7 - 12）。

图7-12　喜力啤酒推出以足球比赛为主体的社交娱乐应用

（三）趋势三：强化内容制胜，成为体育营销新趋势

数字化背景下的体育营销，对于具体的广告主而言，依然摆脱不了定位战略、内容战略和媒介战略这三个基本要素。但是在新的传播环境下，这三大战略的内容及其关系发生着微妙的变化。

具体而言，消费者对体育的认识、需求"碎片化"，以及信息行为的改变，都决定了内容战略的表达与执行。内容战略是定位战略的内容载体，因此内容战略直接影响并决定了定位战略的成败与否。同时，在媒介传播方式越来越丰富的今天，广告主需要考虑的不是有没有媒体可以使用，而更多需要考虑如何选择有效的媒介手段准确充分传递内容战略。因此，突出内容战略就显得尤为重要。

对于体育营销而言，广告主向消费者传递内容时，不再只是简单依托体育赛事的影响力，或者体育媒体稀缺性，进行单向的信息递送。在今天，广告主更需要洞察目标消费者的真实需求，提供更加丰富的"相关"内容资源，使之与已有的媒体资源和体育资源相结合，不断满足受众的深层次需求。

在这样的背景下，广告主提供创新的内容资源成为一项重要任务。具体来说可以从如下方面进行挖掘：增强内容互动性以形成口碑；制造"病毒性"

加快传播速度；提升体验性以黏着受众；注重延续性以构建长期战略；打造跨界性以满足娱乐性和社交性需求；等等。但无论使用哪种方法或策略，都是要强调在广告主所拥有的基础性内容资源之上，构建延展内容体系，让广告主的整个内容战略更加适应全媒体传播时代消费者的个性化需求。

　　需要强调的是，广告主内容战略的构建并不局限于广告主自身，广告主在主导内容战略的大方向和大原则基础之上，可以有效利用传播媒介平台共同完成传播内容的规划和实施。

案例：CNTV 关于 2012 年伦敦奥运会的内容资源构建

　　2012 年伦敦奥运会作为体育黄金资源成为众多媒体争夺的热点，也是众多广告主意欲借力的内容。根据国际奥委会（IOC）授权，CNTV 成为 2012 年伦敦奥运会"官方新媒体及移动平台播出机构"，中国唯一官方新媒体独家转播机构（见图 7 – 13）。

图 7 – 13　CNTV 成为 2012 年伦敦奥运会中国唯一
官方新媒体独家转播机构

　　为有效提升 CNTV 平台传播价值，帮助广告主获得更好的传播效果，CNTV 除获得伦敦奥运会全部 5600 小时赛事及清流信号独家视频直播和点播权利之外，还以此为基础，围绕伦敦奥运会制作了更加丰富的延伸节目内容，

构建起丰富的节目内容体系，其中尤以"奥运新主播"选拔赛、"伦敦超音速"、青春励志轻喜剧《鸟巢之恋》为代表。

"奥运新主播"选拔赛是一项跨越数月、线上线下呼应的网台联动活动，其目的在于充分调动普通民众的热情，欢迎各类具有主持潜质的新人加入到伦敦奥运会的活动报道中来，共同完成 CNTV 相关节目的制作；"伦敦超音速"则是邀请电台主持人、各类明星、奥运新主播等跨界主持，用创新手法解说，增强娱乐元素，贴近网民需求；而青春励志轻喜剧《鸟巢之恋》是一部原创的奥运主题都市轻喜剧，符合现代观众多样化的收看需求。

CNTV 在既有的媒介平台优势基础之上，通过构建丰富而完善的内容体系，打破了以往仅靠直播、点播、新闻、评述等基本形式的内容体系，为广告主提供了更多的内容传播选择和传播结合点，在满足广告主现阶段多样化传播需求的同时，也提升了 CNTV 平台的广告传播价值。

六　总结

2012 年伦敦奥运会，让体育营销再次成为热门关键词，但对于中国广告主而言，则又是一次机遇和挑战。中国广告主在经过多年的摸爬滚打之后，迎来了体育营销的黄金时代，不论是在认识观念上还是在实践执行上都有了更加成熟的展现。

正如前文所述，今天中国广告主的体育营销面临着众多的变化和不确定性，媒体生态环境发生了剧烈的改变，消费者需求也在不知不觉中"碎片化"，新环境下的消费者沟通面临着新的问题。在这样的背景下，体育营销实践中也慢慢呈现一些新趋势。

但"变"即"机遇"，洞悉变化，灵活应变，相信中国广告主的体育营销活动将会在不断的实践中不断提升和成熟。

B.8

报告八
中国广告主伦敦奥运营销研究报告

——奥运营销之"游击战"策略研究

中国传媒大学广告主研究所

摘　要：

四年一届的奥运盛事引爆的不仅是世界上体育爱好者的狂欢，还有各大品牌厂商的激烈拼杀。但是奥运资源总归是有限的，正规性的赞助权益少之又少，很多"打擦边球"的营销方式由此诞生。对于在 2012 年伦敦奥运会中开展营销运作的中国广告主而言尤为如此。经济大环境的冷势、广告主费用的紧缩和信心的降低，以及伦敦奥运会与中国观众的心理距离，都助长了 2012 年的奥运营销大军中多了很多"游击队"的身影。

关键词：

奥运营销　中国广告主赞助权益　"游击战"

一　伦敦奥运营销策略：新形势下的新选择

一方面，受 2012 年经济下行走势的影响以及 2008 年奥运过度透支，中国广告主在伦敦奥运营销推广费用上呈现了审慎收缩的态势；另一方面，中国广告主的奥运营销实践尚未真正进入成熟运作的阶段，由于自身资金实力的限制以及奥运营销传播上有众多短期行为，难以与国际品牌展开正面厮杀。因此，在经济投入有限以及正规奥运赞助资源稀缺的情况下，中国广告主必然也更需要走"曲线救国"的路线，即我们通常所说的"打擦边球"营销策略。

此外，2012 年的伦敦奥运是首届有社交媒体参与其中的奥运盛事。相比

传统电视媒体，社交媒体成本低、互动性强，平台化的运作方式也为广告主开展交互式的营销传播提供了有效的路径。若能运用得当，能够产生"四两拨千斤"的积极效果。并且，目前基于社交媒体平台与消费者进行对话是不需花费过多的媒体费用的，借巧力发挥的话甚至可以做完全免费的宣传。因此，对营销推广费用紧缩的中国广告主而言，这不失为一个可以积极尝试的交流平台。出奇出新的营销策略日益集中在户外和新媒体等拓展空间较大的平台。

（一）伦敦奥运营销，中国市场大势收缩

相比北京奥运会，中国广告主的伦敦奥运会营销少了热情迸发，更多的是谨慎前行。一方面，大环境存在着诸多不确定因素，如全球经济遇冷、企业信心不足、广告主营销推广费用紧缩，这些都直接影响到了广告主在此届伦敦奥运会营销大战中的表现。另一方面，相比北京奥运会，伦敦奥运会自身的局限也影响了广告主的投入，如地域、时差等因素，使得伦敦奥运会难敌 2008 年北京奥运会的无限风光。

1. 全球经济遇冷，中国企业信心不足

2008 年以来，金融危机持续影响全球经济态势：国际政治经济形势动荡，欧美主权债务危机不断深化，失业率高攀不下，世界经济增长动力不足。在全球一体化背景下，我国的经济发展也受到连带影响。根据中国人民银行发布的《2012 年第二季度企业家问卷调查报告》显示，2012 年第二季度，企业家宏观经济热度指数为 37.3%，连续四个季度位于 50% 的临界值以下；同时，企业家经济信心指数为 67.5%，较上季和上年同期分别下降 2.7 个百分点和 8.3 个百分点。

在经济下行的大势下，中国企业信心下降，整个大环境的"冷"势倒逼中国企业的市场动作更加趋于保守与谨慎。

2. 中国广告主削减营销费用，达近年最低点

在经济不景气的情况下，中国广告主也开始削减营销推广费用。中国广告市场生态调研课题的调研结果显示，广告主营销推广费用占企业销售额的比例在 2011 年下降到 9.06%[①]，是近 8 年来的最低点。在经济形势未发生明显转

---

① 数据来源：中国传媒大学广告主研究所 2011 年度广告生态调研。

好的情况下，企业进一步提高营销推广费用的欲望并不强烈。因此，在奥运营销上，曾经的巨头大鳄也纷纷开始收紧口袋，告别先前一掷千金的豪气。

3. 伦敦难敌北京奥运会激情

2012 年奥运会在伦敦举办，与北京有 8 小时的时差，对中国观众的收视将产生重要影响。因熬夜观看奥运会比赛直播的观众很难呈现较大规模，所以伦敦奥运会很难再达 2008 年北京奥运会的收视巅峰。

除了时差的问题，还有奥运会与中国观众的情感联系。2008 年是中国第一次举办奥运会，又是在家门口举办，充分激起了全国人民的爱国热情，引发了强烈的民族自豪感。这也是伦敦奥运会难以匹敌的。

而且，也正是由于北京奥运会的特殊性，中国广告主在 2008 年奥运营销上的投入是前所未有的，很多企业甚至是以透支的方式来进行北京奥运营销的运作。在物力、财力透支的基础上，再加上持续的金融危机的影响，都酿成了中国广告主在伦敦奥运营销中的收缩之势。

（二）中国广告主奥运营销运作尚显稚嫩

说起奥运营销，国际上知名品牌如三星、可口可乐等都是奥运营销实战的常胜将军，它们对奥运营销的深入理解和娴熟运作值得学习。也正是因为奥运营销带来的甜头，它们对奥运营销拥有高度热情并且始终乐此不疲。对于中国广告主而言，自健力宝在洛杉矶奥运会的亮相之后，奥运营销实践逐步升级，有不少经典的成功案例，但也必须承认大多数中国企业的奥运营销运作尚显稚嫩。尤其是与国际大型品牌相比，中国广告主的奥运营销升级之路还很漫长。

1. 经济实力的牵绊

中国广告主自身资金的不足，难以支撑大型奥运营销的持续运作。2012年奥林匹克运动会赞助商最高级别为"TOP 赞助商"，伦敦奥运会总共争取到了 11 家"TOP 赞助商"，分别是可口可乐、麦当劳、维萨、通用电气、欧米茄、三星、斯伦贝谢、松下、宝洁、宏碁、陶氏化学，其中仅有一家中国台湾品牌宏碁位列其中。联想集团早在 2007 年 12 月 4 日，就宣布在 2008 年北京夏季奥运会后退出 TOP 赞助计划。自身实力不强从很大程度上使得中国企业难以在奥运营销上投入太多资金与精力。

2. 长期规划的欠缺

中国广告主在奥运营销的系统运作上尚欠缺经验，缺乏长远规划与深入挖掘。中国企业在奥运营销上断断续续作业主要是受实力的限制，但我们也不能否认，很多企业是由于品牌意识的滞后、品牌实践的欠缺而不懂得如何更好地对奥运营销进行系统的规划，导致某一两次的奥运赞助活动的影响非常有限，不能充分地发挥已投入的营销资源的力量，并且无法从创新性的关联活动中获得更多的品牌效应。奥运营销在企业的运作中要么被孤立开来，要么时断时续，难以延展其影响力。

二 奥运营销正规军，实力不同各有侧重

说起以正规方式参与奥运会广告营销的企业，人们首先会想起奥运会赞助商。实际上，历年来正式参与奥运营销的企业远不止赞助商名单上所罗列的那些知名品牌，更大规模的企业群落都通过自己的方式与奥运会有着或多或少的联系（见图 8 - 1）。

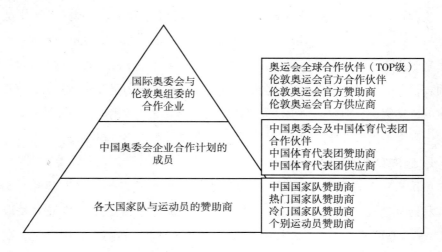

图 8 - 1　奥运营销"正规军"的主要构成

1. 第一级别：国际奥委会与伦敦奥运会组委会的"令牌"在手

2012 年伦敦奥运会的赞助商大致分为四种：奥运会全球合作伙伴、伦敦

奥运会官方合作伙伴、伦敦奥运会官方赞助商和伦敦奥运会官方供应商。

　　奥运会全球合作伙伴，也就是我们通常所说的国际奥委会"TOP 赞助商"，其赞助门槛近年来逐步提高，已经达到约 8000 万美元的水平。[①] 在 2008 年北京奥运会时，国际奥委会共有 12 家"TOP 赞助商"，其中包括来自中国内地的联想，不过联想后来与柯达、宏利保险、强生 4 家企业陆续退出。2012 年国际奥委会的 11 家"TOP 赞助商"中，只有一家是来自中国台湾的宏碁，其他均为海外品牌。除了国际奥委会"TOP 赞助商"外，其他三种赞助商都由当届的奥组委掌控，伦敦奥组委就掌握着 2012 年伦敦奥运会官方合作伙伴、官方赞助商和官方供应商的市场开发权。而 2012 年中国内地企业只有"双喜""天速""水晶石"为奥运会提供场地及设备上的服务。

　　2. 第二级别：成为中国奥委会企业合作计划的成员

　　我们聚焦中国市场，能够围绕伦敦奥运会进行"名正言顺"的大规模营销活动的，还有中国奥委会企业合作计划所囊括的广告主，他们都是基于对中国体育代表团的赞助与支持，进一步开展全面的奥运营销活动。中国奥委会企业合作计划包括赞助计划和特许计划，其中赞助计划包括以下三个层次：中国奥委会及中国体育代表团合作伙伴、中国体育代表团赞助商以及中国体育代表团供应商（见表 8 - 1）。

表 8 - 1　中国奥委会企业赞助计划

级别	数量（家）	合作范畴	权益
中国奥委会及中国体育代表团合作伙伴	6 ~ 8	中国奥林匹克运动,中国体育代表团的资金、实物、服务支持和推广	享有中国奥委会赞助计划中的全部赞助权益
中国体育代表团赞助商	10 ~ 12	中国体育代表团的资金、实物、服务支持和推广	享有中国奥委会赞助计划中中国体育代表团全部赞助权益
中国体育代表团供应商	15 ~ 20	中国体育代表团的资金、实物、服务支持和推广	享有中国奥委会赞助计划中中国体育代表团部分赞助权益

资料来源：中国奥委会官方网站。

---

① 刘通：《伦敦奥运赛场外的"商战"：中国企业分一杯羹》，中国新闻网，2012 年 5 月 4 日，http：//www. chinanews. com/ty/2012/05 - 04/3865162. shtml。

在 2012 年合作计划的最高级别（即战略合作伙伴）的名单上，恒源祥、安踏、伊利、新浪、宝马、希尔顿、中粮集团等 7 家广告主最终尘埃落定；而纽崔莱作为唯一的品牌出现在中国体育代表团的赞助商行列；此外，浪莎、策乐、家佳康、中国外运等 4 家企业成为中国体育代表团供应商。[①]

3. 第三级别："围剿"各大国家队与运动员的赞助商

这一级别的广告主奥运营销活动最核心的是基于对各大国家队的鼎力支持实现与奥运的联姻。企业通过与国家队签约或是与体育协会合作，为赴伦敦参加奥运比赛的各大国家队和运动员提供技术设施、运动装备、生活起居等方面的物资支持。

在具体的赞助对象上，因为自身实力的差异以及合作的谈判等，各广告主也有一定的分化。对中国广告主来说，如果能为中国各支国家队提供支持，那是最理想不过的了，但是因为竞争激烈，很多企业将视线转向了一些较为"冷门"的国家，一方面希望在奥运会上实现品牌亮相，另一方面也可以借机拓展当地市场。

三　奥运营销"游击战"实战篇

（一）"游击队"借巧力的经典出击

"游击队"阵营与"正规军"所呈现的鲜明梯队性不同，他们多以自身品牌与奥运的关联点为核心，借力奥运大事件或自创造奥运相关话题与活动，因此没有级别高低之分，都属于"搭车"奥运。只有在具体的奥运营销操作上，我们可以看到广告主的游击战略与战术的优劣之别。历届奥运会就不乏采取"打擦边球"策略的企业，他们游击队似的机动性出击，实现了巧用力、大发挥。

1996 年亚特兰大奥运会，锐步公司为奥委会签约的鞋类供应商，但耐克租用了一家私人停车场，在奥林匹克城和奥林匹克公园旁设立了体验中心，大

---

① 资料来源：中国奥委会企业合作计划。

做促销，并发起体验活动，向入场观战的观众免费赠送带有"Nike"商标的挂绳，使人们误以为它才是正牌赞助商。[①]

李宁公司虽没有成为2008年北京奥运会的赞助商，却巧妙借力，赞助了出镜率颇高的群体：2007年1月1日至2008年12月31日，中央电视台体育频道所有主持人及出镜记者，都身着李宁公司提供的服装。[②]

此外，2008年的北京奥运会有3家啤酒赞助商：百威、青啤和燕京，但不在赞助商行列的雪花啤酒在央视打出的广告是"体育爱好者正式合作伙伴"，着实有四两拨千斤之妙，不仅吸引了奥运观众的眼球，还有效地提升了消费者对其产品的好感。

那些无法进入TOP行列的企业，如果通过策略性地"打擦边球"，还是有提升知名度的可能。"打擦边球"策略不需要大规模的投入，如果巧用方法，实现小投入大产出，漂亮的"擦边球"也会获得更多消费者青睐。

（二）中国广告主伦敦奥运营销四大策略

从2011年开始，部分有远见卓识的广告主就早早地开始了新一年奥运营销的布局。经历了为期仅十几天的奥运盛事，我们从中窥见中国广告主的一些营销动作和策略特征。其中既有传统正规赞助的路线，也有"打擦边球"的新玩法，更有广告主将两者结合，努力把赞助权益的影响力发挥至最大化。

1. 策略一：基于奥运赞助权益的全面发力

即便已经成为奥运会相关赞助商，企业的野心也不局限于奥运的单一平台。他们通过自身正规的赞助权益，积极将其影响力延展至产品服务创新、线下活动推广以及整体市场布局上。

例如，李宁公司2012年将继续支持中国体操、跳水、射击、乒乓球、羽毛球5支"金牌梦之队"，与此同时以"向英雄致敬"为名推出了一系列针对大众消费者的运动产品，其中包括主推的"1992年李宁奥运领奖鞋"复刻产品，还包括"五金"（5支"金牌梦之队"）主题系列文化T恤衫，以及它为5

①　司丽：《中国企业冷静应对伦敦奥运会赞助活动》，《中国质量报》2009年7月13日。
②　司丽：《中国企业冷静应对伦敦奥运会赞助活动》，《中国质量报》2009年7月13日。

支"金牌梦之队"提供的参赛运动装备，等等。

在伦敦奥运会上，匹克同时赞助伊拉克、新西兰、斯洛文尼亚、阿尔及利亚、黎巴嫩、约旦以及塞浦路斯7个国家奥运代表团，其代表团所有官员和运动员将身着匹克的出场服、领奖服等专业装备出现在伦敦奥运会的赛场上，这也打破了中国运动品牌赞助奥运代表团的纪录。"我们将借助7国在各个地区的影响力，增加匹克品牌在当地市场的知名度和影响力，并借助伦敦奥运会这个全球瞩目的舞台，展现匹克的品牌魅力和产品形象。"匹克相关负责人表示。这其实是与匹克的市场策略密不可分的。据悉，截至2011年底，匹克海外市场销售额已占到集团总销售额的10%，而在伊拉克、黎巴嫩等地的市场占有率已位列前三位。

就像春节搭车回家一样，还有一些具有赞助权益的企业更多地将产品服务与奥运挂钩，借助关联性将奥运的影响力延展到产品身上。

例如，2012年中国奥委会合作伙伴恒源祥发出了"寻回令"，并且打出第一位提供全套"2008年恒源祥奥运纪念产品"的消费者将获得10万元典藏现金大奖的广告。同时借着大奖寻回活动的东风，恒源祥发布了2012年奥运纪念版毛衫设计活动"征集令"，再次启动了恒源祥的奥运营销战略。

2. 策略二：传统媒体看整合，数字媒体出创意

2012年伦敦奥运会，人们关注奥运的媒体不再局限于电视、报纸、广播等传统媒体，基于互联网及移动互联技术的新媒体层出不穷。媒体的多元化一方面分散了受众的注意力，另一方面，新媒体带来的受众细分化为广告主开展精准营销带来新的机遇。如何整合奥运营销媒体资源并实现对媒体资源的深度挖掘与利用，成为中国广告主奥运营销大战的关键所在。

此前，广告主就对体育媒体资源与广告时段的购买呈现火热的厮杀状态，尤其是新媒体大放异彩。据称某网站推出"奥运组合套装"，大受广告主欢迎，有企业已经为这短短15天的广告组合制定了3000万～4000万元的预算，达到平时一整年的广告预算水平。

另外，实力传播CEO郑香霖称，"打擦边球"很有可能出现创新点的地方有两个：一个是跨媒体的新的数字户外广告牌，这些户外数字平台可以实现互动；另一个是商场的大屏幕和电影院，在这里面一起看奥运会，地点比较固定，适合企业开展一些赞助活动或者包场，等等。

不过整体来看，在伦敦奥运会期间，受受众观看习惯，以及媒体的独家内容优势和媒体价格等因素影响，广告主奥运营销的重点仍然是电视媒体。以中国运动品牌安踏为典型，伦敦奥运会期间，安踏携手中央电视台奥运频道，通过权威媒体的传递品牌声音。安踏体育与中国奥委会设立的"中国之家"展开密切、深度的合作，借助"中国之家"这个奥运会期间中国媒体的最高资源，让品牌传播拥有更迅捷、更权威的话语平台，第一时间发声；与此同时，安踏体育还与国际奥委会深度合作，在传递奥林匹克精神的同时，将市场、商品、营销进行有效组合；此外还携手国内外一线品牌跨界合作，联合推广奥运。

3. 策略三：伯乐要识千里马，代言策略显智慧

对于奥运营销活动主体的广告主来说提前布局是非常关键的。由于成为奥运会及参赛团队赞助商的机会非常有限，很多广告主尝试从另一路线切入，选择比较有潜力或者与自身品牌关联度较高的运动团队以及运动员，并也因此成为奥运营销"正规军"的一部分。围绕着代言人在奥运会的表现，广告主全面布局其营销传播活动，希望借运动团队或个人的影响力充分释放品牌力量，也正因如此，对代言人的选择通常需要企业进行长期观察与深入决策，"招兵买马"也需要极富远见的智慧，就像伯乐识千里马，如果代言人选择得当，可以为企业的奥运营销省力不少。

青岛啤酒此届奥运会的代言人选择了刘翔，如果单纯以奥运会比赛成绩这一标准来衡定其在奥运营销上做的功课足不足的话，那么青岛啤酒的前期预判就显得略为失策。不过，代言人的选择只是全面规划的一部分，品牌内涵与代言人的契合度以及整体品牌传播活动的创意更为重要。就像耐克针对刘翔受伤退赛等突发事件所作的及时反应，就很能彰显其品牌内在的运动精神。

4. 策略四：自造奥运相关话题与事件，加深与消费者的互动

广告主日益深谙事件营销的魅力，都希望在与消费者的互动中促进品牌好感度的提升，甚至是直接拉动一线产品的销售。新媒体风靡的今天，广告主纷纷将其即时互动的属性与事件活动的参与性紧密结合，助力自身奥运营销。

很多大品牌都积极采取行动。比如，可口可乐"加入中国节拍"活动，

正是通过邀请消费者来共同参与，并利用微博等新兴的社交媒体平台，让这个活动变成一个全民参与互动的"欢乐"活动。又如，加多宝"红动伦敦"营销活动，也是通过将基于网络媒体的小游戏与"看奥运"的活动事件相结合，吸引消费者主动参与，并收获乐趣。

伦敦奥运营销中"打擦边球"最为漂亮或许仍非耐克莫属。一场有关何为"伟大"、如何"伟大"的创意文案成功吸引了众人的眼球，又带来了诸多的感动，将耐克的运动精神映衬得更加淋漓尽致。2012 年 7 月 25 日耐克在全球统一的广告片"Find Your Greatness"（活出你的伟大）在社交媒体上预热，随后在奥运会开幕式的当天，这支 TVC 正式登陆全球 25 个国家的电视台。更有趣的是，耐克还将广告拍摄地点选在了世界各地地名中带有"伦敦"字眼的地方，并且特意给了几个大大的镜头，"伦敦旅馆""伦敦广场"，或者是其他国家的"伦敦××"，普通年轻人会聚到地名中带有"伦敦"字样的地点，来挑战自己的伟大。耐克说了，"伟大不限地点，不限身份"。此外，耐克公司还为中国 7 支奥运代表队提供比赛装备参加奥运会。这一系列有针对性的营销行为，俨然让观众们忘记阿迪达斯才是本届奥运会的官方全球赞助商，然而对于耐克公司这一系列明目张胆的"擦边球"，纵然外界质疑纷繁，但由于证据不足，奥组委在仔细评估后还是只能宣告其无罪。[①]

这说明，奥运营销不能仅仅停留在借势体育赞助和购买冠名权上或者搭乘顺风车，而是要将奥运营销做成一项全民互动的公关事件，把奥运精神、品牌内涵和消费者三者连成一线，从而真正挖掘其中的价值。而事件与各种数字化媒体彼此借力、深化互动或许将成为 2012 年伦敦奥运会的主流营销趋势。

四　看奥运营销如何赢得游击战

通过观察当前中国广告主采取的奥运营销行动，我们不难看到，因为实力有限以及正规赞助资源的稀缺，更多中国企业是以"打擦边球"的策略出现

---

① 《从 NIKE 到网游盘点奥运营销几大擦边球》，腾讯网，http://games.qq.com/a/20120816/000086.htm，2012 年 8 月 16 日。

在奥运营销大军中的。但是借巧力的营销技巧并不是人人都能轻易掌控的，它通常比正面的赞助活动挑战性更大，更注重媒体的利用、平台的整合、资源效应的充分发挥等。

通过前人的成功经验与案例的梳理，要打好奥运营销的"游击战"，至少要在以下几个方面努力。

（一）找准奥运关联度，将品牌与奥运巧妙结合

除了奥运赞助及与奥运会主办方相关组织合作之外，广告主奥运营销还有的高招大概就是通常我们所说的奥运"隐形营销"了。在国外围绕奥运大打营销"擦边球"的例子不胜枚举，虽然备受诟病，但是效果显著。2008 年北京奥运会，可口可乐成为奥运会的赞助商，但暂时"失意"的百事可乐并不甘于就此放弃奥运营销商机。百事的策略简单而高明，将原来的蓝色罐身摇身变为红色，以此为中国队加油，而绝口不提"奥运"。非奥运赞助商的百事可乐通过"打擦边球"策略赢得了中国消费者的一致好评。

2012 年的奥运营销，中国广告主围绕对伦敦和欧洲文化的理解，围绕英伦风味，打起了奥运举办城市的文化"擦边球"。"据调研，在奥运事件上，很多交流并非赛事本身，更多用户是在探讨赛事精彩瞬间，以及赛事的周边内容，比如'英伦文化'等，可引发好友间更多的探讨。"人人公司首席营销官江志强表示：明星也希望借助伦敦奥运提高媒体曝光率，获得好口碑。在这一点上我们或许可以从腾讯与湖南娱乐频道联手打造的奥运节目《品味英伦》上取点儿经，作为一档综艺纪实类户外节目，以另辟蹊径的文化视角与伦敦奥运会融合，收获了极好的反响。

对于中国广告主来说，大手笔花在奥运资源的购买上未必都能有相应的大成效，反而加大了投资的风险，找准奥运关联度大打"擦边球"，既可以降低广告的风险，同时又能借用国际化大事件提升品牌的影响力。

（二）巧用媒体，尤其注重发挥数字新媒体的平台作用

据 eMarketer 预测，广告主 2012 年将在社交网络广告上面花费 77.2 亿美元，包括社交站点上的付费广告、社交游戏广告和应用广告。到 2014 年，

eMarketer 预计全球社交网络广告规模将达到 120 亿美元，可见未来发展前景乐观。

社交媒体的正式加入成为本次奥运伦敦的最大亮点。国际奥委会媒体关系经理安德鲁·米歇尔直接表态：社交网络的介入可以让普通观众通过网络了解到最有趣、最真实的故事。伦敦奥运会堪称历史上网络社交媒体使用范围最广的奥运会，观众将针对各种奥运信息发表自己的观点和看法，广大的体育爱好者将借此机会同众多体育界业内人士交流观点，因此许多人称伦敦奥运会为首届社交媒体奥运会。

在伦敦社交媒体奥运会中，运动员或奥运名人的微博直播、奥运话题的实时互动成为本次奥运营销的最大亮点。运动员、赛事、官方等都可以通过微博等平台与观众互动交流，为奥运本身以及企业营销增加了更多元的玩法，也为中国广告主在营销推广上的审慎投放提供了更好的出口。社交媒体等新媒体平台是企业采取借巧力、以小博大营销方式的有效路径。在伦敦奥运会开幕前，搜狐、腾讯等媒体以及三星、加多宝等广告主都已经依托社交媒体开展如火如荼的伦敦奥运营销。

在某种程度上，数字媒体为广告主提供了一个"神奇"的平台。很多营销活动甚至不需要太大的花费，就具有极强的互动性，但同时也蕴藏着诸多营销风险。不过对于希望能够"花小钱办大事"的"打擦边球"式的营销企业来说，绝对是一个可以多加利用的媒体平台，不过需要时刻坚持胆大心细的营销作风。

与以往的奥运营销相比，2012 年社交媒体的新加入，也使得奥运营销多了很多新看点。

2012 年初，宝洁就宣布将加大数字新媒体广告投入，广告支出开始侧重于数字化平台，首则奥运广告"Best Job"也将最先在 Facebook 平台上播出，在中国则首先在新浪微博、腾讯 QQ、百度、淘宝等数字化媒体上发布。伦敦奥运会期间，首次作为 2012 年伦敦奥运会的主赞助商，宝洁以新媒体为主战场在全世界范围掀起了一场 174 年来最大的品牌营销活动——"感谢妈妈，为母亲喝彩！"宝洁与百度共同搭建了一个"感谢妈妈，用爱跨越距离"的MINI 官网，重点突出用户的参与、互动功能，用户可在地图上标注妈妈的位置，传递对母亲的感激和挂念之情。同时，百度还整合了贴吧、地图、MP3等全媒体平台推广资源，将活动营销效果最大化。宝洁全球副董事长葛斯勒表示，通过百度这样的数字媒体平台，宝洁可以实时接触到消费者，深度挖掘其需求，并与其建立一对一的沟通。[①]

宝洁的案例对中国广告主的奥运营销非常有借鉴意义。通常数字媒体相较于传统媒体花费更低，花小钱办大事，何乐而不为？

（三）吸引消费者主动参与，深度互动是关键

营销不再是一个单向的广告传播行为，广告主把品牌与消费者的沟通看得越来越重要了。而互动的核心要素就是互动的平台与互动的内容，而对平台介质的整合利用尤为关键。当前，要想成功实现针对消费者的互动营销，事件载体与多媒体平台的联动至关重要。尤其是对希望借巧力发挥奥运营销大效应的广大中国广告主而言，如果方法得当，互动媒体的掌控与互动事件的开展最能帮助企业收到"四两拨千斤"的效果。

就奥运营销而言，奥运本身就是一个超大型事件，可谓是大众关注度极高、参与热情高涨的全民性活动，奥运会项目、运动员以及赛事本身无时无刻不浸透着积极向上的奥运精神，这种奥运精神所引发的受众共鸣能够为企业的品牌活动提供良好的营销延伸机会。因此，奥运本身作为一个大型事件，奥运营销的活动也要能够围绕着事件与活动来延展，才能够充分发挥其作用，在与消费者的深入互动中提升品牌影响力并促进产品销售。尤其是在新媒体环境激变的今天，互动作为事件活动与新媒体的一大优势，可以借两者之力，充分发挥线上线下的传播合力，将品牌影响力变至最大化。我们相信，在2012年伦敦奥运会期间，会有越来越多的网民习惯于借助手机或者平板电脑等移动设备，通过微博、移动APP等新兴平台关注"赛事新闻""金牌榜""赛事结果"等资讯。这也意味着借助奥运会的营销要变得更加实时化和强调与消费者的交互性。这在2012年的奥运营销表现上就可略见一二。例如，可口可乐"加入中国节拍，助威伦敦奥运"的大型互动活动；阿迪达斯把形象大使贝克

---

① 　王晓梅：《外资日化巨头加速布局"数字营销"》，《信息时报》2012年5月23日。

汉姆推到台前，号召消费者分享其跑步故事；宝洁、宝马也通过微博等社会化媒体与消费者持续互动。

互动使得被动的目标消费群体以更积极主动的姿态参与到企业的品牌活动中来，进而成为企业品牌的代言人与二次传播者。消费者的深入互动不但可以通过口碑传播扩大品牌影响力，还能够通过媒体的关注成功营造社会话题与舆论探讨氛围。此外，也是最为关键的，互动是一个消费者深入感受企业品牌文化与价值观的最直接方式，不仅可以有效地增强消费者对企业、对品牌的认同感，提升自身参与活动的传播积极性，而且互动性强的品牌营销活动对产品服务实效的拉动作用也是巨大的。

B.9
报告九
品牌突围蓄势事件营销

——事件营销平台化创新研究

中国传媒大学广告主研究所

摘 要:

　　近年来,伴随中国经济体量不断增加,从中国政府到中国企业,力求摆脱"中国制造"的束缚,中国品牌亟须品牌突围。实现品牌的突围与跃升必须依托强有力的抓手,越来越多的广告主以事件营销为平台实现品牌的有效突围。但与此同时,广告主事件营销也面临着诸多挑战。把握广告主事件营销现状,有效解读广告主事件营销趋势特征,对于实现中国广告主品牌突围意义重大。

关键词:

　　事件营销　品牌突围　注意力

一 大国经济催生大品牌需求,事件营销成为有力抓手

(一)大国经济催生大品牌需求

　　国家统计局的统计数据显示,2005～2009年,中国GDP连续五年位居世界前五强。2010年我国国内生产总值达397983亿元,首次超越日本成为全球第二大经济体。2011年在全球经济低迷的情况下,我国GDP仍保持了9.2%的增幅,稳居全球第二大经济体之位。中国迎来了大国经济时代。与此同时,

大国经济也产生了对大品牌的强烈需求。这种强烈的品牌建设需求源自三大推动力。

首先，"经济大国，品牌小国"的巨大落差形成的推动力。相对于中国经济的强劲增长，中国品牌却未能在世界品牌中占据重要一席。我国在包括能源、化工、建材、纺织、家电和电子等在内的十多个行业的百余种产品产量位居世界第一，却没有世界著名品牌，成了典型的"经济大国，品牌小国"。在品牌实验室世界品牌 500 强的排名中，美国有 239 个，日本有 41 个，而中国仅有 21 个。在《商业周刊》公布的年度全球最佳品牌百强排行榜中，还未有中国企业入围。

其次，国际竞争频繁受挫形成的推动力。庞大的经济规模与体量给中国品牌腾飞积淀了较为丰厚的物质基础，但"制造大国，品牌小国"的现状使得中国企业在参与国际竞争中频频遭遇挫折，其原因有二。

一是海外拓展以收购为主，以资源和体量取胜，却不注重企业品牌形象建设，在国际市场上留下资源掠夺者的印象，频繁遭遇抵制。例如，2009 年中铝集团发起对力拓公司收购。由于中铝先期缺乏良好的品牌形象，并未开展积极的品牌传播，其公关工作只流于形式，没有实现与受众的有效互动，没有将公关与整个企业的发展战略相融合，从而无法打消国外媒体和公众对中国中央企业的疑虑，给了那些鼓吹"中国买断论"的反华势力可乘之机，使得中铝在这场并购博弈中失去了自己的砝码，最终以落败收场。

二是品牌的缺失也使得中国企业在海外市场难以获得相对高溢价，一直停留在低价格竞争的初级竞争阶段。根据联合国发展计划署统计，比例不到 3% 的国际知名品牌市场占有率高达 40%，销售额超过 50%，而目前参与国际竞争的中国企业，拥有自主品牌的不到 20%，出口额比重不足 10%。[1]

最后，金融危机彰显品牌对危机的减震作用也使得越来越多的中国广告主开始重视品牌建设，此乃第三大推动力。据资料显示，对 2009 年中国最具价值 100 品牌的研究显示，在全球金融危机之下，中国制造企业 500 强的利润水

---

① 解艾兰：《中国品牌与世界品牌的比较》，人民网，2005 年 5 月 17 日，http：//finance. people. com. cn/GB/8215/51207/51877/3699087. html。

平比上年度下降了 1.8 个百分点，而最具价值 100 品牌大致保持了同期水平，2008 年中国制造企业 500 强平均利润率是 3.2%，最具价值 100 品牌为 5.7%，超过中国制造企业 500 强 78%。在平均销售规模方面，最具价值 100 品牌增长幅度为 5%，达到 146.3 亿元。在大量出口加工企业停产甚至倒闭之时，有自主品牌的企业依然坚挺，在金融危机中，充分显示出品牌的抗危机、抗风险能力和强大的盈利能力。[①]

过去 30 年发展起来的中国企业，习惯了"做大才能做强"的思路，较为注重资金、规模等硬实力建设，却在品牌软实力方面与卓越企业之间存在着巨大的差距。在大国经济崛起的背景下，在国际竞争压力加大、金融危机影响不断加深的情况下，越来越多的中国企业开始注重品牌的建设，利用品牌软实力来提升市场竞争力已经成了中国企业的一门必修课。

（二）大事件为大品牌创造大舞台

1. 重大事件具有广泛影响力，为品牌跃升提供强有力的品牌背书

伴随着中国经济的增长，中国品牌同样需要实现跨越式发展。借助重大事件实现品牌的跃升成为一种极佳的方式。以三星为例，20 世纪 90 年代中期，三星只是一个在韩国占有一席之地的品牌，在国际市场还处于默默无闻的状态。然而，这样一个三线品牌却在短短十年时间内，一跃成长为世界一流品牌。搭车奥运会是三星"鲤鱼跳龙门"的成功秘诀之一。从 1998 年长野冬奥会开始启动奥林匹克 TOP 计划之后，三星的体育营销便颇具声势，奥运会赛事上都可看到三星作为顶级赞助商的身影。三星凭借奥运会，解决了品牌走向高端化的难题，一举进入国际一线品牌行列。

近年来，伴随中国企业的品牌跃升期望的不断增加，中国广告主对大事件营销的关注也在不断增加。中国传媒大学广告主研究所研究表明，2010 年，上海世博会、南非世界杯、广州亚运会三大事件对被访广告主广告支出和营销推广的力度产生了影响。其中，有 61.2% 的广告主认为上海世博会对企业广

---

① 解艾兰：《中国品牌迎来崛起机遇》，中国企业信息网，2010 年 1 月 10 日，http：//enterprise.
dbw. cn/system/2010/01/20/052318273. shtml。

告支出和营销推广力度影响最大，其次是南非世界杯，最后是广州亚运会。重大事件具有广泛的影响力，借助大事件的光环，品牌同样可以通过强有力的品牌背书效应，为品牌的跃升带来机遇。重大事件拥有媒体纷纷报道的新闻价值，也有受众津津乐道的话题价值，更有刺激消费者跃跃欲试的商业价值。四年一届的奥运会被广告主众星捧月正是对事件营销价值的有力论证。当然，借助大事件需要企业有与品牌长期发展相匹配的周密计划和经济实力，如果盲目实施，效果则不尽如人意。

2. 传统广告效果递减，事件营销有效捕捉消费者注意力

信息时代，信息渠道的多样化和个性化带来大量信息的同时也造成了信息越发"碎片化"，消费者的注意力受到空前挑战，消费者行为也发生了巨大的变化，消费者不再是被动地接受广告主的广告信息，而是开始主动、有选择地收集感兴趣的信息，并乐于通过各种渠道将自己的消费体验跟其他的消费者分享，即形成一个"注意－兴趣－搜索－行动－分享"的过程。在这样的背景下，单向的、强制性的传统广告逐渐失效，难以有效地吸引消费者的注意力。新媒体环境下的消费者注意力成为各大广告主争抢的稀缺资源，赢得"碎片化"的注意力资源是成功营销的第一步。企业想要刺激消费者的购买欲望进而引发实际购买行为，先决条件是要获得消费者的注意力。英特尔的前总裁葛鲁夫就声称："整个世界将会展开争夺眼球的战役，谁能吸引更多的注意力，谁就能成为下个世纪的主宰。"

而事件营销与生俱来的优势之一便是能快速聚合消费者注意力。事件营销的本质就是把企业想要传播的广告信息植入经策划、组织的有新闻价值的事件之中，在媒体的自发报道和大众的主动关注中达到传播品牌信息的目的。不管是"借势"还是"造势"，事件营销需通过借力有话题的大事件或者自造有"热点新闻"的大事件，吸引媒体和社会公众的关注度和兴趣，从而提升品牌知名度和美誉度，达到促进产品销售的效果。

3. 金融危机影响，营销推广费用紧缩，事件营销以小博大

后金融危机时代，宏观经济逐渐呈现回温的态势。虽然经济逐渐回暖，但是国内经济调控滞后、市场环境仍然复杂，面临众多不确定因素，广告主对营销推广费用依然谨慎用之。进入 2012 年，截至 7 月，GDP 增幅已经连续 6 个季度下降，增幅三年来首次"破八"。中国传媒大学广告主研究所 2010～2011 年的生态调研报告显示，注重实效是近几年来广告主广告观的一个主基调。特别是在危机狂飙中，广告主快速收紧推广费用，营销推广目的也直指销售回报，追求更高的营销推广投资回报率，营销推广行为也趋向保守谨慎。

在此背景下，广告主更青睐可以带来高投资回报率的营销手段，事件营销凭借相对低投入、高回报的优势而深受广告主青睐。2008 年，在央视针对汶川地震的赈灾慈善晚会上，加多宝集团捐款一亿元。当晚，加多宝就以此为主题策划了"封杀王老吉"的事件营销活动。其在各大网络论坛上推出"王老吉竟然捐了一个亿，封杀王老吉""买光王老吉，让王老吉从货架上消失"等直接引导网友以购买王老吉支持捐赠行为的帖子，一时间王老吉凉茶销量暴涨。王老吉在美誉度高涨的同时还收获了销量的快速增长。事件营销依托具有一定的新闻价值和传播价值的事件，通过媒体的主动报道和人际自发传播而降低了宣传成本。

二　传统事件营销模式遭遇四大挑战

所谓事件营销，即以具有新闻价值、社会影响力的事件为载体，利用事件的爆炸性和传播性，引发媒体和消费者的注意和兴趣，以求提高销售价值和品牌价值，获得可持续性发展的广告主营销活动。多年来，事件营销传统的运作模式为企业确立营销目标，或借势或造势打造热点事件，以电视、报纸等大众媒体为主进行广泛传播，引发公众的关注，进而促使其形成对企业品牌的好感，并实施对企业产品或服务的购买。2008 年，金六福以奥运福娃为切入点，以"福文化"为卖点，利用奥运平台，实现金六福品牌全球提升。蒙牛在推出新养道珍养牛奶之际，推出"遇见十年后的自己"事件营销，将产品核心利益点"养"融入营销推广中，吸引大量目标受众参与，共同寻找"新养道"。上述事件营销的操作模式都在被众多中国广告主所广泛应用。

然而，社会媒体环境的变化，经济环境的不容乐观，都促使广告主在按照上述传统的事件营销模式开展事件营销时频繁遭遇挑战。概括而言，主要有以下四点。

（一）以电视等传统强势媒体为核心的事件营销传播模式花费不菲且效果有限

在中国市场，电视作为发展最为成熟的媒体之一，在广告市场一直占据强势地位。中国传媒大学广告主研究所 2012 年中国广告主生态调研报告显示，被访广告主在电视媒体投放上的费用比例为 36.1%，仍然独占鳌头。2012 年62.3% 的被访电视媒体实际广告收入实现增长。可见，电视媒体仍旧获得了众多广告主认同（见图 9 − 1）。

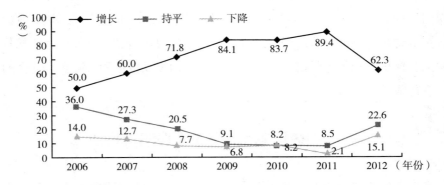

图 9 − 1　2006 ～ 2012 年被访电视媒体广告收入变化情况

（2006 年 n = 86，2007 年 n = 55，2008 年 n = 39，2009 年 n = 44，2010 年 n = 49，2011 年 n = 47，2012 年 n = 53）

然而，随着金融危机的爆发，广告主营销推广态度转为谨慎乐观，高性价比和高投资回报成为广告主看重的核心价值。电视媒体广告资源分配不均，良莠不齐，"限娱令""限广令"带来的电视媒体重新洗牌现象使得优秀电视资源"奇货可居"，广告主营销推广压力上升。这对于中小型企业来说，更是从起跑线上就失去了"大众传播优势"。

除了价格的不断攀升外，电视媒体在新一轮媒体角逐中已不再是稳坐"龙头老大"席位，其强势传播能力的权威性不断遭受挑战。根据中国传媒大学广告主研究所 2012 年广告生态调研报告显示，2012 年被访电视媒体广告经营竞争压力来源前三名的分别为电视、互联网和报纸。

从受众的媒体接触习惯来看，"碎片化"的特征也已经形成。消费者从大众向分众再向"碎片化"的转化，使得依托电视等传统媒体为核心的事件营销运作模式传播效果削弱且花费不菲（见图9-2）。

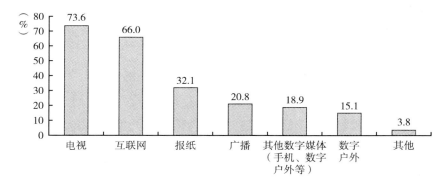

图9-2　2012年被访电视媒体广告经营竞争压力主要来源

蒙牛曾经携手湖南电视台举办的《超级女声》娱乐节目事件营销，其获得的成功称得上业界"奇葩"。这场由"超女"引发的"连锁反应"让人叹为观止。然而，时至今日，这种成功模式难以复制。媒介环境越发复杂，消费者接触习惯多元化，仅仅依靠电视媒体作为互动沟通的桥梁，消费者已经不再愿意"埋单"。事件营销需要在更为立体化的媒体组合架构下，将事件的持续关注力、媒体传播策略、品牌升级、销售形成四位一体，将事件营销最大化优势充分发挥出来。

（二）事件引爆后难以引起消费者持续关注

传统事件营销运作模式借事件的新闻性而获得消费者关注，但伴随社会发展，事件营销获得消费者关注的难度在不断增加，获得关注的时长也在不断缩短。究其原因，主要有三。

第一，海量信息时代消费者注意力日渐分散，对相关信息的深入解读越来越少。比如，伴随手机、互联网等媒体的出现，人们的阅读不仅从纸质书籍转移到更多的电子化终端，而且从深入阅读转向了浅显阅读，人们不断浅尝辄止，迅速消化与吸收、抛弃与更新、理解与遗忘。这种阅读习惯的背后凸显的

是当下人们的品牌消费特征，即快速、快感、快扔。① 这对事件营销形成持续性传播是一个巨大挑战。

第二，消费者个性化特征日益显著，对于广告主通过事件营销有效抓取大范围受众形成挑战。在捕捉消费者注意力方面，需要紧贴消费者需求。事实上，如今的消费者更加喜欢主动、有选择地收集感兴趣的信息，并通过网络将自己的消费体验跟其他的消费者分享。

第三，消费者增权趋势下消费者对于接受的信息很快淡忘，信息的保质期日渐缩短。传统的事件营销模式往往选择一个事件引爆点引发消费者关注并形成话题，然而在消费者对于信息兴趣的保质期日渐缩短的情况下，这种模式的传播效果日渐削弱。相反，消费者对主动选择并深入体验、分享的信息却能给予较为持久的关注。因此，当下很多广告主在开展事件营销时，为维护有效持续传播，开始注重对连锁引爆点的设计以及对有效提供消费者分享、互动、扩散平台的设计。

（三）传统事件营销模式无法满足经济趋冷形势下广告主的实效性需求

事件营销往往可以从不同的视角，侧重某一功能而为广告主所倚重。比如，事件营销可以是小品牌、新品牌实现品牌跃升的重要工具，如当年三星品牌依托奥运开展事件营销一举跃升为国际品牌。也可以是大品牌维护企业声誉，保持品牌活力的重要平台，如可口可乐多年来持续依托奥运平台所开展的形式丰富、多元的事件营销。还可以是企业实现销售跃进的重要工具，如 2011 年淘宝举办"光棍节"当日销售额突破 33.6 亿元，相当于整个香港地区 9 月日均消费品零售总额的 4 倍。但不论从何种视角利用事件营销，往往事件营销所承担的功能相对单纯，或侧重品牌跃升，或侧重声誉维护，或侧重销售促进。然而当下，由于广告主所处社会环境、经济环境、媒体环境日趋复杂，侧重承担某一特定功能的传统事件营销运作模式开始难以有效满

---

① 彭敏、江帆、顾玉清、管克江、崔寅：《浅阅读时代的深层思考》，《人民日报》2010 年 8 月 10 日第 23 版。

足广告主需求。

金融危机影响下经济环境的不容乐观使得当下广告主一方面意识到品牌对企业渡过危机起到重要的保驾护航作用，另一方面在注重品牌建设的同时又高度重视销售回报。因此，广告主开始要求事件营销的运作需要承担起品牌与销售二者并重的营销职能。而且，由于消费者权利意识的不断增强，越来越多的消费者开始注重企业的社会责任承担，注重企业的社会伦理道德表现。因此，在企业开展社会责任营销时，也有越来越多的消费者开始注重企业所开展的事件营销是否符合基本的社会伦理道德，是否承担了一定的社会责任。如 2008年，恒源祥作为北京奥运赞助商，为在强大的国内外竞争对手云集的奥运营销大战中突围，策划了"十二生肖广告"① 事件营销。该广告一经播出即引起了巨大反响，公众纷纷质疑该广告"脑残"，认为企业利用该广告炒作企业奥运赞助商身份，缺乏对公众的基本尊重，社会责任感严重缺失。该事件虽然让恒源祥收获了高知名度，但丧失了品牌美誉度，迎来一片恶评。

综上所述，在当下社会环境和媒体环境日益复杂、充满挑战的情境下，广告主对事件营销运作的需求也在提升，以往侧重承担某一单纯营销功能的运作模式开始难以有效应对复杂的社会环境，事件营销运作向品牌、销售、社会责任等多元功能兼顾转变。

（四）新媒体时代，事件营销负面影响出现的概率不断增加

一直以来，风险的控制都是事件营销运作的重中之重。事件营销的一个关键环节即通过新闻媒体的广泛报道引发公众关注。但在新媒体时代，伴随微博、社交媒体的快速崛起，数量庞大的消费者自媒体传播广泛且活跃，广告主对媒体的操控能力受到了严重挑战。

事件营销一旦在事件选择、传播推广、危机处理、流程监管等方面稍有差池，很容易通过微博、SNS 社区等新媒体快速曝晒在公众视野，无处遁形。即使企业只是"一时失误"，这种失误也极有可能被无限扩大。以国际知名快餐

---

① 恒源祥"十二生肖广告"于 2008 年春节期间在央视播出。长达 1 分钟的电视广告中，由北京 2008 年奥运会会徽和恒源祥商标组成的画面一直静止不动，广告语则由"鼠鼠鼠"一路换到"猪猪猪"，被网友称为最"雷人"广告。

品牌肯德基为例，2010 年 4 月 6 日，肯德基中国公司推出"超值星期二"三轮秒杀活动，64 元的外带全家桶只要 32 元。为炒作该事件，肯德基在门户、论坛等各种互联网渠道进行了宣传，该活动信息迅速传播。但当消费者拿着从网上辛苦秒杀回来的半价优惠券消费时，却突然被肯德基单方面宣布无效。与此同时，肯德基中国公司发表声明称，由于部分优惠券是假的，所以取消优惠兑现。不过对此消费者并不买账，认为是肯德基"忽悠"了大家，网友称肯德基这次陷入了"秒杀门"。

可见，在当下新媒体环境下运作事件营销，负面信息的有效应对，尤其是危机公关传播管理能力的培养尤为重要。否则，事件营销一旦引发负面影响，其传播速度更快，影响更为恶劣，长期来看更是企业成长发展的"慢性毒药"。

三　事件营销平台化创新助力广告主品牌突围

针对当下广告主品牌突围现状及传统事件营销存在的问题及不足，本文提出了事件营销的平台化创新模式。所谓事件营销平台化创新，是指在传统事件营销基础上，充分利用新媒体平台，为消费者搭建一个可以形成多级、主动传播的立体化营销传播平台。

事件营销平台化具有以下特点：①以某事件为切入点，引爆话题，为消费者提供主动传播、交流、体验平台，并主要借助消费者力量形成多层级、网络式传播；②该传播平台以互联网为核心，并形成与电视、广播、线下活动等多元传播形式的有效联动；③该传播平台形成了传播与销售的有效连接；④该传播平台不仅是营销传播平台，而且承担了舆情监控、危机公关等相关职能；⑤该传播平台具有强大数据库支撑，可形成有效的信息反馈并适时调整。

基于事件营销平台化优势，创新型事件营销运作模式首先应该找准切入点，使企业的诉求点、事件的核心点、公众的关注点合为一体，确保事件具有话题性、传播性，这是事件营销成功的基础。为了实现事件话题的传播扩散，有效抓住消费者注意力，应该以互联网为核心，形成多元媒体、多个层级的立体化传播网络，这是成功事件营销的"传播器"。然后，基于事件传播火热程度，可依托网络及电子商务平台，将消费者注意力转化为实际销售业绩的提升，同时带动品牌美誉度和忠诚度提升。为了确保事件营销达到预期目标，预防和及时处理传播过程中的危机爆发，依托互联网构建强大服务平台，实现舆情的有效监控及风险控制。平台化事件营销模式四个方面环环相扣、相辅相成。

（一）找准切入点：实现企业诉求点、事件核心点、受众关注点三位一体

事件作为营销的切入点，也是企业营销的契机。把握好这个契机必须管理好三个点，即公众的关注点、事件的核心点和企业的诉求点，三者缺一不可。事件营销首先要掌握住公众的关注点，即哪种事件或者话题能够引起受众的关注。不管是"借势"还是"造势"，企业选择的事件的核心点要和公众的关注点相关联，在此基础上，把企业想要传达的品牌诉求点融入其中，要贴近自然，让受众在关注事件的同时潜移默化地接受品牌的信息。同时，为消费者提供主动传播、交流的平台，发挥口碑效应，形成多层级的传播。

以电影《失恋33天》的成功为例，该电影以小成本获得了3.2亿元票房，成为同期电影中的一匹"黑马"。该电影成功的关键之一正是以"光棍节"作为话题突围点，配合爱情、友情和失恋这些能引起普通人心中共鸣的主题，使节日核心点、公众的关注点和电影的诉求点高度一致，同时借助社交媒体、视频网站以及微博媒体在电影上映前后巧妙制造话题，引发大量关注。《失恋33天》打造了官方微博"粉丝"近10万人，"失恋33天""失恋33天经典语录""失恋33天心语"等自制微博"粉丝"都在10万人以上，强大的社交媒体助阵让该电影迅速围捕目标观众，一匹电影"黑马"就这样横空出世。由此可见，平台化事件营销以事件为切入点，引爆话题后，为消费者提供主动传播、交流和体验的平台，主要借助消费者力量形成多层级、网络式传播。

（二）持续挖掘事件营销热点，以互联网为核心展开互动，持续营销

传统的事件营销模式话语权依然掌握在广告主的手中，消费者更多地扮演

了"受者"的角色。但伴随消费者自我意识的不断增强，越来越多的企业意识到应转变意识，学会和消费者共创品牌价值。而和消费者共创品牌价值的前提，就是企业需要打造一个能够让消费者和企业平等沟通，分享自己的观点，并与其社会关系网络有效互动的传播平台体系。当下，以互联网为代表的新媒体，以其开放性、互动性而成为这个平台体系的核心。

所以事件营销平台化，其核心就是以互联网为核心的传播平台，与消费者分享话语权，鼓励消费者的口碑传播；同时形成与电视、广播、线下活动等多元传播形式的有效联动。

以加多宝为例，在失去王老吉商标之后，加多宝为重塑品牌、防止市场流失，大举开展事件营销活动，提升品牌知名度、美誉度。2012 年恰逢伦敦奥运会，加多宝借助官网、新浪微博、腾讯微博、豆瓣、腾讯 QQ 等网络媒体开展了一场线上线下紧密互动的"红动伦敦，畅饮加多宝"活动，希望借势伦敦奥运的影响力，扩大加多宝在消费者心目中的知名度。这次事件营销的主战场是在互联网上，活动分为两个阶段进行。第一阶段通过在网上传照片、玩游戏、组建 QQ 车队等形式参与活动，有机会参与伦敦助威团的评选。第二阶段是加多宝"红动伦敦之星"的评选活动，通过投票方式评选心目中的加多宝"红动伦敦之星"，支持它的网友有机会获得伦敦游基金。参与活动的网友可以通过各大社交网站进行交流、分享。该活动在电视、户外等媒体上都配合了广告投放，还开展了"线下十城"活动，活动现场通过红旗收集全国民众的签名祝福。历经 3 个多月的主题活动吸引了大批各地群众参与其中，征集到了数以万计的祝福。

这个案例体现出了平台化运作事件营销的三大优势：①由企业为活动传播主体向消费者为活动传播主体转变，有效增加了传播吸引力，避免了传播持续性不足的问题。②以互联网为核心，与电视、户外等传统大众传播媒体有机联动，既保障了传播的广泛性，又保障了传播活动的互动性、深入性，有效提升了传播效果。③实现了线上传播与线下活动的有机整合。以往，线下地面活动单点作业难以实现地面传播效果的有效放大。当下线上传播与线下地面活动的紧密结合、实时互动，一方面使得地面活动相关信息被迅速传播，有助于地面活动积聚人气；另一方面，线上传播活动也获得了丰富的传播素材，且该素材来源于受众，易于赢得受众的关注和认同。

（三）依托网络及电子商务平台，形成传播与销售的有机联动

广告主事件营销依托网络及电子商务平台实则是借助已建造的消费内容和消费行为虚拟社区，精准捕捉目标消费者和潜在消费者注意力，吸引他们的关注和参与，促成实际购买行为，促进品牌传播和销售的有机联动。

2009 年，中粮集团和 MSN 联合推出的"中粮生产队"产业链游戏，一方面将集团产品植入游戏中，传递中粮全产业链理念，寓教于乐，吸引消费者浓厚兴趣的同时提升品牌美誉度，尤其深得白领女性喜爱；另一方面，通过链接中粮"我买网"，力求将消费者注意力迅速转换成实际购买行为，推动销量提升（见图 9 - 3、图 9 - 4）。

图 9 - 3　"中粮生产队"游戏

图 9 - 4　中粮我买网

（四）构建强大服务平台，实现舆情的有效监控及风险控制

事件营销平台化创新中，该平台不仅是营销传播平台，同时也能承担舆情监控、危机公关等相关职能。正如前文所述，该平台是以互联网为核心，互联网凭借强大数据库的支持，更容易发挥舆情监控的职能和风险控制的职能。在互联网上通过有目的的对话题的走向进行设置和引导，影响网民的兴趣点和关注度。同时，互联网的后台数据监测可以及时分析出舆论的导向，如果出现负面的舆论，可以通过设置或者引起话题，以及挖掘"意见领袖"等方式，使网民的关注度朝着利好的方向发展。

事件营销在新媒体环境下，在增加曝光率的同时，也增加了负面影响概率。当事件成功引爆消费者注意力之后，消费者以网络为平台，通过新闻、发帖、评论等形式分享个人观点。这种自发式网络舆情信息错综复杂、传播迅猛、缺乏组织管理，一旦出现舆情危机，就会对企业品牌形象和销售业绩造成负面影响。2012 年人民网舆情监测室发布的报告指出，在过去的一年里，企业舆情危机数量呈现持续增长态势。2011 年网络舆情危机事件总数近 500 个，比 2010 年超出近 200 个。而以互联网为核心构建强大服务平台，在建立数据库和舆情监控上更能有力运作。一方面，可防患于未然，对舆情实施高效及时监控；另一方面，一旦舆情引导不及时或者处理不当，能在第一时间反应处理，化"危"为"机"，避免造成网络舆论危机。构建强大服务平台，建立有效的网上舆情预防体系，有利于广告主事件营销成功运作。

四　结语

平台化事件营销的核心便是以互联网等新媒体为核心，给消费者更多的主动权，发挥口碑效应，与其他媒体形成多层级的立体化传播平台。在数据库的支持下，可以有效发挥舆论监控的职能。由此可见，平台化的事件营销是把主动权交给了消费者，在获得消费者宝贵的注意力的同时，凭借消费者的主动传播，可以把注意力转化为对品牌更有效、更持久的关注度，同时通过与电子商务模式的结合直接带动销售，真正实现品牌与销售的共赢。

B.10

报告十

广告主公益营销传播策略研究

中国传媒大学广告主研究所

摘　要：

随着竞争的日益激烈和社会问题的不断凸显，公益营销这一营销传播策略正在被越来越多的广告主所运用和发展。公益营销在为企业创造商业价值的同时，通过对公益事业的支持创造社会价值，有着其他营销手段不可比拟的独特优势。本文通过对公益营销的起源、价值和在中国的发展历程进行梳理，解析目前广告主在公益营销传播策略上的现状和问题，提出相应的解决之道，促进广告主实现企业利益和社会利益共赢。

关键词：

广告主　公益营销　发展现状　营销传播策略

一　公益营销的起源及定义

公益营销的起源可追溯至 1981 年，美国运通公司为帮助旧金山某一艺术团体筹募基金，采取一项新措施，即当每一次信用卡消费或申请新信用卡时，美国运通公司便捐出一定比例的所得给该艺术团体。由于在此区域性的市场测试结果非常成功，因此美国运通公司将此种营销手法以 "Cause-Related Marketing"（公益营销）的名称申请专利。

到了 1983 年，美国运通又与艾丽斯岛自由女神像基金会合作，共同为修整自由女神像募集基金。这项营销活动在短短 3 个月内，共募集到了 170 多万美元，超过原预期目标的 3 倍多，而美国运通卡的使用率也同比提高 28%，并且发行了大量的新卡。自此，公益营销的合作方式就广为各种营利组织与非营利组织所采用。

由美国运通公司引领的公益营销大放异彩，对其研究也随之深入。1988年 Varadarajan 和 Menon 对公益营销作出了最早的定义：制定并实施营销活动，在活动的开展过程中，以消费者发生的购买行为及为公司带来的收入为基础，对某项事业给予一定比例的赞助，最终实现组织（企业和非营利机构）与个人（消费者与中间商）双方的目标。① 从这一定义可以看出，公益营销自产生之初就强调依托公益活动，是一种使企业、非营利组织和消费者三方获得价值共赢的营销手段。

在其后的 20 多年中，诸多学者对公益营销的定义进行了不同的修改和创新，但围绕公益活动实现三方价值共赢的核心始终没有改变。结合中国市场和公益营销在中国的发展和运用，中国传媒大学广告主研究所将公益营销定义为：以公益活动为载体，整合利用多种传播手段，实现提高产品销量、树立良好企业形象、构建企业与消费者和其他利益关系者长期良好关系目标的营销行为。

二　公益营销的独特魅力

公益营销在进入中国之初，其功能就已经被广告主所认知和认同。近年来公益营销之所以受到众多广告主的青睐、被越来越多的学者关注和研究，不仅由于公益营销作为一种营销手段所能为广告主带来的商业效益，更是由于当下市场竞争日益激烈、营销传播日益复杂，公益营销的功效已经有了进一步的提升，广告主需要借助公益营销有所作为。

（一）公益营销更容易获得消费者好感，从而提升形象、实现销售

广告主通过对公益事业的支持，可以使企业得到较高的消费者关注，更容易获得消费者好感。同时，随着消费者需求的变化，追求更加美好的

---

① 陈致中：《公益营销：概念、理论与文献评述》，《商场现代化》2010 年 7 月（中旬刊）。

世界并对社会有所贡献成为消费者的期待，公益营销作为企业为消费者提供公益行动的平台，能够为消费者带来一种为公益事业作贡献的满足感，使消费者能够从公益营销中体验到自我价值和社会价值的提升。在当前所处的营销传播 3.0 时代，广告主需要洞察并满足消费者最深层次的精神需求，即与消费者共同创造更加美好的社会，公益营销为消费者渴望奉献社会的需求提供平台，能够在纷繁复杂的媒体环境中获得消费者的关注和好感。

（二）在为广告主进行形象提升的同时，形成危机事件的 "防洪堤坝"

近年来危机事件频发，危机事件对广告主的企业形象有着重要的影响，因此危机公关已经成了众多广告主的必修课。真正的危机公关应该是广告主的一种观念，树立良好的危机管理意识并建立完善的舆情监督体系，同时要在日常的营销传播活动中着重培养积极向上的企业形象，而公益营销则是实现这一营销传播效果的良好途径。广告主通过对公益活动的营销，树立良好的社会形象，一旦危机事件发生，前期所进行的公益营销活动就会缓冲或降低事件的负面影响，公众由于前期培养出的对于企业的好感和信任，会对新闻报道产生质疑，而不是对企业产生质疑，从而在维护并提升企业良好形象的同时，形成危机事件的"防洪堤坝"。

（三）形成广告主与利益相关者关系维系的长效机制

广告主的利益相关者对于企业的生存和发展有着至关重要的作用和意义，而公益营销则能够帮助广告主通过营销活动建立与利益相关者的良好和持久的关系。在公益营销的活动中，广告主为公众提供了参与公益的平台，满足了公众渴望贡献社会的期望；通过公益活动所树立的良好的社会公民形象，能够增强企业员工和股东的自豪感；而公益活动对社会所作出的贡献，更是对社会的回馈和对社区的造福，这样的公益行动和公益精神，无疑会获得相关机构和政府的支持，从而强化与政府的关系。

三　中国公益营销发展历程

公益营销在中国的发展历程虽然只有短短的 20 年，却发生了翻天覆地的变化，从跨国公司将其引入中国，到广告主能够自发并逐渐成熟地运用公益营销，中国广告主在其中功不可没。

（一）公益营销萌芽阶段——20 世纪 90 年代

20 世纪 90 年代，公益营销作为跨国企业进入中国市场的"敲门砖"被引入中国，以可口可乐、宝洁和日本企业为代表的大型跨国企业表现突出。跨国企业依靠在国外积累的市场运作和营销传播经验，沿用全球统一的公益战略，以公益营销作为跨国企业本土化战略的重要组成部分，敲开中国市场的大门；同时，跨国公司结合中国政策、社会以及消费热点，开展围绕赞助或捐赠弱势群体的公关活动，通过公益营销获取中国消费者的好感和中国政府的支持，进行企业形象的建设和传播。

（二）公益营销起步阶段——2000～2007 年

由于公益营销巨大的社会价值和商业价值，跨国企业通过公益营销收到良好的营销传播效果，2000 年前后，中国企业开始纷纷涉水公益营销，蒙牛、农夫山泉、加多宝等诸多案例为人熟知，为企业带来显著效益，提升了消费者对品牌的好感，更为社会发展作出了贡献。

受到企业实力和营销传播观念的影响，这一时期首先开展公益营销的中国广告主以营销意识先进的民营企业和受到广告宣传限制的烟草等行业的企业为主，在主题的选择上，围绕社会热点事件选择主题开展公益营销活动，传播手段在这一时期也得到发展，在新闻公关活动的基础上广告主开始展开猛烈的广告攻势。

（三）公益营销成长阶段——2008 年至今

起步阶段成功的公益营销案例为企业带来显著效益，使消费者增加了品牌好感，为社会发展作出了贡献，同时也吸引更多的广告主加入公益营销的阵

营，并在市场竞争中不断摸索符合自身发展情况的公益营销策略。随着营销观念的不断提升和营销手段的不断进步，公益营销在成长中逐渐成熟，无论是营销主体、营销定位还是营销传播媒体，都在不断地深化、多元化，公益营销也越来越受到广告主的青睐。

1. 公益营销主体不断多元化

根据《2011 年度中国慈善捐助报告》显示，2011 年来自各类企业的捐赠达到 485.75 亿元，占我国社会捐赠总量的 57.5%。其中，国有企业捐赠约 115.63 亿元，占企业捐赠总量的 23.8%；民营企业捐赠 281.2 亿元，占 57.9%；港澳台资企业捐赠 30.26 亿元，占 6.23%；外资、合资企业捐赠 58.65 亿元，占 12.07%。① 企业捐赠已经成为我国公益事业的主要力量，其中民营企业贡献突出，并且在公益营销的操作上也起步较早。

随着公益营销的不断发展，其营销主体不断多元化。在近两年开展公益营销的广告主当中，已经不局限于民营企业，国企、央企也逐步加入公益营销的行列当中。国企、央企肩负着率先践行社会公益的责任，在市场竞争中公益营销意识逐渐增强、公益营销策略逐渐成熟，力图以扎实的社会责任行动为其进行品牌建设打下坚实的基础。

作为亚洲最大的航空公司和天合联盟的重要成员，中国南方航空（以下简称南航）主动承担和履行社会责任，不断追求经济效益和社会责任的高度统一，将社会责任整合到公司发展战略和企业文化之中。南航于 2005 年出资 2000 万元人民币成立"十分"关爱基金会，每年从每张机票款中捐出"10 分"钱注入该基金，年注入金额约 600 万元，投入助学兴教、扶贫济困、赈灾救援、抗击疫情等社会公益活动。南航"十分"关爱基金会的名称具有双重含义：一方面，"十分"关爱基金会表示南航按照每年运送旅客数量从每张机票款中捐出"10 分"钱注入该基金，另一方面，也代表南航对履行社会责任、支持公益事业的十分关注与投入。②

---

① 中民慈善捐助信息中心：《2011 年度中国慈善捐助报告》，http：//www.mca.gov.cn/article/zwgk/gzdt/201206/20120600327110.shtml。
② 中国南方航空：《南航"十分"关爱基金会》，中国南方航空官网，http：//www.csair.com/cn/about/static/shehuizerenbaogao-more.shtml。

在完善、持续的公益活动基础上，南航适时进行了相应的营销传播。首先在基金会成立之时，举行了官方的捐赠仪式，获得了多家媒体的报道；其次针对南航的自有乘客，通过舱内高端杂志和舱内移动电视播放公益视频短片进行公益活动的传播，使南航的企业文化、品牌精神和社会责任感充分地、完全地展示给消费者。南航通过"十分"关爱基金会，唤起消费者对品牌的信任和好感，借由企业对社会责任的实现，使消费者获得渴望贡献社会的精神追求，为企业创造巨大的品牌价值。在世界品牌价值实验室编制的2010年度中国品牌500强榜单中，中国南方航空的品牌价值已达到188.24亿元，并连续多年入榜。

2. 公益营销主题定位日益创新多样

公益营销活动的增多，引导了企业的良性发展，促使广告主在营销内涵上的不断创新和营销手段上的不断深化，而民企近年来在公益营销的操作手段上进步显著，正在从单一的因公益而公益逐步打开思路，发掘与企业文化或精神所匹配的主题内涵，用创新独特的公益营销吸引受众的关注，避免了广告主的营销传播活动淹没在信息爆炸的媒体环境中。

在公益营销发展的早期，广告主多是围绕当前所遇到的社会重大事件、灾难展开，或根据自身的行业属性践行社会责任并加以传播，如食品行业的捐赠食品、家电行业的节能环保等。为了在众多的公益营销活动中脱颖而出，一嗨租车选择了反其道而行之的定位，开展了独具特色的公益营销。国内汽车租赁行业虽然刚刚起步，但成长迅速，竞争也日趋激烈，一嗨租车副总裁蔡礼洪在介绍一嗨租车的发展策略时指出，这个时期恰是企业间形成差异化的最好时机，只有创新才能形成区隔，才能形成独特性。[①]

在这样的发展策略指导下，一嗨租车的营销传播不以宣传企业提供的租车服务出发，而是定位于宣扬低碳环保的公益活动，用公益营销来提升品牌内涵，并将其融会贯通结合到企业的一些品牌推广和市场活动当中。2012年3月一嗨租车在上海朱家角开展"绿色出行　低碳生活"公益植树活动，由一嗨租车员工和新老用户之中的数十位志愿者参加。2012年5月一嗨租车开展了"公益天使快闪行动"，在上海虹桥火车站帮助旅客解决困难，送出环保袋

---

① 张文强：《租车市场的非价格竞争》，《IT经理世界》2008年第255期。

和纸巾；在北京地铁站送出印有绿色出行的地铁卡套和地铁票。①

在这次"公益天使快闪行动"中，一嗨租车对参与活动的天使们都事先经过了严格的选拔，引发第一次宣传热潮。同时在活动期间借助微博开展有奖转发活动，鼓励网友拍摄一嗨租车天使照片。除此之外，一嗨租车还开展了春节"嗨语"送温暖行动、嗨友会"以物换物"自驾游活动等，在体现一嗨租车专注于服务的企业文化和高度的社会责任感的同时，也使得企业知名度快速上升，在竞争日渐升温的租车市场中脱颖而出。

3. 公益营销在广告主营销策略中的地位日益提高

随着市场竞争的日益激烈，多元化的营销传播手段层出不穷，由于公益营销的巨大价值和广告主对社会责任的高度关注，公益营销在广告主营销传播策略中的地位已经日趋显著。根据中国传媒大学广告主研究所 2012 年广告生态调研数据显示，在被访广告主除媒体广告传播手段外所采取的品牌传播手段中，"公益营销"已经以 59.2% 的份额跃居第四位（见图 10 - 1）。

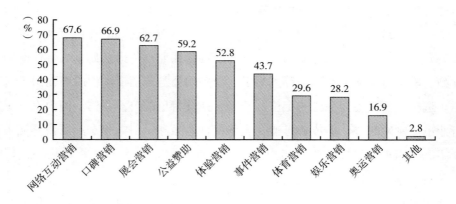

图 10 - 1　2012 年被访广告主除媒体广告传播手段外所采用的品牌传播手段

一线声音

广州立白集团媒介传播部经理张杰：最近在广西捐助小学生的公益营销活动中，捐助一些学习用品。对贫困户捐助一些洗衣机等公益活动都做过。2011

---

① 黄春棉、刘润梓：《绿色出行低碳生活：一嗨租车公益植树》，人民网，http：//auto. people. com. cn/GB/17429246. html。

年洪灾也捐助救灾物资，包括甘肃泥石流，这样的公益一直在做，而且也会持续下去，我们也不是专门追求效果，而是作为一种社会责任，但是长远来看是有利于品牌建设的。

4. 公益营销传播渠道新媒体运用逐渐增多

广告主的营销传播活动随着媒体环境的变化而不断改变，公益营销亦不例外，在新媒体环境下，公益变得更加便捷、简单、透明，社会化媒体和电子商务构筑成新的公益平台，拥有大众性和迅速传播性，真正实现了公益的平民化、常态化。基于种种新媒体的公益营销方式，不同于传统媒体营销的强势投放，以新颖的创意和契合消费者精神追求的内容来吸引消费者，不但大大降低了营销投放费用，而且大多发挥了"四两拨千斤"的神奇力量。

2011 年，家具行业领头羊红星美凯龙在其成立 25 周年之际，选择在官方微博上发起一项主题为"城市公益森林"的环保公益活动，通过微博粉丝一定的转发数量，红星美凯龙种植相应数量的树木，正所谓木、林、森，通过网友的不断参与，将环境从木变成绿色森林（见图 10 - 2）。① 近年来全球环境危机已经深深扎根在全世界人们的心里，越来越多的公众渴望为环境保护作出贡献。但由于多种客观因素的限制，真正付诸行动的公益活动还有待增加，而

@红星美凯龙 V：#红星美凯龙25万微祝福#第三波活动 城市公益森林 火热开始啦！你转发，我为地球家园种棵树！从今天起@ 你的3位好友和小编一起传递　，每转发100次红星美凯龙就捐献1颗树，家居改变生活 行动改善环境，GO GO GO！小编将推出特别大奖ipad2三台，20元手机话费100份！活动时间：5.24-6.5

2011-5-24 10:04　来自新浪微博　　　　　　　　转发(92830) | 评论(29367)

图 10 - 2　红星美凯龙"城市公益森林"环保公益活动微博

---

① 魏星：《红星美凯龙 25 周年倡导城市公益"森林"活动》，365 地产家居网，http：//news.house365. com/gbk/szestate/system/2011/05/26/010314943. shtml。

红星美凯龙此次的环保公益活动，通过微博的简单转发就能够为世界种植更多的绿色树木，这种方式让网民更容易接受和乐于参与。同时，为了吸引更多的人关注公益事业和此次微博活动，活动中设置了各种奖项来鼓励公众参加公益活动。在整个活动过程中，红星美凯龙围绕公益环保的中心，依托微博平台宣传自身的公益活动和公益理念，并与消费者进行了积极、及时的互动，用新媒体改变了广告主的公益营销策略，同时也改变了公众参与公益营销的方式，对公益营销的影响范围和到达深度都有所扩展和提升。

四　公益营销三大攻略

结合当前营销传播环境的特征和中国市场的特点，中国广告主在开展公益营销时应当注重主题、消费者和战略化布局三个方面，而在这三方面的策略方法也就成为公益营销开展当中的三大攻略，以此保证公益营销活动的营销传播效果。

（一）主题选择是方向

营销主题的选择决定了营销活动的方向，在公益营销的运作当中这一点尤为突出，适当的主题内涵为公益营销的成功奠定了基础。而广告主在进行公益主题的选择时，应当遵循针对性、匹配性、差异性三大原则。

首先是针对性，即针对不同利益相关者需求选择主题。乔丹（中国）发动大学生支教小学生，体验快乐体育精神。2011年6~7月在湖北、黑龙江、广西、辽宁四省32所高校摄影协会成员及其他在校大学生中征集纪录青少年儿童在运动中快乐、健康、阳光、积极向上的精神风貌的照片，并设置评选和奖励环节。2011年8月19~23日组织希望小学中获得助学金奖励的学生和大学生支教团代表团到深圳观看大运会比赛、赴中国大学生代表团接待中心参观体验等。

其次是匹配性，包括与企业自身业务相匹配和与文化相匹配。与业务匹配是指在公益营销中，展示产品和服务的优良品质。2012年六一儿童节前夕，康佳以微电影《让爱同步》首映为起点，开展关爱留守儿童的系列公益活动，通过提供同步视频通话、向学校捐助同步云电视等形式帮助留守儿童与亲人异地交流沟通，在对留守儿童送去关爱的同时对自身产品也进行了良好的宣传。与品牌文化相匹配是指传递企业文化和精神，与消费者产生共鸣。美涂士自2010年4月与共青团组织签订协议后，携手共青团员在全国各大城市如火如荼地开展了几十场"共青团·美涂士保护母亲河行动"。

最后是差异性，即基于对消费者、社会发展的深刻洞察，提出差异化的创新主题。联想集团自2007年开展了联想青年公益创业计划，从最早的线下报名选拔到2010年的官网报名投票，联想的青年公益创业计划正逐步加强与受众的沟通，强调公益活动的宣传效果，2011年这一公益创业计划更是开创了公益传播的新风尚。2011年7月18日，联想集团启动了以"微公益　做不凡"为主题的微公益大赛，通过微博平台向全国青年公开征集微公益行动，公益领域聚焦在缩小数字鸿沟、环保、教育和社区发展，倡导公众发掘身边微小的社会需求，用行动表达爱心，旨在推动中国草根公益事业发展。在短短三个星期的时间里，活动吸引了45万网友倾情参与，270万次点击关注，董路、宋佳、于嘉、羽泉等近300位明星鼎力支持。[①]

作为第三届联想青年公益创业计划，联想微公益大赛以新颖的公益理念、创新的活动平台、遍及全国的线下活动，引发了强烈反响。联想作为中国最具影响力的IT企业，利用"巧思＋行动"的力量，把可持续发展的创业活动与公益活动进行完美结合，为社会贡献力量的同时，将企业文化和品牌精神进行了良好的塑造和宣传。

（二）消费者体验是关键

公益营销自产生之初，消费者直接参与这一特性就一直是营销活动中必须遵循的原则，从诸多成功的公益营销案例中可以看出，消费者参与程度与公益营销效果成正比，满足消费者体验就成为广告主开展公益营销的关键，而随着媒体形式的发展和进步，新媒体的广泛运用更增强了消费者直接参与公益活动的丰富体验。为了让没有能力就学的儿童有读书的机会，西班牙银行Ing

---

① 崔雷：《联想微公益大赛40强晋级　45万网友齐做微公益》，人民网，http：//it.people.com.cn/GB/15418426.html。

Direct 和联合国儿童基金会共同合作了一款手机与电脑结合的 APP，只需要 0.79 欧元下载手机 APP，并将手机对准网站右下角的橘色区域，就可以看到孩子开始向前走了，接着手机里就会出现一所学校，网站的孩子会穿入手机并拥抱学校（见图 10 - 3），而这 0.79 欧元就捐给了联合国儿童基金会资助贫困儿童上学。

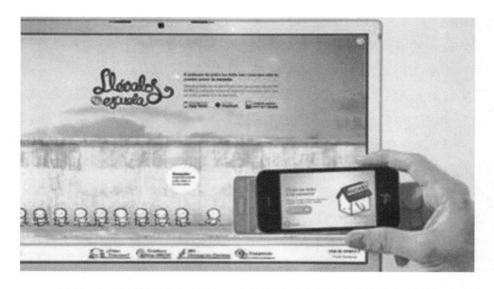

图 10 - 3　西班牙银行 Ing Direct《带孩子们去上学》公益营销互动视频

（三）战略化布局是保障

除了公益主题的选择和公益活动中的关注点，战略化思维是贯穿整个营销传播活动的灵魂，公益营销应纳入整体营销传播战略，与各种营销手段协同联动，对公益营销进行战略化布局是公益营销成功的保障。GE（通用电气公司）是世界上最大、最多元化的公司之一，是全球极具盛名的品牌，在 2011 年《福布斯》全球上市公司 2000 强中排名第三。对于 GE 这样一个大多数产品不直接面对消费者而产品又如此多元化的公司而言，公益营销在其品牌建设和品牌推广的道路上功不可没，战略化布局则是其公益营销成功的保障。

GE 中国围绕业务布局开展公益营销由两方面展开。一是社会责任与业务战略相融合，以公益为诉求点，激发和利用社会力量，发掘公益梦想和 GE 事业开发紧密结合点，在"绿色创想"平台 GE 联合风险投资企业共同承诺投入 2 亿美元，呼吁全球各界提出新一代电网能源管理方案，公开呼吁企业、创业者、创新者和学生采取行动，寻找突破性创意，创建更加清洁、更加高效而且具有经济可行性的燃气能源的开发和利用；在"健康创想"平台，针对"健康创想"发起"健康挑战"，奖励有利于医疗诊断、改进技术的创意。二是社会责任品牌化、体系化运营，建立 GE 基金会、GE 职业女性协会，组织 GE 志愿者，帮助全球范围内 GE 所在社区的组织发展。

五　中国广告主公益营销反思

国内开展公益活动的企业虽然很多，但只有少数企业通过对企业所处环境、企业自身特点的综合分析，选择了正确的合作方式，最终达到了预期目的。当前国内众多企业在利用公益营销的机遇方面意识不足，手段上利用不当，管理上缺乏战略性、规范性。目前，我国企业在利用公益营销的意识方面、实际操作方面均有相当大的差距，存在着不少误区。

（一）只公益、不营销

近年来重大的灾难或意外事件频发，每当面向灾区捐款捐物等号召发出，很多广告主都积极响应，然而公益之后没有了相关的营销活动，企业的公益也就无法为人所知。事实上，捐赠是一种公益活动，并不等同于公益营销。没有营销的支持，企业的公益活动难以获得有效的品牌声誉回报，并不利于企业的健康良性成长。大连万达集团董事长曾在讨论企业公益行为时表达了自己的顾虑："我感觉企业的捐赠就应该是真金白银，倘若给公益增加商业色彩，就变味了。"中国传统观念中有做好事不留名的说法，万达集团董事长王健林的顾虑便是出于此。但王健林后来改变了自己的看法："我以前并不认同公益营销，但是今天决定改变我的看法。事实上，这个社会可能还处于缺乏公益营销的阶段，假使公益营销多起来后，公益事业就更加发达了。"[①]

---

① 朱少柳：《公益营销：基于战略的营销创新》，《新营销》2007 年 2 月。

（二）一次性公益营销，缺乏持续性

国内广告主开展的公益营销，普遍存在时断时续的现象，也就难以做到品牌积淀的细水长流，而真正的公益传播则应该是有着长远规划，并且持续运作的，通过广告、赞助、冠名等借势向公众展示产品及企业形象，才能保证品牌价值迅速提升。

2005 年中国石油全力冠名赞助"首届中国越野锦标赛"，与中国汽车联合会共同致力打造中华民族自己的越野品牌赛事，但两者的合作没有持久，2006年就冷淡退出，失去了一次良好的公益营销机会。而同样作为央企的中粮集团则表现突出，自 2002 年开始进行援藏（西藏）援疆（新疆）建设，对口支援西藏自治区山南地区洛扎县，先后选派了 3 批 6 名援藏干部到洛扎开展援藏工作，累计向洛扎县提供 5345 万元援藏资金，涉及项目 40 多个，有效促进了当地基础设施改善与经济发展；2009 年在为洛扎县"5·25"特大暴风雨雪灾害赈灾中，除了捐赠 200 万元雪灾紧急救灾款，还为洛扎县捐赠了 20 万元慰问金，下属中国食品营销公司为新建县幼儿园提供价值 20 万元的家具、办公设备及玩具；2011 年中粮集团出资 3000 万元援建新疆伊犁州霍城县麻杆河水库（二库），为新疆实现跨越式发展履行社会责任，并且中粮集团的援藏资金从过去每年 500 万元提高到 800 万元。中粮集团的援藏援疆公益活动，首先有针对性地选择了公益对象，援藏援疆的建设符合社会发展的需求和国家的利益，良好地展示了中粮集团认真履行社会责任、维护边疆稳定的央企形象；其次中粮集团的援藏援疆建设持续性强，长期、专注的公益活动为企业的营销活动奠定了基础，而中粮集团也对这次公益活动进行了适时适度的营销，获得了良好的社会反响。

（三）公益主题与自身业务关联度低，不相匹配

除了公益传播和持续性的缺乏，一些广告主在公益主题的选择上也显得不够准确，开展一些与自身业务关联度较低的公益主题进行营销，从根本上就无法保证营销传播效果，不相匹配的企业定位和公益主题，不仅不能为广告主的品牌形象添砖加瓦，甚至可能带来消费者的质疑，从而产生负面影响。

综观中国石化近年来的公益营销，首先是立足奥运，中国石化长城润滑油进行"畅行2008"公益营销活动；联合中国儿童少年基金会开展"春蕾计划"，帮助失学女童完成学业；联合中华健康快车基金会举办健康快车光明行活动，帮助贫困白内障患者复明……这些公益活动涉及奥运、关注儿童、帮助弱势群体等诸多方面，虽然每个活动都为社会公益作出了贡献，但从营销传播的角度来看，中国石化的活动切入点随意，业务关联度低，公益主题与目标消费群体不够契合，并不能形成长期持久的营销活动和效果。而雅芳的公益营销活动紧扣目标消费者，树立了关爱并专注于女性健康的品牌形象，如1992年"雅芳全球乳癌防治活动"在英国开始，2005年雅芳（中国）有限公司与"中国癌症研究基金会"联合举行了"远离乳癌，健康一生——中国雅芳抗乳癌长城行"大型公益活动①，表达雅芳对女性健康事业一如既往的支持，对目标群体进行了精准的公益营销。

（四）借公益炒作，动机令人质疑

还有一些公益营销虽然营销传播活动声势浩大，无论是对公益活动的投入还是宣传都规模巨大，但开展公益营销的广告主存在着自身的问题，如食品安全、质量过关、员工管理等，导致企业的危机事件频发，而危机事件一旦发生，不仅对企业的品牌形象造成了严重的损害，而且同时进行的公益营销动机会更加令人产生质疑，消费者不禁会想到企业是否在借公益而炒作，并没有真正的公益之心，这就使其对企业的负面印象进一步加深。

蒙牛作为中国乳业的龙头老大，自1999年成立之初就投入大量资金进行公益广告，发展至今，公益营销也一直是其营销策略的主线，从航天事业、体育赛事、捐资助学等多方面进行公益营销，"中国航天专用牛奶""蒙牛为奥运健儿'加奶'""每天一斤奶，强壮中国人"等诸多公益主题为公众所熟知，雄厚的资金实力和娴熟的公益营销技巧也使得这些公益营销活动带来巨大的效益。但近年来蒙牛的产品一再出现问题，不断曝光的质量问题让整个社会产生

---

① 屈芳：《远离乳癌，健康一生——中国雅芳抗乳癌长城行》，搜狐网，http://gd.sohu.com/20050906/n240348826.shtml。

质疑，作为食品无法保证最基本的安全，但是其公益营销热度不减，在这样的情况下，过多的公益营销反而会让人产生炒作的感觉，对其公益的动机更加产生质疑。由此可见，公益营销的成功，必须以产品或服务的优质作为保障，否则再完善的公益营销策略也是空中楼阁。

（五）缺乏战略布局，公益营销单兵作战

中国广告主在公益营销的操作上虽然日渐成熟，但在全局观念和战略布局方面还有所欠缺，没有充分地把握公益营销与企业整体营销传播战略之间的关系。公益营销是企业的一种战略规划，不仅需要传播，更要从企业自身的定位和需求出发形成相应的营销战略。一些广告主在运作中，仅仅就公益营销而营销，并没有将公益营销纳入企业营销传播战略，缺乏其他营销传播手段的支持，不仅使公益营销势单力薄，还容易因为缺乏统一的战略指导，使公益营销与企业文化和品牌精神的内涵有所偏离。

农夫山泉"一分钱"公益营销行为的成功，成为众多商家模仿的对象，各种"购买商品＋奉献爱心"模式广泛涌现，如中南海香烟："您每购买一包本产品，就向希望工程捐献了一份爱心"；妇炎洁洗液："你每购买一瓶妇炎洁，就为贫困山区的妇女奉献一片爱"；深圳市华润万家超市、宝洁公司："消费者每购买一件华润万家自有品牌或宝洁的产品就将有一角钱捐献给希望工程"；等等，众多公司的公益营销模式只是机械效仿，与企业整体的营销传播战略相差甚远，甚至出现广告语与具体公益行为不符的商业诈骗行为，引起消费者的反感，也挫伤了消费者贡献社会、奉献爱心的积极性。因此，成功的公益营销不应该单兵作战，而是应纳入整体营销传播战略当中，对各种营销手段进行整体的线性规划，使品牌传播、公益营销、企业社会责任传播协同联动，实现营销传播效果的最大化。

B.11
报告十一
植入营销2.0，开启
品牌价值共创时代

中国传媒大学广告主研究所

摘 要：

这是一个变革的时代，任何一种营销传播方式都在不断演进和自我突破中迎来重生，走向未来。植入营销作为一种"巧实力、巧营销"，向来是为广告主所青睐和熟练应用的一种营销传播方法。但随着社会经济及传媒业的发展，以及消费者的变化，植入营销正在转向以沟通为导向、互动为手段、构建消费者与品牌长期关系的2.0模式。这与1.0时代的关键区别就在于，注重品牌与内容的深层关联，进而引发情感共鸣；沟通互动与社会化传播，实现话题、内容的再造与再传播，从而与消费者共创品牌价值。

关键词：

植入营销 互动体验 共创品牌

一 植入营销1.0：视觉化、单向的传播，
传播效果存局限

随着宏观经济的不景气，传统广告资源价格攀升，广告主营销投入更为谨慎，追求高性价比已是无可厚非。一直深受广告主青睐的传统植入营销也因植入形式单一、诉求空间低、受众回忆率低等弊端渐渐受到广告主质疑。传统植入营销已无法满足广告主对品牌建设与传播的更高追求，主要原因在于以下几个方面。

（一）植入形式简单粗暴，重视觉轻内涵，缺乏情感认同

传统植入营销主要以节目冠名和道具植入，产品或 Logo 在影视剧、节目中曝光等简单粗糙形式亮相，讲求视听品牌符号的传达。我们所熟悉的电视节目植入形式——品牌冠名，包括"片头元素""冠名标版""贴片硬板""主持人口播""现场置景""片尾鸣谢""角标"等多种表现形式，属于"单向直白式"告知型广告植入，给人一种"硬性广告"的强制性感观，有时甚至会引起消费者反感，连央视春晚都会因为过分的植入广告而备受指责。

传统植入营销过于站在企业立场，注重"推"力，对受众的收视利益过于漠视，粗暴过度的曝光、与剧情内容的脱节在很多植入营销中比比皆是。例如，即使是植入营销较为成功的京东商城在《男人帮》也出现了过火过"推"的植入。男主角顾小白和阿千在家看电视，讨论的也是京东商城广告中的女主角，但导演似乎还不满足，非让孙红雷在浏览该商城网页过程中睡去，梦中到该商城的仓库游览了一下，隔天上门服务的商城工作人员态度很好地为他错买的商品办理了退货……这些插曲看不出和剧情有何关系，露骨而生硬。有人戏称《男人帮》是为京东商城量身打造的"广告帮"（见图11-1）。

图11-1　京东商城借助《男人帮》推出相关广告

（二）单向展示，难以与消费者建立品牌沟通关系

随着消费者注意力日益分散、话语权增强，消费者设置"信息屏障"，只

关心自己想知道和感兴趣的东西，而如何捕捉消费者的注意力和与消费者建立长期的品牌沟通关系，成为新时期品牌建设的重要课题。消费者不再是"缺头脑""缺心眼"的"靶子"，不再满足于信息的直接输入，而是更加重视购买过程中的主动性、互动性、分享性。

传统媒体上的植入营销由于媒体本身传播模式的局限性，决定了其植入营销的单向传播思维定式。一个产品、一个LOGO的视觉传达，充其量在品牌知名度的提升上有一定作用。但由于缺乏有效的互动手段，无法与消费者建立对话关系，对品牌价值的阐释与传达更是无从谈起。品牌建设的目标无非是赢得消费者忠诚度和美誉度，而如果缺乏有足够吸引力的利益点和有效的互动手段，那么品牌塑造就将成为空中楼阁。不能忘记品牌定义中所阐释的要义即"品牌增值的源泉来自消费者心智中形成的关于其载体的印象"。可见，良性的品牌建设应该充分重视和引导消费者，进而将品牌建设策略调整为将品牌信息巧妙地植入内容，设置趣味性、有传播价值的互动话题，主动吸引消费者的关注和参与，共创品牌价值。

二　植入营销2.0聚焦：与消费者共创品牌价值

植入营销2.0模式与传统的植入营销1.0模式相比，具有以下明显的优势。

（一）更注重内容的契合性和关联性，引发情感共鸣，建立与品牌的情感关联

俗话说"攻心为上"。植入营销2.0更彰显内容的价值，注重激发消费者的情感共鸣。只有将品牌更巧妙、更自然地植入内容，才会引发消费者的关注以及口碑传播。特别是微电影以及网络自制剧，对提升品牌与内容的契合性和关联性空间巨大，甚至使人拍案叫绝。

例如，伊利曾尝试了各种不同情感风格的微电影，或甜蜜、或清新、或温情，从不同角度展示了伊利"滋养生命活力"的品牌理念，从身体至心灵，带来永恒的青春滋味。2012年8月，伊利牛奶片推出了微电影《不说话的女孩》。该电影上线第一周的点击率就已经超过500万次。在仅3分钟的视频中，男孩喜欢的女孩始终不言不语，男孩也不再说话，只用文字及手语与女孩交流。两人的沟通无声而温暖地进行着，直到男孩对女孩表白的那一天，才发现女孩原来会说

话，而她一直不开口的原因竟然是含了伊利牛奶片，好吃的滋味让她不忍说话。电影中没有"伊利奶片真好吃"的直白陈述，而通过不说话的女孩将伊利牛奶片"真爱滋味，不需言语"的情感诉求委婉而巧妙地表达出来，让人不禁感怀青春时的纯爱滋味，情感的共鸣使得该微电影获得了大量的自主传播（见图 11－2）。

图 11－2　伊利微电影《不说话的女孩》

（二）互动引发参与，建立品牌沟通关系，为品牌注入新价值

品牌与内容的契合能够收获消费者的情感认同。而如果能驱动这部分消费者参与、互动，加深品牌与消费者的沟通关系，给予消费者充分的想象和参与空间，则将为品牌建设不断注入消费者新创价值。

例如，2012 年 5 月，和路雪旗下品牌可爱多在人人网、新浪微博等社交网站推出了青春爱情观点系列微电影《这一刻，爱吧！》。可爱多邀请了亚洲当红偶像剧小生陈柏霖担任"爱情专家"，首创"爱情象限"理论，延续了可爱多一贯的"青春爱情"路线。可爱多借助人人网社交网络平台优势，让用户不仅可以观看影片、分享转发、撰写观影感受，还可以参加为电影专门设计的"爱情象限"测试。参与者通过一系列生动又贴近生活的题目，定位自己的爱情象限，分享到新鲜事中，吸引好友，带动更多的好友点击参与。《这一刻，爱吧！》在可爱多人人网品牌主页上线不到两周，好友人数直逼 13 万，引发了网友大量关于青春爱情主题的热议和思考（见图 11－3）。

图 11 - 3　可爱多《这一刻，爱吧!》系列微电影

通过品牌与内容的巧妙融合，吸引消费者参与及互动，引发消费者自媒体及社会化媒体传播，是植入营销2.0的优势所在。尤其是网络媒体最能体现上述优势，比如一个短短的微电影或网络定制剧就可能引发几百万甚至上千万次的点击，还可以通过"一键分享"的功能分享到微博、人人网、豆瓣网等社交平台，引发"病毒"传播；也可借助舆论领袖挖掘新的话题，进一步放大传播，这比传统的植入营销花费要低得多，而传播效果却超乎想象。

三　植入营销2.0营销有术

（一）传"神"胜于传"形"：产品功能、品牌定位、企业文化等品牌核心要素深层次植入

植入营销的最终目的是让消费者在潜移默化中接受产品/品牌信息，增进对品牌的理解和认同，从而培养品牌美誉度和忠诚度。然而，简单的产品、LOGO等外化的"形"元素无法引发消费者的情感共鸣，而如果将产品功能、品牌定位、企业文化等内在的"神"元素巧妙植入并进行再营销，则将事半功倍。

（1）品牌内涵和产品诉求需要与载体（电视节目、影视剧、游戏）定位紧密关联，将品牌内涵和产品特性与载体融为一体，从植入内容到成为内容。

例如，加多宝冠名《中国好声音》，植入创造了"正宗好凉茶、正宗好声音"的清晰概念将"去火"的产品特性与歌唱、嗓音恰如其分地关联起来，并冠以"正宗"二字，在品牌争夺战背景下，发出"加多宝正宗凉茶"最强声音，从"怕上火，喝王老吉"成功转型为家喻户晓的"怕上火喝正宗凉茶，正宗凉茶加多宝出品"，借助当前火热的综艺节目提高知名度，赢得媒体和公众广泛关注。随着"好声音"选手的精彩演出，节目高收视率和高传播性也带动加多宝品牌形象和销售业绩堪比当年。

（2）载体内容基于品牌内涵和产品信息的定制化创作，改变传统简单粗暴的曝光式植入，让广告"无处不在"，让广告"无处可寻"。例如，日渐兴起的独家定制剧，以巧妙编排的剧情，向受众潜移默化地传播着品牌的理念与精神。

定制剧《无懈可击之美女如云》将某知名洗发水品牌精神、定位、广告语、广告创意全部融进电视剧情中，植入形式流畅自然，观众易于接受，同时

提升品牌的认知度和美誉度。据联合利华大中华区媒介总监周博在发布会上透露，该剧播出后，在搜索引擎上对"无懈可击"和"清扬"品牌的搜索率上升了 6～10 倍（见图 11 - 5）。电视剧《大宅门》剧情再现传统中药阿胶的生产、制作和食用，随着该剧的热播，人们对东阿阿胶品牌历史及内涵的了解和信任进一步加深（见图 11 - 4）。

图 11 - 4　电视剧《大宅门》东阿阿胶植入营销

图 11 – 5 《无懈可击之美女如云》中清扬植入

（二）用新媒体给传统植入营销插上腾飞的翅膀

植入营销 2.0 模式为传统植入营销带来新机遇。例如，传统电视节目广告植入通常以"冠名标版""主持人口播""现场置景""片尾鸣谢""角标"等形式展现，在与消费者互动和情感交流方面受限。然而，依托新媒体开展的植入广告，贴近消费者媒介接触习惯，有效补充传统植入营销互动缺陷，进行亲密互动，提高对植入品牌的理解度和美誉度。

利用新媒体服务于传统植入营销，最关键的是基于植入内容，再造娱乐性和有价值的话题，加强与消费者互动传播，发动网络和人际口碑 N 次传播，保持观众对"广告"持续性的关注度和好感度。加多宝在保证冠名曝光和场景植入的同时，设置趣味性互动话题，在互联网上开展互动活动。例如，在官网设置"晋级猜想""导师评选""互动游戏"，在新浪、搜狐、百度等互联网平台开设互动专题，保持线上线下联动，高频次、全方位展开与目标消费者的互动联动（见图11-6）。

图11-6　加多宝携手新浪、搜狐互联网推广

四　结论

随着经济和社会发展，消费者消费能力、知识水平逐步提高，其社会参与意识越发强烈；网络媒体的蓬勃发展使得消费者话语权增强。因此，可以说消费者在品牌塑造与建设方面的影响力与日俱增，品牌不再是企业单方面的"制造物"。在这种背景下，植入营销必须紧扣内容的核心，从品牌内涵、产品功能等多角度深耕内容植入，赢得消费者对品牌的好感度和美誉度。同时，围绕品牌内涵和植入内容制造趣味性话题，充分借助社会化媒体和人际传播平台，强化与消费者互动沟通，引发情感共鸣。

但是，植入营销进入2.0时代也将面临新的挑战。一方面，需要更加重视品牌植入的"度"，不能过分损害消费者的收视利益，把握好消费者的心理承受底线，避免损害"内容"这一本体。另一方面，新媒体快速传播、频繁互动等特性容易迅速放大植入营销活动中的失误或突发事件的影响，引发品牌危机。因此，植入营销进入2.0时代必须在内容植入和互动传播两个方面把握好"度"，真正实现广告主与消费者的价值共创。

B.12

报告十二
微电影价值与微电影
营销传播策略研究

中国传媒大学广告主研究所

摘　要：

近两年，微电影不仅成了热门话题，也成为广告主的新传播模式。微电影饱含着巨大的传播价值，需要对其加以运用才能发挥其巨大潜能。广告主不仅要看到自身对微电影的价值需求，也应该了解成功微电影所具有的特性，从而更好地运用微电影打造更好的品牌。

关键词：

微电影　营销传播

一　微电影成广告主营销传播新宠

伴随着"微时代"的到来，不少人所熟知的名词也都被冠上"微"字头衔，继微博、微小说之后，微电影也成为"微时代"下广告主试水的新传播手法。"微电影"这一概念最早由凯迪拉克品牌提出，其携手吴彦祖打造的广告《一触即发》被称为中国首部微电影，其时长只有 90 秒。据统计，《一触即发》预告片登录网络之后，短短一周点击量便超 6000 万次，凯迪拉克的官方网站浏览次数过亿。凯迪拉克微电影营销的大获成功，开创了新媒体背景下又一新的营销模式。①

---

① 郑晓君：《微电影——"微"时代广告模式初探》，《北京电影学院学报》2011 年第 6 期。

此后，各类广告主定制的微电影如雨后春笋般出现在互联网上，从凯迪拉克的《一触即发》到《66 号公路》、益达的《酸甜苦辣》系列、三星盖世的《纵身一跃》、雪佛兰的《老男孩》等。在被称为"微电影元年"的 2011 年，我国仅由广告主出资打造的微电影就超过 50 部，这显示了广告主对微电影的积极尝试和对这种新营销传播模式的勇敢探索。

　　微电影是专门在新媒体平台上播放的具有完整策划和系统制作体系支持的故事情节完整的视频短片。新媒体平台主要是基于移动、电信和广电三大网络，能够播放视频的电脑、手机等移动终端。微电影的特征有三：微时长、微制作、微投资。微时长指的是微电影的长度是针对新媒体用户的"碎片"时间，时长一般在几十秒到几十分钟之间。微电影的微时长承载的信息有限，拍摄周期只需几天至数周，因此是微制作。微电影可以专业打造也可草根原创，除采用明星阵容的情况外，大多数作品所需投资仅数万元，因此微电影是微投资的。微电影的微制作和微投资特性使得微电影较容易制作，而微时长则较容易吸引受众消费其内容。

　　广告主定制的微电影由广告主作为投资方，其内容类似影视剧，但同时微电影中有广告的身影，可能是整部微电影宣传同一品牌，也可能是微电影中植入广告。因此，微电影不能被简单地定性为传统广告或影视剧，而是介于影视和广告之间的新内容形式。微电影承担了微电影产业中"商业片"的角色，其主要目的之一在于企业形象的传播。

　　中国传媒大学影视艺术学院副院长蒲剑认为："微电影篇幅的'微'，决定了其不能完全承载传统电影的叙事特征，不能在院线向观众展映影片，更难以通过版权交易达到盈利的目的，所以其主要的盈利模式还是在于跟广告的结合。"精明的广告主也注意到了微电影所具有的价值，他们的真金白银不仅带来了微电影产业的发展，也使得自身的品牌和产品得到了更多的传播机会。无论是直接投资，还是品牌植入，广告主都在积极探索微电影在互联网时代巨大的营销传播潜力。蒲剑还表示："微电影打破了渠道的垄断，通过网络传播，一部好的微电影，点击数以百万计，而播出费用近乎零。这对于普遍重视投资回报率的广告主，是天赐良机。"[1]

---

　　[1]　张薇：《微电影：产业之路迈向何方?》，《光明日报》2012 年 7 月 24 日。

一些大的品牌，如雪佛兰、三星等已经通过微电影获得了巨大成功，而奢侈品，甚至国美这样的家电零售商也成了追随者，正在积极尝试微电影营销。这也预示着将会有越来越多的广告主采用这种新的传播方式，借助微电影最大程度地释放品牌能量。

二 微电影营销传播价值巨大

微电影之所以成为广告主的营销传播新手段，是由于广告主看到了微电影巨大的传播价值。那么，广告主究竟看到了微电影的哪些价值，使他们都纷纷采用这种新型的品牌营销传播形式？

1. 微电影背后隐藏着强大的注意力价值

庞大的用户规模是微电影成为广告主积极试水微电影的主要原因之一。微电影主要凭借视频网站和社交网站进行播放和传播，而这两大平台拥有着庞大的用户基数。中国互联网络信息中心（CNNIC）发布的《第 30 次中国互联网络发展状况统计报告》显示，2012 年上半年，通过互联网收看视频的用户接近 3.5 亿人，网络视频在用户规模和用户使用深度上均呈现增长趋势。与整体网络视频用户规模的稳步增长相比，手机端视频用户的增长更为强劲，使用手机收看视频的用户已经超过 1 亿人，在手机网民中的比例由 2011 年底的 22.5% 提升至 27.7%。用户使用手机终端在线看视频的习惯正在逐步养成。与此同时，手机微博延续 2011 年快速增长的势头，截至 2012 年 6 月底，微博在手机网民中的使用率提升至 43.8%，成为使用率增幅最大的手机应用。如此强大的用户规模和如此高的使用率奠定了微电影的价值基础。

现代人的生活节奏越来越快，工作压力也越来越大，利用琐碎的时间来消费信息，通过电脑、智能手机、iPad 等在网上查找、观看他们感兴趣的东西，以此来缓解生活压力。微电影则刚好满足了消费者在快速的生活状态中消费信息、消遣娱乐的需求，网民可以借助移动终端在任何时候、任何地点看完一部电影。微电影这种免费的、灵活的、短小精悍的电影形式和其娱乐性的内容正好符合了现代人对信息的需求。

2011 年 12 月的中国微电影分析报告显示，19～39 岁的人群占微电影受众的73％，这说明了微电影可以覆盖传统的媒体平台难以覆盖的高端人群、中坚人群和意见领袖人群，他们对新媒体有着天然的敏锐感，对微电影这类新生网络事物有着强烈的关注度，所以以他们为主要目标的广告主通过微电影开展品牌传播有着天然的受众群体。①

在受众不断"碎片化"，媒体持续丰富的传播环境中，广告主向受众传播信息变得更加困难，而微电影所吸引的注意力恰恰是一些广告主所需要的。据2011年的微电影行业数据分析显示，九成受众愿意接受微电影广告。同时，受调查者中8.9％的用户认为微电影播放区周围的文字广告用户接受度最高。②这显示，微电影并不像广告那样为受众所厌恶，受众甚至愿意接受微电影播放区周围的广告。主动接受微电影的受众和被迫接受广告的受众相比，对于广告主来说要有价值得多。

2. 微电影能够在潜移默化中向受众传播品牌信息

传统广告由于长时间的狂轰滥炸和缺乏足够的观赏性容易令受众心生反感，进而使受众对广告产生厌恶感。在电视台节目插播广告时，受众的做法往往是换台或离开以规避广告的骚扰。而微电影与广告却有很大的不同，微电影从制作之初，就是完全为企业定制的，目的与广告完全相同，但是它没有了广告那样的生硬宣传方式。微电影是一种潜移默化的传播，它把消费者带入到一种品牌所营造的氛围中，表达方式比广告更为委婉，也更自然，更能满足消费者欣赏和娱乐的需求，消费者接受程度较高。微电影无论从艺术感还是情节性来看，都具有较强的观赏性，给人以一种视听的享受，增加了品牌与受众情感上的互动，增强传播效果的生动性和观赏性，使受众更好地理解和接受并牢记该品牌。微电影使得品牌或者产品成为具有实体意义和价值的文化载体，观看具有品牌或产品信息的微电影对于受众来说不是一种负担，而是一种享受。微电影以其特有的传播手段，开创了新的营销模式，为品牌传播提供了新的方式和空间。

微电影改变了传统电影点对面的单向传播模式，其传播模式呈现双向性和互动性的特征。受众对于微电影，不是纯粹被动地接受，而是会主动去搜索观

---

① 邵祎雯:《理性看待微电影营销》,《每日商报》2012年9月2日。
② 邵祎雯:《理性看待微电影营销》,《每日商报》2012年9月2日。

看，甚至转发评论，利用软件进行改编，这使受众的自我表达得到了最大阐释。这些都能够强化受众的品牌概念，从而塑造受众对品牌的良好印象。另外，受众在微电影制作中可以不再是一个旁观者的角色，他们可以参加微电影的剧本修改和创作的整个过程，可以主宰剧中人物的命运。电影制作变成了一种实践，一种人人都可以参与和推动的实践。例如，2011 年 8 月新浪视频和别克汽车举办了新浪微剧本大赛"向前的理由@别克"，剧本通过新浪微博发送，最多 5 条微博构成一部微剧本作品，选择优胜剧本拍成微电影，并且在新浪及其他视频媒体中进行二次传播。这种微电影的创作方式极大地调动了受众的参与积极性，受众通过微博轻而易举参与到微电影的创作中去，这在传统电影的创作中很难实现，改变了传统电影制作的流程和观念。①

3. 微电影传播渠道多且推广成本低

如今，随着新媒体平台的出现，移动通信技术普及，受众可以通过电脑、智能手机等了解信息，受众对于信息的消费已经没有了地域、时间、工具设备等限制，广告主的信息、产品和品牌推广可以随时随地进行。微电影的"微"时长特性使其适合在这些新的渠道传播，也使广告主的品牌推广有了更多选择。

以往广告主高额的广告费用，除了用于广告本身的制作外，大部分用于广告的投放，尤其是在电视媒体，均是以秒计算，这样高额的广告费用让中小型广告主望而却步，品牌无法得到推广。而一部微电影的资金投入从上千元到上万元不等，进入门槛相对传统电影低，微电影也就意味着微投资。而由于大多数微电影是投放在互联网上，广告主只要将微电影上传到网络，传播成本相对于电视投放就低了许多。即使要进行微电影的广告推广，由于微电影的网络传播特性，广告主一般会选择网络媒体进行广告投放，如微博、社交媒体、视频网站等，广告成本也并不会太高。

4. 效果容易量化

放到网络平台上的微电影可以很简单地通过点击率来测量其效果，虽然电视、报纸等也有收视率、刊发数量等测量指标，但这些指标并不能证明广告被

---

① 康初莹：《微电影传播效应及营销模式研究来源》，《新闻界》2011 年第 7 期。

公众看到。微电影的测量指标与它们有很大的不同，一次点击就代表着超过一个受众正在看，是实实在在的一个收视率。受众在微博的转发次数、评论数，百度指数，平媒转载率都能作为审视微电影传播效果的指标。微电影传播具有强大的互动性，受众能通过评论、分享、转发等手段对微电影迅速作出反应，形成最直观的观影感受，对于微电影来说，受众的反馈往往意味着最直接的广告效果。广告主能够通过对评论的受众进行分析，了解人群特征、访问习惯、兴趣偏好等相关数据，通过对数据的分析，帮助品牌进行更有针对性的、更有效果的传播。

微电影的量化指标主要包括前期微电影的点击率、转发量、评价人数、好评率，中期产品官方网站的浏览量、社交网站的话题数甚至自发完成的包含积极评语的博客文章以及后期产品实际销售量等。

我们不难发现，在某种程度上，微电影凝聚了数字时代所应该拥有的大多数优良属性。微电影充分把握了媒介移动性、互动性和受众的"碎片化"趋势，这使其在营销传播上具有巨大的挖掘价值，而这些价值也受到了很多广告主的关注和认可，广告主普遍对微电影抱有正面的评价。微电影价值巨大，而广告主想要通过微电影获得成功并非易事。

三　成功微电影的特性

微电影所具有的价值为广告主提供了新的传播机会，但是并非所有微电影都能像《一触即发》《老男孩》一样一举成名，只有具备了一定特性的微电影，才能获得关注和广泛的传播。

1. 名人制造话题噱头，吸引关注

成功的微电影并不一定有名人，但是有了名人成功的概率比没有名人成功的概率大很多。因为名人本身就具有话题性，使用名人会引起广泛的讨论和关注，因此名人是微电影取得成功的重要一环，也是提高品牌传播有效性的有力保障。就如吴彦祖出演的《一触即发》、周迅出演的《指甲刀人魔》、徐峥主演的微电影《一部佳作的诞生》都备受好评，有的视频点击率更是过亿，这些微电影能够迅速走红的很重要原因就是有了明星的出演。明星代言是传统广

告的做法，但微电影使用的不仅是明星的一张脸，更需要演员倾注情感，使得明星、故事情节与产品或品牌结合得更紧密、更深刻，同时让消费者感受到这种关系和情感，并可以通过演员的表演来感受品牌内涵。不过要注意的是，在广告主定制的微电影中，主角是品牌而不是名人。因此，虽然名人可以让微电影成功，但广告主要避免名人太过强势而削弱品牌的影响力。

2. 内容定制传播品牌内涵，与受众文化共鸣

成功的微电影能通过内容的定制来传播品牌特性，这点与传统广告相同，但是它没有采用广告那种生硬的宣传方式，而是采用了一种更加柔和的宣传，本质依然是通过故事情节来打动观众，从而让观众在非常愉悦的心境下接受企业的相关信息。

一部饱含情感的微电影的魅力就在于它不仅仅传递了一种商品信息，更重要的是把一种价值理念甚至是生活方式传递给了受众，不知不觉地影响受众的情感和生活。执导微电影《纵身一跃》的蔡康永曾用震撼、提醒、讯息、启发四个词来概括微电影，如果微电影缺乏一定的思考和人文关怀，那么整部电影将成为广告的附庸，失去思考的力量和社会关注价值，继而失去观众兴趣，沦为庸俗娱乐。但是，如果微电影传递的情感与受众形成文化共鸣，那么就能爆发巨大的传播价值。就如佳能定制的微电影 *Leave Me*，故事讲述一个深情的丈夫沉浸在丧妻的悲痛之中，因父亲的操作被意外地摄入相机内，返回到相片的时空里。现实残酷地夺走了他的最爱，最终，他选择了与爱人留在了过去，于是他在手心里写下醒目的"Leave Me"并举向远方……短短 4 分钟不到的影片，完美地将爱情、亲情等感人肺腑的情感融入影片的故事当中，影片在温暖感人的情境之下，让受众在感动之余深深地记住了佳能的品牌，微电影在无形当中传递了品牌的内涵，与受众产生了共鸣。

3. 多媒体、多渠道传播推广

成功的微电影或是具备名人，或是能够与受众产生文化共鸣，而有一些微电影之所以能够成功是因为借助了广阔的播放平台和丰富的传播手段。聪明的广告主拍了微电影后，并不只是将其放到网络平台后任其发展，而是通过在传统传播渠道、新媒体渠道传播来吸引更多的受众进行搜索和关注。

一些成功的微电影采用电影模式进行推广宣传，直接与有留意影坛动态习惯的受众接触。比如，2011 年 6 月在北京举行的益达《酸甜苦辣》首映礼，请来广告片中的男女主角进行宣传造势；凯迪拉克公司出品的《一触即发》在 2010 年 12 月 27 日进行全国首映，发布预告片预热；《66 号公路》则采用电影规格来制作电影海报，让受众在电视中可以看到剪辑版的广告片，在视频网站中可以看到完整版的视频和纪录片，在平面媒体可以看到电影海报，在广播媒体可以听到特别制作的录音；等等。还有一些微电影则通过制造互动话题，推出意见领袖进行传播。比如，益达公司的系列广告片《酸甜苦辣》让受众登录其官方网站，写下自己说不出口的"酸甜苦辣"的人生感受，来进一步互动交流；针对微博用户数量上亿的情况，《66 号公路》也在微博投放公路笔记；等等，来延展生活态度形成的发生地。此外，针对部分特定人群的消费场所和习惯，一些高质量的微电影广告开始尝试进入一些生活场所，如在会所、咖啡厅投放，让微电影融入这些细分受众的生活。

案例：三星《四夜奇谭》的传播推广

三星在推出《四夜奇谭》微电影后，进行了极大规模的媒体覆盖以及花样繁多的营销。为了实现广泛的覆盖，三星将新浪作为传播主阵地，使其承载全部的视频、剧情简介、微博等社交媒体账号、影评、媒体和网友评论。另外，三星则通过优酷、土豆、酷 6、奇艺、人人、3G 门户等六大播出平台进行大力推广，形成强大的推广联盟。不仅如此，三星还借鉴传统娱乐营销思路，炒作杀青会，进行微博话题营销。通过杀青会、新闻报道、明星效应和话题炒作，《四夜奇谭》快速聚集目标用户，并将用户的关注点转向微博平台，与微博粉丝互动。通过多媒体、多渠道的传播，截至 2011 年 12 月 9 日，《四夜奇谭》系列短片点击量突破 2.1 亿次，获得了巨大的成功。

四　对广告主进行微电影营销的建议

广告主要想通过微电影进行品牌传播一定要事先了解微电影的价值所在，要考虑微电影所具有的价值是否是自己所缺少的。如果答案是"是"，那么广告主可以考虑使用微电影进行品牌营销传播。在运用微电影的过程中，广告主可以借鉴成功微电影的特性，虽然并不是说借鉴了成功微电影的特性就一定能够成功，但只要广告主在实践的过程中做足功课，精益求精，进一步挖掘其所具有的商业价值和营销模式，从形式到内容都进一步寻求创新，就能通过微电影释放传播能量。

1. 明确传播目的，充分挖掘细分市场

广告主在进行微电影营销之前，应该明确自己的目的，也就是要通过微电影告诉受众什么，是品牌还是产品，是品牌的什么特性，是产品的什么特点。在明确的传播目的指导下，通过前期市场调研，对潜在受众的年龄、地域、文化水平、喜爱偏好等作出评估，从而找准传播信息所要到达的目标受众。微电影是新媒体的产物，其目标人群以年轻人为主，因此广告主在微电影故事编剧、情感诉求以及电影包装方面要紧跟该群体的需求点，打造个性化营销。同时，伴随着网络亚文化的逐渐繁盛，广告主更可能"从亚文化目标群体中获得意外收获，因为这些群体反映了社会时尚、音乐、娱乐、创意和态度方面的趋势"。[①] 微电影营销所具有的寻找并且迅速占领细分甚至微分市场的价值对广告主的营销传播有着巨大影响。比较成功的例子是新浪微博的 4D 微电影《李娜大战鹅地神》，其借助李娜在年轻用户中的影响力，吸引更多的"90后"人群成为新浪微博用户。通过对"90后"群体频繁选择"动漫""游戏"标签的分析，新浪用动漫和游戏元素重新包装李娜形象，创作出一部特殊的互动电影，吸引了"90后"的细分受众，从而获得了巨大成功。

2. 展现品牌的同时，与消费者情感互动

对于营销传播而言，微电影既是一个热点，更是一个工具。广告主在微电影的制作过程中，应该将品牌、产品诉求巧妙地融合进一个好的故事中，让一个故事的主题成为品牌的核心概念（或价值观）。然而，仅考虑展现品牌并不能使微电影营销获得成功，广告主需要通过微电影触动消费者的心灵，使其感受到品牌的价值和内涵，从而培养受众对品牌的好感度。微电影内容应该与受众之间形成情感互动，激起受众的情感认同，并且恰到好处地将品牌融汇其中

---

① 董璐：《媒体营销：数字时代的传媒动力学》，北京大学出版社，2009。

才能真正实现传播目的。13 分钟微电影《眼睛渴了》就是"眼睛渴了无糖贝它糖"[①] 一次成功的营销案例。它从爱情、梦想与奋斗等出发，将生活的细节作为故事的引线，让观众在观看的过程中对号入座。在引起观众的感动和情感认同之外，也巧妙地宣传了产品和品牌。

品牌营销的关键在于对心灵的触动。品牌营销成功的关键是将品牌倡导的价值和信念泛化为某一阶层的生活方式和消费文化。广告主可以从微电影创作之初就结合品牌元素进行构思，将品牌和故事情节更好地融合在一起。微电影营销应致力于让观众动情，而不局限于产品曝光或产品本身炫目的体验，让受众认同品牌的价值观。事实上，将品牌体验从产品体验升华到情绪体验，甚至上升到精神高度正是微电影营销模式的精髓所在。

3. 寻找传播方式的最优结合

综观已经上映的微电影，可以将微电影归纳为这样一个公式：微电影 = 优质故事 + 品牌体验。首都师范大学科德学院摄影系讲师肖然认为，这两者并不能相互割裂，前者往往需要为后者创造存在的可能性，后者需要成为前者的重要组成部分。更重要的是，二者都需要专业的传播行为进行营销。"微电影商业片并不是微电影产业里的完整产品，一个成熟的微电影项目往往是一次完整的内容整合营销。故事与品牌同样重要，内容与传播也同样重要，内容整合营销能更加全面与立体地放大微电影的电影与广告属性。"[②]

较之传统电影，微电影制作周期短，投入少，无票房回收压力，无须通过传统院线荧幕，取而代之的是"新媒体荧幕"——3G 手机、移动电视、iPad、便携式 PSP 等。随着受众媒体接触行为的"碎片化"，将媒介平台进行有效整合，打通各个营销渠道对微电影营销有着十分重要的作用。广告主也已经敏锐地意识到这一趋势，将综合型的广告网络从 PC 平台向互联网或其他数字终端平台扩展。然而广告主更应该找寻最优的传播方式，而不是采用全面撒网的方法。

考林·霍斯金斯、斯图亚特·迈克法蒂耶（Stuart McFadyen）和亚当·费

---

① "眼睛渴了无糖贝它糖"对因长期使用电脑或看电视、玩游戏、开车等原因造成的眼睛发干、发涩等眼部不适症状，有良好的预防、缓解效果。

② 张薇：《微电影：产业之路迈向何方？》，《光明日报》2012 年 7 月 24 日。

恩（Adam Finn）在他们的著作《全球电视和电影：产业经济导论》中提出，为了实现在各个发行渠道上的最大利润，需要选取或者放弃某些渠道，并且把握各种渠道顺序和时间长度。[①] 微电影同样如此，新媒体平台为微电影话题制造和商业炒作提供了绝佳的平台，但是也不得不面临持续时间有限的问题。轰炸式营销不仅不一定能给观众留下深刻的印象，还可能造成资金和资源的浪费，因此，如何把握营销节奏，在最有效的时间点传达最有效的理念是营销者们需要考虑的问题。一部电影上映前通常会持续进行各种宣传并制造话题，以期烘托市场热度拉长消费者关注时间，到电影放映时达到话题峰值。2011 年小成本的票房黑马《失恋 33 天》，就是巧用时间营销打了一场胜仗。提前 8个月的预热宣传，通过微博、人人网、开心网等社交网络在距电影上映还有33 天时制造"失恋话题"，利用"世纪光棍节"档期引爆话题，最后成为新媒体营销的一次成功案例。[②] 微电影的传播推广也可以借鉴这样的传播方法，虽然是一场时间战，但是推广成本较低，且充分整合了互联网传播渠道，不仅覆盖面广，且能够在较短时间内引爆话题。

4. 合作团队共建微电影营销传播基础

微电影与传统电影的运作模式完全不同，目前国内的微电影的制作方式和流程主要有两类：一类是通过广告代理商提出创意大纲（脚本），制作公司搭建团队完成制作，这一类比较像 TVC 的制作过程，制作成本比较高，客户意识导向偏重；另一类是广告主直接找到视频网站，通过视频网站搭建团队，这样制作成本低，且创作空间相对较大。相对电影而言，短小的微电影在投拍成本上较低，但其主要花费在后期传播推广上。因此，广告主在进行微电影营销传播之前，需做好方案策划。首先，选择合适的制片公司或是专业的电影工作室负责影片的拍摄和制作，并与其深入接触，共同讨论电影与品牌的融合。其次，选择一个或者几个视频网站作为战略合作伙伴，他们有对内容的需求，而广告主有对传播的需求，两者可以通过合作达到共赢。最后，选择广告公司和公关公司负责微电影的传播和推广。一部成功的微电影需要广告主、制片公

---

① 〔加〕考林·霍斯金斯、斯图亚特·迈克法蒂耶、亚当·费恩：《全球电视和电影：产业经济导论》，新华出版社，2004。

② 李照：《论微电影的广告营销成长策略》，《今传媒》2012 年第 6 期。

司、视频网站、公关公司等多个团队共同协作，所以合作良好的团队是微电影营销的基础。

　　综上所述，微电影所具有的注意力，品牌信息传递，推广成本低和效果易量化等特征对于广告主具有巨大的营销传播价值，正好符合现代广告主的营销传播需求。微电影不是简单粗暴地追求商品形象、标志的曝光率，而是借助有趣的故事、精彩的创意，把产品功能、品牌价值观植入其中，实现品牌信息的软性传播，随着受众对广告信息的屏蔽，这种软性传播也将成为未来营销传播的新趋势。广告主应该对微电影进行深度挖掘，并结合有效的营销传播手段实现品牌信息的最大曝光。广告主应将其看作对新营销传播方式的尝试，是对品牌注入新活力的探索。

B.13
报告十三
商业银行声誉风险
管理传播策略研究

广告主研究所

摘　要:

　　声誉是商业银行的生命线。近年来，我国的商业银行声誉却受到频频挑战，声誉风险管理迫在眉睫。本文主要从传播的角度对商业银行声誉所遭受的挑战和在声誉风险传播管理中存在的问题进行分析，从而提出建议性措施。

关键词:

　　商业银行　声誉风险传播管理　社会责任

一　声誉是商业银行的生命线

　　所谓声誉，实际上是企业利益相关者对企业过去在市场交易中的表现的评价。如查尔斯等在《声誉与财富》中所指出的那样，声誉就像磁铁一样帮助企业吸引各种资源。事实上，声誉不仅像磁铁，而且产生了持久的磁场效应。这种效应不仅吸附企业利益相关者，并且产生了吸引高质量利益相关者的筛选效应和自我加强效应。

　　银行是信用的中介，是以自己的信用来吸收社会公众存款、发放贷款并进行资金支付与结算，以此满足实体经济的资金和金融服务需要，取得自身的经营收益。公众的信任和信心是银行生存与发展的基础，而银行良好的声誉则是信任与信心的保障。如果某银行的声誉遭受严重破坏，失去了广大存款人的信任，存款人就可能选择不将存款存在该银行。该银行就可能由此发生流动性支付危机，进而可能引起存款挤兑风潮和银行生存危机，还可能由单个银行机构的危机扩展成银行系统性的危机。因此，良好的声誉与公众的信任是银行的生命线，银行应像珍惜和保护生命一样，珍惜和保护好自己的声誉。[①]

　　良好的声誉是一家银行多年发展积累的重要资源，对于其增强竞争优势，提升盈利能力和实现长期战略目标具有重要的作用。银行声誉是维持银行与股东、经营者及客户等利益相关者的重要纽带。声誉能够决定商业银行效益的好坏和未来的发展。而传播是打造良好声誉的重要方法。当商业银行不全面、不客观、不准确的信息被广泛传播，或者是个别的、偶然的信息在传播过程中被当作主流的、常态的信息传播时，这些情况必将给一个商业银行带来声誉风险，商业银行不仅需要通过传播来打造自己的好声誉，也需要通过有效的传播管理和科学的沟通交流来控制自己的负面信息，从而降低声誉风险给银行带来的伤害。

　　因此，在声誉风险管理中，传播管理显得尤为重要，但是随着金融改革和社会的发展，商业银行的声誉风险传播管理却愈加困难，商业银行的声誉正遭受各方的挑战。

二　商业银行声誉遭受各方挑战

　　声誉对于商业银行生存及银行体系的安全至关重要，但是商业银行的声誉风险事件却频频发生，随着金融改革和社会的发展，商业银行的声誉受到了各方的挑战。

　　在金融危机中，西方发达国家的一些投资银行和商业银行，因资产严重损失和流动性困难而出现危机，使整个银行体系遭受严重的声誉和信心危机。加之全球性的经济衰退和失业率上升，贫富差距扩大，由此引起了公众对华尔街

---

　　① 王兆星：《银行声誉保卫战》，《21 世纪经济报道》2012 年 5 月 15 日，http：//www.21cbh.com/HTML/2012 - 5 - 15/1NMzcyXzQzMzc1NQ.html。

银行家们的强烈不满与愤怒，催生了全美国甚至全世界的"占领华尔街运动"，这使西方国家银行业与银行家的声誉遭受重创。这对于银行业来说是巨大的声誉风险。国内的商业银行近年来也因各种声誉风险被贴上了诸多标签，诸如垄断、暴利、乱收费、嫌贫爱富、缺乏社会责任感等，这些声誉风险事件的发生使得银行业的声誉受到了很大的负面影响。综观国内情况，经分析，发现我国商业银行的声誉主要遭受来自三个方面的挑战。

首先，市场环境变化所带来的不稳定因素增加。

长期以来，国内银行主要依靠贷款拉动经营规模的扩张，属于一种典型的外延粗放型、高资本消耗、高风险积累的发展模式。近年来，银行传统发展模式的内外部环境发生了深刻的变革：一是金融脱媒①趋势加快，优质企业的融资渠道日益多元化，银行间竞争激烈，客户对融资方式和融资渠道的选择日益多元化；二是随着利率市场化的推进，利差空间收窄，传统盈利模式受到严峻挑战；三是国民收入水平的提升使得国民的投资意愿暴涨，国民更倾向于投资高回报的资产形式。如果银行在"脱媒化"发展的同时，不能利用利率手段吸引居民储蓄，将使银行资金来源锐减，削弱其信贷投放能力。

市场环境的变化使得商业银行已经不能再靠原来的方式盈利，而需要开展银行零售业务②，寻求新的盈利增长点，同时积极拓展中间业务③，扩大非利息收入。而以招商银行为代表的商业银行正致力于这两个业务领域的发展，这不仅使得商业银行间的竞争变得更加激烈，也使得理财产品亏损、中间业务信用风险等问题浮现。如平安银行、民生银行、中信银行等都有一些理财产品出

---

① 金融脱媒，是指企业、个人等社会主体对资金的需要不再以银行为中介，转而采取股票、私募基金、企业债券等直接融资方式。

② 银行零售业务（也叫零售金融业务），一般主要指商业银行以自然人或家庭及小企业为服务对象，提供存款、融资、委托理财、有价证券交易、代理服务、委托咨询等各类金融服务的业务，是商业银行提供"一站式"打包产品和服务的主要途径，是商业银行开辟新市场、新领域、新经营方式的主要工具。

③ 中间业务，是指商业银行代理客户办理收款、付款和其他委托事项而收取手续费的业务。是银行不需动用自己的资金，依托业务、技术、机构、信誉和人才等优势，以中间人的身份代理客户承办收付和其他委托事项，提供各种金融服务并据此收取手续费的业务。银行经营中间业务无须占用自己的资金，是在银行的资产负债信用业务的基础上产生的，并可以促使银行信用业务的发展和扩大。

现亏损，这些问题势必会使利益相关方对银行不满，从而使商业银行遭遇一定的声誉风险。商业银行对于零售业务和中间业务的推广必然使它们加大对媒体的广告投放，而不当的媒体投放可能引发声誉风险事件的发生。如 2010 年 1月，媒体报道了招行"金葵花"系列理财产品巨亏事件，其中有不少投资者通过媒体及一些投诉渠道，直斥招商银行在理财产品宣传、销售过程中涉嫌虚假宣传，要求招行承担投资亏损。

其次，新媒体的发展加大了声誉风险的发生概率，网络平台增添了声誉风险处置的困难和障碍。

在新媒体环境下，关于企业的负面报道和虚假信息往往会迅速扩散，对企业造成不良影响，把企业推向舆论的风口浪尖。《中国社会舆情与危机管理报告（2011）》指出，新媒体正日益成为众多热点舆情的首发媒体。微博在直接发掘新议题的同时，也从传统媒介那里"抢"走了部分议题设置权。目前国内正在产生一种新的舆论形成机制，即微博率先报道，传统媒体跟进，通过议题互动，共同掀起舆论高潮。新媒体的发展使得商业银行的声誉风险发生概率增加，而互联网和移动互联平台扩散性和爆发性的特点又增添了声誉风险处置的困难和障碍。信息通过这些平台会快速地传播，一条小信息在短时间内迅速扩散，这使声誉风险主体难以在短时间内阻拦和化解风险。

最后，随着社会经济的发展和金融改革的推进，群众维权意识逐渐增强，对银行业金融服务的投诉逐年增多。

据国内首个年度金融机构网络投诉排行榜《2011 年度网络金融投诉榜》数据显示，国内信用卡网络投诉率最高的兴业银行百万投诉率占比已经达到了4.32%，网上银行网络投诉率最高的中国银行的亿户投诉率则占到了22.05%。这些都显示了群众正在用投诉这种最简单的形式来维护和保卫自己的合法权益。

这些投诉主要涉及银行服务收费、理财服务和贷款环节等，严重影响了银行业的声誉和整体形象。在日益复杂的社会变革和经济转型的现实面前，人们的维权意识越来越强。随着公众维权意识的增强，公众开始学会借助法律武器和多元媒体来维护自己的合法权益、发表自己的声音。微博等自媒体信息的扩散使得公众的网络投诉越来越容易向新闻事件演变，继而引发商业银行的声誉风险危机。

这些新时期的挑战不仅使商业银行声誉风险事件频发，也使银行对声誉风险事件的传播管理更加困难。虽然银监会发布了《商业银行声誉风险管理指引》，但是近年来，关于商业银行的负面新闻一直未断。这反映了我国商业银行在声誉风险的管理上尚存在一些问题，缺乏声誉风险媒体传播管理意识和有效应对媒体的能力。

三　商业银行在声誉风险中的传播管理问题

（一）故步自封，对媒体运作规律认识不足

昔日，由于银行主要依靠贷款拉动经营规模，主营业务并非针对一般公众，即使出现负面信息，也不会影响到银行的盈利，因此很多商业银行对负面信息大多不理不睬、沉默应对。但是随着"金融脱媒"和利率市场化，银行间竞争加剧，零售业务和中间业务逐渐在盈利体系中占据了重要位置，这使商业银行不得不更加重视公众的评价和媒体的报道。但是一些银行仍旧故步自封，认为只要与一些官方媒体沟通好就可以避免声誉风险的发生，殊不知新媒体信息传播的爆炸性威力。对新闻媒体反映的负面情况处理不及时，重视程度不够，或者对媒体采取回避及推脱责任的方式，导致声誉风险事件不断发生。①

招商银行就在"系列理财产品巨亏"中犯了类似的错误。2010年1月，媒体报道了招行"金葵花"系列理财产品巨亏事件，同时有不少投资者通过媒体及一些投诉渠道，直斥招行在理财产品宣传、销售过程中涉嫌虚假宣传，要求招行承担投资亏损。一时间，招商银行专家理财能力以及诚信遭到投资者及业内广泛质疑。招行总行相关人士在接受腾讯财经电话采访时则表示："目前此事正在与相关部门沟通，后续进展情况会再做发布。"而此后，招行并未公开发布过此事进展，仅针对招行客户发布了"产品到期后，提供了延期的选择"的公告。招行也未对各媒体网站、BBS大量的投诉作出任何公开的回应。②

① 廖岷：《加强中国银行业声誉风险管理》，《中国金融》2010年第7期。
② 口碑理财网舆情研究中心：《境内金融机构2010年上半年舆情应对能力排行榜》，2010年8月30日。

招行相关人士对于采访的回答是一种相对无效的沟通，因为没有有效回应媒体和公众关注的是否涉嫌虚假宣传、侵害投资人利益的问题。息事宁人的做法已经不适应现在的媒体环境，事件回应滞后和不广泛发布信息，反映了企业尚不了解新媒体环境下的科学危机应对策略，并未有效扭转危机。

（二）过于谨慎，对信息不公开、不透明

媒体会天然追逐企业的负面信息，这是近年来商业银行负面信息不断爆发的原因。在经营过程中商业银行确实存在种种问题，但是缺乏声誉风险传播管理就有可能使得一个小问题成为致命的导火索。分析我国商业银行发生的声誉风险事件可以看到，我国商业银行普遍存在信息公开不透明、不及时的问题，对事件本身信息不公开、对处理结果不公开、对公众不公开，甚至对媒体也不公开，不能给媒体提供有效的信息，不能正面回答媒体的提问，甚至用沉默的态度应对媒体，或者推卸责任。银行的谨慎、保守作风使得这些企业对于各种信息都过于谨慎，没有得到最高领导的允许不敢轻易发布，而繁冗的批示程序则会导致丧失应对的良机。信息的不公开和不透明，不但会给媒体和公众留下不好的印象，还会引发更多的猜忌，引爆杀伤力更为巨大的声誉风险。如齐鲁银行在声誉风险事件中因不及时公开信息，引发了更多的猜忌和媒体的负面报道，致使声誉风险爆发，并且快速扩散，使银行的形象和声誉受损。

案例：齐鲁银行伪造"存款证实书"事件

2010 年 12 月 6 日，齐鲁银行在受理业务咨询过程中发现已存款单位所持"存款证实书"系伪造，立即向济南市公安局经侦支队报案。在案件处理过程中齐鲁银行婉拒了多家媒体记者的采访，并称不存在问题，其他的处理方法则是开始在几家媒体安排了软性文件及形象广告作为回应。齐鲁银行的大股东济南市市政府在 2011 年 1 月 6 日召开新闻发布会，首次作出官方回应，声明齐鲁银行目前运行正常，居民和社会单位的存款是安全的。此外，还透露案件进展情况："卷入巨额伪造票据案的主要犯罪嫌疑人刘某某和有关涉案人员已抓获归案，涉案资金也被扣押，公安机关正在进一步追缴涉案赃款。"这是政府

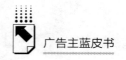

对"齐鲁银行案"的首度回应，但回应中并没有包含太多公众和媒体关心的实质内容。正是因为具备信息披露能力的各方对这些社会普遍关注的信息给予模棱两可的回答，没有掌握好话语权，造成了更多的猜忌和媒体的负面报道。虽然齐鲁银行采取了补救措施，提前公布了2010年业绩，但这个急欲摆脱信誉受损形象的行为，并未取得应有的效果。

尽管涉案的齐鲁银行运行正常，没有发生挤兑等意外情况，但由于处理不当，事件的恶劣影响已经严重伤害了涉案银行的企业信誉和金融监管部门的公信力。银行业联合会信息分析师王艳认为，对于齐鲁银行来说，此次事件不仅会使其声誉严重受损，导致一部分客户流失，或是大量客户转移在该行的存款，更重要的是只追求规模扩张而不注重风控建设的经营模式会使公众认为该行对客户缺乏应有的责任心，降低客户对该行的信心，进而造成信任危机，这会使其在以后的发展经营中面临重重困难。①

（三）对声誉管理的预期值较低，不能对声誉管理持续投入

良好的企业声誉在声誉风险到来时是企业有力的保护伞，能够有效防御声誉风险之"火"。随着我国商业银行改革进程不断推进，国内商业银行已逐步与国际接轨，商业银行的高层管理人员逐渐认识到声誉对商业银行的积极作用，但担心在公益事业和福利事业上有利于声誉建设的投资得不到预期的收益。② 这种较低的预期值使银行经营管理者不愿在声誉管理方面投入更多的资金，也使该方面的管理不够系统。

经济损失可在较短的时间内得到弥补，但声誉损害难以很快恢复。损害越重，所需要恢复或重建的时间就越长。而进行有效的声誉风险传播管理就需要商业银行认识自己在声誉风险中传播管理的短板，从而开展有效的声誉风险传播管理运作。

---

① 吕东：《齐鲁银行伪票案：沉渣泛起 余波未尽》，《证券日报》2011年7月22日，http://www.kblcw.com/a/yejie/2011/0722/109.html。

② 文介平：《加强商业银行声誉风险管理的思考》，《深圳金融》2008年第5期。

四　商业银行有效开展声誉风险
传播管理的运作策略

商业银行从意识层面、制度层面入手，认清声誉风险传播管理的特征，加强声誉风险的传播管理能力，并通过商业银行独特的社会责任建树良好的形象和声誉。

（一）自上而下提高声誉风险传播管理意识

商业银行要提高声誉风险传播管理意识，首先，必须认识声誉风险的两大特征。第一是敏感性。由于声誉风险主要体现的是银行利益相关者对该银行的评价，因此声誉风险的敏感度非常高。内外部经济环境的变化，新闻媒体的负面报道都可能引发声誉风险。第二是突发性。由于声誉风险的上述特性，使得声誉风险的监测非常困难，防范难度很大，而且往往事出突然，传播速度快，涉及面广，一旦发生让人措手不及。因此，商业银行首先应重视利益相关者对银行的评价，提高全员对引发声誉风险因素的认识，并且对银行所有员工进行声誉风险传播管理培训。

其次，要着重增强业务部门声誉风险意识。商业银行业务部门在研发与消费者密切相关的产品时，从产品的设计、推向市场到产品退出市场的全过程，都要把声誉风险因素考虑进去，防范该产品可能引发的声誉风险，避免产品在推向社会后给银行带来较大的声誉影响。如理财产品的推广就需要注意不夸大、不虚假。

最后，要增强一线员工的声誉风险传播管理意识。员工直接面对公众和客户，是银行对外的主要沟通渠道。他们的一言一行就是信息，提高他们的声誉风险传播管理意识有助于防范声誉风险的发生。中信银行开展了声誉风险管理桌面演练，设置具体的问题和实战场景。例如，银行的收费问题一度引起市民的不满。如果仅仅是个人的投诉，那么银行该如何处理？如何把握媒体的报道？但如果上升到某一阶层，引发众多民众的不满，那么银行又该如何解决？员工需要对具体的问题在场景中灵活应对，从而较好地培养处理声誉风险传播的管理能力。

（二）预备声誉风险应急方案，巧借媒体化解风险

一旦未能有效管理声誉风险，便会产生滚雪球效应，演变为影响力巨大的全面危机事件，星星之火最终演化成燎原之势，因此做好声誉风险的预警非常重要。

首先，商业银行应将声誉风险管理纳入商业银行全面风险管理体系，建立声誉风险管理制度体系，并逐渐完善声誉风险沟通机制。声誉风险管理部门应对容易引起声誉风险的因素进行监控，并与利益相关者有效沟通，防止声誉风险事件的发生。商业银行要特别注意和媒体的沟通，比如，当遇到权威媒体发负面新闻前电话通报，个别媒体就负面新闻勒索或有媒体电话咨询某个十分敏感但尚未发布的信息等情况时，声誉风险管理部门人员应积极地应对和处理媒体沟通事宜。为有效地应对由媒体引起的声誉风险，商业银行应该出台相应的媒体风险管理办法，规范由新闻媒体引起的声誉风险的预警、上报、处理、恢复等流程。

例如，为有效监测和预防个人理财产品投诉形成的危机和群体性事件，中信银行出台了个人理财产品媒体动态信息监测和媒体公共危机处理应急方案，建立了办公室等新闻主管部门与业务主线联动的危机处理机制。这些措施是有效应对声誉风险的重要方案。中信银行就设立了一套完整的声誉风险预案机制。一旦遇到突发事件，从网点的柜员、支行行长，到分行的中层管理人员等，都有明确的定位和工作职责安排，以此保证银行业务系统的稳健运行。此外，该行还印发了一本关于"声誉风险管理实战问答"的小册子，里面涉及在日常工作中如何处理与声誉风险相关的各类事件。①

其次，声誉风险管理部门可以借助媒体和舆论领袖积极应对声誉风险。第一，适当使用搜索引擎优化，并设置专业人员对网络进行监测，并通过企业微博、网站、社交网站与公众互动与沟通。第二，对于媒体的负面报道应积极回应，引导媒体客观公正地报道事件，避免误导公众。第三，通过舆论领袖发布

---

① 姜瑜：《"舆情危机时代"向我们走来》，上海金融新闻网，2011年1月28日，http://www.shfinancialnews.com/xww/2009jrb/node5019/node5025/userobject1ai71883.html。

正面信息，对舆论进行有效的引导，并通过多种媒体拓宽信息发布渠道，发布声明并进行有效承诺。第四，为了预防危机死灰复燃，商业银行应该收集公众的意见并统一管理，总结危机时的成果与不足。第五，通过媒体投放企业形象广告、公布企业新的市场拓展计划和产品发展计划等来重拾公众对银行的信心。建设银行在应对声誉风险事件中就由于借助媒体平台发布声音，通过与公众和媒体的良好沟通而化解了风险。

案例：建行手机银行收费事件

2010 年 2 月下旬，一名自称是建行持卡人的网友在天涯社区发帖表示，听说只要持有建行卡，从 3 月起，建行可能每个月都会从卡里扣除 1 元钱，即所谓"手机银行功能费"。即使没有办过手机银行业务也会扣钱，因为持卡人没有办理过取消业务，银行系统就会默认使用了手机银行业务。该帖在网上引起较大反响。

对此，建行上海分行相关负责人通过《新闻晨报》等媒体表示："这完全是误会，建行本次是对手机银行服务升级，只针对开通手机银行业务的客户收费。"在上海建行相关负责人表态后不久，网络上针对此事的讨论逐渐平息，网友们大多数接受了建行手机银行由免费到收费的转变，也有一部分不愿意"被收费"的网友发帖说自己选择取消手机银行业务。建行手机银行强制收取功能费的风波渐息。[①]

事件爆发之前，建行明显没有意识到问题的严重性，没有在媒体上做足够的解释说明。但是建行的反应很迅速，网上第一篇帖子出现后的第六天，建行的措施就已经初见成效。建行主要采取了两招"杀手锏"来灭火。一是联系《新闻晨报》等相关新闻媒体，采用新闻采访答记者问的方式，对建行这项业务收费的来龙去脉解释清楚。这些新闻被全国各大网站迅速转载，占领了舆论的主流。另一方面，针对网友反映集中的各大网络论坛，建行采取了逐一回答

---

① 口碑理财网舆情研究中心：《境内金融机构 2010 年上半年舆情应对能力排行榜》，2010 年 8 月 30 日。

网友疑问的细致工作，使主要的网站文章里都有了站在建行立场上的解释言论。建设银行对此次事件的处理体现了反应迅速和对症下药两个特征。建行在第一时间作出反应，使事态没有扩展到更大的范围。

（三）加强信息公开和宣传，通过社会责任建设树立良好声誉

商业银行应坚持信息的公开透明，主动接受社会和市场监督。特别是社会关注的热点问题，如银行收费等信息更需要公开透明，及时、充分、客观披露。商业银行治理和经营管理阳光化，是取得社会公众和存款人信任的重要前提，也是赢得良好信誉和声誉的重要前提，因此，公开透明应成为银行的生存原则。① 商业银行可以采取年度报告、招股章程、网站信息、年度股东大会、新闻稿、新闻发布会和媒体采访等多种形式披露相关业务发展、财务信息。不仅要保持信息的公开，商业银行还应该增加宣传力度。充分利用广告、法律顾问和公共关系部门等加强对外宣传，与利益相关者进行有效的沟通，让社会公众了解银行业务和工作流程，使银行与投资者和储户的信息对称。正面宣传商业银行产品、品牌及各类活动，树立良好的品牌和形象，提高商业银行的知名度、美誉度，从而提高商业银行在客户中的认可度，提升竞争力。

良好的企业声誉在危机时刻，对企业来说是保护伞，能够在最短时间内有效扑灭危机之火。而企业的社会责任建设是企业获得良好声誉的重要渠道。因此商业银行应持之以恒地履行好社会责任，努力成为受人尊敬的企业公民。要积极参与社会公益事业，支持教育发展和扶贫开发，提倡绿色金融，支持绿色经济，保护好生态环境，促进经济社会协调、可持续发展。② 建设与传播应该发挥合力作用，才能建立企业的良好形象和声誉。例如2008年，中信银行与中国青少年发展基金会、上海文广新闻传媒集团合作共同发起集公益、奥运、娱乐于一身的电视活动——"加油！2008"大型公益行动。为支持"加油！2008"，更广泛地传递爱心、传递支持，架起沟通爱心人士与需要帮助的孩子

---

① 王兆星：《银行声誉保卫战》，《21世纪经济报道》2012年5月15日，http：//www.21cbh. com/HTML/2012－5－15/1NMzcyXzQzMzc1NQ.html。

② 王兆星：《银行声誉保卫战》，《21世纪经济报道》2012年5月15日，http：//www.21cbh. com/HTML/2012－5－15/1NMzcyXzQzMzc1NQ.html。

们之间的桥梁，中信银行在所有总分支行营业厅内统一包装、统一悬挂摆放宣传品，在全行的营业网点开设了爱心通道，在营业厅内开展劝募活动。奥运期间，中信银行在央视进行了高频词广告投放，并且根据奥运赛程定制广告，这一系列的营销传播活动实现了从广告合作到媒体与企业品牌整合、从单纯借力到合力造势的转变，帮助中信银行树立了良好的企业形象和声誉。

声誉是银行的生命线。良好的声誉是一家金融机构多年发展积累的重要资源，商业银行的声誉管理越来越受到重视，有针对性地制定声誉风险应急方案是有效进行声誉风险传播管理的策略。

B.14

报告十四
企业危机公关中的
媒体传播管理研究

危机公关管理研究所

摘　要：

　　企业在成长的过程中会遭遇种种危机，而且企业的危机越来越难预测和解决，因此，在企业危机公关中媒体传播管理显得越来越重要。本文通过数据分析和案例分析的方法，结合理论分析了媒体属性，分析企业在媒体传播管理中的不足和问题，从而为企业有效实施媒体传播管理提供建议性策略。

关键词：

　　危机公关　媒体传播　沟通机制

　　企业在成长过程中会遭遇种种危机，危机已经成为企业的常态。中国传媒大学广告学院危机公关管理研究所通过几年的调查发现，被访企业在过去12个月中遭遇危机的比例达到30%以上，有的年份则超过40%（见图14-1）。

　　根据博雅公关2011年5~6月在全球范围内与826位商业决策者进行的网络在线和面对面访问所作出的调研，在亚太区有67%的商业决策者遇到过危机，① 这就意味着有一半以上的企业处于"十面埋伏"之中，危机已经成为企业的常态。伴随着媒体的日益发达，特别是微博、SNS等社会化媒体在公众生

---

① 吴晓波：《如何用微博解决企业声誉危机》，福布斯中文网，http：//money. 163. com/11/0803/15/7 AHTQS8T00253 B0H. html。

240

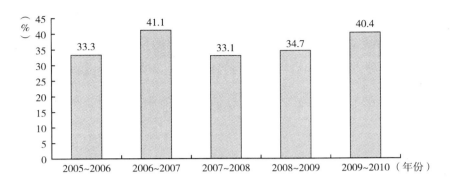

图 14 - 1　2005 ~ 2010 年被访企业在过去 12 个月中遭遇危机的比例

（2005 ~ 2006 年 n = 184，2007 ~ 2008 年 n = 161，2008 ~ 2009 年 n = 101，2009 ~ 2010 年 n = 150）

活中的普及，企业危机已经不再像过去一样容易预测与控制，反而是以非线性的、不可预测的"核裂变"① 方式扩展，这对企业的危机公关能力提出了严峻的挑战。在各类企业危机事件中，媒体作为危机事件信息的采集者、发布者乃至追踪者，同政府、企业、公众共同构架起互动系统，成为危机管理体系中不可缺少的一部分。媒体在企业危机事件的应对、化解以及修复中发挥着无可替代的作用。

一　媒体是企业危机公关成败中的一个关键

媒体作为危机事件信息的发布者，其在企业的危机中起着很关键的作用，企业能否认清媒体、能否了解媒体特性，直接关系到企业危机公关的成败。因而企业必须认清媒体，从而把握媒体。

（一）媒体积极追逐能够吸引公众注意力的信息

媒体具有商业企业的属性，这是由市场经济的大环境所决定的，在注意力资源等于价值的时代，能否吸引受众注意力决定了媒体是否具有价值。为了吸

---

①　"核裂变"，即一个事件发生，引发同类事件继续并逐步延续进行下去的过程。

引公众的注意力，媒体天然会追求具有独家性、爆炸性、戏剧性的新闻，并且在第一时间报道，从而赢得受众的关注。而企业的负面信息往往兼具爆炸性、戏剧性特征，成为媒体天生追逐的对象。

（二）媒体代表社会公共利益，具有媒体审判功能

媒体具有"社会公器"的属性，肩负着监视社会环境的功能，在一定程度上，媒体代表着社会公共利益，因而一旦发生了危害公共利益的事件时，媒体总是以"合法挑战者"的身份出现，追踪并公布信息，要求危机主体作出回应。即使危机由媒介的主观故意（如为扩大自身影响力而蓄意挑衅、造谣）或客观失误（如条件所限导致报道偏差、失实）引起，人们也往往先入为主地认为这是一种"合法"的挑战。这一合法性使得作为挑战者的媒体在危机的产生、爆发和演进等各个阶段获得了一种"天然"的强势逻辑。不仅如此，媒体还具有议程设置功能，能将危机信息设置于公众的议题之中，这使媒体传播的信息常常成为主流价值，形成"媒体审判"的效果。一旦"媒体审判"形成，企业面临的挑战就会增强，要化解危机就更加困难。

（三）媒体构筑拟态社会并影响公众认知

媒体是信息沟通和传播的渠道，因此所构筑的"拟态社会"被公众认为是真实社会的反映。这就使得媒体在传播过程中影响着公众对于危机事件事实的认知，影响着公众对于危机事件态度的取向。媒体就像水，企业则是水上的舟，水能载舟，亦能覆舟。如果处理好媒体关系，媒体可以成为良好的传播工具，企业能通过媒体掌控危机；如若处理不好，媒体就有可能将企业毁于一旦。

二　企业危机公关中媒体传播管理的问题探索

媒体的特性决定了它们会天然地追逐企业的负面信息，并且代表公众行使媒体审判功能，但仍然有很多企业不能正确认识媒体，在危机公关的媒体传播管理中存在很多问题。

（一）观念意识：对危机公关的媒体传播管理缺乏科学和正确的认识

当下，很多企业对媒体角色都缺乏正确的认识。有的企业认为企业需要媒体的宣传辅助，应把媒体视为企业的朋友；有的企业认为媒体总是希望挖掘企业的负面信息，是企业的敌人；有的企业认为对待媒体的负面报道，以法律解决与媒体的问题才是最有效的手段；等等。上述观念都不尽正确。媒体在危机公关中有其内在的运行逻辑和运作规律，如果企业公关人员不能遵循媒体的这些规律，只会使得在危机处理中事倍功半，没有办法有效地化解危机。

而那些认为没有必要进行媒体传播管理的企业，则是没有认识到危机对企业的危害性和媒体在危机中所扮演的重要角色。危机无论何时出现，无论在企业的哪个发展阶段出现，都很可能将企业付之一炬。在达芬奇的案例中，正是由于达芬奇没有认识到媒体的运作规律和"社会公器"属性，才使得"造假"危机爆发。

案例：达芬奇"造假"危机

2011 年，达芬奇风波引起了公众的高度关注。2011 年 4 月 19 日央视记者朱锋到卡布丽缇在意大利坎图镇的厂家实地采访以证真伪，达芬奇完全没有重视媒体的动向，没有意识到即将爆发的危机。2011 年 7 月 10 日，CCTV《每周质量报告》播出《达芬奇天价家具"洋品牌身份"被指造假》，此报道迅速引起了其他媒体的关注和转发，当天在网络上即出现了 71 篇媒体报道，达芬奇"造假"危机就此爆发。媒体的"社会公器"属性开始凸显，代表公众说话，对达芬奇提出了挑战。7 月 10 日晚，达芬奇发表声明，但只是简单地表示自己是原装进口，而没有提供相应的证据回应媒体和公众，表明达芬奇不仅不重视媒体的报道，不了解媒体的猎食新闻特性，甚至没有意识到媒体将要爆发的强大影响力。

（二）组织职能：企业机构设置欠缺，媒体传播管理职能不合理

企业未能实现良好的媒体传播管理很重要的原因之一是机构设置的欠缺或者媒体传播管理职能分配不合理。这样的结果往往使得企业在危机中应对媒体

时慌乱手脚，给媒体更多报道企业错误的机会。企业在媒体传播管理组织职能中有诸多不合理之处：其一，无人、无组织应对媒体；其二，有组织无实权，决策流程繁冗；其三，有组织无制度，面对媒体众口不一；其四，有制度不专业，面对媒体缺乏专业素养。

其一，无人、无组织应对媒体。很多企业的内部机构中并没有设置专门的机构来承担与媒体沟通的工作，结果是一旦危机出现，就无人、无组织应对媒体，面对媒体或完全沉默或慌乱手脚。2011年1月18日有媒体报道家乐福价格欺诈，但家乐福一直保持沉默，在国家发改委的处罚和媒体的一再逼问下，才于1月26日发表声明对其欺诈行为向公众表达歉意。家乐福除一份声明外没有对媒体做其他实质解释，对消费者号称赔偿，但执行不够，致使负面信息无法消除。媒体调查发现，这种反应滞后和处理不当是由于家乐福几位关键的涉及公共关系的管理人员已经或即将离职，且相关人员离职后，部分关键职位没有接班人补上，这造成家乐福在多方公共关系上处于少人甚至无人管理的状态。① 公关专业人员的缺乏加剧了危机对企业的危害性。

其二，有组织无实权，决策流程繁冗。一些企业设置了媒体传播管理组织，但是该组织并无实权，危机爆发后仍需要由多个层级批示决策，决策流程繁冗，错失挽救良机，没有发挥好管理职能。

其三，有组织无制度，面对媒体众口不一。一些企业设置了媒体沟通机构，但是没有明确的制度，如危机管理流程、发言人制度等，最终在面对媒体时说法不一，发布的信息混乱，导致危机加深。在达芬奇危机爆发之时，达芬奇就有多人接受媒体采访，但众口不一。

其四，有制度不专业，面对媒体缺乏专业素养。目前，虽然一些企业已经设置了明确的危机管理制度、发言人制度，但仍有相当一部分企业的发言人制度建设仍显粗糙，缺乏专业化、系统化的制度保证。再者，发言人作为企业的"门户"，其专业素质影响着媒体与公众对其所代表的企业的看法，因此发言人在企业公共关系危机管理中发挥着重要的信息枢纽作用。但综观目前众多企

---

① 乐琰：《家乐福11家门店两周被罚550万　被指屡教不改》，第一财经，http：//finance.qq.com/a/20110211/000469.htm。

业发言人在公共关系危机管理中的传播行为可以发现，相当一部分企业发言人应对危机的专业素质仍有待提高。在雀巢"碘超标"危机的对外沟通过程中，其公共关系人员在接受中央电视台的采访时几次离席……这些动作和神态，首先便给人一种做了错事理亏心虚却又绝不认错的感觉，而以沉默来应对，更显得缺乏专业风范。此后也没有来自雀巢更权威的信息，进而导致问题升级。[1]

（三）沟通运作：面对危机来临，媒体沟通运作无章法、无节奏

企业危机生命周期理论认为，危机如同人的生命周期一样，有诞生、成长、成熟到死亡等不同的阶段，具有不同的生命特征。其一般有五个阶段：企业危机酝酿期、企业危机爆发期、企业危机扩散期、企业危机处理期、企业危机处理结果和后遗症期。在危机的不同阶段，媒体会有不同的表现，企业也应根据媒体的不同表现运用不同的沟通方法，但是还是有很多企业不能合理地应对，有的在危机酝酿期对媒体不理不问，有的在危机爆发期随意发布信息，更有的在危机处理期抨击媒体。这种种的表现都说明企业在与媒体沟通运作过程中是无章节、无节奏的。如达芬奇在危机的扩散期，发布了公开声明、公开信、道歉信，但是并没有针对媒体需求进行信息发布，自说自话，无节奏的媒体沟通使媒体报道中的正面信息很少。在公众和媒体的焦点都慢慢转移开、企业危机渐渐消除的时候，达芬奇却突然称"遭到诬陷"。

另一企业锦湖轮胎则犯了和达芬奇一样的错误。2011年央视"3·15"晚会曝光锦湖轮胎质量问题，在危机发生之时，锦湖轮胎首先是隐瞒真相，回避媒体的采访，接着在危机的扩散阶段质疑媒体，否认媒体报道。这种种的反应都显示出锦湖轮胎在危机处理中已经乱了手脚，无任何章法可循。

综观很多企业危机公关的媒体传播管理，我们发现，不仅问题多，而且形势严峻，实施有效的媒体传播管理迫在眉睫。

---

① 邵华冬：《企业公关危机管理研究》，中国传媒大学出版社，2012。

三 危机公关中，有效实施媒体传播管理策略

针对媒体的特性和企业存在的危机传播管理问题，在危机公关中，实施有效的媒体传播管理主要可以从下列几个层面来进行。

（一）树立危机公关的媒体传播管理意识

其一，正确认识媒体。正确认识媒体首先要认清广告媒体是可以购买的，但是新闻不能，因此一定要清楚它们之间的区别，不能简单地认为它们是相同的。购买新闻就类似于贿赂，不仅可能导致更严重的危机，而且会被认为是"封口费"，增加公众的不信任感。虽然媒体不是朋友，但是媒体也不是敌人，不能随意议论或者攻击媒体，攻击媒体很可能被媒体群起而攻之。所以，在进行媒体传播管理之前认清媒体的性质是前提。

其二，对企业人员进行科学的媒体传播管理培训。要加强媒体传播管理意识就需要对企业人员进行科学的媒体传播管理培训，企业人员包括所有的企业员工，甚至是一线销售人员。只有对所有人员进行培训，才能增强全员危机公关意识，避免在危机时刻遇到媒体时慌乱手脚。专业公关公司、媒体、公关及传播专业学者等具有丰富的经验和专业知识，可以邀请他们来给企业进行培训。而对于企业的危机管理团队，培训则需要更加专业和持续。模拟危机现场是演练的一种有效方式，可以通过模拟演练来增强专业人员的随机应变能力，如模拟应对危机的新闻发布会、情况说明会等。

（二）设置危机管理机构，建立危机公关媒体应对机制

1. 建立与媒体沟通的专门机构

在公关部门中，要有专门的媒体沟通管理人员或组织，从而保证在危机发生之时，有专门的人和媒体接洽，给媒体提供信息，做好与新闻媒体的沟通工作。媒体传播管理人员在日常工作中应做好以下三方面的工作。第一，媒体传播管理人员需要收集媒体记者的个人资料，包括姓名、性别、电话、邮箱、擅

长报道的领域和在业界的知名度、提问的特点取向等，平时和媒体维持良好联络；第二，建立资讯档案袋，包括计划实施资料、内部信息资料和媒体报道资料，确保建立一个健康的、积极的、良性的媒体关系；第三，根据媒体的特性，不断提供相应的新闻线索，积极参与媒体推出的各项活动，从而构建企业与媒体的双赢关系。

2. 建立发言人制度，提供组织制度保障

信息传播是企业进行公关危机管理、有效修补形象的关键环节，而企业发言人制度的确立则是对危机传播管理制度化的重要组织保障。发言人制度并非只是发言人在接受采访和对外宣传口径方面得到一些授权和严格遵守的规定，这只是发言人制度的一个环节，发言人制度还包括舆情监测、危机应对策略制订、与其他部门人员沟通合作、评估危机传播管理效果等多个工作环节。而在组织系统层面，企业发言人制度必须有一个高效的团队作支撑，并以团队为基础形成"分—合—分"的高效公共关系危机管理信息传播机制，以有效地配合企业危机处理。主要表现为：

"分"：团队分工合作。发言人背后是由律师、财务等各方面专家顾问或工会、协会等力量组合而成的高效团队，各团队成员分工协作，多渠道搜集信息，然后整理判断，为随后制定整体沟通方案做好全方位准备。

"合"：统一信息口径。团队搜集、整理的信息需要进一步汇总、整合，确定对外统一信息口径、统一信息沟通策略。

"分"：绝佳角色发布。沟通策略必须根据信息内容确定最佳的发言角色，统一发布，以使信息的解释更为全面、专业，避免在公共关系危机管理的传播过程中出现刻意或无意的误导。①

在达芬奇的案例中我们可以发现，在危机爆发之初，其"发言人"是达芬奇的老板，其混乱的言语和不当的做法说明其并不是最佳发言人，也说明其背后并无团队为其提供有效的帮助。在媒体对达芬奇后续的报道中，有多名达芬奇员工和公关人员接受采访，不统一的口径使得达芬奇向外传播的信息混乱。

---

① 邵华冬：《企业公关危机管理研究》，中国传媒大学出版社，2012。

（三）进行专业传播，与媒体沟通合作

对媒体有了正确的认识，对人员进行专业的培训并有了机制的保障后，企业应该学会专业传播和知晓如何与媒体沟通合作。

1. 施行专业媒体传播

策略一：及时发布有效信息，化解媒体挑战

中国传媒大学广告学院危机公关管理研究所 2008 年的研究表明，有超过40% 的被访企业在危机发生 48 小时后才在媒体上发布相关信息，更有 13.3% 的被访企业的回应时间长达两周。危机发生后如果长时间听不到企业的声音，会引发公众不满，企业解决问题的诚意会受到质疑、批评，而且对企业不利的消息容易流传，时间拖得越久，企业的信誉危机和经济损失就越严重。

及时发布信息，是为了保证企业组织成为媒介的主要信息源，避免危机发生时媒体得不到来自企业的信息，而使来自其他信息源的不利于企业的信息或谣言扩散。及时提供信息，与媒体建立"信息互惠关系"，在向媒体提供企业信息的同时，也让媒体成为企业组织获取危机信息的主要渠道。企业需要了解公众的情绪和舆论的反应，尽可能全面掌握相关信息后再告知媒体，引导媒体报道企业想传达的信息。企业给媒体提供的信息一定要保证真实性、准确性，尽量使信息是有效的，从而提高媒体的报道率。

策略二：以媒体议程设置框架设定发布信息

媒体的议程设置框架往往反映了社会舆论关注的热点与焦点，不同媒体对信息的筛选往往有特定的顺序。对企业组织而言，依据媒体框架解答关键问题可以减轻媒体记者的工作压力，无端猜测的现象也会相应减少。因此，企业依据媒体需求进行危机信息发布内容的设计具有重要意义。[①] 依据此框架设计传播方案，进行有针对性的传播，能够迅速化解公众的质疑，削弱事件新闻特性。

策略三：积极澄清事实，通过第三方引导公众

危机事件的亲历者人数毕竟有限，公众对于危机事件的认知大多来自大众

---

① 邵华冬：《企业公关危机管理研究》，中国传媒大学出版社，2012。

媒体，而除事实性信息外，大众媒体提供的态度和意见往往会被公众当作社会主流和趋势意见加以认同。但是企业作为事件主体，掌握着大量的危机事实，这是其他传播主体所不具备的，因此企业应通过大众媒体从正面阐述真相，澄清事实，并在必要的情况下适时对公众作出必要的承诺，尽量避免重复谣言，以防公众片面接受公布信息中的谣言片段而强化对谣言的信任。①

在传播学的传播效果研究中，传播者决定着信息的内容，但从宣传或说服的角度而言，即便是同一内容的信息，如果出于不同的传播者，人们对它的接受程度也是不一样的。这是因为，人们首先要根据传播者本身的可信性对信息的真伪和价值作出判断。可信性（credibility）包含两个要素：第一是传播者的信誉，包括是否诚实、客观、公正等品格条件；第二是专业权威性（expertness），即传播者对特定问题是否具有发言权和发言资格。这两者构成了可信性的基础。一般来说，信源的可信度越高，其说服效果越大；可信度越低，说服效果越小。而议程设置假说表明，媒介在形成公众认知效果方面功能强大，但在态度改变和引导行为方面则相对薄弱，而第三方却有这样的功能，因此我们建议企业尽快倚重公认的主流，如企业最高领导人、权威机构、行业协会、政府等，利用其独特的信誉和权威性，发挥舆论领袖的作用来消除不实信息的影响。

2. 善于与媒体合作，避免与媒体的正面冲突

企业危机的处理需要人、财、物的支持，因此企业的媒体传播管理人员不仅要学会专业传播技巧，还要学会与媒体合作，通过与媒体的合作降低危机应对成本。

策略一：合作成本永远小于对抗成本，尽量避免与媒体形成正面冲突

企业应在危机中正确认识大众媒体的挑战者角色，寻求适当的合作机会，尽量避免与大众媒体形成正面冲突。前面阐释大众媒体的挑战者角色时曾提到，媒体在危机中往往代表社会公共利益和主流价值，往往是"强势意见"的代表，是舆论的重点导向，即使媒体的报道有误，在证据不确凿的情况下，企业也不宜立即采取强硬措施与媒体对簿公堂。这是因为，一方面，法律诉讼

---

① 李尘：《危机公关：成也媒体败也媒体》，《商场现代化》2006 年第 6 期。

往往漫长而艰辛，非常容易使企业陷入"赢了官司，死了企业"的危机深渊；另一方面，在官司结果尚不明朗之时，企业如果采取强硬措施，更容易引起媒体的"集体诉讼"，使企业陷入危机的"沉默螺旋"而难以解脱。达芬奇的例子已经告诉我们，与媒体对立只能让企业再次处于风口浪尖，圣元的例子则显示了与媒体对立的可怕后果。①

案例：圣元"早熟门"事件

2011年圣元奶粉被媒体质疑导致女婴性早熟后，迅速被推向舆论的风口浪尖。尽管媒体报道并未肯定圣元奶粉一定存在导致儿童性早熟的成分，但是，由于公众对国产奶粉的信任已经坍塌，这一并不确定的疑问，让百口莫辩的圣元陷入空前的市场危机。在社会舆论呈现一边倒的情况下，事件并未朝着公众关心的方向发展。8月8日，圣元发表媒体公开信，声称将起诉香港凤凰卫视及凤凰网"断章取义、有意歪曲事实"。至此，"早熟门"事件转向媒企"对抗门"。8月15日下午，卫生部再次召开专题新闻发布会，通报"圣元乳粉疑致儿童性早熟"调查结果。综合检测结果和临床会诊意见，卫生部专家组评估认为，湖北三例婴幼儿单纯性乳房早发育与食用圣元优博婴幼儿乳粉没有关联，市场上抽检的圣元乳粉和其他婴幼儿乳粉激素含量没有异常。

尽管到此为止，"早熟门"事件终于有了官方定论作支撑，但这一结论似乎并没有平息民众的质疑。对于卫生部"圣元乳粉疑致儿童性早熟"调查结果，事件的另一主角凤凰网也表示，将持续关注婴童奶粉事件，并和"质疑的民众，一起战斗"。

在官方定论未出来之前，圣元就发表声明说要起诉媒体，这使其遭到了公众和媒体的质疑，虽然官方定论无问题，但是公众的疑虑并没有消除，也由于过早与媒体走向对立，即使有了定论也未能获得媒体的正面报道，相反，媒体"和'质疑的民众，一起战斗'"的言论使圣元被推到了媒体和公众的对立面。与媒体对立只会让自己陷入危机旋涡，因此企业应该学会避免与媒体形成正面

---

① 邵华冬：《企业公关危机管理研究》，中国传媒大学出版社，2012。

冲突，只有这样，才能在真相到来之时迎来春风。

策略二：把握媒体猎食新闻特性，形成合作机制

危机发生时，媒体具有强烈的新闻猎取冲动，而企业此时掌握的新闻事实是能够获得媒体合作的最有力工具，善加利用，在合适的时机将信息提供给媒体，与媒体形成一种合作的关系，能起到"变"危为"机"的作用。例如伊拉克战争时期，一记者为获取战争情报潜入美国五角大楼，致使情报泄密。为避免事情再次发生，美国五角大楼专门成立相关部门，面向媒体发布海量战争信息，有效引导了公众对于战争的支持。

3. 精于对媒体的分类管理

由于中国媒体繁多，因此对媒体进行分类和管理是媒体传播管理中很重要的一环。对媒体阵营划分有两种形式：首先，可以根据媒体危机议题所反映的支持或反对倾向划分媒体，开展有针对性的工作，对于支持的媒体要继续保持良好关系，尽量提供有价值的信息，对于有反对倾向的媒体，则可以通过独家新闻信息等形式来扭转其态度。其次，还可以根据媒体的经营实体和媒体报道的特点来划分媒体的类型，这样做能够更加明确其在中国社会舆论传播中发挥的作用和对舆论的影响，利于企业针对不同媒体的特点开展公关活动。

在中国的媒介环境下，中央媒体和地方媒体在舆论的导向和社会新闻的播报方面扮演着不同的角色。中央级媒体的权威性和可靠性最为民众所接受，同时地方媒体对于信息的扩散和深入人心更加有覆盖性。同时在中国经济、政治发达的核心地区，大型报业和媒体集团旗下控制的不同类型的媒体也在舆论引导中处于重要地位。[①] 不仅如此，新兴的媒体如微博等由于其强大的传播能力也必须引起重视。一些企业如霸王集团、戴尔公司、Zappos 等已经把微博作为处理危机事件的平台，并取得了一定的效果。[②]

4. 信息全面覆盖

全面覆盖就是用多种路径与媒体良性互动，并且清楚国内的媒体格局，争取将企业信息传播给不同的媒体，并且保证不同的媒体中不仅要有权威的媒

---

① 厉恒：《企业危机公关的媒体策略研究》，大连理工大学出版社，2008。

② 杨丽、徐小雪、李炯华：《微博与企业危机公关管理研究》，《中国经贸导刊》2011 年第22 期。

体，还要有区域性的商业媒体和覆盖面较广的社会化媒体。

策略一：预设多种路径，与媒体良性互动

企业在遇到危机时，与媒体良性互动是非常重要的，企业应向媒体传递诚实的信息，争取赢得媒体的信任。同时，加强与消费者的沟通，运用像热线服务、网络等先进技术手段缩短与消费者的距离，关注消费者的投诉和意见，及时进行有效的处理，这样才能更好地渡过危机。而且，为了将信息准确无误地传播出去，就需要通过多种路径来传达，包括新闻稿、宣传稿、专访、记者招待会、新闻发布会、电话等。在这些路径中，新闻发布会和记者招待会是较好的方式，因为企业可以通过它们用面对面的方式与公众和媒体进行双向的沟通，有助于实时解答公众和媒体的疑惑，缓解媒体和公众询问的压力，有助于媒体将企业视为信息来源的主要渠道，从而使企业重新掌握话语权。

策略二：抢占制高点，建立企业信息的权威性和亲和力

中国的媒体体制中，存在着官方媒体和非官方媒体的区别。官方的全国性的媒体往往具有较强的权威性。所谓权威媒体是指那些影响力大、公信力高，追求严肃新闻且带有权威色彩的媒体，例如中央电视台、《人民日报》、新华网等，这些媒体在公众中有着较高的信任度，特别是在有突发事件时，它们自然地成为公众求证的对象。还有的则是像南方报业、第一财经、凤凰传媒等新闻集团，它们也因其专业性在公众中建立起了一定的权威，在一定程度上被公众认为是主流媒体的代表。主流媒体的权威性在议程设置上有着明显的优势，它像是媒体系统中的"意见领袖"，引领着其他媒体对某一问题的关注。一个危机事件如果在主流媒体上出现会立刻引起公众的关注，主流媒体对危机的态度也强烈地影响着舆论走向。因此，处在危机旋涡中心的企业如果能影响主流媒体的舆论导向，通过主流媒体与公众进行沟通，表达立场和态度，发布处理措施等，则不仅可以彰显其重要地位，更有利于扭转局势，提高公众对企业的信心和信任感，化危机为转机。[①]

社会化媒体的信息具有口语化、平民化的特点，在传播信息过程中具有

---

① 厉恒：《企业危机公关的媒体策略研究》，大连理工大学出版社，2008。

传统媒体无法比拟的亲和力。同时，大量用户积极参与、积极监督的网络环境，也增强了社会化媒体信息的可信度。企业爆发危机事件，并不只是企业内部的事件，其会转化为一起大众讨论和参与的社会事件，在危机信息传播过程中，如果企业能够利用微博，在大众参与的环境中提高企业对外传播信息的可信度和亲和力，那么企业很可能会转危为安，同时塑造良好的品牌形象。

策略三：2/8 原则大范围覆盖信息

企业的人、财、物都是有限的，因此企业在危机公关的媒体传播中应用最小的投入获得最广泛的媒体覆盖，从而降低成本。媒体的 2/8 原则就是说企业应找到传播效果最好的媒体及传播方式，通过这些媒体实现 80% 的覆盖面，如中央级媒体、门户网站和微博等。在上海地铁追尾事件中，网民在微博上发布事件信息，引起了广泛的关注，在不到一个小时的时间内，上海地铁就通过官方微博对事件进行了解释，并持续发布事件进展情况，对民众道歉，人们对此事件的关注也帮助这些微博信息迅速得到扩散，上海地铁通过微博实现了信息的广阔覆盖。

（四）遵循危机善后的媒体沟通原则

进入危机公关的恢复期后，企业一个极其重要的任务就是从本质上找到消除危机根源的合理方法，防范和控制危机的再次发生或升级。这时企业危机公关的媒体传播管理的中心转向重塑企业的良好品牌形象，加大公关宣传的力度，努力化危机为转机。因此，企业还需一如既往地加强与媒体的联系，并积极利用媒体，塑造企业的新形象，这时候通常需要企业开展理性说明与感性引导的双重工作。

首先是理性说明。企业要把媒体关注的焦点转移到那些可以摆脱组织责任或对组织有利的问题上去，如通过战略自责、公开道歉、忏悔和寻求公众的宽恕，获得正面信息。此外，还可以通过寻求官方和权威部门的舆论支持，进入议程设置。在这个过程中要积极地为媒体提供后续的跟进信息，跟进媒体活动，向媒体提出更正错误信息的要求，有效地引导舆论走向。其次是感性引导。以互联网为代表的新媒体的出现，使得受众在信息传播过程中出现了新的

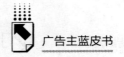

非理性特征，因而企业必须结合这一新的特征，在坚持理性说明的同时加强对公众的情感引导。所谓情感引导，就是通过展现企业的弱势来获得公众的同情与认同，全面征询、听取公众的意见，表示出对公众的尊重和依赖，努力得到公众的认同和支持。

不仅如此，企业还可以大力开展广告宣传、新产品开发和促销活动，传达愿意与公众分享企业发展成果的意愿。在形象恢复期，企业要做的一项重要工作就是恢复公众对企业的信心，向公众传达以下信息：企业并未因危机而一蹶不振，而是在危机中积累了经验，愈加成熟；企业有实力在未来获得更好的发展。上述信息对于增强公众对企业的信心可以起到非常明显的帮助作用，同时也是帮助企业化危机为转机的一种必要手段。①

① 厉恒：《企业危机公关的媒体策略研究》，大连理工大学出版社，2008。

254

B.15

报告十五
跨国企业在中国市场开展
CSR 建设的策略建议

广告主研究所

摘 要：

　　跨国企业要想在中国良好发展并获得更大市场，需要通过社会责任建设，创建一个良好的企业形象，从而更加适应中国社会和市场。本文通过对跨国企业社会责任现状进行分析，找出其优势与不足，再结合新的社会责任建设标准，为跨国企业提供更好履行社会责任的建议性措施。

关键词：

　　跨国企业　社会责任建设　本地化

　　作为期待在中国良好发展、获得更大市场的跨国企业需要通过社会责任建设，创建一个良好的企业形象，从而更加适应中国社会和市场。然而，跨国企业在中国的社会责任建设并不容乐观。金融危机以及市场的持续低迷，使企业发展举步维艰，即使是跨国企业，也很难独善其身。在"全球性经济寒潮"的侵袭下，不少跨国企业受到了不同程度的冲击，自顾不暇，裁员、合并、减产、出售资产的消息不断出现，企业社会责任似乎被搁置一隅。不仅如此，企业资金紧缺也使不少企业为了生存下来而削减在慈善和公益事业上的投入，直接或间接地影响着企业社会责任的履行和推进。其实，对于跨国企业的长远发展来说，这是一个巨大的错误。有的跨国企业虽然持续推行社会责任，但由于没有充分了解自身在社会责任建设上的优势和劣势，效果并不尽如人意。

在中国消费者对跨国企业要求越来越高的背景下，跨国企业需要结合新时期的社会责任标准和自身的优劣势对社会责任建设进行调整，从而更好地融入中国环境，获得公众的认可。

一 中国公众对跨国企业 CSR 要求提高

中国是世界上跨国企业投资最为密集、规模最大的地区。截至 2012 年 4 月底，全国累计批准设立外商投资企业 74.5 万家。[①] 中国市场已经成为跨国企业全球掘金的重要领地。以汽车巨头本田为例，本田汽车 2009 财年 31.8 亿美元的净利润中，来自中国市场的占近 90%。有业界人士表示，外资企业占据中国汽车市场 70% 以上的利润。[②] 当跨国企业在中国不断扩张，占据越来越多的社会资源时，越来越多的中国民众开始期待跨国企业和中国企业一样，承担更多的社会责任，特别是希望那些知名的、一直倡导本土化的跨国企业在追逐利润之外，能够肩负起更多的社会责任，从而实现中国社会的和谐发展。

爱德曼国际公关公司 2009 年发布了一份调查报告显示，在经济和产品危机环境下，消费者不但关心产品的质量，更关注这个产品或品牌是否与"善行"相关联。而在此次调查中，高达 90% 的中国消费者更是坚持认为，即使在经济不景气的时候购买有社会责任的企业的产品或品牌也是非常重要的。中国消费者普遍表示，尽管目前中国的经济出现了些许下滑，他们仍然愿意出钱或者以志愿者的方式，支持或购买各种具有"良好意图"的产品。[③]

但近年来，一些跨国企业规避全球统一运行规范、忽视产品质量、开展灰色交易等不当行为时有发生，这些事件使跨国企业近几年来危机不断。大众汽车集团（中国）公关总监杨美虹也坦言："我觉得是整个参照系的改变

① 人民网：《商务部：全国累计批准设立外商投资企业 74.5 万家》，2012 年 5 月 15 日，http://finance. people. com. cn/GB/17891442. html。
② 李琦：《跨国公司告别超国民待遇》，《IT 时代周刊》2010 年第 24 期。
③ 郭艺珺：《跨国企业，在低潮中重塑形象》，http://chuangye. cyol. com/content/2009 – 03/23/content_ 2593185. htm。

以及很多跨国企业出现的问题，使得原本笼罩在跨国企业头顶上的光环逐渐退去了。"①

二　跨国企业在中国市场的 CSR 建设现状分析

在《中国企业社会责任研究报告（2011）》中，跨国企业社会发展指数以平均分 12.6 垫底。此前两年，该群体也稳坐倒数第一位置。② 跨国企业危机频发，信息公布不及时，反应迟钝使公众对它们的信任度下降，这势必导致企业形象的美誉度降低，利益相关者对其不认同，运营成本提高，企业市场地位受到挑战。更为重要的是，目前跨国企业的企业社会责任标准绝大部分是基于发达国家的法律框架和社会期望建立起来的，与我国的社会、经济、政治、文化、法律等制度因素存在着较大的冲突。③ 这些造成了当前环境下跨国企业在华发展遇到了一定的困境。

跨国企业若要改变现在的状况就需要充分了解自己在社会责任建设上的优势、劣势，通过解决现有的问题，降低经营风险，化解危机，并且通过新的社会责任建设构建良好的生存环境，更好地融入中国市场。

（一）跨国企业在中国市场开展 CSR 的优势

1. 具有相对科学的 CSR 运作理念和成熟的 CSR 运作经验

跨国企业的历史一般较长，通常都是在国外发展了多年且业绩较好的企业。一个企业能够长盛不衰必有其企业文化奠基的原因，因此跨国企业一般情况下都具有较为完整和清晰的企业文化，企业文化所指导的 CSR 理念也较为完备。这些历史悠久的跨国企业在 CSR 建设上已经运作多年，具备了丰富的 CSR 经验，并且逐渐形成了一套科学的 CSR 运作机制。跨国企业在进入中国初

---

① 郭艺珺：《跨国企业，在低潮中重塑形象》，http://chuangye.cyol.com/content/2009 - 03/23/content_ 2593185. htm。

② 陈佳贵、黄群慧、彭华岗、钟宏武等：《中国企业社会责任研究报告（2011）》，社会科学文献出版社，2011。

③ 徐二明、郑平：《中国转型经济背景下的跨国企业在华企业社会责任研究》，《经济界》2007年第 3 期。

期，既是先进企业责任理念的示范者，也是强化企业社会责任的积极推动者。

例如丰田（中国）进入中国初始，就开展了以绿色环保、交通安全为侧重的 CSR 体系建设。该体系正是其在全球基本理念"追求人与社会、环境的和谐，遵守各国、各地区的文化习俗，通过扎根于当地社会的企业活动为当地经济建设和社会发展作出贡献"指导下形成的，并且吸取了其全球公益活动的运作经验——与社会各界组织和团体合作，致力于解决目前社会所面临的诸多问题。"中国青年丰田环境保护奖"更是成为其标志性的品牌活动，通过在中国将近 10 年的 CSR 体系建设，丰田汽车绿色公益的品牌形象已经深入人心。

2. 具有较为先进的 CSR 运作机制

跨国企业通常具有较为规范的运行制度，不会因为每一年度的营业状况、收入情况的变化而改变战略性规划。相当多的跨国企业已经形成了一个比较稳定、规范、有体制保障的 CSR 运作机制。

"中国企业社会责任调查 2006"发现，在社会责任管理措施的组织保障方面，跨国企业普遍表现为更正规化、日常化、专门化。[①] 跨国企业对于管理企业社会责任内容处理得相对成熟，大多数跨国企业都设立了专门的企业社会责任部门，并有专职人员负责。如何履行企业社会责任已经成为这些跨国企业战略规划和日常经营活动中一个不可分割的组成部分。组织保障的到位，使得在社会责任建设活动的具体操作过程中，跨国企业更重视活动的持续性和可操作性，对活动的追踪落实以及后续的服务工作都有一套更为成熟和系统的管理方法，因而所产生的社会效应更为广泛和显著。

（二）跨国企业在中国市场开展 CSR 的不足

在企业社会责任的范围中，跨国企业的管理理念、行动逻辑、机制制度相对中国企业来说具有一定的优势，这些优势将帮助跨国企业在 CSR 建设上走得更好，也走得更远。然而有优势和做得好是两回事。如果不去做，或者不是

---

① 中国企业社会责任调查是国内首个面向全国优秀跨国企业开展的社会责任理念与实践的大型调查，由北京大学民营经济研究院与《环球企业家》杂志联合主办。

按照大家的期望去做，那么其社会责任建设就很难取得良好成效。概括而言，跨国企业在中国开展 CSR 还存在以下问题和不足。

1. 照搬全球经验，缺乏本地化适应

目前，跨国企业的企业社会责任标准绝大部分是基于它们在发达国家的法律框架和社会期望建立起来的，在中国开展 CSR 的过程中常常会照搬国外经验，而由于国外的 CSR 体系与我国的社会、经济、政治、文化、法律等制度因素存在着一定的冲突，致使在某些情况下跨国企业的 CSR 建设得不到中国公众的认同。

例如，在汶川抗震捐款活动中，跨国企业一度成为中国网民指责的对象，中国网民把捐款数额偏低、没有及时捐款、捐款不积极的跨国企业编制了一个"国际铁公鸡排行榜"，谴责它们是只想在中国挣钱而不捐款的"铁公鸡"，鼓励中国民众消费国货。中国文化讲究"救急不救穷""患难见真情""雪中送炭"。当出现重大灾难的时候，人们对真朋友往往充满期待，并以此作为评价真诚度的标准。在西方捐款文化中，一般更多是讲究"救穷不救急"，救急的事情更多由政府以及大大小小长期固定的慈善基金去应对，企业更多从事一些长期的扶贫工作。[1]"救急不救穷"和"救穷不救急"的矛盾使得跨国企业在此次事件中成为讨伐的对象。上海社会科学院对抗震救灾的满意度调查结果显示，对外资企业满意度只有 3.7%，与跨国企业对灾难援助的认知度较低是相符的，这也体现了跨国企业对企业社会责任概念认识上的缺陷。

此外，跨国企业在履行企业社会责任方面有一套较规范的制度体系，包括专门的工作部门、专职管理人员、战略计划及年度规划、专门的资金及预算等，履行机制的优点是不言而喻的，它可以让企业承担社会责任的行为成为常态，进而体现为一种企业文化和可持续发展竞争力，但规范性强有时往往意味着灵活性不强。[2] 中国社会较讲究灵活应对。在大灾难中，中国企业能在第一时间支配资金进行捐赠，而跨国企业由于这种规范机制常常会滞后，应急款不

---

① 郭立珍：《汶川大地震跨国企业捐款风波发生的原因及其启示》，《生产力研究》2009 年第 18 期。

② 郭立珍：《汶川大地震跨国企业捐款风波发生的原因及其启示》，《生产力研究》2009 年第 18 期。

应急是跨国企业遭到批评的重要原因。

2. 弱化或者违背社会责任建设

目前，我国市场监管力度、法律制度完善程度不如西方发达国家，一些职业操守欠佳的跨国企业在华经营过程中钻制度的漏洞，出现了种种违背社会责任的现象，偏离或违背了它们在发达国家坚持的企业社会责任理念，降低了商业道德标准。一些跨国企业在进行经济行为时也会采用不正当的手法以获得生存，如在华非法避税、劳工标准偏低、产品安全不达标、在华从事行贿活动等。如西门子"贿赂门"事件，家乐福、沃尔玛频繁爆发的"质量门"事件，这些都是跨国企业在华社会责任弱化的表现。部分跨国企业弱化它们在中国市场企业社会责任的理由是"适应中国市场特点作出的调整"，但这是跨国企业对中国不成熟的市场经济法制法规的不正当适应，会增加其在市场的生存风险。

跨国企业的这些做法与其阐释的企业社会责任理念是相背离的，但由于目前中国还缺乏有力的制度环境来进行约束，包括没有专门的"企业社会责任"立法规范企业社会责任行为，没有相关的制度手段来制裁"不作为"行为，因此这些不当经营行为还处于放任自流的状态。如沃尔玛发布了"绿色采购"计划，但是出现了普通猪肉冒充绿色猪肉欺诈消费者事件，严重背离了社会责任建设的原则。

案例：沃尔玛绿色采购与绿色猪肉欺诈事件

2008 年沃尔玛表示将通过"绿色采购"计划减少产品质量投诉问题，同时带动大家一起实现可持续发展，也为改善生存发展环境而努力。而以普通猪肉冒充绿色猪肉欺诈消费者事件，却让消费者看到沃尔玛并没有真正践行自己的社会责任和对消费者的承诺。为什么明明知道忽视社会责任可能会带来信誉危机，还会出现这种无所畏惧的现象？中国社会科学院经济学部企业社会责任研究中心主任钟宏武认为，一方面可能是因为比起国外动辄数千万、上亿美元的罚款、赔款，国内相关法规对这些跨国名企的约束力实在是太过于微弱甚至根本不足以对跨国企业的失德行为构成约束。[①]

---

① 刘琼：《跨国企业切莫丢失"畏惧之心"》，《第一财经日报》2011 年 10 月 19 日。

总的来说，不论是不正确的本地化适应，还是弱化企业社会责任，甚至违背企业社会责任，跨国企业如果长此以往，其在华形象将会受到冲击，公众对其的信任指数也将下降。而随之带来的危机和风险将直线上升，跨国企业在华生存可能将变得更加艰难。

三　新的 CSR 本质及标准

站在公共关系的视角看 CSR 本质，CSR 是平衡企业与企业重要利益相关者之间利益，协调企业与社会公众之间公共关系，并借此谋求公众支持、构建企业竞争优势的重要工具。好的 CSR 标准由此衍生。

（一）CSR 的对象并非泛化公众，而是影响企业生存与发展的重要利益相关者

作为合作伙伴的利益相关者，在企业实施 CSR 战略中可起到极为重要的作用，他们能够帮助企业在经营过程中获得非常宝贵的资源。利益相关者的参与，能增加 CSR 活动的可信赖度，使有关活动更容易得到公众的认可。让各利益相关者直接参与 CSR，会让他们直接了解和感受到企业所作所为和意图，增加他们对企业的信任，为企业赢得声誉。企业可以以自己的 CSR 行动为杠杆，撬动更多的社会资源从而参与到一些社会问题的解决中去。如 GE 推出了针对 GE 员工和利益相关者"健康我先行"（HealthAhead）计划，该计划不仅让 GE 的员工参与了活动，使得他们直接受益——获得良好的工作环境和健康的身体，还推动了他们对 GE 社会责任建设更加深刻的认识和体验，增加了他们对 GE 的信任。

案例：GE"健康我先行"（HealthAhead）计划

2010 年，GE 公司全球范围推行"健康我先行"（HealthAhead）计划，旨在让 GE 成为全球健康工作场所，为员工和利益相关方创建无烟环境，促进员工健康。GE 在继续展开各种员工健康活动的基础上，开始推行大型办公场所的"健康我先行"工作场所认证。为了获得"健康我先行"认证，工

作场所必须实施 50 项重要措施，其中包括实现无烟园区；在自助餐厅和食品售货机中，食物的营养标签上标出所含的热量，并要求其至少有20%的健康食品；必须有很高比例的员工进行过健康风险评估和健康筛查。健康工作场所还要提供无尼古丁替代治疗，并为健康食品和健身运动提供可观的补贴。

GE 的"健康我先行"（HealthAhead）计划也因为员工向外的二次传播，获得更多公众对 GE 的认可，从而吸引更多的人才加入 GE，吸引更多的投资者。

（二）CSR 的主题选择必须有助于营造企业与利益相关者双赢的公共利益空间

关系的本质是利益，因此 CSR 的主题选择应该是有助于营造企业与利益相关者双赢的公共利益空间。也就是说，企业在进行 CSR 的主题选择时，可以选择一些适合自身价值观的战略性重点领域，或可以支持企业经营目标的社会活动，或与自己的核心产品及核心市场相关的主题，或可以为实现营销目标提供机会的主题。在开展主题的过程中，应该让更多的企业部门参与选择过程，尽量使开展的主题是社区、客户和员工所关心的。惠普公司就推出了"循环巨龙"项目，惠普公司通过与合作伙伴合作，号召政府、耗材经销商等企业、学校和社区参与到活动中，而这些参与活动的有环保意识的组织通过处理废弃墨盒与硬件节约成本，惠普公司则履行了社会责任建设，改进环保过程，获得利益相关者的认可。惠普公司与利益相关者的合作不仅保护了环境，还实现了双方的共赢。该项目为惠普公司及其利益相关者提供了双赢的公共利益空间。

案例：惠普公司"循环巨龙"项目

该项目由惠普公司与地球村、自然之友和根与芽等民间环保社团联合发起，组织开展打印机的墨盒回收和硬件回收。项目旨在提高公众对随意丢弃打印机墨盒和电脑硬件所造成的环境危害的认识，以此提高公众意识，鼓励有关政府部门、生产企业、学校和社区参与到回收循环的项目中来。惠普公司通过此项目向大众展示社会责任感，以良好环保记录获得政府的青睐，同时也使更多的珍贵资源得以循环利用。不仅如此，这个项目还帮助更多的人通过这个项目提高了环境意识和环保的参与度。

（三）围绕各利益相关群体为中心展开积极的、主动的、多元化的沟通

良好的公共关系需要企业与公共领域之间进行有效的沟通、协调各方利益，并且进行广泛和有效的传播以塑造良好的形象。有效传播就要求企业在传播上根据具体的沟通目标来确定对应的利益相关群体，通过适应利益相关者的媒体接触习惯，进行积极的、主动的、多元化的沟通。这样就要求企业根据利益相关者的媒体接触习惯确定具体的传播内容、传播渠道和发布时机，及时地公布信息。CSR 传播是一种长期、持续、稳定、有成熟理念支撑的企业行为，需要公司从制度和组织结构上给予保证。

例如农夫山泉饮水思源心愿篇的电视慈善劝募广告，就是农夫山泉通过电视广告号召公众参与企业的 CSR 建设，是公众容易看到也较易接受的方式（见图 15 - 1）。当然随着新媒体的发展，企业可用的传播手段也更加丰富。比如手机媒体就因贴近性、随时性等特点受到了一些慈善组织的青睐。2012 年，青少年梦想基金和梦想网就发布了"梦想微公益"手机 APP，公众可以通过登录 APP 获得实时的公益信息，从而决定参与与否。这种传播方式不仅适应了现代人的信息接触方式，其中的公益活动也能够通过直接向对公益感兴趣的受众传播信息，获得更高的支持度。[①]

（四）能够促进产业环境和生态环境的良性发展

好的 CSR 可以帮助市场构建良性的产业竞争环境，从而使各企业间可以通过合法的竞争为公众提供更好的产品和服务。不仅如此，企业的 CSR 还要

---

① 邵志凯：《基金发力移动互联网　探索公益新模式》，中国青年网，http：//gy. youth. cn/lyb/201206/t20120618_ 2225446. htm。

图 15 – 1　农夫山泉饮水思源心愿篇广告

跳出行业局限，促进生态环境的良性发展，实现社会的可持续发展，构建与社会的和谐关系，最终创造良好的自身发展环境和社会环境。

案例：哈尔滨某药厂的环保事件

哈尔滨某药厂超标排放污水和废气，导致哈尔滨市哈西地区被一种怪味笼罩，"夏天不敢开窗，出门要戴口罩"成为当地夏日里的特殊现象。该药厂年销售收入近 50 亿元，但是每年向环保部门缴纳的"排污费"只有 500 万 ~ 700 万元。几百万元的"排污费"，对于一个年销售收入数十亿元的大型企业来讲，实在是"九牛一毛"。① 据年报显示，2010 年该公司的环保投入约 1960 万元，仅是其广告投入的 1/27。该制药厂在 2011 年 6 月 5 日被央视《朝闻天下》栏目曝光，恶臭气体、生产废水、制药固体废弃物均存在重大污染，企业的声誉严重下滑。

---

① 对于这一群众反映强烈的现象，该药厂称，十多年间已投入 4 亿元治污资金，环境保护始终在进行；当地环保部门称，政府部门高度关注排污企业，监管从未停止。但是否存在治污基金并没有确切的证据。见 http：//finance. ifeng. com/roll/20110909/4565395. shtml。

这家发生危机的药厂每年都有几亿元的广告支出，每年都有大量的慈善捐赠和公益项目，但是不愿意拿出几百万元治理对周边社区的污染，即使做再多的慈善捐赠也无法得到公众和社会对其形象的认可，这必定使企业与社会的矛盾日益突出，发展受到阻碍。

（五）减少企业负面信息，对负面信息及时反应

企业发生危机事件就是在向公众传达一个信息：企业的社会责任心不够，做了不利于或有害社会和公众的事情。近年来，一些在中国市场份额比较大的跨国企业多次因产品质量或与消费者发生纠纷而面临形象危机。例如可口可乐、沃尔玛、家乐福等。好的 CSR 应该能够帮助企业获得良好评价，获得公众信任。这就要求企业在遇到危机或负面信息时，及时主动披露信息，对负面信息快速反应，消除潜在负面情绪，修复企业形象，恢复公众的信任感。

案例：麦当劳对"3·15"危机的及时反应

在 2012 年央视"3·15"晚会节目中，麦当劳三里屯店被揭露鸡翅超过保质期后不被取出、甜品派以旧充新，以及食材掉地上不加处理继续备用等。晚会播出仅一个多小时后的 9 点 50 分，麦当劳就在新浪的官方微博发表声明（见图 15 – 2）。截至当天 23 点 20 分，在新浪财经等众多媒体的带动下，麦当劳官方微博这条信息获得了 8400 多次的转发量，直接一次转发覆盖的人数超过 1000 万，获得了在社交媒体时代最大限度的信息传递速度和效率。也就是说，向 1000 万人传递了麦当劳对于问题的回应姿态（见图 15 – 3）。①

央视"315"晚会所报道的北京三里屯餐厅违规操作的情况，麦当劳中国对此非常重视。我们将就这一个别事件立即进行调查，坚决严肃处理，以实际行动向消费者表示歉意。我们将由此事深化管理，确保营运标准切实执行，为消费者提供安全、卫生的美食。欢迎和感谢政府相关部门、媒体及消费者对我们的监督。

3月15日 21:50　来自新浪微博企业版　　　　　　转发 (19681)　｜　收藏　｜　评论 (14323)

图 15 – 2　麦当劳微博回应"三里屯餐厅违规操作"截图

① 王涛涛：《麦当劳如何应对"3·15"晚会曝光》，http：//blog.cntv.cn/14542888 – 3788252.html。

图 15 – 3　麦当劳微博声明爆发分析

家乐福的沉默导致了公众的不满，也使诚信受到冲击，而麦当劳的正面、及时回应很好地避免了负面信息影响的扩大。这两家跨国企业对负面信息的反应形成了鲜明的对比，也给其他跨国企业提供了良好的学习教材。负面信息少时，跨国企业可以处理好和消费者、媒体、供应商等一系列利益相关者的关系，通过良好的关系维护避免危机的产生，而在危机产生的情况下，也要及时地处理和回应，将危机的影响降到最低。

结合跨国企业在中国市场的 CSR 现状和好的 CSR 标准，我们可以发现，跨国企业在中国市场的 CSR 建设还存在着一定的差距。我们希望给跨国企业提供一些 CSR 建议，希望跨国企业通过正确的 CSR 建设战胜转型期中国对其社会责任建设提出的种种挑战。

四　长远规划、多层面战术配合打造 CSR 兵法

（一）宏观战略层面：战略指导，长期规划

目前，市场经济已经发展到了公共理性市场经济阶段。在传统市场经济条件下，个人利益最大化，对抗竞争，你死我活。但是在新市场经济条件下，企业如果不考虑公共环境，就很难单独生存下去。所以企业社会责任已经成为企业能不能长期盈利和持续发展的重要前提，这也是需要战略指导企业社会责任的原因。早期的跨国企业到本地国只是简单地开展一些公共关系，守法、纳税，但是这些已经不适应现在的社会环境。① 现在的社会要求跨国企业把社会

---

① 杨培芳：《社会责任会是成功企业的战略选择》，价值中国网，http：//www. chinavalue. net/ Manage ment/Blog/2012 – 7 – 28/919824. aspx。

责任当作一种企业战略，不仅要了解本地的发展政策、政府职能和社会文化背景，帮助政府研究行业发展前景和政策走向，还要支持本地企业并与之合作，做政府和其他企业的支持者。

跨国企业应在社会责任的基本原则的指引之下，结合自身的实际情况，按照可持续发展的目标，制定一套完整的、系统的、可持续的发展战略。作为跨国企业，还应该考虑业务机会，同时考虑风险，制定全球化的社会责任建设战略。IBM 最新提出的"智慧地球""智慧中国"战略就是基于这样的理念。在战略的指导下，跨国企业需要对社会责任进行长期的规划，制定短、中、长期目标，并通过对某些核心领域的持续坚持，规划企业社会责任的未来建设蓝图。

（二）中观经营层面：解决社会问题的同时让 CSR 能够支持企业经营目标

如今，中国经济遇冷，从电信到航空航天，从零售到房地产，各行业都普遍感受到业务下滑之苦。就中国经济中的"巨人"国有企业而言，2012 年前 6 个月利润同比下降 11.6%。[1] 跨国企业情况同样不容乐观。中国美国商会 2011 年发布的《商务环境调查》（*Business Climate Survey*）显示，26% 的受访企业业务出现下滑，预期未来业务下滑的受访者占 40%。[2] 如果企业在践行社会责任的同时也能够实现一定的经营目标，就能实现良性的循环，从而渡过难关。

为实现上述双赢，跨国企业应该精心挑选活动将要支持的社会问题，然后根据这个问题，选择与自身的核心产品及核心市场相关的主题，设定可测量的目标并为追踪和报告结果制订计划。挑选的社会问题应该是企业能够通过新的商业实践来对其作出贡献的，所选择的项目应该是重要的、与企业的使命和价

---

[1]　欧阳德、席佳琳：《中国企业利润大幅下滑》，《金融时报》2012 年 7 月 30 日，http：//www.ftchinese.com/story/001045744#utm_campaign = 1D110215&utm_source = EmailNewsletter&utm_medium = referral。

[2]　赵磊、周洲：《跨国公司在华战略性撤退：中国已非新兴市场》，《中国经济周刊》2012 年 2 月 7 日，http：//tech.sina.com.cn/it/2012 - 02 - 07/00066688666.shtml。

值观一致的，为关键利益群体所关心的。① 例如星巴克的"环保咖啡豆"计划，是星巴克根据环境保护和改善生物物种多样性这两个社会公众很关心的问题开展的社会责任建设项目。"环保咖啡豆"计划在帮助解决环境和生物物种问题的同时，帮助星巴克解决了原材料供应问题，支持了企业的经营目标。

案例：星巴克的"环保咖啡豆"

1998 年，星巴克和交易价非营利环保组织保护国际建立了伙伴关系，支持"环保咖啡豆"计划——支持荫种咖啡豆，同时保护热带雨林。这个项目一直在持续进行。具体措施：宣传环境保护，改善全球生物多样性；支持一条全年产品线的引入；制定咖啡豆寻源的指导方针，促进环境保护并改善农民的生活；吸引其他来自咖啡行业的领导企业共同努力。

星巴克还积极宣传促进公众和利益相关者对项目的了解和支持，包括通过销售点材料（如小册子、海报和包装）鼓励消费者购买这种咖啡豆，邀请记者品尝咖啡，与保护国际共同举办展示会。这些活动的开展也帮助此项目可以取得良性的进展。

通过此 CSR 项目，星巴克帮助解决了很重要的环境和社会问题；选择非政府组织并与之建立了一个可靠的模式；为公司提供了一个长期、稳定的优质咖啡豆来源；最后，还为对环保感兴趣的消费者提供了一种优质产品。借此实现了企业与利益相关者的共赢。②

需要注意的是，在进行可以支持企业经营目标的 CSR 项目时，企业的动机可能会受到怀疑，行动也有可能受到评判，结果有可能受到严格的审查。因此，跨国企业在进行社会责任建设时要注意对公众作出长期承诺，通过调动起员工的积极性，发展和落实基础设施来支持承诺，提供公开、真诚、坦率的沟通方式来获得所有利益相关者的信任。

---

① Philip Kotler（菲利普·科特勒）、Nancy Lee（南希·李）：《企业的社会责任》，姜文波等译，机械工业出版社，2011。
② Philip Kotler（菲利普·科特勒）、Nancy Lee（南希·李）：《企业的社会责任》，姜文波等译，机械工业出版社，2011。

（三）主题层面：主题具有可延展性、可持续性，有助于公众的认同和主动参与

在这个处处有公益的社会，企业的社会责任要获得公众的认同越来越难，而跨国企业要获得中国公众的参与就要求其在选择 CSR 主题时考虑到中国公众关注的问题，让公众获得一定的利益，同时要具有可延展性和持续性来获得更广泛中国公众的参与。可延展性意味着主题可在多个领域试用，例如既适用于环保，又适用于扶贫，又适用于助学；可持续性则是指主题并非解决一时的问题，而是可以持续解决一系列问题，或者可以持续解决一个长久存在的社会问题。

以百威英博为例，百威英博在过去 30 年间，致力于提倡理性饮酒，防止包括醉酒驾车及未成年人饮酒在内的酒精滥用。正是由于百威英博的"理性饮酒"主题是社会各界人士一直都非常关心的问题，使得该项目不仅包含了面向酒吧服务员、餐厅服务生、杂货店营业员及其他酒精饮料的服务人员与销售人员，提供负责任地销售酒精饮料的培训，而且向员工、零售商和消费者宣传理性饮酒的重要性，向俱乐部、餐馆和食品杂货店提供身份检查及辅导资料，以预防他们向未成年人出售含酒精饮料。这些内容吸引了大量不同公众的主动参与，且由于公众的参与使得该项目可以长期开展。

（四）实践层面：结合中国慈善体系和中国国情进行制度性调整和本土化运作

跨国企业在中国市场开展 CSR 缺乏本地化适应。因此，跨国企业应该了解中国国情，特别是要深入了解中国较突出的社会问题，通过对国情和社会问题的分析，寻找到适合企业并且又很符合中国公众期望，满足利益相关者价值诉求的主题并进行实践。在企业机制上，则是从组织结构、制度、人员设置等方面进行改良。还可以通过与中国政府、非政府组织（NGO）和社区等合作来帮助企业更好地实现社会责任建设的本地化。

百威英博是全球顶级啤酒制造商，也是全球五大消费品公司之一。百威英博在全世界提倡理性饮酒，在世界各地都开展了公益活动，其通过掌握中国的

国情和民情进行 CSR 本土化运作，通过与政府、协会的合作，进行点子征集活动，拍摄微电影、演唱公益歌曲等，获得了巨大的成功。

案例：百威英博的 CSR 中国化

在中国，酒后驾车是非常大的安全隐患，百威英博作为啤酒酿造商，多年来致力于提倡理性饮酒。2010 年 2 月百威英博携手中国道路交通安全协会和中国酿酒工业协会啤酒分会，正式启动"'驾'给我好吗"大型理性饮酒主题活动，推出了中国首个理性饮酒电视公益广告，邀请巨星陈奕迅担任大使，并将活动推广到上海、广州、佛山、厦门、南京、昆明、哈尔滨、杭州等多个重点城市。

2011 年 4 月，百威英博携手中国酿酒工业协会啤酒分会、上海市公安局交通警察总队和上海市交通工程学会，推出中国第一首宣传理性饮酒的公益歌曲《I Do》，并面向全国征集 1000 万人对"酒后不开车"说"我愿意"。短短 6 个月的时间里，活动借助华语乐坛王牌创作组合羽泉创作的中国第一首宣传理性饮酒的公益歌曲《I Do》，和新浪微博等影响力巨大的社交网络平台，扩展到了全国各地（见图 15 - 4）。①

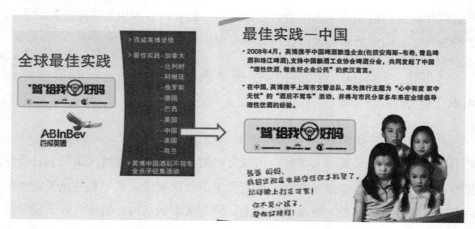

图 15 - 4 百威英博"'驾'给我好吗"大型理性饮酒主题活动

---

① 惠正一、百威英博：《鼓励消费者理性饮酒　让生意更长久》，《第一财经日报》，http://www.yicai.com/news/2011/10/1144532.html。

（五）传播层面：充分运用新技术、新媒体，与利益相关者互动沟通

在 CSR 的建设中，理念和实践很重要，但是少了传播，得不到赞赏和关注，对于企业来说前面的工作都有可能白费，但是中国是个讲究低调的国度，过分的传播又会招致骂名，受到诟病，被认为是作秀，是公关。随着越来越多的企业开始进行社会责任建设，跨国企业需要做的不仅仅是把具体的公益项目、具体慈善举措公布出来这么简单，而是要通过一定的传播媒介，通过公众愿意接受的内容，将企业承担社会责任的具体做法与成就告知出去。

随着新技术、新媒体的发展，互动型社交媒体较之大众媒体获得了更多的信任和关注，企业的 CSR 传播也因此有了新渠道和新方式。首先，跨国企业应该运用企业社会责任建设部门官方微博、高管微博对社会责任建设信息进行转发，并与职员、员工互动，通过内部传播获得内部交流，并且通过员工的自由转发形成二次传播对外界造成影响；其次，可以选择用户基础广泛、用户互动性强的社交媒体，如微博、SNS、LBS、IM（即时通信）等进行传播，增加信息的传播广度，并且充分利用这些媒体发布相关信息，与公众积极互动；最后，需要开发具有互动性，具有娱乐性的活动或者游戏吸引公众参与，一则能够传播社会责任信息，二则不会引起公众反感，还能让不能亲身参加的公众也能体验公益的乐趣。

案例：宝马的社会责任互动传播

BMW 多年来一直致力于天、人、车的谐美境界，注重科技发展，并在环保、公益等多方面开展社会责任建设，这正好与世博"城市，让生活更美好"的主题不谋而合。宝马希望通过新媒体的形式使大众有机会了解 BMW 高效动力及其在企业社会责任方面所做的努力。为了让更多的网友能够切身参与体验，活动选择了线上志愿者传递的方式。利用腾讯"上海世博会唯一互联网高级赞助商"的身份，也利用聚合了几亿用户的腾讯 IM 这个强势的人际传播平台，将活动声音最大化。以腾讯世博"绿色城市"核心概念为载体，强调

宝马在社会责任、环保科技等方面作出的努力和贡献，提高宝马高效动力技术的品牌知名度，同时通过互动体验宣传"BMW 之悦"的品牌策略。

本次活动宝马运用了腾讯等多种渠道，包括 Icon、活动 Tips、Qzone 等以获得与用户一对一接触，并且运用 QQ 的好友关系链传播。腾讯媒体平台满足了用户基础广泛、用户互动性强、乐于参与活动多方面的条件，这些帮助宝马活动的影响力迅速得到扩散。而由于与"世博"相结合进行推广，热点内容很好地吸引了公众的眼球，激发了其参与热情。在良好传播平台和传播内容的帮助下，宝马实现了传播计划，获得了 6000 万志愿者的参与。

五 总结

跨国企业的社会责任建设在国外已经发展多年，具备了较成熟的运作机制和体系，但是很多跨国企业进入中国市场的时间还相对较短，对中国国情、公众并不是太熟悉，对市场反应也缺乏正确的认识，跨国企业急需解决社会责任建设本土化的问题，但是本土化并非易事，稍不小心就会误入歧途，甚至做出违背社会责任的事情。

跨国企业不仅要认识到自己的特殊性，还应该充分认识自己在社会责任建设上的优劣势，应结合新时期社会责任建设的标准，学习真正能够实现企业和社会可持续发展的社会责任建设方法。跨国企业应对社会责任建设进行战略性的规划，使得社会责任建设既能支持企业目标，实现企业的可持续发展，又能为社会做贡献，解决中国社会问题，从而实现社会的可持续发展。在实践层面，跨国企业应结合中国慈善体系和中国国情进行制度性调整和本土化运作。不仅仅是在实践层面，传播也需要本土化，需要与时俱进地运用新媒体和新技术将企业的社会责任传播出去。通过实践和传播，跨国企业定能更好地融入中国环境，与中国的利益相关者构建良好的关系，实现企业的良性发展。

B.16

报告十六

2012年中国汽车行业营销传播研究

中国传媒大学广告主研究所

摘 要：

　　2012年中国汽车行业整体发展缓慢。面对宏观经济不景气、传统广告资源上涨、新媒体迅速崛起，汽车行业在营销传播方面表现为消费者需求升级、吸引注意力难度提升，对新媒体认知片面、运用不成熟，传播内容缺乏创新，传播形式同质化严重等特点。本文从汽车行业发展情况、营销传播现状和困惑出发，提出加强营销传播效果、提升品牌形象建设和销售业绩的建议举措。

关键词：

　　汽车行业　微增长　全媒体营销

一　2012年中国汽车行业销售上半年保持微增长，预期下半年行情上涨

　　自2011年中国汽车行业增速减缓，汽车产销量增幅低于3%，创下近10年来增速最低纪录之后，2012年中国汽车行业市场总体情况令人深思。据汽车工业协会统计，2012年上半年汽车生产952.92万辆，同比增长4.08%，同比增幅提高1.6个百分点；汽车销售959.81万辆，同比增长2.93%，同比增幅下降0.4个百分点。① 在全球汽车销量放缓的大趋势下，中国汽车销售整

---

① 工信部：《2012上半年汽车工业经济运行情况》，《21世纪》2012年7月。

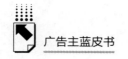
体保持微增长。这与宏观经济不景气和消费者需求多元化有关。

中国汽车工业协会发布的 2012 年汽车市场形势分析及市场预测报告指出，如果下半年宏观经济向好，经济发展增速回升，全年汽车销量有望达到年初制定的 2000 万辆，这相比 2011 年全年销量 1850.51 万辆增长 8%。① 中国汽车工业协会公布数据显示，1~10 月，乘用车销量依然保持微增长。2012 年下半年汽车行业有气温回升现象。

（一）奢侈品牌降价比拼，合资品牌增长乐观，自主品牌表现低迷

在 2012 年国内车市持续微增长背景下，各类车型表现各异。奢侈品牌放下高价身段，加入激烈的价格竞争中。春节过后，奔驰 S 级开始了前所未有的降价促销，引发了一轮豪车降价潮，宝马、奔驰、捷豹、雷克萨斯等众多豪华品牌纷纷跟进。② 奢侈品牌希望通过降价促销等方式增加盈利应对经济不景气和高库存现状。合资品牌保持乐观增长。然而，自主品牌却遭受了重创。中国汽车工业协会（以下简称中汽协）数据显示，2012 年 1~10 月，乘用车自主品牌共销售 515.78 万辆，市场占有率比上年同期下降 1.09 个百分点，降幅与前 9 个月相比进一步缩小。③ 自主品牌似有全面下滑趋势。奢侈品牌降价比拼，合资品牌强势出击，自主品牌生存空间不断受到挤压，自主品牌危机信号已经出现。

（二）新能源汽车呼声上涨

随着油价不断上涨以及人们环境生活质量需求提升，新能源汽车的认知度和接受程度不断提高，在国内备受青睐。据中汽协的不完全统计显示，2012 年第一季度汽车整车企业销售新能源汽车 10202 辆。一季度的销量就超过了 2011 年全年 8159 辆的销量，这是新能源汽车发展的巨大进步。

---

① 中国汽车工业协会：《达 2000 万辆　中汽协预测 2012 年汽车销量》，《汽车之家》2012 年 7 月。
② 四川在线：《几家欢喜几家愁　2012 中国车市半年报发布》，《四川在线—华西都市报》2012 年 8 月。
③ 网易：《10 月乘用车销售 129.89 万辆　同比增 6.40%》，《网易汽车》2012 年 11 月。

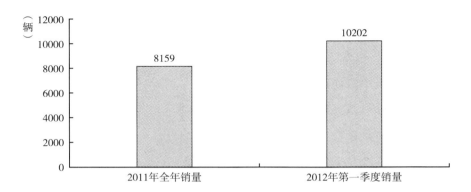

图 16 – 1　国内新能源汽车销量增长变化

数据来源：中国汽车工业协会。

另外，2012 年 7 月 8 日，国务院发布《节能与新能源汽车产业发展规划（2012～2020 年）》，将发展节能与新能源汽车产业的意义上升到了"有效缓解能源和环境压力"和"加快汽车产业转型升级"的战略高度，明确了以纯电驱动为汽车工业转型的主要战略取向，推进纯电动汽车产业化，提升国内汽车产业整体技术水平的目标。这对于新能源的"走俏之姿"更是如虎添翼。新能源汽车符合世界汽车行业发展潮流，与国内车企提升自主创新能力，强化品牌效应方向契合。

（三）二、三线城市成为汽车消费主营阵地

近年来，随着一线城市市场不断饱和，各品牌市场份额逐年下降，而二、三线城市发展态势良好，成为汽车消费主要阵地，尤其是中西部地区消费能力的不断释放，支撑起了汽车市场的总体增长。2007～2010 年，一线城市市场占有率逐年递减，从 35.7% 减至 30.7%。二线和三线城市市场分别从 39.6% 和 24.7% 增至 40.2% 和 29.1%。① 2012 年汽车厂家把销售的关注点从一线城市转移到了二、三线城市。国家信息中心资源开发部徐长明主任也表示，下一步汽车市场的西移和下沉是大势所趋，大概到 2020 年，我国三线城市占全国

① 《2012 年二三线城市将成为汽车主要市场》，中国投资咨询网，2011 年 12 月。

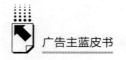

汽车市场的份额将提升到 55% 左右，一线城市会下降到 15%，这两个加起来大概就是 70%；二线城市下降到 30%。①

访谈：广汽丰田规划营销部部长吴保军——

今后一段时间，汽车消费将是缓慢、平稳增长，市场不会出现大起大落，因为在二、三线市场和三、四线市场，以及中西部地区，汽车需求是处于增长期，会弥补掉一线城市下降的部分。②

（四）政策一退一进，喜忧参半

自 2008 年金融危机爆发后，国家陆续出台了汽车消费税改革、购置税减免、汽车下乡、以旧换新和汽车节能补贴等一系列提振车市、调整结构的利好政策，汽车行业得到快速发展。然而，2011 年购置税优惠、汽车下乡、以旧换新等优惠政策退出，国内汽车行业总体走势下滑。

访谈：全国乘用车市场信息联席会副秘书长崔东树——

前两年三大政策的推出，直接刺激了微车市场和 1.6L 以下排量轿车市场各约 5 个百分点的增长，而在政策利好消失后，这一市场增长也随之落空。③

2012 年国内汽车整体销量虽保持平稳增长，然而自主品牌表现令人担忧。国家新一轮鼓励刺激政策推出，是否能延续 2010 年的辉煌之势，还有待观望。

2012 年 2 月下旬，工信部发布《2012 年度党政机关公务用车选用车型目录》，入选公务车全是自主品牌，虽可刺激自主品牌销量，但综观上半年的成绩，这曲"赞歌"显得不尽如人意。国务院研究决定安排 60 亿元支持推广 1.6L 及以下排量节能汽车，7 月 9 日，国务院正式发布《节能

---

① 《多数经销商不看好 2012 年车市，二三线城市将成主要市场》，《每日商报》2011 年 12 月。
② 《汽车市场淡季提前，二三线城市增长现疲态》，《每日经济新闻》2011 年 7 月。
③ 《刺激政策退出中国车市，拉低车市 10 个点》，《辽宁晚报》2011 年 12 月。

与新能源汽车产业发展规划》，7 月 10 日，国家发改委、工业和信息化部、财政部联合公布了《"节能产品惠民工程"节能汽车推广目录》（第八批），对于振兴车市有一定积极作用。在 2010 年结束的汽车下乡和以旧换新两大补贴政策会在 2012 年延续，虽然效果有限，却也给低迷的自主品牌一点安慰。

二　2012 年中国汽车行业营销传播现状分析

（一）传统广告市场汽车投放低迷，网络广告以门户网站和汽车网站为主

2011 年随着国家汽车鼓励政策退出，汽车行业整体增长态势趋缓。2011 年汽车产销量低于 3%，创下近 10 年来增速最低纪录。2012 年上半年汽车产销市场总体也只是保持微增长。在宏观经济不景气和消费者汽车需求升级情况下，车企广告主在广告投放上更为谨慎小心，强调高投入产出比。

根据 CTR 媒介智讯广告监测数据显示，2012 年第一季度交通行业传统广告市场呈现低迷态势，全行业广告花费同比缩减 16%，其下滑主要来自交通工具传统媒体广告刊例花费超过 18% 的降幅。从交通工具投放的主要类别看，占去六成市场份额的轿车类广告花费同比减少 23%，降速快于行业整体水平；2011 年全年广告刊例花费增幅超过 40% 的 MPV 汽车 2012 年一季度同比下滑 72%。2012 年第一季度交通行业在多个城市的广告刊例投放花费均出现缩减。从轿车行业广告刊例花费 TOP 20 城市看，15 个城市广告花费有不同程度的缩减。①

根据易观国际数据显示，2012 年 1~9 月汽车品牌网络广告投放整体有起有伏，从整体上看，同比负增长明显。宏观经济不景气，产销市场的持续低迷，直接导致汽车网络广告投放疲软。根据艾瑞资讯数据显示，门户网站和汽

---

① CTR：《2012 年第一季汽车行业传统媒体广告投放低迷》，CNR，2012 年 5 月 12 日，http://www.cnr.cn/advertising/gnggxx/201205/t20120522_ 509672482. html。

车网站是汽车品牌网络广告投放的首选平台，占汽车品牌网络广告投放的
80%以上。

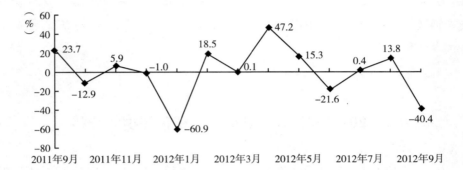

图16－2 月度汽车行业品牌网络广告投放规模变化情况

说明：以上原始数据来自KKEYE监测，覆盖500余家网络媒体，通过自动抓取以及
刊例价计算获得。易观智库整理对数据进行整理，此数据可能会与厂商实际广告支出存
在差异。

资料来源：KKEYE 易观智库整理。

（二）积极尝试新媒体，越发重视媒体组合

随着新媒体的迅速发展，微博、社会化媒体、垂直网站等已经成为汽车网
民了解汽车信息的重要手段。消费者汽车消费需求不断升级，购买行为越发理
性，这就需要大量信息作为决策前提。在这一方面，新媒体自身所具有的信息
承载量大、传播速度快、互动性强的优势恰能很好地吸引消费者的注意力。例
如，汽车网民喜欢在微博或者 SNS 上查看汽车用户评论、汽车性价比评论、
企业最新动态等，这是对传统媒体信息传递的有效补充。为了紧紧抓住消费者
的注意力，一些有先见的车企开始纷纷尝试新媒体营销。新媒体时代已经成为
汽车营销的新课题。

新媒体双向互动式的信息交流，让企业可以第一时间获取消费者的反
馈意见，同时在企业和消费者之间搭建更为人性化、个性化的沟通平台，
有利于提升品牌美誉度和用户忠诚度。新媒体因其在拓展消费群、开发潜
在顾客方面的巨大潜力深得广大汽车厂商的青睐。具体来说，车企主要在
微博、社交化媒体方面运用较为普遍。微博和 SNS 为汽车行业提供基于社

会化媒体平台的内容运营、口碑营销、品牌推广、活动宣传、客户关系管理、公关传播平台。

　　根据缔元信调研显示，汽车微博营销用户基础好、影响力大，将逐步成为车企必备的营销方式。例如，起亚 K5 在上市的时候，用了一个微博征名，有 11 万人次参加了征名活动。① 截至 2011 年 6 月，汽车网民微博开通率达 64%。截至 2012 年 6 月底，新浪微博上已有包括媒体、经销商、生产商等在内的 8053 个汽车行业相关账号。SNS 也是车企青睐的新媒体营销传播平台，可以拉近品牌与用户关系，形成黏着互动型关系，有效推动品牌和销售额跃升。

访谈：银通传媒副总裁赫连剑茹——

　　传播要始终以目标受众为"原点"进行话题引爆和流程策划。媒体的受众定位和自身目标消费者的吻合程度，这似乎是评价传统媒体的"圣经"，却也是广告主评估新媒体价值的首要着眼点。新媒体立足于世的首要条件是找到自己的"地盘"，媒介生存和发展的物理环境基本上决定了受众结构、客户结构和营收水平。信息的精准传播极大地扩展了传播效果，大大提升了受众的认知度和回忆率。观众在这个空间内信息相对稀缺，从而大大降低了干扰源，为信息的高效顺畅传播创造了良好条件。②

　　当然，营销传播并不是"新媒体在手，一切不愁"。随着消费者注意力呈现"碎片化"、多元化态势，传统媒体和新媒体必须形成互补型的战略组合，才能全方位、高精准地捕捉目标消费者，从而刺激消费行为，提升销售业绩。尽管汽车行业目标消费者越来越青睐使用新媒体获取相关信息，但这并不代表电视广告、平面广告就无足轻重。因此，汽车行业应该重视全媒体营销组合策略，将新旧媒体搭配交叉，双管齐下，全方位、立体式地包裹消费群的生活圈子，让他们在目所能及、耳所能闻的距离内感受到品牌统一的形象传播。媒体组合已经成为广告市场的必然趋势，车企必须兼顾传统媒体和新媒体的差异化

---

① 《汽车网民对新媒体的使用和偏好》，《21 世纪营销》2012 年 4 月。
② 《解析新媒体价值评估策略——专访银通传媒副总裁赫连剑茹》，《市场观察》2010 年 1 月。

价值，力求二者互惠互利，从而产生"1+1＞2"的效果。例如，通用汽车选择高铁传媒捕捉汽车目标消费群体就是很好的证明，对厂商投放的传统电视、报刊以及户外媒体广告形成了强有力的补充，让汽车消费群在一个相对狭窄封闭的环境里接收广告传播，大大避免了其他的干扰源。

（三）营销传播胜在"借力出击""乘势而上"

"借力出击"旨在花尽可能小的代价，巧妙利用当下事件热点的影响力来扩大自己的影响范围，搭乘顺风车乘势而上。其中，公益营销、体育营销、艺术营销以及娱乐营销等是汽车厂商常用的手段。

自从中国汽车营销进入了公益时代，汽车品牌便更多地通过选择公益营销模式来获得企业、慈善机构、受众群体及潜在客户的多方共赢。通过这种方式，可以迅速增加消费者对企业的好感，充分展示企业的社会责任感。此外，2012年是奥运年，盛大的体育狂欢氛围中蕴藏着无限的商机，在车企中掀起了一股体育营销热潮。福田汽车借助火热的奥运攻势，进行了一场完美的营销战。在赛事中，福田选择了最具话题热议性的女排项目，将自身品牌精神同女排的民族精神融二为一，在爱国情操中传递着福田汽车全球化品牌战略。汽车品牌同样善于利用文化为产品造势。近年来，许多的车企选择为品牌注入更多的文化底蕴与内涵，坚持在营销的同时要给予消费者文化上的享受，满足他们的高品位需求，借文化之力，为品牌开垦消费者内心的"良田"。例如2011年9月，起亚携手交响乐精英张亮举办了一场轰轰烈烈的"K5经典电影交响音乐会"，2012年2月25日，起亚又携手韩国偶像天团2PM在南京举办演唱会①，这都是充分考虑到起亚的购买群的文化偏好并投其所好，贴近消费者的内心需求，为彼此间的沟通搭建了平台。娱乐营销作为不可忽视的外力，正在为汽车企业创造着多元化的价值，名人效应让消费者将对代言人的好感转移到企业，可以在短时间内提升车企知名度，打造美誉度。例如长安EADO逸动

---

① 《2012艺术营销PK体育营销》，新浪娱乐，2012年2月，http：//club. ent. sina. com. cn/thread－1864146－1－1. html？retcode＝0。

选择了近两年来人气高涨的"四爷"吴奇隆作为代言人，完美诠释了长安逸动的魅力，也聚集了超高的人气，提升了销量（见图 16 - 3）。[①] 随着微电影的兴起，汽车界趁热打铁，纵身跃上顺风车，在微电影中多次曝光品牌形象，一路抵达舆论中心，给消费者留下了深刻的印象。如通用雪佛兰与优酷、中影集团联手，围绕"青春奋斗"这一品牌理念筹划"11 度青春"新媒体电影，进行主题"植入营销 11 度青春"，最终在优酷上的总播放量达到 65470488 次。在娱乐性影片的欣赏过程中，汽车品牌得到了潜移默化的传播。[②]

图 16 - 3　超高人气"四爷"吴奇隆代言长安 EADO 逸动

三　中国汽车行业营销传播困惑

（一）消费者需求升级，吸引消费者关注和购买难度提升

随着汽车市场增速回归理性，消费者的汽车需求升级，中高级车成为购车首选。根据 2011 中国汽车消费市场调查问卷显示，有 66.8% 的消费者倾向于

---

① 《创新营销助力，长安 EADO 逸动颠覆传统》，易车网，2012 年 7 月，http：//dealer. bitauto. com/100029635/news/201208/2983737. html。

② 《汽车网民对新媒体的使用和偏好》，《21 世纪营销》2012 年 4 月。

购买更高级别的车型，仅有 8.3% 的消费者购买更低级别的车型。① 对于中高级车的消费者，他们在购车时逐渐倾向理性的思考，不仅关心汽车的产品性能及品质，也更在意品牌的归属感，强调品牌为自己带来的地位提升。这就意味着同质化程度较高的汽车产品，要在纷纭的同类中崛起，唤起消费者的关注，并将消费者的潜在需求转变为实际购买将变得更为艰难。

消费者是营销市场中难以把握的动态元素，是整个营销活动的关键环节。汽车消费者多元化、"碎片化"态势加大了车企信息传播难度。传统的低价促销、奖品赠送等物质刺激策略不再是企业制胜法宝，消费者不会因为美丽的车垫而购买一辆几十万元的汽车。这就意味着，车企只有不断寻觅更加新颖有趣的营销手段和提供专业的尽心服务，真正满足汽车消费者的需求，重视消费者利益，才能牢牢锁住消费者。如果不能准确洞察目标消费者需求，忽略客户关系维护和优化，将注定在这场激烈竞争中处于被动挨打局面。

1. 车企认可新媒体价值，却认知片面，运用不成熟

新媒体强势来袭，促使了多行业营销传播的革命，车企也不例外。新媒体具有高效互动性、高速传播性，拥有无限的发展想象空间。新媒体的价值是受到车企认可的，然而新媒体对于汽车品牌建设和销售提升的价值远远大于车企所想象的，这一点，他们并没有深刻意识到。这就注定了新媒体的价值不能得到充分发挥。

目前，车企在新媒体运用上也有不少动作，例如利用社交媒体与消费者进行互动沟通、开发汽车游戏在网络和移动终端发布等。然而，大多数时候，新媒体只是被当作网络信息发布平台。当企业推出新产品或者是召开产品发布会的时候，才会想起在自己随大流的情况下创建的微博、博客、社区、论坛上发布几条没有内涵的苍白文字，毫无系统性的策划布局。

车企若只是将新媒体当作简单的"传声筒"，这个声音注定传播效果有限。首先，新媒体应该贯穿于整个产品和品牌推广过程，存在于每一个产品的生命周期中。在产品上市时，利用新媒体为其造势抑或炒作，创造火热的

① 《消费者需求升级，中高级车成购车首选》，腾讯汽车，2011 年 11 月 5 日，http：//auto. ifeng. com/news/domesticindustry/20111125/718781. shtm。

舆论氛围，引起目标消费群的浓烈兴趣。其次，将新媒体当作一项业务来经营，提升其地位，定时更新内容，以多种形式融合传播，多管齐下，发出统一的声音。

另外，新媒体的公开性、散播性、不可控性让一些汽车企业谨而慎之，甚至望而生畏，宁可选择故步自封，也不敢贸然尝试新媒体，担心一不小心，损坏自身形象。新媒体的即时性会导致企业负面信息迅速传播。即使是一点点纰漏，通过非良性心态网友的恶意转发和渲染，极有可能导致很强的破坏性。这样有可能会造成一个品牌相关的负面信息迅速地放大 10 倍、100 倍、1000 倍，甚至更多。商家害怕这会对品牌造成负面影响，增大运营风险。

由此可见，车企一方面希望通过新媒体应对消费者多元化需求和传播渠道的日益复杂化，另一方面却担心新媒体会增加运营风险。究其根本，这是车企对新媒体认知不清楚的表现。而这个清楚认知的过程绝非一朝一夕的事情。

（三）营销传播内容缺乏创新性

新媒体更新速度快、频率高，成千上万条信息以微秒的速度迅速传播。汽车企业品牌自身信息势必会有相当大的一部分掩埋在信息洪流里。精耕传播内容，抢占消费者关注力，成为车企营销传播竞争优势的重要砝码。

保持高频度的更新率虽然能吸引部分消费者的注意力，但显得只重视数量，忽视传播内容。这些企业发布的信息一般是从各大新闻网站、报纸上摘抄标题和简要内容，虽然信息来源较广泛，但缺乏原创性的内容。消费者一眼看去，也顶多是走马观花一般。千篇一律或者老生常谈的信息难以具有持久生命力。只有原创性、话题性、具有新闻价值的信息才是新媒体时代打动读者、引导读者、增强核心竞争力、树立品牌形象的重要途径，也是解决信息同质化的一个有效办法。换句话说，车企应该利用新媒体和传统媒体，传播自制话题性信息，通过多种形式，如包括图片、文字、声音、动画等元素，吸引消费者关注。如果把传播渠道比喻成精美菜式，传播内容就是真正留住顾客的美食。当今，消费者越发注重信息传播带来的感官享受，没有"料"的传播内容只会被消费者抛之脑后。

（四）营销传播形式同质化严重，缺乏差异化传播手段

作为有效的营销手段，名人代言、植入式广告、节目冠名、免费试驾、抽奖、打折促销、汽车展览会等都已经被汽车行业用滥了。近两年，新车请明星代言的越来越多。虽然明星代言汽车能在最短时间内提升品牌的知名度，但终究改变不了一辆车的内在品质和性能。因此，明星代言汽车的效果始终不尽如人意。明星代言得当，则如股市飘红，皆大欢喜；代言不当，则身败名裂，人财两空。此前，周杰伦和莫文蔚的帅哥加美女，没能让雅力士一炮走红，最终使这款小车折戟沉沙。①

通过电视、网络、报纸等频繁的广告，给消费者视觉和听觉的不断刺激，这种营销策略当然能在一定程度上提高知名度，但并不是长久之计。此外新车上市活动千篇一律，日常传播中速度对抗赛、节油挑战赛、安全挑战赛等活动层出不穷；公益活动也多集中在环保、教育和安全等话题上，汽车营销传播面临表达资源匮乏的困境。

（五）危机事件频发，品牌形象维护难上加难

危机事件是车企避之唯恐不及的事情。尽管车企危机事件时有发生，可相关危机应对机制却仍然表现不理想。面对危机反应迟缓、一味掩盖事实等逃避行为更是让品牌形象维护难上加难。

2010 年 1 月 21 日，丰田宣布在美召回 230 万辆汽车，此后数天内又宣布全球召回 540 万辆。29 日，美国国会宣布对丰田汽车的召回展开调查。当天，丰田章男在瑞士达沃斯论坛上被日本媒体拦截发表了致歉声明。31日，美国的主流报纸上出现丰田汽车的召回公关广告，"一个暂时的停顿，只为将您放在第一位"。2 月 5 日丰田章男鞠躬道歉。与此同时，丰田公司高管召开新闻发布会，但没有鞠躬道歉。17 日，丰田暗示将不出席美国国会的听证会。18 日，丰田章男表示，将参加在 2 月 24 日举行的听证会。

---

① 孙金凤：《汽车产品同质化竞争激烈，营销策略层出不穷》，腾讯汽车，2011 年 8 月，http：// www.baidu.com/link? url ＝ jHsMGJqjJ4zBBpC8yDF8xDhlvCmjK62nEWoIr9UONBu6LVdlFmAbg BxkBCb7y7C2P5vVLJqoxIdi159tOPuF_ m0jGj9YmF1CyMjy。

丰田公司的危机公关经历了一个从早期的"不作为""动作迟缓"，到后来的不得不"正面出击""全力布局"的过程。一开始丰田公司缄默不语，放弃危机应对主动权，造成整个"召回门"事件负面影响不断扩大。自北美召回第一辆车，到美国国会宣布对丰田事件展开调查，再到丰田章男痛下决心前去美国参加听证会，丰田公司两次错失解决危机的主导权。从总裁致歉到宣布企业内部改革措施，再到在华合资品牌高管出来"表态"，丰田亮出企业姿态用了太长的时间。

　　应对企业危机是各个行业必须认真对待的课题，车企更加需要重视。汽车危机事件往往与消费者生命财产安全相关，这样的敏感性社会问题，一旦处理不及时、不得当，极有可能瞬间颠覆企业品牌形象。在"丰田召回门"的背后，我们看到的是一个汽车企业接受全方位考验的经典案例。应对危机，首先是自身质量过硬，车辆品质永远是一部车的核心。不论你广告做得再多，营销做得再巧，如果车辆没有好品质，一切都免谈。顾客会上一次当，但绝不会再来第二次。而且，品质差，价格也卖不高。其次，塑造品牌并且维持品牌，从生产到销售，再到服务的整条产业链建设，无不与品牌建设息息相关。最后，研发与品质有千丝万缕的联系。高品质产品，其实都是通过在原有技术上不断改进、创新和发展所取得的。而这一切都属于研发的范畴，没有领先的技术，就无法与对手竞争。①

四　中国汽车行业营销传播发展趋势及对策

（一）重视服务价值，注重客户关系营销

　　相关统计资料显示，在一个完全成熟的国际化的汽车市场，汽车的销售利润约占汽车利润的 20%。零部件供应利润约占 20%，而 50% ~ 60% 的利润在服务领域中产生。汽车交易从来不是"一锤子买卖"，汽车售后具有巨大的利

---

　　① 吕岚：《"召回门"下企业如何演绎危机公关》，凤凰财经，2010 年 6 月 26 日，http：// finance. ifeng. com/leadership/alzx/20100611/2306526. shtml。

润空间，以服务为核心的客户关系营销将是关键所在。客户关系是汽车行业保持可持续发展的重要动力。每一个客户，不分购买档次高低，都应该认真对待。汽车行业同行竞争相当激烈，简单的低价促销和礼品赠送并不能有力地留住老用户，吸引新客户。汽车消费者更看重用户体验，看重是否具有良好专业的售前、售中、售后服务，而不是一旦车辆销售成功，客户的需求和声音就被置若罔闻。汽车行业必须转变"以产品为中心"的传统营销观念，实现"以客户为中心"的客户关系管理。

例如东风雪铁龙与经销商网络，身处营销系统的上下游，既相互依赖，又存在矛盾和利益冲突。经销商位于市场的最前沿，直接面对客户，能够快速直接得到第一手的需求信息，然而由于区域性限制，造成对客户长期价值发掘的不足。东风雪铁龙客户关系管理将处于市场前沿的网络终端——经销商纳入客户关系管理项目中，在发挥各种优势和特长的基础上，整合所有的资源，最终实现提升客户、品牌和客户的价值。服务也是产品，是售后的产品。用户在每行驶 5000 公里或 7500 公里到服务站做保养时，就会体验服务这样的产品。我们接待的流程是否规范、收费是否合理、标准检验是否专业、维修是否快捷，这些都会直接影响用户的主观感受。另外，完善的客户档案系统也是必不可少的。一言以蔽之，汽车行业的关系营销的关键在于为客户提供优质的长期售后跟踪及个性化服务。①

（二）全媒体策略，立体化传播

电视、广播、杂志、报纸宣传势头不减，微博、社交网站、SMS、移动网络方兴未艾，在信息爆炸的今天，用户已经越来越依赖互联网搜集信息，互联网是未来全媒体战略的关键，业界也越发重视如今越来越多元化的传播方式，并进行不断的探索，不少探索也取得了显著效果。值得注意的是，全媒体不是一个声音在多个载体上传播，而是将多个载体整合，形成立体化传播。各类媒体之间相辅相成，共同推进企业信息传播。

---

① 陈刚：《CRM 在汽车产销方面的作为（下）》，CRM，2005 年 6 月 20 日，http：//www.vsharing.com/k/2005-6/A497557.html。

全媒体策略与立体化传播与传统媒体报道传播的最大不同在于"精准定位与打击"。传统媒体的报道传播在于扩大品牌认知度，而新媒体带来的则是提升品牌价值，并且形成精准数据库的基础。聪明的汽车企业能在新浪潮中乘势追击，"门户＋社交"已经显示出其强大的优势。一方面，利用门户网站的公信力为其进行品牌背书，实现最大化的覆盖和到达，实现最佳沟通；另一方面，以社会化媒体为核心展开社会化营销，利用社会化的裂变式传播进行互动传播，让经销商、品牌、消费者进行全方位互动；① 除此之外，集中投放优势媒体，例如 CCTV 等传统优势媒体，同时在电视剧中植入广告等，实现传播效果最大化。同时纸媒、电视、广播、网络、手机等多平台整合，把营销效果最大化。

（三）节能型汽车发展势头看涨，社会责任越发重要

如同"花瓶"和"秀外慧中"两个词带给我们不同的感受，企业的社会责任是企业发展的"慧中"，100 多年前，福特汽车创始人亨利·福特认为"一个好的企业能为顾客提供优秀的产品和服务，而一个伟大的企业不仅能为顾客提供产品和服务，还竭尽全力使这个世界变得更美好"。这说明企业社会责任除了产品和服务之外，还要承担使世界更美好的相关社会职责。

汽车企业主动承担并实践自己的社会责任，对企业形象打造与提升、诚信提升、竞争力增强等方面具有重要的战略意义，从而将推动汽车产业生态链的健康发展及社会进步。企业追求社会责任被凸显，提升到相当高的程度，并与是否拥有竞争力相联系，与企业社会形象的提升和持续发展紧密关联，如福特汽车持续多年推进的"福特汽车环保奖"活动为福特汽车赢得美誉，对福特汽车企业的"企业公民形象"的全球提升具有着重要而深远的意义。2012 年"两会"上，上海汽车集团等企业代表分别就汽车技术、环保、能源发展战略提出方案并要求进一步倡导汽车企业履行社会责任，充分体现了全社会对汽车企业履行社会责任的关切，说明其意义重大，越来越多的汽车企业开始关注并

---

① 张可慕：《汽车营销新密钥：区域化、社会化》，《成功营销》2012 年 4 月。

践行企业社会责任。①

　　总之，汽车行业自 2008 年金融危机以来，行业整体发展出现剧烈变革。自 2011 年国内汽车销售刺激政策退市，汽车行业"一时光辉岁月"已经离去，汽车整体市场只是保持着微增长。面对宏观经济不景气和消费者需求多元化态势，车企面临的挑战加剧。为了保证较高的投入产出比，车企需要谨慎运用在营销推广方面的费用。在如此严峻的形势下，车企应更加精打细算每一笔营销费用，利用媒体巧妙组合，制造持久人气，线上线下联动，实现品牌和销售业绩双跃升。

---

　　① 林雷：《从卡车司机生存调查谈汽车企业社会责任》，新浪汽车，http：//auto. sina. com. cn/ news/2007 - 0604/1713281223. shtml。

B.17
报告十七
智能手机品牌营销
传播策略研究报告

广告主研究所

摘 要:

技术进步和消费者需求两大动因促进了智能手机快速发展进入大众化时代,智能手机市场的三股主要力量初现端倪,为了在竞争中脱颖而出,三大阵营纷纷推出多种定位战略的营销活动。智能手机品牌营销传播策略的特征十分鲜明,传播内容娱乐化,广告诉求多元化,媒体组合呈现产品分级化,传播主题与用户深度共鸣,互联网贯穿整个营销活动全程。

关键词:

智能手机 定位 营销传播 媒体策略

一 智能手机①市场发展概况

(一)智能手机快速发展进入大众化时代

技术创新创造消费者需求,消费者需求又推动技术更新,二者相互作用,同时成为推动智能手机行业发展的根本力量。据日本矢野经济研究所2012年

---

① 智能手机(Smartphone),是指像个人电脑一样,具有独立的操作系统,可以由用户自行安装软件、游戏等第三方服务商提供的程序,通过此类程序来不断对手机的功能进行扩充,并可以通过移动通信网络来实现无线网络接入的这样一类手机的总称。

12月10日发布预测，2012年全球智能手机出货量将达到7亿台，比去年增加47.7%，预计到2014年智能手机出货量将超过功能手机。①

在传统的功能手机时代，市场竞争的程度远没有智能手机市场竞争激烈，几个手机巨头长期盘踞榜首。以诺基亚为例，从1996年开始，连续15年保持手机市场份额第一。但是，智能手机浪潮打破了这一传统的格局，传统的手机巨头纷纷面临严峻的挑战，市场引起激烈的动荡。2011年，苹果依靠iPhone智能手机，销量从2010年的市场排名第5位跃居到第3位，成为全球第三大手机生产商。中国企业HTC和华为由2010年的第10名和第9名上升到第7名和第8名，智能手机品牌显示出巨大的生命力，并且市场地位不断跃升。

近年来，随着智能终端的蓬勃发展与普及，智能手机进入了大众化时代。智能手机的大众化时代主要有三个表现。

第一，智能手机市场的规模不断扩大。IT分析机构IDC日前发布的一份亚太区手机市场季度跟踪报告显示，2012年第三季度中国智能手机出货量打破6000万部的纪录，是同期PC（个人电脑）出货量的3倍多。中国智能手机环比增长38%，远远超过整体手机市场的9%。②

第二，智能手机逐渐平价化，费用越来越低。随着智能终端的蓬勃发展与普及，用户将回归理性消费，智能手机迎合消费需求，降下"贵族"的旗帜，指向千元机市场。"零元购智能手机""交话费赠智能手机""安宽带赠智能手机"，除了定制手机的廉价，各运营商定制手机捆绑的资费标准也越来越低。

第三，手机用户的换机率提高。随着中国存量手机市场走向饱和，换机用户比例扩大，将成为手机市场的主流消费群体。中国互联网消费调研中心的调查结果显示，2011年打算更换手机的中国IT网民中，九成将会选择智能手机，用户换机潮也将刺激智能手机产业的发展。

---

① 《今年全球智能手机出货量预达7亿台》，中国家电在线，2012年12月，http：//www. Ccn. com. cn/jiadian/yaowen/2012/1211/456753. html。

② 《今年第三季度中国智能手机出货量是PC的3倍多》，新华网，2012年12月。

（二）智能手机市场的三大阵营

1. 三大阵营初现端倪

在 3G 时代背景下，手机正在由过去简单的通信工具转变为移动多媒体平台，同时由于市场环境的变化，手机产业链也出现深度整合，智能手机市场的三股主要力量初现端倪，它们共同为消费者提供整合化的移动终端产品。这三大阵营分别是手机制造商、移动运营商和互联网企业。

根据 2012 年互联网消费调研中心的数据显示，目前中国智能手机市场上最受关注的手机品牌有三星、HTC、诺基亚、索尼移动、摩托罗拉、苹果等。三星以 23.8% 的关注比例高居智能手机品牌榜首位，诺基亚、索尼移动、摩托罗拉、苹果四大品牌排在第 3 至第 6 位，关注比例差距不大，分布在 7% ~ 9%。联想以 4.9% 的关注比例领跑国产手机阵营。[1]

对于运营商而言，通过与手机制造商采取定制手机的合作方式，将移动互联业务和物理终端捆绑，并结合个性化的资费服务满足了消费者日益增长的升级需求。

对于互联网企业而言，随着移动互联网的普及，占领移动终端就是占领移动互联网的未来，因此，与手机厂商进行合作也成为大势所趋。

2. 目前手机制造商在三大阵营中处于强势地位，但是未来运营商阵营的地位会有所提升，互联网阵营成为不可忽视的力量

手机制造商在三大阵营中处于强势地位。在这个智能手机的"战国"时代，终端厂商、平台软件厂商、运营商这三方势力正在应用领域积极布局。益普索（Ipsos）的调查也发现．在目前的情况下，用户在选购手机时，首先挑选的还是手机品牌，其次才是手机操作系统，最后是运营商，智能手机现有用户和潜在用户的选择顺序一致。[2] 这说明手机制造商在三大阵营中依旧处于强势地位，至少从目前看是这样的趋势。

目前，国内市场三大运营商与手机厂商的合作越来越紧密，定制手机

---

[1]　王彦恩：《2012 年 7 月中国智能手机市场分析报告》（简版），中关村在线，2012 年 8 月 8 日，http://zdc.zol.com.cn/312/3122077_ all.html#p3122260。

[2]　张永炬、张静忻：《谁会影响消费者选择智能手机》，《市场研究》2010 年第 10 期。

尤其是定制 3G 智能手机的销售规模增长十分迅速。GFK 监测数据显示，2011 年 8 月，国内三大运营商捆绑定制手机的销量已经占据整个手机市场销量的 37%。因此随着智能手机对运营商依赖性的增强以及运营商网络技术的发展，运营商定制手机模式发展强劲，运营商必将发挥越来越重要的作用。

伴随移动互联网时代的到来和智能手机市场的蓬勃发展，互联网公司也纷纷加入智能手机领域。面对众多的未知因素，互联网企业的前景尚不明确，但是可以明确的是，由于互联网公司的加入，中国智能手机市场竞争愈加激烈。

所以，在 3G 时代，手机厂商仍旧是最大的广告主，但运营商终端的地位在上升，而且互联网企业也涉足手机产业，成为不可忽视的力量。

二 智能手机的三种定位方式

定位是通过广告、公关、口碑等各种手段建立起品牌、产品与目标消费者之间的联系。定位战略对确定手机整合营销传播活动的焦点至关重要。手机定位战略是整个手机营销传播活动的第一支柱。

（一）以产品特征和顾客利益点定位

洞察目标消费者的不同利益需求，强化手机功能特征带给消费者的利益满足感。这种定位方法也是比较基础的定位方法，在目前流行的智能机领域，强化消费者心中的产品功能是多数手机广告主所普遍采取的定位方法。在广告片中诉求产品的多功能与消费者的需求挂钩，体现出智能手机产品的实用性特点。

邓超代言的天翼 3G 智能手机广告，广告片里的商务男士说，"智能手机，就是不管在哪儿，都能随时处理公务"，这里的广告诉求就是契合商务人士的利益点。三星 Galaxy S3 i 9300 和 iPhone 4 的手机广告都有诉求手机人性化的特点。三星 Galaxy S3 i 9300 广告《一天的生活》展示了手机的人眼视觉识别功能，用户睡眠后，会自动感知后关闭手机（见图 17 - 1）。

iPhone 4 高清广告就强调了手机互动视频的功能，通过亲朋好友之间的视频联系，增进相互的感情，整个广告片都沉浸在一种浓浓的温情当中（见图 17 - 2）。

图 17 - 1　三星 Galaxy S3 i 9300 广告《一天的生活》

图 17 - 2　iPhone 4 高清广告：强调互动视频的功能

（二）以文化和象征定位

希望在目标受众心中建立起与特殊品牌文化和象征意义的强烈关联。此类定位偏重于塑造品牌的层面，传达出独特的品牌精神，所诉求的不仅仅是产品本身，更重要的是产品所带给消费者的一种感觉，寻求"机"与"人"的一种精神共鸣，简单说就是一种商品"人格化"定位。

"不掩饰，不因别人的看法改变想法，不浪费快乐，不吝啬爱，不和虚伪的自己对话，我是我主宰"，这是近期步步高公司主推的 Vivo 智能手机的广告语。这款 Vivo 智能手机以"我是我主宰"为主要广告诉求，传达出一种独立、真实、果敢的个性，呈现产品的文化内涵（见图 17 - 3）。除此之外，还有许多品牌的产品也倾向于以文化和象征定位，如 HTC 形象广告"For You"篇，传达了 HTC 融入生活、人性化的品牌精神。

图 17 - 3　Vivo 智能手机广告"我是我主宰"

（三）以价格和质量定位

满足消费者对于价格和质量的要求，以价格和质量定位的方法主要是给消费者一个性价比高的概念，由于捆绑销售成本较低，运营商多采用这一种定位方法。

如联想乐 Phone 系列突出"智能机普及风暴",中国移动"买手机,送话费""买手机,中大奖"等广告,电信运营商推出的"千元智能机"计划、购机补贴等广告,这些都是强化消费者关于手机性价比的概念(见图 17-4)。

图 17-4 突出赠品多的移动手机广告

三 智能手机品牌营销传播策略

(一)传播内容和形式娱乐化,广告诉求多元化特征鲜明

1. 智能手机品牌传播内容和形式娱乐化

社会消费阶层对娱乐的需求导致了娱乐化的文化内容增多,针对目标消费者的娱乐需求,手机广告主也越来越倾向于采用娱乐化的主题来传播手机品牌,而传播目标则大多采用设计有关品牌形象或具体产品的营销传播活动来实现。如"诺基亚:7 电影之移星唤导计划"和"朵唯:'非诚勿扰Ⅱ,我是主角'"。与社会娱乐热点的结合,对新娱乐形式的创新运用成为广告主的选择,新娱乐形式是指如微电影、网络新应用、新游戏等。又如 2012 年夏季国内品牌云台(YUNTAB)智能手机的《喂!成长》微电影系列活动。

2. 智能手机广告诉求多元化

根据广告主体的不同将目前智能手机广告分为手机厂商广告、运营商手机广告和互联网手机广告三大类。由于三大主体的差异和各自广告目的不同,其广告诉求内容也不尽相同,但是围绕手机产品及其"体验"的诉求却是三大

类广告中所共同突出的内容。广告主三大阵营的广告诉求呈现多元化的特征。

第一，综合国内外手机厂商的广告来看，其诉求内容一般分为三个方面，即品牌形象打造、产品推广，促销信息告知，以及一些特定用途。OPPO 旗下的子品牌 Ulike 定位于追求时尚的都市女性用户，Ulike 推出的一系列电视广告基本都只突出 OPPO Ulike 这一子品牌本身，并不出现具体手机型号，整个产品系列都力图打造并传递都市、自由和风尚的产品品类形象。小米手机上市初期的广告内容就倾向于产品推广，不论是其发布会还是其他广告素材，均以纯理性诉求为主，竭尽全力突出了"中国首款双核 1.5G 智能手机，全球主频最快"等硬件优势。促销类广告一般都是阶段性的广告，有节假日促销或者旧款倾销等广告，大学新生入学期间此类广告尤其火热，每逢开学之际，各大校园就会挂满手机促销类广告，特别是国产手机主推"千元智能机"（见图17－5）。除了一般性诉求外，不少手机也针对特定用途制作并投放相应的广告，如竞争性广告、公关事件广告等，其共同点就是诉求内容和诉求方式与其特定的时空环境及目的紧密相关。

图 17－5　智能手机促销类广告

第二，手机制造商和运营商紧密合作，这也表现在相关广告的合作投放上。目前市场上有相当一部分广告由运营商主导投放，运营商广告诉求的内容既有对手机终端的宣传，更有对自身数据业务的宣传，以及一些综合的优惠促销信息等内容，以体现运营商价值。一个典型的案例就是联通投放的 iPhone广告，联通战略引进 iPhone，并投放大量 iPhone 产品的电视、户外等广告，一方面就是想通过 iPhone 强大的消费者号召力带动其 3G 用户数量的增长，另一方面就是要借苹果的品牌效应来提升中国联通"沃·3G"的品牌效应。这一类型的广告既是对手机终端的宣传，也是对自身业务的宣传，以达到双赢的效果（参考图 17 – 6）。

图 17 – 6　中国联通 iPhone 4 折页广告和"下载篇"电视广告

　　第三，由互联网企业联合手机厂商推出定制品牌机型，成为手机产品里的热门新军。互联网手机广告的诉求主要还是基于智能手机产品特性，体现互联网企业服务特色的功能和应用，它们更加强调消费者基于手机终端的移动互联体验，是将手机终端与移动互联网内容紧密结合的整体诉求。如 2011 年 9 月腾讯与 HTC 启动战略合作并推出由 QQ Service 深度支持的社交手机 HTC Cha Cha（见图 17 – 7）。该手机设有单独的 Q 键，方便用户通过手机 QQ、手机 QQ空间、腾讯微博等社交应用及时分享动态与

心情。① 这些正是 HTC Cha Cha 所特有的来自互联网厂商的独特体验支持。

图 17 – 7　HTC 官方网站发布的 HTC Cha Cha 手机

（二）产品分级化的媒体组合策略

手机品牌的媒体资源依据产品分级进行分配及组合，针对不同类型的产品分配和不同量级的预算，不同的预算分配又直接导致了媒体组合的不同。

A 级产品由于是公司的旗舰产品，企业会根据市场情况制定年度预算，保证其品牌认知和地位的提升。A 级产品会选择全媒体覆盖的形式进行传播，且侧重于电视、户外和互联网三大块，广播、报纸、杂志则作为次媒体和辅助媒体。

B 级产品是年度重点产品，可以是具体某一个型号，也可以是一个系列。在电视台、户外和互联网的投放都会较大，但投放额会少于旗舰产品。

---

① 《腾讯与 HTC 联手发布 Cha Cha 手机》，中国经营网，2011 年 9 月 21 日，http：//www.chinadaily. com. cn/micro-reading/tech/2011 – 09 – 21/content_ 3852043. html。

C 级产品是一般产品。产品价格一般不高，广告预算较少。C 级产品一般较少投放传统高投入的媒体（如电视），主要依托互联网进行整合营销传播。

根据产品自身特点，以及产品对于企业的价值和意义，企业在分配传播资源时会实行差异化配比，通常 A 级占总销售额的 5% 以上，B 级占总销售额的 2% ~3%，C 级占总销售额的 1%。

案例：MOTO XT 800 的媒体组合策略（总投入 5000 万人民币）

（1）电视/电台媒体：

30 秒、15 秒配合（1:1，前两周以 30 秒为主）；

地方地面频道为主占比 50%；

电台媒体中央 + 地方配合，主要投放地方交通台。

中国电信与摩托罗拉分级别电视媒体广告投放分配情况

单位：%

电视媒体级别	电视投放金额占比
CCTV 及中国教育电视台	14
卫视	37
地方地面频道	49

（2）杂志媒体：主要投放财经、新闻类周刊、航机杂志等高端杂志，并有软文配合。

（3）户外媒体：覆盖前 15 个城市机场、银行贵宾厅、高档办公室数码海报、LCD 等。

（4）互联网传播：门户网站、专业垂直网站、精准广告、搜索引擎。

MOTO XT 800 的品牌推广注重与地面推广的整合，与运营商全面联合推广（营业厅、政企渠道等）；互联网营销也融合线下高端人士试用、主题营销活动互动、公关软文等，制造话题，借力营销。

（三）智能手机的传播策略

1. 电视高空覆盖、线下深耕布局、互联网全程跟进的全方位整合策略

电视、广播、报纸、杂志、户外、互联网分别有不同的优势和劣势，由此

它们在品牌传播中关于目标人群、传播效果、主要形式、使用阶段也各有不同。广告主根据各媒体不同的特点，采取电视高空覆盖、线下深耕布局、互联网全程跟进的全方位整合策略。各种媒体通力合作，最终达到"1＋1＞2"的传播效果。

案例：三星 galaxy SII 生命周期各阶段媒体传播策略（总投入 2000 万美元）

（1）预热期通过公关及网络的大力口碑宣传造势。

（2）首销日在重点城市开展丰富的体验活动拉动销售。

（3）两个阶段的电视广告，强化的大众媒体的传播力度。

（4）网络宣传贯穿整个投放期，涵盖门户/视频/SNS/IT/BBS 等多渠道。

媒介策略可圈可点，充分利用媒体特性和广告形式的特殊化提高传播冲击力；无论是传播内容还是形式，包括地面活动都充分重视体验性；以互联网贯穿始终，形式多样（见图 17 – 8）。

图 17 – 8　三星 galaxy SII 智能手机

2. 根据传播能量的高低，对目标受众分层，驱动高能量人群向低能量人群传播

联手明星就是智能手机进行借势传播的一个常用方式。明星效应是推动手机销量发展、扩大手机市场知名度与影响力的一个很好的途径，这一点在国产品牌手机中十分突出。此前，国产手机 DOOV 朵唯邀请影星舒淇为代言人，长虹手机牵手孙红雷，国内手机新锐品牌之一的欧博信重金礼聘韩国新星艺琳小姐为代言人。品牌的影响力通过明星—粉丝—普通消费者一路传播开来。

3. 传播主题越来越注重与用户有效沟通和深度共鸣

消费者媒介化时代，一旦营销主题形成口碑，便可以几何级数甚至"病毒式"多层次传播和推广。传播主题的选择紧紧围绕目标消费者的生活习惯来设计，比如华为针对大学生，主推校园歌会主题；小米手机定位 18～35 岁的年轻人为目标群体，针对这一群体，主推网络营销。

（四）网络整合营销策略

2012 年 7 月 19 日，中国互联网络信息中心发布《第 30 次中国互联网络发展状况统计报告》。报告显示，截至 2012 年 6 月底，中国网民的总数量达到 5.38 亿，互联网普及率达 39.9%，中国网民中 40 岁以下人群占绝对比重，该群体占网民总数的比重为 82.3%。手机市场消费者的年龄集中在 18～45 岁，也就是说手机的目标消费者也是中国网民的主要力量，他们有从互联网获取信息的习惯，互联网就成为各个信息接触点的整合者，这一特征正是广告主网络营销诞生的土壤。

1. 互联网贯穿产品整个生命周期的推广

互联网时代，各大网站都在制造着广告内容并对用户进行精准化传播，运用网络的互动性达到最大化的品牌营销效果。网络传播贯穿产品整个生命周期，并在不同的时期以不同的形式存在，发挥不同的传播效应。

在产品生命周期中的四个阶段，企业面临的竞争特性不同，需要对广告诉求策略进行调整。产品导入期的广告诉求策略主要是告知性，以介绍产品的功能为主，如智能手机厂商利用官方网站或者微博介绍新品手机的功能；成长期的广告诉求策略主要是扩张性，以塑造品牌概念和内涵为主，如智能手机厂商有意识性地引导舆论，制造网络口碑；成熟期的广告诉求策略主要是竞争性，

以品牌形象广告为重点，如智能手机厂商在大型网站的品牌形象推广活动；衰退期广告诉求策略主要是提醒性，唤醒人们对品牌的怀旧意识，如智能手机厂商在互联网上关于手机话题的讨论、促销类信息等。①

2. 注重消费者的参与和体验

网络营销的一大特点就是具有互动性，营销人员以迎合消费者兴趣点的创意作为主题，吸引更多的消费者参与到品牌建设过程中，最大化影响消费者对品牌的体验，从而增加消费者对产品的黏着度，增强品牌活性。

案例：小米手机的全民营销

（1）产品投放前的造势：米聊先行，名人造势。

米聊先行：米聊，诞生于2010年12月，是小米科技出品的一款手机端免费即时通信工具，米聊的推广与后来"玩米聊抢小米手机"、米聊用户邀请好友安装并登录米聊，即有机会免费获得1699元小米工程纪念版手机或抢先购买名额等优惠活动，无疑是前后呼应的。对于如今小米手机"一机难求"的火热，米聊无疑是具有重大贡献的。

名人造势：雷军的影响力成功嫁接到自己寄予厚望的这款产品身上。当这位中国互联网的顶级人物沉寂近两年后，再次在媒体面前密集曝光，并调动人脉不遗余力为小米手机造势时，几乎所有人都乐意将这场小米风暴与雷军个人职业生涯捆绑起来作为谈资。

（2）销售期的网络营销：口碑营销，排队"买米"。

口碑营销：互联网引起有争议的话题，并且没有官方对这类传闻予以澄清或者辟谣，这就引起了米粉与魅族支持者的口水战。

排队"买米"：小米开始在网络销售，用户可以在小米网站上看到预订购人数，并且可以看到手机的投放量是一点点增多的，可以让欲订购者更珍惜这个机会，并且能激发更多潜在的购买者。所以在产品图上和广告上写上销售量或者评论数，都能引起消费者对该产品的关注，从而唤起购

---

① 徐波：《在产品生命周期不同阶段广告诉求策略的表现和应用》，《经济研究导刊》2009年第10期。

买欲望。

到目前为止，互联网已经贯穿小米产品导入期和成长期两个阶段，随着小米产品生命周期的进行，还将贯穿接下来的两个阶段。小米的成功之处在于全民营销：全公司参与营销，全行业参与营销，全体网民参与营销……雷军微博的活跃，小米公司的活跃，小米公司全体员工的微博活跃，移动互联网行业讨论小米，核心媒体开始宣传……上下齐心，协同发力，才会让营销带动促销，真正发挥营销的核心竞争力。

3. "网络广告＋网络销售＋口碑营销"的整合平台

网络营销的各个环节并不是割裂开来的，随着电子商务的迅猛发展，网络营销的各个环节更加紧密地联系在了一起，从广告主投放网络广告到口碑营销再到网络销售，然后再产生一个循环，这些环节是相互融合、互为支撑的，最终达到"1＋1＞2"的营销效果。

案例：国产青橙（Green Orange）手机的网络营销

伴随着技术革新和用户需求的扩大，更多的企业巨头纷纷加入智能手机市场的争夺战，强者云集的智能手机市场战格外激烈。国产的青橙（Green Orange）手机就是刚刚加入到智能手机行列的一员，2012年4月，青橙手机震撼亮相，上市不到一个月，Mars.1 首批 5 万台全部售罄，这就是互联网创造的神奇的营销速度。

网络广告：青橙通过洞察消费者，在各大网站推出网络广告，特别是一些数码论坛的软文广告。

网络销售：通过点击链接广告可到达销售页面，青橙建立官方商城进行网络销售，这就将网络广告与网络销售连接起来，网络购物十分方便。

网络口碑：青橙注重与消费者的互动，通过建立官方网站、官方商城、微博、各种论坛等渠道和用户开展互动，让用户在第一时间了解到企业信息，企业也能在第一时间得到用户的信息反馈，从而助力企业品牌推广。好的网络口碑的传播也有利于消费者的即时购买或者二次购买。

网络将广告、销售、口碑紧密地联系起来，形成了一个循环式的整合营销平台。作为一家创业初期的高科技公司，青橙全方位打造了智能手机"核心产业链+移动互联"的创新发展模式，通过构建"网络广告+网络销售+口碑营销"的整合平台，创造了神奇的营销速度。

（五）体验化线下传播，品牌和销售双赢

智能手机的线上推广主要是借助各个媒体，如电视、广播、报纸、杂志等媒介进行品牌传播活动。线下传播主要包括布局和氛围、促销人员、促销活动等三大要素，三者有机结合能够影响消费者的最终体验，都有加强或转化消费者最终体验而达成销售的直接效果。线上传播与线下传播缺一不可，二者协作成为整个整合传播战略，最终达到品牌和销售双赢的效果。线下传播主要体现在消费者体验的过程中，暨"体验化"贯穿于线下传播的各个环节。

第一，通过运用布局、颜色、音乐和听觉等暗示，把终端卖场的销售环境设计得令人赏心悦目以促进销售。[1] 良好的终端氛围能对消费者进行终端拦截，进而产生对品牌的好感，好感度是促使消费者购买的关键因素（见图17-9）。

图17-9　氛围良好的手机卖场

---

[1] 〔澳〕约翰·R.罗西特：《广告沟通与促销管理》第二版，康蓉、王玉连等译，中国人民大学出版社，2004。

第二，促销员是产品和品牌的一线推销员，也是最具活性的接触点。消费者与促销员直接面对面接触，促销人员的素质会直接影响消费者对品牌的感受，高品质的促销过程会产生良好的消费体验，进而促使购买的发生或者增强消费者对品牌的好感度。

第三，终端促销活动包括两大类：一类是以销售促进为主要目的的活动；另一类是以消费者互动体验为主要目的的活动。消费者互动体验活动是以产品接触为核心，一次好的消费体验不仅增加消费者本人对于产品的好感度，而且也是接下来口碑传播的一个好的开端。

因此，线下传播不仅是营销的"最后一公里"，而且也是品牌传播的另一个新的起点，良好的消费者体验，必将达到品牌和销售的双赢。

四　总结

由于技术革新和用户需求的推动，智能手机产业在近些年得到了突飞猛进的发展，在整体手机市场中的比重不断提升，智能手机市场的规模不断扩大，中国成为全球最大的智能手机市场。智能手机浪潮打破了传统的手机市场格局，新型的手机市场的三大阵营初现端倪，它们分别是手机制造商、移动运营商、互联网企业。这三大阵营各不相同，又紧密联系。三大阵营的智能手机品牌营销传播策略不尽相同，呈现几种不同的定位策略。根据产品的不同特质，产生相应的诉求内容，并且整合线上、线下的媒体资源进行整合营销传播。由于互联网的迅速发展，倾向于网络营销的广告主也逐渐增多。总之，智能手机品牌营销传播策略日益呈现多样化、复杂性的特点，传播水平不断提升，营销效果也不断加强。

B.18

报告十八

广告市场三大主体在实施国家
广告战略中的责任和作用研究

中国传媒大学广告主研究所

摘　要：

　　2012年初，国家工商总局把2012年定为广告发展年，提出"实施国家广告战略"。为了更好地实施广告战略，国家工商总局、各地工商局以及国家广告研究院联合组织开展了系列课题研究，希望明确"实施国家广告战略"的实质、主体内容和基本思路，进而逐步形成指导广告业持续、快速、健康发展的政策体系。实施国家广告战略是国家壮大自主广告企业、扶持与保护广告产业的现实可行的战略选择。良性的广告市场的培育，需要构建一个良性的广告产业发展生态链。因此，广告主、媒体、广告公司、政府都应该发挥各自的职能，为广告行业地位的提升尽自己的一份力，最终推动国家广告战略的顺利实施。

关键词：

　　国家广告战略　广告主　广告公司　媒体

一　推进实施国家广告战略面临的重大责任

（一）关于国家广告战略的内涵[①]

有学者把国家广告战略的解读重点放在了"国家"层面，比如许正林、

[①]　杜国清、陈怡：《关于国家广告战略制定和实施的思考和建议》，《现代传播》2012年第8期。

李名亮的论文《以国家的名义：广告产业发展战略的新境界——"实施国家广告战略"的内涵、保障与路径》，而我们对于国家广告战略的内涵解读更侧重于国家意志和行政规划。

我们认为，国家广告战略的提出标志着国家对广告价值的高度认可，换言之，国家的广告观进入到了新的发展阶段，以广告行业主管机构工商总局的立场思考，重点放在"战略"层面更符合当下广告业的发展现状，更适合落地。

既然为战略，首先要明确的就是广告业的定位，明确了广告业的定位才能对广告市场内的资源进行合理规划和调配；其次是对未来发展的规划，规划之前需要先解决广告业发展面临的阻碍和挑战，进而把握广告业发展的核心动力，并依此制定广告业发展目标和实施路径；最后则体现了一种观念，其实质在于，通过国家广告战略，对社会上的价值观、文化和理想等精神内容进行引导，提升全民广告素养、传承文化美德、增强国家软实力，真正达到"透过广告看到一个国家的理想"的境界。

无论是从经济战略、文化战略还是广告业发展中的棘手问题都可以发现国家广告战略制定与实施的必要性和紧迫性。第一，广告业是经济发展方式转型的推进器。第二，广告是刺激消费与三轮驱动的不可替代的力量。第三，发展广告业是我国自主品牌建设的重要支撑点，对于民族品牌市场竞争力的提升以及民族品牌的国际化进程具有举足轻重的作用。

国家广告战略是文化战略的重要构成部分。第一，传承文化、弘扬精神；第二，提升国家形象和国家软实力；第三，引导和丰富社会价值观。当前广告业发展中存在的棘手问题也使国家广告战略的制定与实施十分必要。首先，中国广告业其实是生存在一个非常不利的舆论环境之中，为我国的广告创作、广告经营、广告监管、广告行业发展以及广告教育和研究带来重重困境。其次，广告业发展规划的缺失与广告业快速增长之间存在矛盾。在2012年度关于国家广告战略实施的实证调研中，笔者发现，广告业的三大主体对新广告法的出台呼声高涨，并且呼吁政府以及地方政府真正对广告业的发展问题重视起来，深入调研，充分研究，直视我国广告业发展进程中面临的弊端、瓶颈和挑战，有规划、有步骤地进行推动和引领。最后，广告业缺

乏自信、自尊和自律，而这与广告公司在广告业中的地位和使命是严重脱节，甚至是背离的。

（二）"十二五"规划营造良好发展空间，国家广告战略助力大国经济崛起

1. "十二五"规划助推文化产业发展，国家广告战略迎来重大发展机遇

我国的广告业与发达国家相比差距一直很大，即使是在中国广告业实际经营额突破 3000 亿元，跻身全球第二大广告市场之后，从 GDP 来看，美国市场广告营收额占 GDP 的比重一直是 2% 左右，日本市场是 1% 左右，而中国市场广告营收额占 GDP 的比重不到 1%。虽然差距犹存，但从另一个角度能看出机遇，即中国的广告市场还有很大的发展空间。

"推动文化产业成为国民经济支柱性产业"被正式写入了"十二五"规划纲要中。"十二五"规划纲要明确提出，要提高全民族文明素质，推进文化创新，繁荣发展文化事业和文化产业，推动文化大发展大繁荣。这对提升我国文化产业的地位、促进文化产业发展提供了强有力的制度保障，必将推动我国文化产业春天的到来。而广告产业作为文化产业的重要组成部分，文化产业提升为"国民经济支柱性产业"必然会助力广告产业地位的提升。

"十二五"时期，国民经济平稳的较快发展以及人民收入水平和消费能力的不断提高，将为广告业的发展提供良好的经济基础和市场条件。在这样的利好因素下，实施国家广告战略正逢其时，迎来重大的发展机遇。

2. 大国经济崛起，国家广告战略获得良好经济实力支持

在过去的 30 年中，中国在世界经济中的地位不断提高，在 2007 年，中国的 GDP 超过了德国，在 2010 年又超越了日本，成为世界第二大经济体。2008 年的金融危机是一场全球性的危机，中国推出的大规模经济刺激计划也为全球经济做出了贡献。中国经济的崛起已经是一个不容忽视的现实，而在中国经济崛起当中，广告业发挥着巨大的助推作用。

经济学研究指出，广告业发展和经济增长之间存在一定的相关性。一方面，经济发展是广告业发展的内在驱动力；另一方面，广告业是经济发展的助推器，在促进经济发展中实现了自身的快速持续发展。因此，广告在社会经济

中占有十分重要的地位，广告是市场经济的产物，也是市场经济的推进器，是沟通产销的桥梁和纽带。广告在促进生产、扩大流通、指导消费、繁荣经济和促进国际经济贸易等方面发挥着重要的作用。广告作为文化产业的重要组成部分，是知识密集、技术密集、人才密集的高新技术产业，是市场经济高度发达的产物和象征，广告业的发展水平是衡量一个国家或者地区经济发展水平的重要标志之一。中国经济的崛起，将会为国家广告战略的实施带来机遇，提供良好的经济支持。

3. 把握政策与经济利好因素，努力发展国家广告战略

我国的广告业从一开始就有其独有的特点和规律。从目前的发展来看，中国的广告主在广告市场中占据着主导地位，引领广告市场的发展，媒体的地位依然强势，作为桥梁的广告公司发展相对滞后，没有发挥应有的引导作用，中国的广告代理制发展依然面临重重挑战。另外，广告市场秩序混乱，虚假广告和违法广告现象依然严重，与广告产业发展的相关政策、监管、引导等也不健全。这些问题的出现，一方面广告主、广告公司和媒体都有相应的责任，另一方面也说明广告业在我国没有受到足够的重视，相关监管政策和机制等亟待完善。从"十二五"规划开始，文化产业提升到国家战略性层面，广告产业也在政策上给予了足够的重视，国家广告战略的实施必然会带动广告产业的大发展。

此外，国家的广告观也在慢慢发生变化。在此之前，中国就曾经尝试通过广告这种形式进行对外宣传。2009 年，商务部启动"中国制造"海外宣传，推出一系列全球广告，在 CNN 等国际主流媒体投放，这被认为是中国形象的首个品牌宣传活动，并被一些观察人士称为"国家形象广告"。2010 年该广告片在欧洲主流媒体再次播放，体现了中国企业界不断加强与欧洲各国的合作，为各国消费者提供高质量商品的态度和意愿。① 由此可以看出，广告可以成为一个国家对外宣传、表达立场与意愿的非常好的形式，是促进经济发展的助推器。

---

① 《中国制造广告片再次在海外播放》，中国广告协会网，《人民日报》2010 年 7 月 2 日，http：//www. cnadtop. com/law/superviseTrend/2010/7/2/de9de5c5 － 6f13 － 443f － 9ca9 － 5aadb541d7d2. html。

继"中国制造"国家形象宣传片之后，2011年《中国国家形象广告——人物篇》在美国《纽约时报》亮相，制作此次国家形象广告片的是上海灵狮广告公司。广告公司参与国家广告形象片的制作是一个很好的尝试，对展现广告公司的实力、提升广告公司的地位有很大的帮助。国家形象广告片为实施国家广告战略开启了一个良好的前奏，是广告在国家战略层面发挥作用的典型案例。

（三）中国走向世界，国家广告战略破解国家形象力及企业品牌力的不足的难题

1. 外部经济局势动荡，内部经济结构转型，中国企业面临双重压力

后金融危机时代，世界经济走出衰退迹象已比较明显，各主要经济体虽表现不一，但呈现恢复性增长。鉴于复苏基础尚不牢固，各类风险依然存在，因此经济恢复的走势还不明朗。[①] 未来5~10年，世界经济将经历一个高通胀、低利率时期，危机不断，因此发达国家不敢轻易使经济刺激政策退出，这样的国际环境将对中国产生巨大影响。[②] 这场金融风暴的影响仍未消弭，使正处在"十二五"期间的中国面临的国际环境变得复杂。

中国的经济结构转型有内生性因素，而金融危机在客观上从外部加快了中国经济转型的进程。在外部环境动荡，内部经济结构转型加速的背景下，中国企业面临的机遇与挑战并存。世界经济形势不确定性增强，中国企业实施"走出去"战略，对企业驾驭风险的能力提出更高的要求。而中国企业的国际化经营管理能力不强，防范和应对各种跨国经营风险的能力较弱，同时，与"走出去"相配套的基础服务体系也不完善等，这需要中国企业提高综合能力。

2. 中国走向世界，但国家形象力仍存在不足，中国企业难以获得国家形象强的有力背书

在中国崛起的过程中，国家形象的积极树立与传播，是真正融入世界性话

---

① 驻汉堡总领馆经商室子站：《后金融危机时代全球经济形势分析及趋势预测》，新浪财经，2010年7月20日，http：//finance. sina. com. cn/roll/20100720/14408330056. shtml。

② 柳建云、赵琳琳：《金融危机加快中国经济转型》，新浪新闻中心，2010年2月27日，http：//news. sina. com. cn/o/2010-02-27/043117136180s. shtml。

语体系的积极表现。中国企业走向世界，国家形象是其强有力的后盾。国家形象是软实力的重要内容，近些年中国在国家形象建构方面作出了积极的努力，2009 年和 2011 年的国家形象广告是中国积极探寻树立国家形象的良好尝试，在国内外反响巨大。虽然我国在国家形象建设方面有了一定的成绩，但是国际形象力不足仍是不争的事实。

国家形象的建设是一个长期的过程，在国际上，中国没有一个非常清晰的国家形象。一方面，因为中国一直重视经济上的大发展，忽视对国家软实力的建设，甚至出现了很多没有到过中国的外国人对中国的印象还停留在改革开放前。另一方面，国际舆论、国际话语权长期以来掌握在西方发达国家手中，"中国威胁论"在西方国家甚嚣尘上，使中国的国家形象传播遭遇了重重的困难。

3. 国家广告战略积极助力中国企业建设强势品牌的影响力

通过课题组在对北京、上海、广州三地的广告主、广告公司和媒体的访谈可以看出，三方主体大都认为广告对企业的发展推力巨大。三方认为，如果把企业的广告分为产品广告、形象广告和公益广告，那么这三种广告都对企业发展起到重要的作用。产品广告是企业最基本的广告，向消费者传递企业的产品和服务的信息；形象广告则传递了企业和品牌的理念与精神。形象广告常会和企业品牌联系在一起，是一项长期投资。现实的情况是，大多数企业对形象广告不是很重视，很大程度上是因为形象广告不如产品广告那样立竿见影。公益广告与企业的社会责任有关，体现了企业对责任的承担和义务的履行。但是做公益广告的企业相对来说少之又少。被访广告主都认为广告对企业的价值和作用巨大，但是很多企业对目前广告的利用不是很满意。

目前，国内广告公司整体实力与国际 4A 广告公司差距很大，国内企业走向海外时更倾向和 4A 广告公司合作，国内广告公司的发展跟不上广告主走向世界的步伐。在这样的愿景和目标下，国家广告战略的实施会为中国企业进军国际市场、提高国际竞争力提供强有力的支撑。从微观层面看，广告公司在品牌传播、策划创意、设计制作、公共关系、调查资讯、互动营销、媒体广告策划与投放等方面能力的提升将会助力中国企业建设强势品牌，提高品牌影响力。从宏观层面看，国家形象力的增强同样会为企业"走出去"提供后盾，

中国企业会获得国家形象的强有力背书。中国企业进军国际市场就不会是单打独斗，背后会有强有力的支持。

二 广告市场三大主体共同推进国家广告战略的实施

三大主体在推进广告产业地位提升、推动国家广告战略实施方面任重道远。课题组通过对北京、上海、广州三地三大主体的调研发现，三方普遍认为，目前广告行业在国家产业中的地位很低，在政策上没有给予足够的重视，而且，不管是广告主、广告公司还是媒体都存在着急功近利的心理。振兴广告产业既需要三大主体从自身做起，也要国家从政策层面进行扶植。

三方在推进国家广告战略实施中需要共同发力，但职责也稍有不同。广告主应发挥原动力的作用，积极引领广告市场的发展；广告公司是核心力量，应该积极争当领导角色；媒体应该扮演好基础的角色，同时在新媒体的环境下坚守住职业操守，为大众提供一个干净的媒体环境。只有三方各司其职，才能推动国家广告战略健康发展。

（一）广告主发挥原动力作用，推动国家广告战略实施

1. 中国广告主主导地位明显，积极推动广告市场发展

中国广告主处于广告系统的中心位置，提供了制作广告和购买媒体时空的全套管理指导和资金支持，提供资金的广告主支撑着整个广告业。也就是说，广告主广告费的投入，提供了对广告规模的基础判断，决定了广告市场的规模大小和发展速度的快慢。

中国广告主始终在三方关系中发挥着关键作用。广告主观念和行为的变化会牵引着媒体和广告公司的神经。首先，广告主媒介策略的调整会影响着媒体的经营走势。广告主更倾向于使用多种媒体，并积极开发新的媒体，改变原本依赖四大传统媒体的格局。这些都导致了传统媒介作为广告市场"老大"优势地位逐渐弱化，媒体开始强调客户导向和专业服务，广告经营战略出现调整，业务内容也更加丰富。其次，广告主推动广告公司的专业化生存。广告主在激烈的竞争中蜕变得日益成熟，逐渐积累了丰富的营销经验，对广告公司的

要求日趋专业化。

　　广告主在实施国家广告战略中责任重大。广告主的需求很大程度上决定了广告市场的发展，广告公司和媒体是围绕着广告主来提供服务的，广告主的动向会引导二者的发展方向。因此广告主应该扮演好带头人和原动力的角色，在自身业务稳定的前提下，引导着广告市场的健康发展。

2. 中国广告主肩负责任，助力广告行业地位提升

　　广告主与广告的关系是相辅相成的，因为品牌的发展离不开广告。以中国家电巨头美的公司为例，其 1997 年的营业额只有 30 亿元，2010 年突破了1000 亿元大关，其高速发展与广告的投入密不可分，美的一直是中央电视台最大的广告客户。再比如乳制品巨头蒙牛和伊利，它们通过大规模的广告宣传而迅速崛起，在液态奶市场将洋品牌远远地甩在了身后。因此可以说广告是推动民族品牌、民族产业链崛起的重要力量。综观各行业尤其是消费品行业，越是竞争激烈的行业，广告的投入就越大，龙头企业的规模就更大。[①]

　　一般来说，广告企业在建立之初，面临着竞争和生存的压力，广告倾向于产品广告，以促销型为主，对广告的创意、制作的要求并不高，甚至内容良莠不齐。当广告主站稳脚跟，建立起品牌，对广告的要求就会提升，相应地品牌广告就会增多，广告创意、策划等也开始重视。对广告的重视相应地会促进广告市场的发展，带动广告公司在广告制作水平上的进步。因此，广告主对广告行业地位的提升具有重要的推动作用。

（二）广告公司发挥核心作用，争当行业领导者

1. 广告公司困惑与挑战中前行，行业地位堪忧

　　在一个健康的广告市场中，广告公司至少是行业的引领者之一。中国传媒大学广告主研究所 2012 年广告生态调研中，针对"广告主、媒体、广告公司对广告主导市场力量的看法"一题显示，居于首位的是广告主，而广告公司排名最后。连续多年的中国广告生态调查结果显示，在广告主、媒体和广告公司的三方关系中，无论是市场信心还是产业主导角色，广告公司的地位一直处

---

　　① 何海明：《再为广告正名》，《中国广告》2011 年第 5 期。

于广告市场的最底层。

中国广告业未来发展中面临着困惑与挑战，首先存在三种观念：第一，中国的广告和广告业还没有得到足够的重视；第二，我们的行业认同度持续走低；第三，获得的是不高甚至是具有偏差的评价，目前政府和公众的普遍认知度仍然是以负面居多。这种低认同的普遍行业认知对于广告公司的发展来说是极其不利的。广告公司想要在广告行业中担任引领者的角色，还任重而道远。

另外，两股力量的内外夹击，广告公司未来发展堪忧。第一股力量即受众与媒体的突飞猛进。受众从聚合到分化再到重新聚合，受众需求越发难以捉摸。从传统媒体传播到数字媒体的全面革新，到现在数字信息平台的日渐成熟，受众媒介接触习惯呈现多元化，这对于广告公司的业务和创意能力提出挑战。第二股力量是专业人才、专业能力、专业信念与信心的缺乏和滞后。

2. 业务创新、资本上市助推广告公司谋求升级之路

（1）广告公司业务持续创新，加强了广告公司产业引领优势

面对广告主和消费者需求多元化趋势，广告公司必须打破以往的旧思想，突破传统的广告经营模式和服务内容，在自身专业服务能力方面积极探索，不断创新，在同行业中树立差异化优势，保持着一颗"活到老，学到老，新到老"的创造之心。广告公司必须摆正自己的定位，不应只是广告主的"执行手"，而主要应扮演着"智囊"角色，参与到品牌定位、市场调研、受众设定等决策层面，这是广告公司发展的未来之路。

广告公司积极探索突围之路，欲在广告市场站稳"智囊""智库"一席之地，必须将"创意"作为重中之重。奥美全球董事长夏泽兰在被问到"广告业的未来如何"时，回答是"今天，广告的定义已经发生巨变，现在的每一件事情都是广告"。

课题组在上海的三方座谈会中发现，"广告创意"被多次提及。被访者认为，面对消费者需求升级和媒介形式复杂多变的情况，一支广告或者一次营销传播活动想要在激烈竞争中脱颖而出，唯一的法宝就是创意。只有创意，能够引爆消费者注意力，并借以人际传播不断扩大影响面。创意是广告的灵魂。但创意不是"不接地气"，而是基于广告主需求，广告公司通过精心策划、创意执行而成。创意来源于人才。广告人才的栽培和尊重还需加大

重视力度。

（2）本土广告公司打造组合产业链，掀起上市热潮，突破发展瓶颈

目前，广告公司普遍处在一个"尴尬"的位置，既不能充分展示自身的创意能力和策划技术，又不甘心扮演"没有灵魂"的执行者的角色。另外，本土广告公司还面临着外资广告公司的强势来袭。本土广告公司极度分散、极度弱小。面对广告主的营销观念和行动的变化，提升服务能力，面对媒体变局，广告公司要积极开发新资源，寻求快速对接，延展产业链，以上市突破发展瓶颈。

另一方面，上市也是广告公司转型升级的重要手段。引力媒体总裁罗涛表示，"如果中国的广告企业不做大，未来不是被收购就是被淘汰，如果能在短期内上市，借助资本的力量规范管理，扩充实力，更灵活地收购并购，就可以大大地扩展自己的发展空间。"或许上市过程中的种种问题依然值得探讨，可是面对"大鱼吃小鱼"的威胁，本土广告公司不得不走上"融资转型"道路，参与资本市场的角逐。

（三）媒介扮演基础角色，助力国家广告战略发展

1. 重视媒介价值，推动广告业可持续发展

媒介不仅是广告市场三大主体的重要组成部分，更是推动广告业可持续发展的基础。第一，随着科学技术的进步和新技术的诞生，媒介形式发生了翻天覆地的变化。新媒体以高精准、强互动的优势在广告行业异军突起，势头正盛。广告主和广告公司在媒体运用上越来越讲究战略性、系统性。媒体在推动整个广告业发展中功不可没。第二，媒介内容创新为广告业不断注入活水。在信息时代，媒体单纯作为传播信息的平台已经不能满足市场的需求。只有以内容为核心打造优质品牌，获得受众美誉度和忠诚度，才能充分发挥媒体价值，提升媒体在广告市场中的地位。第三，同类媒介不断复制，成为媒介群，不断扩大媒体圈，成为广告业发展的生力军。第四，媒介通过与受众、政府、管理机构、企业等相关群体交流，以客户为中心，执行政策法规，形成不断变化又相对稳定的媒介生态圈，这对广告业的发展来说是不可多得的宝贵资源。

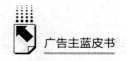
新媒介的不断涌现和已有媒介队伍的不断扩大为广告业的扩容提供了更大的空间，媒介内容的差异化和随之形成的媒介个性对广告业的业务流程、服务内容提出了更高的要求，媒介经营模式的进步加快了广告业的成熟与完善。[①]媒体应该在广告市场中联动广告主、广告公司、媒体三方建立一种战略合作体系，推动中国广告业的健康、持续发展。

2. 鼓励多元化媒体竞争与合作，提升广告实效

媒体技术革命带来的"蝴蝶效应"就是整个广告市场的重新洗牌。其中，媒体所受冲击甚为明显。四大传统媒体本是稳坐"媒体大亨"之位，但随着互联网的迅猛发展，不得不寻求突围之路。

（1）传统媒体寻求转型之路，提升广告市场地位

面对新媒体和技术革命的冲击，纸媒等传统媒体不得不走上转型之路。纸媒积极通过内容升级、渠道升级和经营创新，巩固在广告行业的地位。一方面，纸媒实施全媒体战略，在手机、iPad、数字户外视频、视频网站及电视等多种媒体上发布信息，满足受众信息接触习惯，不断突破互动性、参与性、分享性等局限。另一方面，利用资本运营，实现纸媒产业化发展，拥有终端话语权。例如，天津日报集团通过向社会融资7000多万元，组建全国最大的股份制发行配送公司——每日新传媒发展有限公司。该公司掌握了天津市80%的报刊零售市场，建立了550个书报亭。

（2）新媒体强势出击，成为广告业发展新活力

新媒体异军突起，越来越成为受众接触的主要媒介形式，尤其在社会化媒体、数字户外、视频网站方面表现尤为明显。运用新媒体寻求广告业突围已是必由之路。

首先，社会化媒体作为新兴媒体，容易形成意见领袖，进行广告议程设置，促成舆论导向，吸引用户关注和参与。

其次，当SNS、微博在广告市场中蒸蒸日上时，数字户外媒体以一个"高调新锐者"的姿态闯入人们的视野。数字户外的优势在于覆盖面广，不仅在

---

① 刘静：《中国广告业的数字化进程——媒介发展对广告业的影响解析》，上海大学硕士论文，2005。

地铁、公交站、火车站、飞机场、楼宇、商场等地出没，而且通过手机、iPad等移动终端加强互动，视觉冲击力强，包围消费者生活圈，大大增加了受众与品牌的体验。

最后，当今传播环境下，受众媒介接触习惯越来越倾向于视频网站。视频行业发展形势良好，更有专业机构预测 2012～2013 年将是视频行业的井喷发展期。面对如此"千载难逢"的机会，视频行业开始进行深度战略合作，纷纷采取"抱团站"，以组织化优势角逐广告市场。其次，搭载社交网站平台，顺应社交化道路发展趋势。另外，视频网站凭借自身原创和整合内容的强大能力，携手电视台联合互动，在"限娱令""限广令"政策的限制下，为广告主提供了更为广阔的营销传播平台。

（3）"新""旧"媒体各有千秋，"媒体组合战"愈益激烈

新媒体的出现使得传统媒体和新媒体的竞争议题日益加剧。事实上，传统媒体和新媒体都有其优势和劣势。传统媒体胜在内容权威、公信力强，败在与消费者沟通互动的弱势；新媒体胜在信息量丰富、交互性强，却败在信息质量不高和隐私保护欠缺。虽然新媒体的出现对传统媒体有一定的冲击，但这样的冲击何尝不是机遇。

传统媒体的顽强生命力并没有被新媒体压倒。据中国传媒大学广告主研究所 2012 年中国广告主生态调研报告显示，被访广告主在电视媒体投放上的费用比例为 36.1%，仍然独占鳌头。传统媒体的价值依然深受广告主认可。

既然任何一方都不能获得"一边倒胜利"，是不是有另外一条路值得探索？事实证明，这场拉锯战只能在竞争中寻求和谐共存之路。传统媒体紧跟新技术革命，突破自身局限，在内容创新和经营模式上加大投入力度；新媒体毕竟有点"初生牛犊不怕虎"，却也应努力学习传统媒体多年长盛不衰的秘诀。在媒介形式多元化的环境中，"媒介组合战"因广告主多元化需求而渐渐冲到"一线"。媒体合力拓宽传播渠道产生"集聚效应"，在交叉点创造出立体的传播价值，达到事半功倍的效果。

时至今日，广告主在营销费用上越发谨慎。广告主在广告实践中考量的是如何以最低的成本获得最大的收益。因此，单一媒体是否能够承担起这样的重

任不断受到行业质疑。在媒介自身发展中，广告主看到了媒介组合的实效。媒介组合可以在短时间内达到"声势浩大"的宣传效果。

三　广告市场三大主体推进实施国家广告战略的路径展望

（一）调整观念，内修实力，助力国家广告战略持续发力

国家广告战略的实施不仅要靠政府政策的大力支持，而且要靠市场三大主体在实际实施过程中的大力推动。在中国，本应该成为广告市场桥梁和纽带的广告公司发展明显滞后，没有完全发挥应有的职能。媒体在中国扮演着强势的角色，"强媒介、弱公司"一直是中国广告市场的真实写照。中国广告主的主导地位显著，从最初的学习者到引领者，始终占据着关键地位。

1. 广告主——扮演好引领者的角色

广告主是原动力，仅从产业关系上讲，广告公司和媒体对于广告主而言都具有寄生性。广告主在广告活动关系链条中的主导地位日益加剧。广告主的行为规范对广告业的行为规范起主导性作用。它的价值标准和行为准则对广告公司和媒体的行为规范产生重要影响和推动。因此广告主作为广告市场的领导者，应该发挥积极引导的作用，推动广告市场的健康发展。广告主应该调整观念，不能为了利益而肆意破坏行业规则，这样会损害广告代理制的健康发展，反过来也会不利于广告主的发展。

2. 广告公司——练好内功，走专业化和整合化之路

纵观三方力量发展走势，广告公司处于最弱势的位置，伴随近年来广告主直接与媒体合作的趋势增强，更让广告公司面临地位持续走低的风险。数字技术对消费者和媒体环境产生了变革性的影响，广告主的营销传播需求和媒体策略均发生巨大改变，面临海量信息带给消费者的信息选择和信息屏蔽，传播内容是否具有创意和吸引力，成为决定传播效果的重要因素。广告公司亟须提升数字媒体环境下在大创意和大传播方面的能力。广告公司应该修炼内力，迎头

赶上广告主的步伐。中小型的广告公司应提高自身的专业能力，追求专业化提升，做到"人无我有，人有我优"，为广告主提供独有的专业服务。大型的广告公司应提高整合营销传播能力，为广告主提供全方位的服务。

3. 媒体——树立责任意识

媒体同样要调整策略适应广告主的要求，媒体的服务不能仅仅停留在刊播广告上，更需要提高服务水平、策划能力和执行能力。媒体在广告主营销传播活动中可以参与更多的环节，展示更紧密、更深入参与的姿态。同时，作为广告信息发布的载体，媒体应该积极发挥"过滤"和监管的职能，对虚假广告、违法广告予以坚决的抵制。媒体在早期扮演了政府喉舌的角色，具有很强的权威性和公信力。但随着市场化的进程，媒体上的虚假广告、违法广告逐渐增多，消费者的权益受到侵害，媒体的公信力下降。媒体应该把好关，不能因为短期的利益而弃职业操守于不顾。从长远看，这会不利于广告市场的健康发展，对三方的发展也是不利的。

（二）三大主体密切联动，发挥合力，推进国家广告战略科学有效发展

广告业是由三方共同构成的，广告主是出资方，广告公司是中介方，媒体是发布方，三方结合完成广告业的生产流程。因此广告业的健康可持续发展离不开三方的共同努力。广告主在面向代理公司时，应予以充分的尊重，尤其是对策划及创意的尊重，考虑广告公司的利润空间，实现良好的互动与合作。同时，广告主应该给广告公司更多的信任，这样就可以将想法更好地传递给广告公司，广告公司才能提供更好的服务。广告主促使代理公司不断完善自身的同时，代理公司也会通过自己的专业性提升争取广告主的青睐，这会是一个合作共赢的过程。随着消费者需求升级，捕捉难度加大，这就使得广告主的媒体投放不再是过去媒体间的简单组合，而是追求"1＋1＞2"的效果，使投放更精准有效。广告主要重视与媒体关系的维护。

访谈：嘉实基金——

如果企业觉得广告公司就是一个服务公司，只是做一些执行层面的东西，

那么企业就没法把一些真实的东西传递给广告公司，广告公司也就没法在较短的时间内，在掌握相当有限的资讯的同时，为企业做出能够打动消费者购买意愿的创意出来。在中国，目前广告主相较于广告公司，还是一个主导者。在中国，很多时候，对创意是不尊重的，对服务也是不尊重的。

广告是一种传播，我们通常把媒体当作传播的渠道，其实媒体也是公众的一部分，是广告主需要经营的社会化的关系之一，不能只把它当作广告的渠道，只是营利的行为。否则媒体也会有反作用力。其实企业要回到与媒体的基本面，管理好和媒体的关系。

广告主推动广告市场三大主体和谐共进，必须正确看待媒体和广告公司的作用，正确处理彼此之间的合作关系。媒体不仅是资源售卖，广告公司也不是仅局限于执行层面或销售策划与创意。只有广告主充分认识媒体和广告公司在广告市场上的积极作用并尊重两大主体，才能真正地推动广告市场健康发展，国家广告战略才能真正实施起来。

（三）国家及相关部门积极为广告市场三大主体营造良好、稳定的政策空间

国家针对广告业发展制定的法律法规自改革开放以来就有。在中国广告业发展的 30 多年的历程中，有三部具有重要意义的法律。一是 1982 年颁布的《广告管理暂行条例》；二是 1987 年国务院颁布的《广告管理条例》，将广告业纳入了依法管理轨道；三是 1994 年颁布的《广告法》，标志着中国广告法律体系初步形成。国家在推动广告市场健康快速发展方面一直积极耕耘。

近年来，一系列具有激励性质的规划和政策的出台，表明广告业已正式成为国家发展的支柱产业之一，成为国家经济发展战略的一个重要组成部分。2011 年上半年，广告产业被正式列为国家鼓励类发展产业，同时，国家也制定了"十二五"现代服务业发展规划。这一趋势对于广告业的发展规划而言，既是驱动、机遇，又是鞭策和压力，换而言之，这一工作势在必行，必须扭转规划工作的脱节和滞后的局面。

在 2012 年度关于国家广告战略实施的实证调研中，课题组发现，首先，广告业的三大主体对新《广告法》的出台呼声高涨。其次，是呼吁政府以及地方政府真正对广告业的发展问题重视起来，深入调研，充分研究，直视我国广告业发展进程中面临的弊端、瓶颈和挑战，有规划、有步骤地推动和引领。

课题组通过 2012 年度国家广告战略实施课题的实证调研发现，国家相关部门在对广告公司的税收政策、内涵和外延、盈利情况、定位与功能等问题上的认识也是严重滞后和缺乏前瞻性的。而这也正是广告公司自我认知偏低的根源之一，要引起足够的重视。

从课题组进行的三方访谈中可以看出，三方认为，监管政策在一定程度上遏制广告主的需求表达，使广告效果大打折扣。广告主选择广告方式的重要标准在于该广告是否能够最大限度地满足自身需求。事实上，对于某些行业，以医药为例，电视、报纸等传统形式的广告覆盖面广，传播效果好。然而由于监管政策的限制，使得这些广告在内容上只能中规中矩。虽然互联网等新媒体形式对解决这方面问题有所裨益，但也不尽如人意。由此可以看出，监管固然重要，但是监管要在尊重市场和传播规律的基础上把握好监管的"度"，管死不是目的，管好才是根本。要监管，更要发展。2012 年国家工商总局提出监管与发展并重的理念，这对改变广告业的现状有着深远的影响。

三地访谈中可以看出，三方普遍认为在扶植广告业发展方面政策支持需要加大力度。三方认为，现在广告公司的发展普遍遭遇投资回报率低的情况。财政上的扶持对于本土广告公司来说才是使其茁壮成长的助推力。国家在政策扶持上漫不经心，广告公司自身又在挣扎中求生，这样只会导致一个行业的生命力衰竭。

面对日益复杂的广告市场环境，国家和相关部门应在以下几方面有所突破。

第一，积极推动鼓励广告主营销传播，以优惠政策给予引导支持。

广告业在某种程度上也算作市场经济的晴雨表。当经济处于增速放缓的情况下，广告主的营销传播也趋向谨慎。广告主在广告力度上谨小慎微绝非广告业的福音。为了鼓励广告主更加重视广告的战略价值，国家及相关部门在政策

法规上适当给予优惠。可以根据广告主广告实践活动的活跃度、费用程度、社会贡献价值等分类标准，给予不同层次的政策优惠。广告公司和媒体都是赖以广告主为生，以广告主需求为业务和能力导向。鉴于此，国家及相关部门针对广告主的积极鼓励政策不应滞后。

第二，提升广告业社会价值和地位，营造良好生存环境。

正所谓"名不正则言不顺"，广告业的发展必须提升到国家战略的高度。尽管广告市场中存在虚假、违法广告，但这不应该给受众一种错误认知：凡是跟广告沾边的事情都要采取一律抵制的态度。广告业应该被正名，而正名方必须来自国家。

近年来，国家工商总局积极牵头开展省市商标战略与广告战略，并积极筹建国家广告研究院和广告创意园区……国家对广告行业更为鲜明的政策支持始于 2011 年：国务院公布的《产业结构调整指导目录（2011 年本）》已把"广告创意、广告策划、广告设计、广告制作"列为鼓励类，这是广告产业第一次享受国家鼓励类政策，为广告业发展提供了强有力的政策支持[①]

第三，重视培养专业广告人才，规范行业人士自律行为。

对于国家来说，科技是第一生产力，可是科技发展的关键在教育。广告业想要蓬勃发展，与专业人才密不可分。专业人才的主动性和创造力对于广告业的健康发展至关重要。因此，国家应在培养专业人才方面给予政策引导，为该类人才就业提供更好的机会。广告业的门槛相对较低，人才流动速度比较快，这对于整个行业的发展绝非好事。专业人才的自律约束也应提上重要议程。

访谈：上海德高——

人才是缺失的，因为他们没有平台可以发挥作用，创意被禁锢了。从学院到政府，专业人员一定是缺失的。这个专业貌似很简单，但是需要跨行业跨媒体的专业人员。其实大家掌握的领域很多也是有局限性的。

---

① 杨同庆、杜浩铭：《我国广告产业健康发展的政策研究》，《Economy》2011 年第 8 期。

国家广告研究院的成立标志着国家工商总局对广告业的认知和把握进入到了新的历史时期。实施国家广告战略这一课题的立项和推进则标志着主管部门联手学界、携手业界完成飞跃的决心。要强调的是，实施国家广告战略不仅是课题，更是当下的战略，要实施，要落地。既然要落地，就要考虑到各地广告业发展的基础和现状，不能一哄而上，脱离实际，既要立足当地，又要放眼世界。国家广告战略内涵丰富，意味着多个新的开端：上升到了国家战略的高度，上升到了国家安全的高度，强调监管和发展并重的新时期，观念和行为并举的发生变革的新时代，等等。

B.19

报告十九

2012 年中国广告市场
遇冷的若干思考

广告主研究所

摘　要：

进入 2012 年，中国广告市场经历了近年来的最低增幅，进入了发展的慢车道：作为广告市场出资方的广告主在营销推广上的费用不断紧缩，在激烈的竞争中媒体也开始遭遇成长的"瓶颈"，而广告公司更是在艰难中寻求生存的空间。我们对此的基本判断是 2012 年的经济冷势将持续更久，而广告市场的转向很大程度上取决于广告主的心态，并受到媒体与广告公司适应性发展的影响。

关键词：

中国广告市场　经济下行　广告主　媒体　广告公司　营销　传播

根据昌荣传播于 2012 年 8 月发布的最新数据，2012 年上半年整体广告市场同比增长 4.2%[①]，为近年来最低增幅，中国广告市场进入发展的慢车道。其实这一冷势早在 2011 年底中国传媒大学广告主研究所的广告生态调研中已经初露端倪。根据 2011 年中国广告生态调研的数据显示，面向 2012 年接受调研的广告主预期营销推广费所占销售额比例降至 10 年调研以来的最低点。因此我们认为，这是继 2008 年金融危机之后新一轮的中国广告主营销推广费用审慎收缩的重要信号。

2008 年的全球金融危机给世界市场以及中国市场带来的负面影响至今都令

---

①　数据来源于昌荣传播《2012 年上半年中国广告市场分析报告》。

人印象深刻，聚焦 2012 年全球经济下行的走势，相比 2008 年，其对于中国广告市场的影响是有所缓解还是有所升级呢？就目前来看，情况并不乐观。在 2008 年的金融危机中，中国的广告市场呈现明显的"马太效应"——强者恒强，弱者更弱。像强势媒体如央视、龙头省级卫视等权威电视媒体以及一直发展强劲的互联网都表现不俗，而报纸、杂志增势减缓甚至下滑的态势有所加强。

　　2012 年中国的广告支出达 420 亿美元，仅次于日本的 470 亿美元，emarketer 预测，按照当前的势头发展，中国将在 2014 年超越日本，成为亚太地区最大的广告市场。虽然在全球广告市场的增势对比中依旧处于领先阵营，但我们无法忽视的是各媒体广告经营增势的大幅减缓，即便是强势的电视媒体与互联网也呈现增势减缓的迹象。如电视媒体增幅仅有 4.7%[1]，是历年来的最低增幅，像湖南卫视这样的强势媒体也出现了广告收入 9 年来的首次下滑；而互联网也暂时告别连年高速增长的势头，仅实现 25.7% 的增长。

　　因此，我们对此有一个基本的判断，那就是 2012 年的经济冷势将持续更久，而经济转"牛"的路径将更加充满挑战。就广告市场的发展而言，关键就在于作为出资方的中国广告主在经济下行的大背景中对于营销推广持一种怎样的态度。对于国家来说，求发展与调结构一直是一对矛盾，一方面要保持政治稳定，一方面又要追求经济健康。[2] 在社会大背景中产生的种种矛盾在得到较好的解决之前，广告主对于是选择持续出手还是审慎收缩，将会长期处于一个观望的状态，与投资市场的"持币观望"大同小异。

　　危机前保持观望无可厚非，问题的关键在于中国广告市场要选择一种怎样的态度或姿态来面对，是消极等待还是谋略在先、行动在后。

一　战略预判决定未来

（一）预判一：中国经济倾向"软着陆"

　　我们的观点认为，消极地等待其实是消极地等死，应该调整心态，用一种

---

① 数据来源于昌荣传播《2012 年上半年中国广告市场分析报告》。
② 黄升民：《2012：用一种冷静的心态对待"冷市场"》，《广告大观》（综合版）2012 年第 7 期。

积极、主动的心态对待变局。至于中国的市场前景，取决于一个重要的判断。言及 2012 年的走势，中国经济是否会"硬着陆"一直都是各界关注的焦点。尽管存在种种的言说，但我们的观点仍倾向于"软着陆"。

当严重的政治问题和经济问题交织在一起的时候，企业家输不起，政治家也输不起，中国整个社会更输不起。尽管存在诸多的问题，但可以肯定的是中国经济"硬着陆"的可能性很小。理由其实很简单，一是 30 多年改革开放所积累的社会资本，二是政经合一的强力的行政主导力。两者的结合虽然诟病多多，却可以全力避免因经济的"硬着陆"而导致的社会崩盘。① 近期随着央行宣布降息所释放出的信号，以及最近楼市、车市的回暖动向，我们有理由相信中国经济"硬着陆"的可能性已经越来越小。央行降息意味着各方开始关注到宏观经济市场环境的恶化，上层已经认识到了防止经济的持续恶化是如今中国经济发展的当务之急，并为之予以政策助力，以期用最小的代价来抑制中国在经济转型过程中出现的种种问题。这就相当于为下半年经济的走缓拉升吃下了一颗"定心丸"。

虽然进入 2012 年伊始，中国媒体广告投放额增幅大幅减缓，广告市场疲软的症状明显，但是无论广告主抑或媒体、广告公司都不应该消极备战，错失了实现未来品牌跃升的契机。

（二）预判二：中国经济复苏需要广告业

一方面，中国巨大的经济体量为中国广告业发展提供了最基本的物质支持。国家统计局的统计数据显示，2005 ~ 2009 年，中国 GDP 连续 5 年位居世界前五强。2010 年我国国内生产总值为 397983 亿元②，首次超越日本成为全球第二大经济体。2011 年在全球经济低迷的情况下，仍保持了 9.2%③的增幅，稳居全球第二大经济体之位。国家工商行政管理总局统计数据显示，2011年我国广告经营单位达到 29 万余户，广告从业人员达 167 万多人，广告经营额达到 3125 亿元，分别比 2010 年同期增长 21.80%、13.03% 和 33.54%，我

---

① 黄升民：《2012：用一种冷静的心态对待"冷市场"》，《广告大观》（综合版）2012 年第 7 期。

② 数据来源：国家统计局。

③ 数据来源：国家统计局。

国广告市场总规模跃居世界第三。

尽管中国广告市场体量日渐庞大，但中国广告营业额占 GDP 比重自 2007 年起就呈现逐步下滑态势，尽管 2011 年回升至 0.66%[1]，但仍远低于美国等广告业发达国家 2% 的比例。大国经济体量与广告市场规模的落差显示出中国广告业仍存在巨大发展空间（见图 19 – 1）。

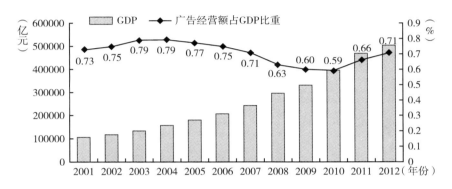

图 19 – 1 2001～2012 年中国广告经营额占 GDP 比重

资料来源：艾瑞咨询。

另一方面，中国经济的回暖复苏也迫切需要广告业的帮助。2012 年，中国经济遇冷，在经济大环境下一阶段好转运行之前，想要经济重回高效运转的轨道上，拉动内需是被一致认同的方向，拉动内需将充当经济转型的火车头。内需，特指市场需求、民生消费需求，而绝非有限的政府拉动内需能力。民生消费需求分解到最后，其实就是企业与消费者之间的有机互动、生产与消费之间的正向互动。广告恰恰就在生产与消费之间充当了商品营销者的角色。在企业生产出越来越多的商品之后，如何扩大商品的销售从而促进商品的再生产？企业必须要仰仗于广告的咨询传递和品牌指引作用，使其商品为广大的消费者所熟知和购买。所以，在经济的走缓拉升过程中，广告所能发挥的营销作用和投放额上升的空间也将会越来越大。这对于广告来说，无疑是利好。

---

① 数据来源：艾瑞咨询。

（三）预判三：危中有机，调整突破、优势转化

危机前已然孕育了变化、调整的要素。但蓬勃的发展会抑制、削弱变革的动力。任何媒体无论大小都无法摆脱经济环境的制约。大环境不好，厂商持币观望，这是包括湖南卫视在内的所有媒体均要面对的一个现实。然而，除了适应外部环境的压力之外，湖南卫视在 2012 年还需要化解来自内部的多重压力：其一，要适应和消化来自广电高层的"限娱令""限广令"之类的新近出台的政策；其二，以娱乐先导的节目板块也到了审美疲劳需重新定位的节骨眼；其三，领军者退位，新领导把舵，也有一个"换届"磨合期。其实，湖南卫视的困局也是很多卫视当前遭遇到的，有些台反映较强烈，有些台稍好一点，从顺风顺水到内外交困可以说是今后广电媒体的一个常态，关键是看领导者如何应对。

大环境在逐步变冷，往年那种高歌猛进的状态已经不复存在；小环境也在变冷，人员老化、知识陈旧和机制僵化必然带来整体节目创新的滞后。直面这个困局，最需要的是一种沉着应对的态度。在充分认识形势严峻的前提下进行经营策略调整，摆脱内外交困的困局。湖南卫视有足够的节目制作力量储备，有选购与引进电视剧的丰富经验，也有台网联动的新媒体运作知识，这是作为一家成熟的电视媒体在市场运行过程中获得优势的关键所在。正是这种积累和优势，可以帮助湖南卫视走出困境，收复失地。

当互联网广告刚开始崭露头角之际，有学者预言报业将死，而且把死亡日期也宣告了。虽然这只是一个主观的有待考证的预言而已，但是，它的出台对于报业极具杀伤力。近年来，也有传媒人士开始预言电视将死，放言互联网广告将蚕食传统广告特别是电视广告的市场份额。对待这些预言应该采用不盲从、不迷信的态度。第一，任何事物都有生命周期；第二，技术的发展会渗透影响全局，新旧界限日益模糊。我们不但要看到新兴媒体节节胜利，同样也要看到新兴媒体的不足之处。2012 年 5 月份，通用汽车宣布取消在 Facebook 的广告投放。此前，索罗斯的投资机构、宝洁也有类似的举动。Facebook 在美国 IPO 股价没有如预期般一飞冲天，反而惨遭收场，让投资市场大跌眼镜。日渐进入"冰河期"的全球市场对待火热的互联网也趋于冷静和客观。过分依赖大众媒体的传播，会造成传播效果的"板结化"；同样，只依赖新兴媒体尤其是互联网媒体，传播过程的品牌解构与信息碎片化在所难免。所以，多样的组合，实事求是地使用才是正途。

2012 年的广告投放增速下降和一些媒体广告出现的大幅度滑坡，一方面深刻反映了广告主的清醒，在市场走势尚未明朗的情况下，广告主自然会对广告投放实效有着更高的要求。使用最少的经济投入、花费最小的传播力气、收获最优势的传播效果，这是广告主在经济尚未全面回暖的现实面前，对于广告投放不断提升的要求。而广告主的谨慎，必然对广告服务能力提出更高的要求，需要广告经营者调整自身的资源和经营体系。另一方面，也从侧面反映出大众对于媒体工作的认识进入了一个崭新的阶段。随着传播知识的丰富，盲目崇拜大众媒体神力的观念逐步消退。无论是传递产品信息与品牌价值的广告主也好，还是作为接受信息最终为广告埋单的受众也好，彼此间所认同的是，媒体无所谓新旧，也无所谓大小，关键是看能不能为我所用。

最后，还不得不提到广告主的声誉建设。新媒体时代是个最好的时代，也是一个最坏的时代。当它带给广告主很多的传播机遇的同时，也使得广告主面临着前所未有的声誉风险。在高度透明、双向互动性极强的沟通环境下，媒体需要协助企业建立好品牌风险防控体系，协助企业与利益相关者进行良好的沟通，实现以利益交换为核心的品牌建设向以利益共同体建构为核心的声誉建设的升级。

二　战术适应决定生死

（一）把握大国化孕育的诸多机遇

1. 大国经济孕育大品牌需求，广告"造牌运动"升级

"在产业力量层面，中国在国际舞台上的竞争力已经升至第 27 位，中国企业也在世界 500 强中占据一席之地，从中国制造到品牌收购，中国企业的国际话语权不断提升。产业力量是广告业的重要支撑，作为广告信息的源头，企

业直接决定了广告的市场需求"①。"大国化"的中国经济，为广告业带来了"大企业"的力量支撑。

大国经济催生了一大批企业巨头，但众多的企业巨头中不少仍旧是"品牌矮子"。2012 年《财富》杂志评选的最新世界 500 强榜单中，中国企业数量达到 73 家②（不含台湾地区），首次超过日本成为仅次于美国的国家。但根据 2011 年底世界品牌实验室评出的最新世界品牌 500 强中，中国企业却只有 21 家③上榜。经济实力与品牌实力之间的巨大落差，反映出中国企业需要大品牌支撑自身全面发展的迫切性。并且在中国经济稳步增长的过程中，这种品牌上的需求日渐升级，与中国企业的"走出去""强品牌""大品牌"的需求相呼应，广告"造牌运动"需要升级。中国企业的强烈需求中任意一个若能予以有效满足，都会带给媒体、广告公司以坚实的生存支持。

2. 大国经济孕育新兴传播需求，广告主队伍不断扩容

大国经济孕育的不仅是中国企业对于"造牌运动"需求的质的升级，还培养了众多新兴的传播需求，不断有新的广告主加入品牌营销传播的队伍。

首先，政府等相关机构近年来加入了品牌传播的大军。政府成为新的广告主，体现了国家层面对于品牌的重视和对广告的正视。政府广告大军中也划分了不同的层次。一方面，上至国家层面，继 2009 年底商务部将"中国制造"的广告投放到 CNN 等国际主流媒体之后，2010 年国庆前夕国务院新闻办公室通过国际主流媒体面向世界公众发布中国形象广告。我们相信在"大国化"的需求下，后续的国家性的对外传播会越来越频繁。另一方面，下至地方各级政府层面，围绕地方旅游业展开的旅游品牌的传播活动如火如荼。如在 2012 年中央电视台的招标会中，旅游业成为崛起的一匹"黑马"。

其次，向来高姿态的央企也开始成为新的广告主。近年来，央企对广告的看法经历了从漠视到重视的变迁。央企在品牌上的不断投入同样可以在央视近年来的招标中一探究竟，正是由于央企近几年稳步增长的投放态势，2012 年央视将央企纳入重点客户名录进行进一步的开发。一方面，以中国移动等三大

---

① 黄升民：《大国化进程中广告代理业的纠结与转型》，《现代传播》2011 年第 1 期。
② 数据来源：《财富》杂志评选的 2012 年世界 500 强榜单。
③ 数据来源：《世界品牌实验室》评选的 2011 年世界品牌 500 强榜单。

运营商、中粮集团、南方航空等为代表的品牌传播相对活跃的央企，在品牌传播上的需求实现升级，要求提升品牌形象的同时追求更多实效；另一方面，像中石化、中石油等一直有品牌上的投入，但是危机频发、形象不佳的央企，在通过品牌传播改善形象的需求更为迫切；同时，广大的以 B2B 为主的央企品牌建设相对薄弱，但是在近年来"走出去"的过程中频频遭遇无品牌、弱品牌带来的市场拓展上的不利，因此其塑造强势品牌的需求也日渐凸显。

最后，新兴产业的崛起为中国广告主队伍注入了新鲜的血液。据《中国企业家》杂志 2012 年 6 月发布的"2012 年中国企业未来之星"调查显示：过去三年，入榜的 21 家未来之星企业表现惊人，平均增长率超过 200%。而这些入选的企业均是中国新兴行业中的佼佼者，覆盖了互联网领域的电商、搜索、网络、软件平台等，还囊括了教育培训、环保、动漫等朝阳产业。它们不再将品牌传播的行为局限于网络、线下，而是延伸至电视等传统媒体。因此，新兴产业的发展潜力巨大，品牌传播需求正处于极其旺盛的时期。

3. 大国经济反哺国家软实力，广告产业迎来新战略机遇期

正如前文所述，中国正处于大国经济崛起的过程中，但中国在综合国力上与发达国家相比还有很大差距，硬实力与软实力的鲜明对比促使中国当前更多地将目光转向软实力建设上。中国形象广告的对外传播就是中国决心增强软实力建设的最好例证。同时，强大的经济基础可以为我国软实力的打造提供强力支撑。就广告市场发展机遇而言，新的产业发展契机正在不断凸显。

首先，国家正在通过国际化企业、国际化品牌的打造在质的层面提升中国的影响力。我国《国民经济和社会发展第十二个五年规划纲要》中提出要"推动自主品牌建设，提升品牌价值和效应，加快发展拥有国际知名品牌和核心竞争力的大型企业"。"十一五"规划及党的十七大报告中也指出，培育中国自己的跨国公司和国际知名品牌是落实科学发展观、转变经济增长方式的重要任务之一。因此企业品牌的塑造上升至国家战略层面。

其次，大国经济下，中国将文化产业发展提升到了新的高度。中共十七届六中全会提出"加快发展文化产业，推动文化产业成为国民经济支柱性产业"，"支柱产业"的定位引发了广泛关注，是国家有关文件中第一次将文化产业提升到如此高度。而广告等创意产业作为文化产业的重要组成部分，势必

将在文化新政下获得更多的发展机遇。

最后，在广告实践的推动方面，国家工商总局积极推进商标战略、广告战略的实施，督促各省市建立广告创意园区，并针对文化创意产业降低市场准入、提供多重优惠政策。这些助力文化创意产业发展的政策都直接拉动了广告市场的正向发展，不亚于为广告业再次正名，促进了广告业在社会地位上的提升。

（二）把握数字化技术推动的媒体产业变革

1. 数字化改造传媒产业链

同所有技术层面的演进一样，数字化既是挑战，也是机遇。一方面，由于互联网技术的发展，新兴媒体崛起，给传统媒体带来了不小的竞争甚至生存的压力；另一方面，传统媒体本身正在经历数字化技术的洗礼，不断朝着全媒体的运营方向转变。因此，无论是新旧媒体，数字化都正在推动着媒体产业发生变革。

抛开媒体变革的表象，我们可以看到数字化技术对媒体产业链最本质性的改变是发生在其生产、传输和需求的三大环节中，从而诞生了三大"无限"——无限生产、无限传输、无限需求。

首先，由于内容生产环节的技术在不断革新，因此媒体生产、集成和分发、传播方式出现了极大的改变。与此相对应，无论是在传统媒体、网络新媒体还是通信移动媒体方面，媒体产业的内容产量都获得了长足的增长。尤其是在网络媒体方面，内容海量的特性非常明显，一方面是因为 UGC（用户生产内容）的增加，一方面是基于网络的无限分享属性。例如，优酷的流量有40% 来自 UGC，而土豆这方面的比例更高，达到50%。①

其次，在这个过程中，传统传媒产业的传播方式和传输渠道的稀缺性被打破，多网络、多终端、多渠道的新形势出现。"三网"融合的推动将会使这种无限传输的特征在今后表现得更为明显。②

最后，在需求层面，仅仅从受众的需求来看，在技术的推动下已然成为一

---

① 罗小卫：《优酷土豆合并后遭遇1+1能否大于2难题》，《华夏时报》2012 年 8 月 8 日。
② 黄升民、刘珊：《大国化与数字化：双重作用力下的中国传媒与广告》，《广告大观》（理论版）2011 年第 10 期。

个巨大的需求市场。截至 2012 年 6 月底，中国网民数量达到 5. 38 亿人，互联网普及率为 39.9%；其中通过手机接入互联网的网民数量达到 3. 88 亿人，相比之下，台式电脑为 3. 80 亿人，手机成为我国网民的第一大上网终端。[①]

2. 媒体组织的超大型转变

数字化技术带来的三大"无限"蕴藏的正是媒体组织变革的机遇。为了消化和匹配"无限"，媒体组织需要向规模化的方向和更高的定位发展。

首先，无论新旧媒体都在经历规模与体量上的超大型转变。例如广电媒体开始以"百亿"为指标，报刊出版集团是"双百亿"的门槛，网络新媒体则在 2012 年出现"寡头"垄断的雏形。尤其当传统媒体不再纠结于事业与企业双重属性的束缚，将目标定位做大做强不断前进之后，规模化发展成为衡量其成功与否的一个重要指标。[②]

其次，媒体需要超大型的战略定位。例如，就中央电视台的媒体运营和定位而言，在全媒体的大势所趋下，超大型的战略定位不仅要求其跳出电视媒体平台的窄化定位，向全媒体延伸触角并统筹规划，还要求其从内容生产、内容集成和分发、广告经营和产业资本运作等，真正形成"大台"的架构。而报业的全媒体布局也正是以相近的战略定位指导自身完成转变。

最后，麦克卢汉提出的"地球村"概念正在今天变为现实，国际化的发展是媒体超大型发展不可或缺的部分，只有比肩国际大型传媒集团才能真正完成超大型媒体的转型。

3. 变革中如何紧抓机遇实现突破

正如前文所述，数字化技术带来的除了挑战还有机遇。在媒体组织经历巨大变革的必然趋势下，如何在变革中抓住机遇实现媒体组织的重生、崛起或再度升级，是媒体需要深入思考的问题。如果能够积极适应变革的大势，就能充分发挥优势或转化劣势，促进新的竞争格局的形成。

首先，体制机制的调整改革势在必行，这主要是针对传统媒体组织的运营来讲。传统媒体实现大变革首先应理顺其事业与企业双重属性的关系，平衡官

[①] 数据来源：CNNIC（中国互联网络信息中心）《第 30 次中国互联网络发展状况统计报告》。
[②] 黄升民、刘珊：《大国化与数字化：双重作用力下的中国传媒与广告》，《广告大观》（理论版）2011 年第 10 期。

商两面的矛盾，提升其市场化程度。第一，需要找到合适的方式去除体制的包袱，如广电媒体理想中的"制播分离"，但具体方法各媒体都有差异；第二，需要在体制内实现资源的拓展与整合，如通过重组、合并等使新的媒体组织覆盖领域更广泛，形成较完整的产业链；第三，依据自身的发展需求规划改革方案。

其次，数字化技术下强调互动的特质其实对媒体内容的建构提出了更高的要求，无论何时对受众而言最重要的依旧是内容。媒体在内容领域一方面需要在生产上进一步专业化，树立强势的内容品牌优势；另一方面要实现规模的平台化，即通过一个可以供用户选择、生产海量内容的平台吸引用户并对内容进行管控；再一方面，以"内容银行"的概念实现内容平台上用户之间互惠互利的交易关系。

再次，变革中需要借机全面提升媒体自身的传播能力。除了市场化的提升、内容的强势外，媒体传播能力很大程度上受到媒体渠道的影响，因为渠道直接影响了所覆盖的受众面。因此，全媒体的运作势在必行。此外，传播能力的提升还需要面临国际化竞争的考验，能够与国际传媒集团开展正面竞争才能验证媒体组织的运营以及传播能力的高低，因为不论在哪一个领域，未来的竞争必定是全球化的竞争。

最后，经营上的建设同样是媒体变革的重头戏。一方面，与国际传媒集团对比，国内媒体组织的收入结构十分单一，过分依赖广告经营；此外，境外收入占比非常小，与国际传媒大鳄也存在巨大的差距。因此多元化经营迫在眉睫。另一方面，媒体的产业化经营势在必行，通过资本积累使经营更趋于体系化的运作。但值得注意的是，此产业化经营并非目前媒体向房地产等不相关领域的无限延伸，而是就其主业而言形成上下贯穿的媒体产业链条，维护其作为媒体的本质属性。

（三）把握广告主需求变化带来的机遇

1. 传播行为注重精准实效

广告市场疲软，广告主营销费用出现紧缩，这激发其对传播活动精准、高效的追求。而且消费者需求的整体审慎收缩，更偏向理性务实，这也导致了广告主的营销理念更加偏重销售导向。目前广告主更看重有效、合力的传播方式，即注重多元、混媒的有效配合，围绕大创意对媒体运用进行整合，不单纯依靠单一媒体或过分注重媒体覆盖面。

广告主对各种媒体形式的重视，本质上反映了广告主在媒体策略上多元、积极且务实的意识。广告主更注重通过不同媒体类型的相互牵动来谋求"多米诺骨牌"式的联动，不再过分强调覆盖面，而是转而注重传播的精准性。在这样的理念下，传播平台和销售平台也逐渐勾连乃至融合。目前，伴随着电子商务的发展，企业对电子商务的认知和应用也在不断加深。而且数字媒体也在扮演着重要的角色，不仅充当了产品和品牌信息的传播者，而且成为产品销售的重要渠道。广告主正在试水新的营销方式，即通过互联网、移动网络和数字户外等将广告信息渗透到消费者生活的方方面面，开展更精准、有效的传播。

2. 传播内容注重黏着消费者

在新媒体环境下，消费者也在变化，智慧正在不断升级，传统的企业单方面的说服方式已经不再有效。因此广告主在品牌传播的过程中，不再一直唱"独角戏"，而是把消费者放在与企业平等的位置上，有意识地引导消费者参与到品牌建设和传播的过程中来，和消费者共创价值。

当前，以互联网为代表的新媒体的发展为企业与消费者"共创价值"提供了有利的条件。新媒体使消费者更容易发出自己的声音，广告主也鼓励消费者按照自己的理解去赋予产品更丰富的品牌内涵。消费者在积极主动地参与过程中，通过微博、SNS、博客等社交媒体可以建立自己的传播平台，乐于传播和分享信息，为广告主带来了多级传播的口碑效应。

广告主在新媒体平台上，传播内容应该注意引发消费者的关注，激发消费者参与传播的热情。在这个信息大爆炸的时代，消费者接触的信息浩如烟海，广告主的传播内容更注重话题性和对消费有利，激发了消费者的参与积极性。广告主传播内容注重黏着消费者，根本目的是捕捉消费者，利用有效的媒体组合去获得碎片化的消费者的注意力，用内容来吸引消费者重聚。

3. 传播管理的目标从品牌向声誉升级

经济危机让广告主看到了品牌的抵御风险能力，但是企业逐渐意识到，当今公众对企业社会责任越来越看重，因此企业树立一个负责任的企业形象更容易获得公众的好口碑。另外，在新媒体时代，企业的危机更容易发生。综观近期的企业危机事件，很多是源于网络社区或是经由网络的"放大效应"迅速传播，在短期内引起社会广泛关注，形成强大的舆论力量，最终将企业或者相关者推到了舆论的风口浪尖。原本在传统传播方式下可以轻松解决的问题在网络环境下反而被急剧放大，以致常常出现"没事变成小事，小事变成大事"的状况。每个人都是一家小型媒体，每个人都可以针对某企业或其产品发表自己的看法。因而有人称，"每个网民都可能成为企业的潜在杀手"。[①]

在这样的背景下，企业的传播管理从品牌向声誉升级。企业注重从战略层面对公司声誉进行全方位管理，持续进行一定力度的传播，将公司的价值观、商业模式、产品和服务等及时和准确地传达给各方面的受众。企业更注重履行社会责任，树立负责任的企业形象，同时也注重完善危机公关机制，以便将企业危机掌握在可控的范围内。

三　体系决定根本

上述的种种对策皆是应对市场遇冷的应急举措，但应急只能解决燃眉之急，最核心的问题则是整个中国广告市场要启动最根本的调整。正如前文所述，当今中国的经济环境、国家背景、传播条件等都出现了巨大的变化，广告营销体系已经不能再用传统的知识体系、组织架构和营销手段来满足变化了的需求，因此，广告营销体系需要转型，其核心内容是基于"一个基本点"，"两项传播功能"和"三个基础体系"的新的商业模式。[②]

（一）回归营销原点

这里的"一个基本点"是指从营销的原点出发，有效洞察、把握和刺激消费需求，这也是广告经营者生存的关键。[③] 当今媒体市场经济遇冷的源头在

---

① 虔诚司徒：《全民互联网时代，企业网络危机频发》，天涯社区，http：//groups. tianya. cn/tribe/showArticle. jsp？ articleId = b8194d7e4278cd88e41e57012978b6ca&groupId = 456042。
② 黄升民：《2012：用一种冷静的心态对待"冷市场"》，《广告大观》（综合版）2012 年第 7 期。
③ 黄升民：《2012：用一种冷静的心态对待"冷市场"》，《广告大观》（综合版）2012 年第 7 期。

于经济遇冷，而解决经济问题的关键在于内需，真实的消费者需求才是拉动经济发展的关键。需求不在，生产无用；需求不明，经营无方，这是"放之四海而皆准"的真理。目前消费者那种大而化之的普遍需求已经碎片化，因此要重新洞察和刺激消费者的需求。

新媒体环境下，对潜在消费市场的激活以及对消费者行为的准确把握变得更加重要。传统的广告与营销将大样本的受众调查作为重点，这是一种较为单纯的量化研究方式，但是目前的传播环境以及受众变化使得关注内心"洞察"的方式更加受欢迎。不过这种研究手段包含很多的经验性和主观性，因而无法实现大规模的复制。面对海量的、碎片化的消费单元，传统的抽样调查方法变得难以操作和缺乏准确性，因此在消费者媒体接触习惯的基础上，以家庭信息平台、个人信息平台和城市信息平台等重新建构服务终端，建立"三位一体"的海量数据库来管理、描述消费群体。在此基础上利用数字传播技术来描述和掌握消费需求，开展数据库营销。

（二）重造传播功能

有效的需求刺激，离不开信息沟通和品牌引导，而这也恰好是广告传播的两个重要功能。媒体和广告公司需要协助企业更有效地洞察消费者需求，有效地启发需求、沟通需求，做好信息传递和品牌建构，以达到投资生产与消费的有效对接。

信息传播和品牌建构这两点本来就是广告业的看家本领，然而近年来，广告经营者在这两个领域频频失手，因为信息环境和品牌环境发生了一系列的变化。从信息传播来看，此前的传播活动都是以"稀缺"为出发点，信息源是可控的，传播渠道是稀缺的，因此控制好源头和传播渠道成为策划的根本。但是一旦信息和传播渠道极大丰富，不再"稀缺"，原来所熟悉的传播方法和手段就会迅速贬值，有效性大大降低。当今新媒体环境下，信息泛滥，新媒体种类大大增加，造成了传统传播方法的失效。未来的广告传播活动会面临一个混合的传播体系，既不能忽视传统媒体的存在和优势，也要更加重视新媒体带来的信息处理方式。基于新媒体平台的各种探索能够为广告增添很多补充性的传播方式，多媒体、多渠道的信息传递将使得广告传播日趋"立体化"。因此，

广告公司和媒体需要构建更精准和个性化的传播方式，助力广告主营销有效性的提升。

同样，品牌建构也遭遇类似的情况。一旦信息不对称的状态被打破，多年来通过"一对多"的发声行为所建造的品牌大厦就会迅速崩塌。由此可见，必须从方法论的角度重构信息沟通和品牌建构这两个传播功能。

（三）广告运作体系的变革

广告的信息沟通和品牌建构这两个传播功能依赖三个基础：一是以市场调查为基础的消费研究，多种长期有效数据库支撑广告运作的科学系统；二是以大众媒体为基础的传播工具，大量覆盖与重复接触保证了信息的传达与沟通，而且成本要相对低廉；三是体系化的营销理论体系，围绕生产与消费的相互交换命题，是经营运作的指引。然而，在市场碎片化和媒体数字化的双重作用之下，这三个基础逐渐崩塌，代之而来的是崭新的基础体系，即以信息平台为基础的海量信息数据库体系、新旧媒体混在的"混媒体系"和全媒体营销理论体系。

1. 以信息平台为基础的海量数据库体系

传统广告依托的数据库适用于社会流动性不强、受众媒体使用行为较为简单的环境，但是目前这样的数据库已经不能适应当前的新媒体环境。而网络的出现为海量样本的海量信息监测提供了可能性。消费者经历了"聚合—碎片—聚合"的变化过程，但后者的聚合与前者的聚合有本质的区别，后者的聚合是消费者在平台基础上的重聚，重聚的消费者有更多的共性。在这里，平台的概念就很重要，其本质是一个海量开放的信息内容提供平台，该平台上的参与主体可随时转换角色，沟通双向、多角度和去中心化。

家庭信息平台、个人信息平台和城市信息平台是目前容易操控的平台，在这些平台上，消费者的数据收集就变得相对容易。随着媒体技术的发展和实践，互联网、手机、数字电视的海量数据库已经初步建立，如何去接近、打通、利用这些数据库，进而针对营销需求建立属于自己的消费者数据库，将是重新构建广告营销体系的核心。

2. 新旧媒体混在的"混媒体系"

目前的广告传播活动面临着一个混合的传播体系，媒体的多元化、数字化、碎片化、混合化已经成为趋势。在"混媒体系"下，既不能忽视传统媒体本身的存在和优势，也要重视新媒体带来的新的信息处理方式，多媒体、多渠道的信息传递使得广告传播日趋"立体化"。

随着web2.0的到来，媒体营销出现了大变革。互联网、移动通信技术和媒体技术融合，特别是微博带来的社会化媒体的爆发，"多对多"的互动传播成为混媒时代的特色。在"混媒体系"下，突破传统品牌营销和广告投放的弊端，深入洞察市场，挖掘消费者数据价值，追踪消费者媒介接触行为，实现营销传播理念的创新，整合互动营销与广告数字化运营，这才是王道。

3. 全媒体营销理论体系

"大媒体"格局中，媒体渠道大大拓展，传统媒体资源带来的限制被轻松突破。传播渠道的扩展，搭建了多元化的受众沟通渠道。人人皆媒体、事事皆传播的局面形成，受众在网络之上重聚，这是广告业重新聚集受众、了解受众需求的最佳时机。而实现途径就是在充分掌握受众数据库的基础之上建立双向互动平台。

在这个平台上，传者可以向受众提问，如是否喜欢这样的广告，对该产品及服务有怎样的看法，是否有意购买广告中的产品及服务等，而受众可以利用在线、互动的"混媒"终端随时将内心需求与想法反馈给传者。同时，受众也可以向传者提问，如我需要的这些产品或服务能否被提供，能够以怎样的方式来提供等。这就完成了一系列的供需双方的信息交流和互动，而传者获取了这样的信息之后即可实现按需生产。这也是全媒体营销与传统营销方式的根本区别之一，更是其能够在碎片化了的社会环境以及融合的大潮之下能够行之有效的重要基础。

信息平台的构建因为能够较为精准地获知受众的个人信息，监测受众的行为，因此能够进行客观的、科学的、大规模的操作，为"三网"融合下的全媒体营销提供了一个非常重要的数据与"硬件"基础。在这些信息平台上构建社区的概念，主动设置议题，引导受众的讨论，从而实现信息以及需求的反馈，让营销者通过科学的手段获得其内心的主观诉求，同样形成信息数据库加以利用。客观的海量数据监测与观察，加上大量主观、及时、互动的需求反馈，使"三网"融合下全媒体营销的实现和成功具有了可能性。

总而言之，全媒体营销成功的关键是，在上述理念的指导和体系构建下，营销重新实现科学化、大规模的信息搜捕与控制，同时获得全方位的消费者信息反馈。

四　结语

2012 年的热词就是"转型"，经济发展模式转型同时也触动了国家政治的"转型"，而社会文化的"转型"也屡屡被言及。作为依附性的广告产业，告别单一的大众媒体时代，从此进入一个混浊的、多元且又多变的"混媒时代"。正因为如此，我们更加有必要保持一种冷静的心态，对待这个由热变冷再又由冷变热的广告市场。

当前中国广告市场规模位列世界第三，很快会成长为世界第二大广告市场。中国经济的"软着陆"一旦达成会强力助推中国广告市场的稳健、快速发展。正所谓危中藏机，对这一大趋势的深入洞察与大方向的宏观把握，会给广告市场三方主体提供无限的发展机会。

B.20
报告二十
2012 年省级卫视广告经营之变

中国传媒大学广告主研究所

摘 要：

"限娱令""限广令"政策的颁布和实施带来了省级卫视格局新变化，泛娱乐化和广告泛滥现象得到遏制，省级卫视积极完善自身转型，在电视剧、综艺节目、网台联动等方面深耕细作，努力挖掘广告空间，实现省级卫视广告经营升级之路。本文内容主要包括"两限"政策对省级卫视的影响，以及省级卫视广告经营之变的表现和对发展的建议。

关键词：

限娱令 限广令 电视媒体 省级卫视

一 "限娱令""限广令"政策实施下，省级卫视广告经营蕴涵机遇

2012 年初，广电总局颁布的"限娱令""限广令"政策正式实施，针对上星卫视泛娱乐化和电视剧插播广告现象进行整顿。两项政策的颁布，一时间省级卫视生存之道成为热门话题。政策实施以来，各种猜测和质疑声音此起彼伏。强势电视媒体是否因此丧失广告"龙头老大"之位？

电视媒体把电视产品作为市场角逐的武器、实现盈利的重要来源，使电视媒体产品制造和营销手段极大丰富，娱乐元素不断得到强化。在娱乐色彩越来越浓厚的时代背景下，娱乐元素在中国荧屏层出不穷，在彰显电视行业发展活力的同时，也为电视媒体机构带来了巨大的经济效益。然而，凡事过犹不及，

过度娱乐化引起了电视产品同质化严重、跟风现象屡禁不止等问题。此时，广电总局下发"限娱令""限广令"对省级卫视发展来说是一次严峻的考验，引发了新的思考。

"限娱令"要求34个电视上星综合频道要提高新闻类节目播出量，同时对部分类型节目播出实施调控。19：30～22：00娱乐类（婚恋交友类、才艺竞秀类、情感故事类、游戏竞技类、综艺娱乐类、访谈脱口秀、真人秀等）七大类节目总数控制在9档以内，每个电视上星综合频道每周播出上述类型节目时长不超过90分钟，以防止过度娱乐化和低俗倾向，满足广大观众多样化、多层次、高品位的收视需求。"限娱令"颁布后，上星综合频道不得不改变以往以娱乐为主的竞争优势，收视率也面临重大挑战。收视率是电视媒体地位的关键标杆之一，是广告主广告投放选择的重要标准。以往的广告空间被取消或者被压缩，电视媒体广告经营难度再次提升。

"限广令"的核心是电视剧中不允许插播广告。"限广令"的出台虽然深得电视观众之心，不用在电视剧中看到插播广告，但省级卫视叫苦连连，"限广令"的颁布，让电视台一再缩减电视剧广告容量。其中，最吸引眼球的说法是："有业内人士估算，此规定一旦实施，全国各地电视台预计损失不少于200亿"[1]。另外，"限广令"的颁布，意味着广告时间减少，电视广告成本上涨，广告投放的视角可能伸向尚未饱和的网络视频市场，使得网络视频迎来春天。搜狐公司首席财务官余楚媛接受记者采访时表示："以搜狐视频为例，搜狐网络视频业务的广告收入和去年同期相比增幅大约110%，广告数量相比一年之前增长接近50%。"[2] 省级卫视外部竞争压力提升。

在广电总局政策的驱使下，CTR数据显示，电视广告资源总量减少了14%。省级卫视表现更加突出，广告资源下降了4.6%。根据2012年中国广告主研究所广告市场生态调研显示，2012年被访电视媒体中只有62.3%的广告收入取得增长，相较于2011年的89.4%，2012年电视媒体广告收入的

① 《深度解析"限广令"：广电总局逼电视台开拓新节目》，《大河报》2011年11月，http：//www. chinanews. com/yl/2011/11 - 30/3496941. shtml。
② 《电视台限制插广告，视频网站收益多或达100亿》，《山东商报》2011年11月，http：//www. chinanews. com/yl/2011/11 - 30/3496443. shtml。

增长比例出现了大幅滑坡。尽管种种迹象显示，"限娱令"和"限广令"政策对于省级卫视负面影响不小，然而，危机中暗藏着机遇。新一轮洗牌之举推动着省级卫视再次升级。

（一）改善电视媒体环境，强化"社会公器"职能

"限娱令"本质目的是净化屏幕，促使电视媒体挖掘受众深层的潜在需求，丰富受众见闻和知识积累，推动社会人文和道德建设。娱乐并不是受众唯一需求。增长知识见闻、了解时事新闻、品读历史文化等受众需求也应该在电视节目中得到大力支持。电视媒体不是娱乐"制造器"，应该承担着净化社会和媒体环境、传递积极乐观信息、引导正面舆论等"社会公器"的作用。正如彭芸在《广播与电视》杂志中说的，"电视作为大众媒介的一分子，要有起码的责任，不能完全由市场来决定一切"。

在"限娱令"颁布后，2012 年中国荧屏上的婚恋交友、才艺竞秀、脱口访谈等娱乐节目在黄金时段的播出量减少了一半多。广电总局新闻发言人2012 年 1 月 3 日表示，全国34 个电视上星综合频道2012 年元旦起推出了改版后的新编排，同 2011 年相比，新闻类节目增加了 1/3，新创办栏目达 50 多个，七类被调控娱乐性较强节目减少了 2/3。[①] 电视媒体肩负着引领舆论正确走向的责任，新闻节目在这方面作用显著。然而，一些省级卫视只顾经济利益，电视节目纯商业化运作，整个荧屏环境仿佛充斥着"三俗"气息，电视媒体作为"社会公器"的作用渐减。如今，"限娱令"颁布后，各大卫视纷纷自办新闻类节目和道德建设栏目。目前，全国上星综合频道已开设道德建设栏目 36 个，均已落实了"每周至少播出一期道德建设节目"的要求。这些道德建设栏目通过专题、讲座、纪录片、新闻报道、演播室访谈等形式宣传中华民族传统美德[②]等内容，唤醒公民的道德意识，引发观众的情感共鸣。"限娱令"对于省级卫视改善整个荧屏环境，避免过度娱乐化、低俗化有所裨益。

[①] 《广电总局：34 个上星综合频道过度娱乐倾向被遏制》，财经网，2012 年 1 月，http：//www.chinanews.com/cul/2012/01 – 03/3578055.shtml。

[②] 《"限娱令"后我国电视节目出现三大变化》，2012 年 4 月，http：//www.gov.cn/jrzg/2012 – 04/08/content_ 2108799.htm。

（二）刺激电视节目创新和精品电视剧投入，重塑省级卫视新亮点

"限娱令""限广令"政策实施以来，各大省级卫视积极探索应变之道，其中作为电视媒体收视率王牌之一的电视节目可谓"变化多端"。许多业内人士认为，"限娱令"和"限广令"实施后，对如何让2013年各卫视在黄金时段仅存的两档综艺节目更吸引眼球，提出了一个制作质量比拼问题；而如何在没有"中间插播"广告的电视剧播出中找到广告新卖点，比拼的则是电视台的智慧。对于电视台、对于制作单位甚至所有行业内人士来说，这次面临的是改变、是洗牌，也是一次机遇。

虽然各大卫视每周保留了三档王牌节目，但如何利用优势资源开创具有竞争力的优秀节目成为电视台的新课题。基于"限娱令"和"限广令"的要求，电视媒体相继推出了一批主题健康、内容新颖、形式活泼的新栏目，同时以节目冠名、收视提醒等方式进行广告宣传。国家广电总局副局长李伟也表示"限娱令"实施3个多月以来，全国34个电视上星综合频道调整了节目配置，提升了节目的格调，改版后的晚间电视节目形态结构更丰富合理，过度娱乐化和低俗倾向得到明显遏制。①

"限娱令"和"限广令"政策一定程度上压缩了广告空间，电视剧成为省级卫视应对重要举措之一。"限广令"禁止在每集电视剧中插播广告，却在无形中催生出新的"广告插播方式"。省级卫视可以通过自制电视剧植入企业广告信息、延长电视剧播放前后广告时间、电视剧冠名等方式拓展广告投放空间。例如《无懈可击》植入清扬品牌，以"润物细无声"的方式向观众传递品牌信息。

（三）促使传统电视媒体向"台网互动"转型

在大规模洗牌、行业自我更新调整的过程中，电视媒体积极探索广告经营新道路，"电视台＋视频网站"广告整合的"台网联动"模式会成为主流。例如，湖南卫视与搜狐视频共同打造首个全新节目《NewFace向上吧，少年！》。

---

① 《国家广电总局："限娱令"后电视节目格调提升了》，国际在线，2012年4月。

当然，在"限娱令"和"限广令"的环境下，省级卫视与视频网站的合作必须在选择内容属性、内容整合方式、内容呈现方式方面深思熟虑。

二 电视媒体广告经营之变

电视台不是被动的，面对"限广令"肯定会主动出击增加收入。在新浪网对"可能采取的应对方式"调查中，有41.7%的网友认为电视台会"加长电视剧首尾广告时间"，有19.4%的网友选择"将广告直接植入电视剧中"，有19.2%的网友认为可以"缩短电视剧每集的长度"，有15.6%的网友觉得电视台会"把广告嫁接到其他节目中"。事实上，各大卫视应变之策与网友认知也大致相同。正如网友们所料，省级卫视在该指令出台半年多的时间里，在摸爬滚打中摸索出"新规则"下新的生存竞争方式。历经大半年之久，省级卫视在一片"众说纷纭"中渐渐找准新的生存竞争之路。"限娱令""限广令"政策不是一次"行业剿杀行动"，而是一场激励省级卫视创造核心竞争力，实现行业升级的"突围战"。

（一）自制剧广告植入走俏

自制剧植入广告是电视台目前最认可也最具普适性的广告形式的创新策略之一。电视台对自制剧从选题开始就参与其中，拥有绝对主动权和更大的可控性，此外还可以参与到电视剧供应商对植入广告的分成中，获得实在利益。电视台从前期就充分考虑广告主的利益，选择产品受众与电视剧收视人群相符的广告主，一方面有利于植入广告与剧情更为自然、紧密贴合，创造最佳的表现形式，另一方面也可以充分利用播出平台其他节目的资源为广告主实现全方位、立体化的整体营销，增强电视剧乃至电视台本身对广告主的吸引力。

电视台自制剧可以追溯到20年前，《渴望》《编辑部的故事》便是由北京电视台制作。但在当时，电视台之间的商业行为不明显，关系也相对和谐，相互间实行资源互换，以剧换剧。近些年来，由于电视剧同质化现象日益严重，更随着"限娱令""限广令"的实行，自制剧再一次风靡各大卫视，并且呈现出"软性广告"大量植入的趋势。电视台为节约成本，在自制剧制作时一般会选用本电视台人员及选秀中脱颖而出的新秀。通过这种途径，电视台投资一部电视剧的成本能控制在 1000 万元左右，而通过"软性广告"的招商很容易就能过千万元。湖南卫视在自制剧广告植入方面在各大省级卫视中起到了一个带头和模范的作用。湖南卫视曾播出《又见一帘幽梦》《丑女无敌》《一起来看流星雨》《一不小心爱上你》等多部自制剧（见图 20-1）。而 2012 年在湖南卫视上映的《夫妻那些事》，其广告植入更是无孔不入：早餐摆三元、晚餐摆汇源、一进厨房就能看见永远也用不完的橄榄油，人手一部的 iPhone（见图20-2），总给正脸的丰田车、某会计事务所、某妇产医院。自制剧植入广告是压缩拍摄成本，增加电视台收入的一个可行路径。自制剧植入广告确实为电

图 20-1 联合利华多种产品植入《丑女无敌》自制剧中

图 20-2 《夫妻那些事》电视剧中"人手一部的 iPhone"

视台开创了新的广告盈利模式，也为广告主谋得了利益。但是，我们也应看到，自制剧的制作需要有像湖南卫视、东方卫视这样雄厚的实力，还要能有专业的团队对资源进行充分整合，形成产业链，降低制作成本。

但作为自制剧的另一方——广大观众是如何看待自制剧的？自制剧是否也照顾了受众的感受？很多网友及观众都表示认为"将广告植入电视剧"会降低电视剧质量。湖南卫视制作的《丑女无敌》被誉为中国有史以来植入式广告最密集的电视剧，片中主角林无敌吃穿住行皆广告，共有 30 多个品牌植入其中，可谓广告无敌——只要能想到的，没有不植入的。如此狂轰滥炸式地植入广告，给电视台带来了上千万元的植入广告收入，但也被观众认为是"史上最雷"的自制剧。某些电视台为了扩大收入而在剧中不合情理地大量植入广告，造成观众反感。这最终会导致电视剧失去观众，电视台失掉口碑，广告产品砸掉牌子，形成三方皆输的局面。

"将广告植入电视剧"将成为敞开的捷径，有网友担心电视剧会被"注水"，此举是一种"妥协"。电视台方面也深知"一味注水"并不是最好的解决方案。真正好的自制剧应该是"三赢"的——电视台、广告主及观众均获益。摒弃"一味注水"狂轰滥炸式的自制剧，大力提倡"保质保量"的自制剧。加大自制剧的投入，让电视台更多地投资到电视剧制作中来，将很大程度上扭转"投资方独担风险，电视台坐享其利"的局面，有利于整个电视剧制作产业的发展。江苏卫视就宣布在 2012 年将继续"主打自制剧牌"，其电视剧版的《非诚勿扰》备受关注。

（二）增加电视剧集数，剧集首尾广告空间升值

2012 年 1 月 1 日，广电总局要求各大卫视不得在每集电视剧中以任何形式插播广告，然而元旦过后各大卫视却想尽办法，打响这场"广告保卫战"。增加电视剧集数、拉长剧集间广告时间、电视剧集掐头去尾、剧场冠名、滚动字幕等任何能够为广告提供播出平台的方式统统上阵，力图最大限度消化之前的"中插"广告。尽管每集电视剧终于可以一气看完，不过之前就被"预言"的两集间广告、角标广告还是不可避免地霸占电视荧屏，甚至有网友忍不住调侃："以前中插广告看几分钟，现在整集都在看

广告。"

相较于国内电视剧集一般在 30~40 集之间的长度，2012 年在安徽、东方、江西和天津四家卫视联合首播的《甄嬛传》，其剧集数达到了 76 集，这也是继 2010 年的《三国》、2011 年的《新水浒传》之后电视剧集数最长的国产电视剧。《甄嬛传》的收视率连续一个多月都是同时期的冠、亚军。这种制作精良、剧集数又多的电视剧能够吸引大批的电视观众，也就为剧集间的广告提供了相对较长的播出时间和平台。同时，为了弥补"中插"广告的损失，电视台在电视剧的前期制作中，将电视剧的片头和片尾以快进甚至直接剪去的方式省略，以增加广告的播放时间。以《北京青年》为例，北京卫视便将片头片尾以快进的方式进行处理，在几秒的时间内，便将电视剧的演员、工作人员名单滚动完毕。而东方卫视则是直接跳过片头片尾，以某品牌冠名的下集预告作为电视剧集的结束方式。

除此之外，拉长剧集之间的广告时间成为各大卫视为增加广告时长所普遍运用的方式。在"限广令"出台之前，由于"中插"广告的存在，电视剧集间的广告时长一般会控制在 5 分钟左右。而如今，电视剧剧集间的广告甚至能达到 15 分钟。

剧场冠名、滚动字幕也成为各大电视台吸引广告主投资，赚取营业收入的"法宝"。2012 年湖南卫视金鹰独播剧场就完成 14.1 亿元的招标额，占招标总额的 56%，由珀莱雅冠名播出。浙江卫视中国蓝剧场以及天津卫视快乐生活剧场则由京润珍珠包揽。以山东齐鲁电视台白金剧场为例，2012 年白金剧场的冠名价格从 700 万元到 800 万元不等，这个价位也只是每一集电视剧的冠名价格。因此，剧场冠名成为各大卫视"吸金"的一个重要方式。除了以上方式，滚动字幕也成为电视台吸引广告主投资的一种重要方式。

湖南卫视为了适应新规，除了原本 10 点档的金鹰独播剧场之外，又在每晚7:30增加了金芒果剧场，首播剧为张国立和邓婕主演的《你是我爱人》。因为没有以往的各种插播广告，张国立与邓婕夫妻的情感矛盾进展"神速"。不过从以前的每晚两集电视剧，到现在两大剧场 4 集电视剧，湖南卫视将剧间广告时间段延长到 3 个，而且剧场也找到赞助商进行冠名，并且有冠名角标。在每集完了之后，湖南卫视还特别制作了下集提示，不过值得一提的是，同样加入了广告商元素——"××（广告商）提醒你收看下集"。

而东方卫视则采取了独家探班与抽奖相结合等方式谋求新出路。"1 月 1 号晚上我们播出的是张嘉译主演电视剧《悬崖》的开播仪式，由于我们台有相关晚会和节目需要在元旦期间推出，所以正式的电视剧播出是在 3 号开始。"东方卫视宣传人员钱静表示，每晚 7 点半的"黄金剧院"暂时不会增加集数，还是每晚两集。"中插广告全部取消这是肯定的，不过在两集播出后，我们会无缝衔接地播出一个大概十分钟的独家探班，有相关主创讲述剧情内外。然后会有 1 到 3 分钟的送礼抽奖时间，就是我们的主持人会出现在全国各地的家庭中，如果你是在收看东方卫视，就可以获得丰富奖品。"钱静透露，具体奖品由赞助商决定。"有包括旅游券、黄金、菜油等。"如此看来，这样的广告"弥补"，也算是一条新路。

江苏卫视新年推出了晚间黄金档幸福剧场全新版面，每周一到周五 19：30，由原本的两集联播改为 3 集联播，周末仍照常播出两集。这样一来，相比以前，每周多播放 5 集电视剧。电视剧中的"中插"广告不见了，但每晚剧集播出前却莫名其妙地多出了一个"预告片＋广告"的时段。《新闻联播》播毕，江苏卫视即播出《传奇之王》的预告片，预告片中，即将播出剧集的精彩片花一览无余，吊足观众胃口。随后便打出字幕"广告之后即将播出电视剧《传奇之王》"，原本的插播广告名正言顺地放在预告片后。

浙江卫视新《亮剑》作为跨年大戏热播，新年之后无"中插"广告版的新《亮剑》虽然能满足观众一气看完的快感，但也有不少观众抱怨，两集间的广告时间大幅延长。"限广令"前，原本两集间广告时长约为 12 分钟，"限广令"之后两集间广告足足有 25 分钟。

（三）弃车保帅，保留王牌节目

"限娱令"意见提出，对节目形态雷同、过多过滥的婚恋交友类、才艺竞秀类、情感故事类、游戏竞技类、综艺娱乐类、访谈脱口秀、真人秀等类型节目实行播出总量控制。每天 19：30 至 22：00，全国电视上星综合频道播出上述类型节目总数控制在 9 档以内，每个电视上星综合频道每周播出上述类型节目总数不超过 2 档。每个电视上星综合频道每天 19：30 至 22：00 播出的上述类型

节目时长不超过 90 分钟。广电总局还将对类型相近的节目进行结构调控，防止节目类型过度同质化。新规定会导致卫视王牌节目力抢周末黄金时段，并致卫视内部节目进行"优胜劣汰"，同时也将导致周末综艺节目竞争更加激烈。大量卫视一方面将综艺节目挪出管控时间"弃车保帅"，停掉收视和影响一般的娱乐节目，但王牌节目绝不下马，另一方面必须推陈出新力抢黄金时段。

中国电视娱乐最发达的湖南卫视，针对此次"限娱令"需要作出更多的调整。湖南卫视继续保留其王牌娱乐节目《天天向上》和《快乐大本营》，但时长会一定程度压缩；而原来的两档婚恋节目《称心如意》和《我们约会吧》将合并，并移至周末中午播出；《舞动奇迹》等老品牌娱乐节目将下马；已开播 12 年的《娱乐无极限》将告别荧屏，其制作团队全部移师为自制剧开辟的新栏目《剧说很精彩》；新上马的节目《最佳婆媳》打出了"代际沟通伦理道德节目"的口号，完成了总局要求开办一个道德建设栏目的指令；并于 2012年初推出《变形记》《平民英雄》等社会新闻类节目；公益慈善节目《少年进化论》、法制服务生活节目《她们新说法》、生活智慧脱口秀节目《就是要健康》等将会在黄金时间段播出。

受到极大波及的还有浙江卫视，其王牌娱乐节目《我爱记歌词》《中国梦想秀》继续播出，并将打造新的综艺节目《惊声尖叫》；其他周间综艺节目（周一、周二《爱情连连看》，周三《爽食行天下》，周四《快乐蓝天下》）也将移出总局限制的黄金时间档（19：00～22：00），改在晚上 10 点之后播出。除现有的节目外，浙江卫视还将加大研发新节目的力度，而新的节目将主要集中在社科人文类。

另外受影响的还有江苏卫视，力保其王牌节目《非诚勿扰》以及《非常了得》，而乐嘉的新节目《不见不散》或将停止录制，而由李好、乐嘉主持的综艺节目《老公看你的》节目组将会转向做一档道德建设类节目。

（四）重新推出新节目，通过节目冠名、节目植入等形式吸引广告主

"两限令"政策下，省级电视节目广告空间受到挤压，随着原有娱乐节目受制，卫视不得不重新开发新的广告平台，开办新节目正是必然之选。节目冠

名、节目中植入广告等形式依然吸引广告主。由加多宝冠名，浙江卫视主办的《中国好声音》节目自开播以来，收视率节节攀升，随之而来的是它的商业效应也不断彰显，这背后其实是它自身商业模式的不断创新。加多宝看重了《中国好声音》的宣传理念——"正宗好声音"，与加多宝宣传口号——"正宗好凉茶"有异曲同工之妙。《中国好声音》节目不仅在电视荧幕上凸显了加多宝 LOGO，而且主持人频繁重复的"绕口令广告"，舞台地面、评委座位旁边、选手入场的大门上……"加多宝"的标志和产品几乎无处不在。

三　电视媒体广告经营对策

（一）力保王牌节目，创办新节目，拓展营销渠道

"限娱令"正式实施以来，婚恋交友类、才艺竞秀类、情感故事类、游戏竞技类、综艺娱乐类、访谈脱口秀、真人秀等类型节目实行播出总量控制，这类节目广告盈利价值受到明显冲击。随着"限广令"要求电视剧中不得插播广告，使得本打算投放电视剧时段的广告商不得不转移阵地。电视节目成为广告商竞争的热门之地。

一方面，力保王牌节目是卫视应对"限娱令""限广令"的关键之举。根据各大电视台的广告招标结果，央视一套的《新闻联播》《焦点访谈》、江苏卫视的《非诚勿扰》、央视一套的"黄金剧场"、湖南卫视的"金鹰独播剧场"和央视一套的《天气预报》成为广告价值最高的六大节目。"限广令"执行后，广告商对除"黄金剧场""金鹰独播剧场"之外四档节目的争夺将更为激烈，这几档节目的广告价值自然也将水涨船高。

另一方面，创办电视新栏目，栏目冠名、植入、插播等广告空间深受不少广告商喜爱。例如，根据"限娱令"要求，每天 6：00～24：00，新闻栏目不得少于 2 小时。增加新闻报道和新闻类节目，对广告的插播与植入都有很大益处。新闻类节目若是处于黄金时间，其插播广告价值将增加，从而带动电视媒体收视和广告盈利双提升。卫视应该不断创新节目形式，即使是枯燥乏味的法制、求职、美食、知识竞赛节目也可以弄得有声有色。江苏卫视每晚10：00

《一站到底》的益智答题类节目，本质虽是知识竞答，但让不同职业的参与者在限定的时间内进行单独PK，以攻擂的形式让平民与平民进行激烈对抗，寓教于乐，增加了趣味性，自开播以来，节目收视率和口碑都节节攀升。在访谈中，天津卫视和东方卫视均表示，节目内容的精益求精是接下来发展的重要方向。

（二）提高电视剧质量，挖掘广告盈利空间

"限广令"禁止电视剧播放过程中插播广告，面对广电总局的规定，各大卫视必须尽量采取各种有效方式，在任何可以利用的电视版面，创新形式、创新手段，吸引广告主将广告投放其中。电视剧作为主要平台和最重要的营业收入来源，自然是各大电视台尽力开拓的平台。

自2012年元旦"限广令"正式实施以来，便有广告行业业内人士估计，原来广告主在电视台所投放的广告资金会有200亿元左右流入网络视频平台。面对日益减少的广告资金来源，电视台要想在这有限的广告投入中分一杯羹，就必须努力创新，在提高电视剧收视率的前提下，选择各种广告投入的方式。需要注意的是，在想尽办法在剧集前后插入广告或者在电视剧集当中植入广告的时候，一定要注意方法和策略，避免因大量的广告视觉冲击，最后引起观众的厌烦心理，适得其反。

要想在激烈的吸引广告主投资的竞争中脱颖而出，首先就要各大卫视在引进或者自制电视剧的过程中保证电视剧的质量，这样才能有效保证电视剧的收视率，从而保证有稳定的观众来源，因为观众源是广告主广告投放最初的动力。国内许多优秀的国产电视剧都是由具有雄厚资金实力的影视文化公司投拍而成，高额的电视剧播出费用让各大电视台都难以独自承受，它们选择分摊费用，联合播出。这样也导致了各大卫视电视台播放的同质化，很难吸引观众。因此电视台自制剧是否精良成为提高收视率、吸引观众的重中之重。要保证电视剧本的精良，保证拍摄水平的高超，避免粗制滥造，更要避免因为过多的广告植入而造成整部电视剧的混乱与无序。要适度、合理地添加广告，要让广告的植入显得自然、贴切，合情合理。当然，各大卫视也可将自制剧出售给其他卫视或者售出网络版权，这对于电视台来说，也是一笔不小的收入。

其次，要进一步挖掘广告的盈利空间。除了在电视剧的前后延长广告时长、将电视剧掐头去尾、冠名剧场外，还可以开辟时间较短的全新节目，比如电视剧主创、主演的访谈或者电视台与观众之间就该电视剧的互动。这样一来可以拦截一部分准备换台的观众，还可以通过滚动字幕等不影响节目播出的方式插入广告，做到一举两得。重庆电视台的"巴山剧场"在"中插"广告取消后，马上开辟了一档全新的互动栏目《来来往往》，节目位于每集"巴山剧场"后，时长2分钟，每天四档。节目由征集展播老百姓的精彩生活片段与展播精彩剧目的台前幕后两部分构成。同时，节目还设有观众有奖互动环节。该节目的播出提升了"巴山剧场"的剧间广告收视率。

（三）运用多平台对电视剧营销资源进行深度挖掘

电视剧成为省级卫视下一轮市场角逐的依托，除了提高电视剧质量助力提升剧集冠名、植入、时段广告价值外，利用多平台互动，搭建立体化传播体系也尤为重要。卫视应深度挖掘电视剧资源，选择最优媒体组合，结合线上线下联动，使电视剧的宣传推广效果成倍放大。比如围绕电视剧进行的"首映礼接力""剧星说剧""台网联动""地推活动"等推广形式将电视剧的宣传打造得轰轰烈烈，使电视剧的话题性得到了多层次的延展。如东方卫视就通过一整套的大剧推广方案，让《甄嬛传》在观众面前有高密度的曝光与互动。

访谈：东方卫视的《甄嬛传》多平台推广

给看剧的观众回馈一些实实在在的价值，然后再借由这些观众的口碑和媒体传播，吸引更多的观众来看剧，这是东方卫视的策略。发布会、微电影、广告投放、地面活动、微博话题营销……众多营销方式之中，尤其是接地气的地面活动，如让观众能与剧中明星近距离接触拉动了大量的上海本地观众的参与。

在电视剧还未播放前，东方卫视就在上海进行了进社区的推广，在社区的公告栏上张贴电视剧的海报，并且制作了《甄嬛传》的连环画册，送给社区观众。而作为开播前最为重要的首映礼，东方卫视则是别出心裁地在会馆外面设置模拟场景，让场外的观众有一个直接的视觉感受，形成对该剧的期待。

随着电视剧的播出，东方卫视开始阶段性地推出与观众的互动活动。清明节期间，东方卫视再出新招"全明星送礼"，只要在看剧期间参与短信互动，就有机会让剧中主演亲自到家中分享幕后故事，送出大礼包，改变了剧中人与现实观众"八竿子打不着"的情况。

4月中旬，东方卫视举办"甄·情游园会"活动，参与者不但可以COSPLAY——把《甄嬛传》中的经典形象，与甄嬛迷们搭档演绎《甄嬛传》片段，还能与主演们一起交流。

5月初，《甄嬛传》接近尾声，在上海当地收视率"破九"，东方卫视设想出一个特别的方式来为该剧画下一个圆满的句点。SMG影视剧中心节目部主任王青表示："我们借鉴了TVB在每部电视剧结束后都会有一个庆功宴的模式，请来演员、观众、媒体，在轻松的范围下做交流。"观众看东方卫视最后两集《甄嬛传》时，在播出间隙能看到庆功宴直播现场的情况。

通过这样一系列的推广方案，东方卫视让电视剧更贴近观众，也刺激了观众的观剧欲望。以"大剧领航"的安徽卫视，在电视剧资源的推广中，一方面建立全媒体互动的传播模式，一方面全力推动整合营销，线上推广和线下造势大力结合，既拉动高收视率，又在多个终端上精心设计了整合广告产品。

（四）台网联动，补充压缩广告空间

求助于网络平台是卫视初闻"限娱令"而急求出路时最早想到的对策。早在广电总局邀请各大卫视负责人召开关于实行"限娱令"而征求意见之时，地方卫视就已经开始着手应对。于是，《少年进化论》刚刚停播，与搜狐视频联合推出的《向上吧，少年》的广告就已经铺天盖地。

在此次合作中，湖南卫视强大的专业团队与搜狐视频不受时间限制的播出渠道两相结合，《向上吧，少年》应运而生。搜狐视频CEO邓晔将《向上吧，少年》的推出比喻成一次"三赢"的合作。除了湖南卫视和搜狐视频之外，第三者便是该档节目的赞助商拉芳与伊利。赞助《向上吧，少年》是拉芳迄今最大规模的一次互联网广告投放。拉芳集团媒介部总监谢俊浩表示，"卫视节目有地域和时间的限制，而视频网络的广告，一方面能够延续电视剧与品牌

相关度的识别，另一方面也能延长品牌曝光期，规避地域限制"。

　　"台网联动"是省级卫视竞争新角逐点。卫视娱乐节目不仅获得了新的播放平台，保证了其广告收入和收视群体的忠诚性，而且广告客户也保证了自身的广告投放。如今，"台网联动"的深入合作模式已经成为主流。然而，在"两限"政策背景下，"台网联动"实行起来也是充满挑战。省级卫视首先必须正确选择内容，到底是电视剧、电影、综艺节目，还是更为高端的纪录片或者纪实节目呢？如果仅仅将"台网联动"理解为同一内容的不同平台展示，则会大大降低"台网联动"的效果。选择一个类型的内容为主要内容平台，进行全面深度合作，才是上策。其次，内容整合是重要环节。不管是什么内容，都要和广告主的品牌或产品建立紧密联系，实际上多数时候润物细无声，在不知不觉中让观众体会到广告主独特的品牌和产品理念，才是王道。而这实际上不但要得到广告主的认同，而且更需要内容制作方和播出平台在深刻理解广告主品牌和内容之间内在联系后的通力协作。再次，内容呈现方式也不可轻视。无论是电影、电视剧还是综艺节目，目前都可以实现"多屏联动"播出，那么是不是同一个内容，在不同播出平台上是同一个节目形式呢？这其实要看不同播出平台本身的特性，比如电视台播出的内容要相对严谨，视频网站就可以选择轻松活泼的路线，手机微博中则宜短不宜长且应带有话题性，这才能实现不同形态的内容围绕一个主题来进行传播，从而实现将分布于不同媒体平台的目标人群一网打尽的目标。如今电视台虽然处处受限，但其强大的制作能力和政策优势仍然不能忽视；而"台网联动"提供的广阔平台将修复"限娱令"和"限广令"留下的创伤，使广告主和电视受众在一个广阔自由的空间继续"亲密接触"。

B.21

报告二十一

后进省份旅游品牌发展策略研究

——以江西省为例

中国传媒大学广告主研究所

摘　要：

　　旅游业，作为中国未来的战略支柱产业，对于一个地区的经济与生态的可持续发展至关重要。尤其是对于资源相对丰富但是经济相对落后的后进省份而言，发展旅游业的意义更是非同寻常：通过借鉴经济发达省份工业化先行的经验与教训，后进省份可以摆脱"先经济后生态"的路子，以旅游业为抓手实现产业结构的转型和全省战略性的发展，实现的是经济效应与生态效益的双丰收。本文以江西省为例，对后进省份发展旅游业、打造旅游品牌的适切性与具体策略做了研究分析，以期能够为广大后进省份的旅游发展提供借鉴。

关键词：

　　旅游业　品牌　江西旅游　后进省份　营销传播

一　旅游业品牌化道路助力后进省份
转型、跨越、发展

　　中国经济发展的不平衡导致各省发展呈现较明显的分化，内陆地区尤其是边远省份大多处于经济落后的发展状态，这些后进省份在发展的过程中不断地摸索适合自己的发展道路。作为经济发展上的后进者，它们既存在诸多方面的劣势，但与此同时也拥有很多后发的优势，比如能源矿产及人文资源极其丰富、生存环境更加原生态，这些都是其未来发展的资源基础与保障。也正是因为如此，基于资源与环境发展的旅游业，不失为后进省份以可持续的科学发展观指导自身实现产业转型、战略突破的有效路径。

（一）后进省份也有后发优势

1. 经济上的后进者

根据 2011 年国内各省 GDP 排名显示，在中国 31 个省（直辖市、自治区）的排名中，诸如江西、云南、贵州、海南、青海、西藏等省份的 GDP 均位于榜单的 20 名开外。这些省份都可谓中国经济发展中的后进者，它们大多处于工业化发展中期的初始阶段，正在经历以工业资源的大规模开发换取更多经济利益的发展时期。受地理位置、自然环境、经济开发程度、历史遗留问题等因素的影响，相比东部尤其是沿海地区，它们长期以来的经济发展始终处于相对落后的状态。

要实现真正的后进转先进，从落后的阵营中逐步跨越赶超，实现全省经济的转型大发展，后进省份是否真的毫无优势可言？

其实不然。虽然在经济上还处于后进者的位置，但是地理位置以及历史发展等劣势在一定程度上也给了这些省份得天独厚的资源条件与生态基础。这些资源与生态上的相对优势其实是经济发达的省份无可比拟的，并且为后进省份未来的战略发展提供了多种选择。

2. 资源上的领先军

对于后进省份而言，其资源上的优势来源于多方面。一方面，工业资源的优势在后进省份体现得十分突出。因为地理位置的特殊性，加之气候、水土等天然条件的影响，这些省份多坐拥丰富的矿藏资源，虽然长年以来为地方经济进步贡献了巨大力量，但是并没有像东部和中部的工业重镇一样遭到过度开发。

如江西位于中国的东南部，属于不靠海的封闭内陆，山地地形也在一定程度上阻隔了江西内外的物资畅通。但是江西的矿产资源十分丰富，为江西发展特色冶金、金属制品等产业提供了强力支撑。因此，进一步加大工业化的开发

成为江西通过工业崛起实现全省经济跨越发展的一个重要路径。

另一方面，工业起步晚、经济开发不足的现状反而极好地保护了这些后进省份的生态环境资源和历史人文资源，历史人文古迹尚存多处，生态资源更具天然属性。从这一层面来讲，后进省份如果要发展旅游业，就获得了比其他省份更加有利的先天基础优势。

以江西为例，不仅拥有多元的宗教历史文化的积淀，还有革命以来所积累的宝贵红色题材的人文资源。除了人文特色突出外，江西还坐拥鄱阳湖、三清山、庐山、明月山等极其优质的生态资源，这些资源因为前期有限的开发而品质优良，为江西发展旅游业提供了良好的基础。

因此，坐拥丰富的工业资源及生态人文资源，处于工业化中期的这些后进省份都面临着关系未来全省发展的战略性抉择：究竟是继续工业资源的大规模开发实现经济的迅速腾飞，还是开发与保护相结合，发展旅游产业，通过旅游业的崛起实现全省发展的战略性转型？

（二）旅游业是后进省份实现战略转型的有效抓手

1. 工业先行者的前车之鉴

站在未来发展的十字路口，后发者的战略选择至关重要。而后发者的后发优势，不仅体现在其资源的拥有量与品质上，还更多地体现在从先行者身上获取的实践经验与教训上，这让它们有了更多考量的空间。

深入观察已经进入后工业发展时期的先进省份，如东部的山东、江苏、浙江、广东等经济发达省份，在大力发展工业的过程中它们实现了经济的迅速崛起，却也付出了沉重的代价。获取经济效益的同时带来的是生态失衡、环境破坏、资源枯竭、社会可持续发展能力不足等严重后果，并且它们正在以更高的投入做着挽回与修复的巨大工程。因为它们已经意识到，生态的平衡与可持续是实现经济社会长足发展的核心保障。

正如江西在经济增速加快的工业化中期，加快经济发展与加速全省产业转型是江西面临的双重压力。有了工业先行者的前车之鉴，后进者的最佳抉择便轻而易举。

2. 发力旅游，后来居上

诚然，利用保护良好的生态人文资源发展旅游业是后进者的有效选择之一。旅游业是无烟工业，对旅游业的倾斜不仅会实现经济与生态的均衡发展，还顺应了中国消费者的体验经济不断升温的大势，可以为后进省份带来具有高附加价值的经济收入，这就为其转变低价加工贸易、"带血" GDP 增长的工业发展现状提供了条件。同时，旅游业也是中国大力发展文化产业、增强软实力的重要施力点，是未来各省实现产业结构转型的必然之选。

江西成为借力旅游助力全省转型发展的典型代表。通过向周边省份借鉴经验，结合当前江西发展的现实，将旅游业的发展提高到关系全省发展的战略高度，以旅游业为抓手，通过旅游业的崛起实现全省产业结构优化和未来的战略转型。如果对于经济发达省份来说，发展旅游业是工业崛起后的幡然醒悟，那么对于后进者来说，向旅游业倾斜的重要抉择是推动其发展战略升级的助推器，是实现全省进位赶超的重要考量。

（三）深耕品牌是旅游业发展的必然之选

旅游业是体验经济的突出代表。作为虚拟经济的重要一元，体验经济需要从品牌上进行深度包装和对外传播，才能够真正地使消费者的体验实现增值。

旅游产品与服务是消费者在与旅游目的地的互动中产生的所有感受的总和。只有旅游资源而没有旅游品牌的旅游目的地是没有经济价值可言的；而只有旅游品牌没有旅游资源的旅游目的地同样是没有生命力的。因此，深耕旅游品牌是各省市发展旅游业的必然之选。

走旅游品牌化道路，多成为国内发展较为成熟的旅游省份的选择。这些省份通过对旅游资源的梳理和整合，开展了系统的旅游品牌建设与传播活动。例如，从 2008 年到现在，"好客山东"已经成为国内最为领先的旅游品牌，为山东带来了旅游人次及旅游收入的迅速增长，成为以全省之力发展旅游业的典型代表。而江西，作为起步较晚的省份，也认识到品牌对于旅游业的重要性，掀起了由省政府领头的旅游品牌的塑造工程，并摸索出了一条后进省份发展旅游品牌的特色之路，为其他兄弟省份提供了有效的借鉴。

二 凝聚分散力量：后进省份旅游
品牌塑造需合力出击

首先，虽然后进省份旅游资源丰富，但是过于分散、没有规划；其次，经济欠发达的后进省份的品牌营销意识也发展滞后，需要积极的引导力量；最后，经济上的落后导致旅游发展资金的限制，尤其是地方上的旅游机构常常呈现"捉襟见肘"的窘态。

对于后进省份而言，凝聚分散的力量，合力出击打造旅游品牌是关键。不仅是旅游品牌的塑造，包括品牌的营销传播也需要发挥合力的作用。

（一）强势带弱势：旅游资源优势互补

1. 优势资源先期发力

后进省份由于内部经济发展的不平衡，多在局部地区的旅游资源开发上呈现一定的倾斜性，因此部分先行发展起来的旅游资源在外界具有更高的知名度。对拥有众多分散的各具特色的旅游资源的后进省份来说，借力优势资源的先期发展带动弱势资源的崛起，不失为有效的发展路径。

例如，江西具有红色、古色、绿色"三色"资源①，其中红色资源就是它的优势资源，不仅开发时间早，而且运作经验充足、发展态势良好。像井冈山、瑞金、南昌等红色资源的聚集地已经在全国红色旅游中取得了引领的优势。因此通过红色资源吸引游客，通过绿色资源留住游客，通过古色资源感染游客，成为江西借力优势资源发展旅游业的重要方式。江西对其优势旅游资源的利用已经十分成熟，如在红色旅游方面，不仅依托丰富优质的历史人文资源吸引游客，还通过自主创新不断开发出很多形式的体验型红色旅游资源，将本来教条呆板的红色说教转化为寓教于乐的旅游活动，吸引了更广泛的客源。这种对优势资源的深度开发帮助江西留住了更多的游客，并与其他类型的旅游资

---

① "三色"代表江西三种类型的旅游资源。红色代表革命题材的旅游资源；绿色代表生态型旅游资源；古色代表历史人文的旅游资源。

源做了很好的衔接。

2. 打破板块实现资源整合

旅游资源虽然分散，但是没有绝对性的分割。后进省份如果要在旅游品牌的打造中利用有限的资金取得事半功倍的成效，就需要打破各分散的旅游资源的板块分割，将不同类型的旅游资源进行整合，并充分挖掘每一类旅游资源的多元特色，为整合旅游品牌提供基础。

江西在资源的整合上颇有心得。在红色资源板块中，江西充分挖掘景区的绿色与古色的特质，与其他绿色古色资源相呼应，真正实现了不同资源间的交融与优势互补。例如，井冈山景区作为传统的典型红色旅游资源的代表，并不是单纯发挥其红色旅游景点的作用，而是在地方旅游部门的规划下，一方面开发井冈山的自然景观，一方面自主创立井冈山杜鹃花节，极大地丰富了其红色资源的内涵，并且与其他景观型资源相呼应，使资源的附加价值获得很好的提升。此外，江西省内还有众多的绿色、古色旅游资源，这些资源也同样天然地带着红色革命的印记。像三清山，作为江西著名的一座道教名山，人文资源与自然景观资源都很突出，但是同时也是爱国主义教育基地，流传着方志敏感人至深的革命故事。

（二）先进带后进：核心行政力量强力引导

1. 提升地方品牌意识

后进省份在发展旅游的初期，最为鲜明的一大特征就是相对依赖省政府机构等行政力量的强力引导。这是由后进省份相对落后的经济发展意识决定的，并且通过这种有益的引导地方才能够更为迅速地走上良性发展的道路。

行政力量对地方旅游发展的引领作用首先体现在省政府对地方品牌意识的教育与引导上。地方旅游机构长期视野有限，目光短浅，旅游开发行为多盲目性，工作人员对于品牌与营销的理解更是浮于表层或根本予以忽视。而省政府对于品牌的认识相对成熟，对于发展旅游品牌的战略意义有着更清晰的认知。通过对地方意识的开导和培育能够使其迅速摆脱落后的认识，更好地带领地方发展。

江西在旅游品牌经营上所呈现的浓厚的品牌营销意识就来源于省政府的积

极贯彻。副省长以及省旅游局长亲自带队,在全国性的各大节事频繁露面,带领江西旅游业的主力部队走出去,与外界活跃的旅游品牌营销活动接触,并积极推广江西旅游品牌。领导者品牌先行的意识与实践为一省及其地方旅游品牌的建设奠定了积极的基调,包括地方上的政府官员在省领导的带领下都有着强烈的学习意识,遇到难以理解的旅游经济或营销的专业术语就会积极地开展自我学习。

2. 提供发展资金支持

意识上的精进是后进省份旅游品牌发展的思想保障,而发展资金的大力支持直接助力其旅游品牌实践的升级。省财政对旅游业的倾斜给予了地方极大的发展旅游的空间,减轻了其经济负担,节省的发展资金可继续投入到旅游景区的基础建设以及旅游产品的深度开发上,从而为后续的旅游业发展提供更多的资金支持。

江西在"十一五"期间以及新的"十二五"规划中,始终坚持推行政府主导型旅游发展战略。江西逐年加大政府导向性投入,增加旅游产业发展专项资金用于旅游基础设施建设、旅游宣传营销等。如在江西旅游品牌的对外传播中,江西省政府将江西旅游整体形象列入省内主要媒体的公益广告,省级每年投入5000万元在中央电视台和主要客源市场主流媒体进行江西旅游整体形象广告宣传。

3. 给予优惠政策倾斜

在资金的强力支撑之外,后进省份要形成全省上下齐力推进旅游业发展的局面,需要在政策优惠、市场准入、经营体制等方面给予地方旅游单位更多支持,从而吸引各方资金和人才的流入。尤其是后进省份地方性的旅游经济主体较缺乏、实力弱小,政策上的优惠待遇能够直接刺激外来投资的增多,从而为地方旅游发展提供更多的经济支持。同时还能够迅速培育一批本地经营的大型旅游经济主体,使得后进省份未来的旅游发展更多依靠完善的市场机制来运作,而不是始终依赖行政力量的推进。

截至目前,江西地方出台了多项扶持旅游业发展的举措。各省级部门分别在旅游投资建设、开发用地、税收优惠、公路建设等方面给予了旅游业很大的支持。如2011年,全省就有1350辆旅游客车享受了2010年度一次性财政专项补贴 2051 万元。[1] 此外江西在吸引并培育大型旅游经济主体上着力颇多，通过土地价格、审批流程、税收政策、贷款力度、用水用电用气等企业筹建与经营方面的优惠待遇，对旅游企业放宽市场准入，吸引各种社会资本参与旅游开发。

（三）短效促长效：效益与可持续发展并重

1. 以收效迅速的项目为切入点

对于后进省份的大部分景区而言，由于旅游业发展资金有限，在旅游产品的深度开发以及大型旅游项目的建设上存在诸多挑战。因此对于它们而言，旅游产品和项目的开发与建设有轻重缓急之分，能够在短期之内实现有效收益的易上马、小型的旅游项目被列入首先考虑的行列，通过资金的迅速回笼拉动旅游业的发展，从而在未来大型旅游项目的拓展中更加游刃有余。

江西婺源是乡村旅游的典型代表，起步于 1993 年的婺源旅游业就是以短效项目的先行开发带动大型项目发展的成功案例。婺源首先立足现有的景区景点，开发易上马、见效快的旅游项目，如古村落和民居等景点，像"江湾——伟人故里""李坑——小桥流水人家"等，都是基于对现有村庄生态环境和村民生活方式的保护，开发形成了东线"伟人故里古村游"、西线"山水奇观生态游"、北线"古洞古建古风游"等旅游精品线路。[2]

2. 始终坚持旅游发展的长远规划

但是，对短期项目的追求并不意味着长期规划就此搁浅，而是在旅游业的长期战略规划内实施的行为。短效项目的资金积累为长效项目的开展提供了前期的物质积累和实践经验。

回到江西婺源的案例，基于景观景点的浅层次观光为婺源旅游后续发展积累了部分资金，婺源县政府先后筹集大量资金投入景区建设。进入 2011 年，婺源更加着力于大型长效项目的开发引进。婺源正在计划通过国家乡村旅游度假实验区建设项目、梅林农家乐示范区建设项目、锦绣画廊乡村休闲旅游观光

---

① 王晓峰：《在 2012 年全省旅游工作会议上的讲话》，2012 年 2 月 15 日。

② 婺源县旅游局：《婺源发展乡村旅游的基本经验》，江西旅游网，http：//www.jxta.gov.cn/News. shtml？p5 = 3329，2007 年 5 月 11 日。

自行车公路建设项目、老年公寓项目等深入拓展其乡村旅游的内涵，顺应深度体验游的发展趋势，从项目品质、经营收益、品牌塑造等多方面着手，提升婺源作为乡村旅游目的地的高品质的旅游形象。①

三 把钱花在刀刃上：后进省份旅游品牌传播需学会务实

资金的有限性要求后进省份在开展旅游品牌传播活动的过程中，坚守务实的作风，每一分钱都要花在刀刃上。因此追求传播活动的高性价比成为后进省份在旅游品牌传播中的重要原则。首先，坚守高覆盖、权威性的大型媒体平台能够为其后发的品牌传播提供强力的"背书效应"；其次，追求高性价比要求其学会借巧力大发挥，借助互动性、精准性更强的新媒体释放品牌传播效应；最后，要及时将高空品牌传播战转向线下，拉动一线旅游产品服务的销售业绩。

（一）坚守大平台：发力权威电视媒体

1. 发挥传播合力

后进省份借合力出击打造旅游品牌的路线，并不只是体现在资源的整合与政府对旅游业发展资金的倾斜上，在品牌的对外传播上，发挥合力优势可以改变景区各自为政进行旅游品牌传播的分散性。省政府出大头、地方出小头，可以为地方实现品牌落地预留空间。

早期江西旅游景区各自为政的品牌传播无法构建起江西的特色旅游形象，拉动广大客源流向江西。即使吸引游客到了某个景区，也因为景区之间在产品、形象等方面各自为政，无法形成旅游资源之间的相互补充。② 因此这种大量的、分散的资金投入并没有收到相应的品牌成效，江西开始改变早期景区各

---

① 婺源县旅游局：《婺源旅游项目推介》，婺源官方旅游网，http：//www. wylyw. cn/News_ Page. asp？ArticleID = 1133，2011 年 12 月 5 日。
② 黄升民：《星火何以燎原——江西旅游的品牌合力》，《中国市场品牌成长攻略Ⅲ》，现代出版社，2012。

自为政的广告宣传方式。进入 2011 年，江西整合全省旅游资源推出"江西风景独好"的整体品牌，集中在央视、省级卫视等大型媒体平台投放。品牌传播的资金模式也是充分发挥全省合力，如在"江西风景独好"品牌广告投放央视的资金摊派中，省政府出大头，而像鄱阳县这样的地方景区只需出资 200 万元，就可以受惠于央视平台的传播成效。因此，对于经济发展落后的后进省份的广大景区而言，品牌传播仍旧坚持合力出击既能节省资金，又能迅速收到全省旅游品牌整合带来的显著成效。

2. 强化品牌"背书效应"

借助权威性的大型媒体平台进行旅游品牌传播是后进省份短期内迅速打造旅游品牌的知名度、提升美誉度的捷径。像央视、省级卫视等相对权威的电视媒体平台是旅游品牌后起之秀进行品牌传播的最佳平台之一。

除了在全省范围内以公益广告的形式大力推广"江西风景独好"的旅游品牌外，江西省政府还将其旅游品牌传播活动的主平台瞄准了央视等全国性媒体，欲借助央视高覆盖、高权威、大品牌等媒体的背书效应为江西旅游品牌起跑助力。2011 年《江西风景独好》旅游形象广告片在央视平台大量投放，每天不间断播出，全年共播出 1825 次，已制作播出 A、B、C、D 四个版本，重点推介了江西各主要旅游景区。省内江西卫视黄金时段每天也配合播出。[①] 此次广告投放助力江西实现了 1105. 93 亿元的旅游总收入，增长 35. 15%，跻身"千亿元俱乐部"，实现了江西旅游发展的飞跃。[②]

3. 深度挖掘平台价值

没有预留的大规模广告投放资金，后进省份实施旅游品牌传播就需要充分利用每一个既有平台，真正地实现"物尽其值"。尤其是针对大型的媒体平台做深入挖掘、多元化地拓展，对其品牌传播的助力会更加凸显。

像江西旅游在央视平台的深耕就是值得借鉴的，它并没有停留在单纯的硬广投放的层面。基于央视平台的丰富资源，江西不断致力于与其开展创新的、多元化的、深入的合作，如与网络电视台签约、与节目组策划制作《走遍中

国·精彩江西》系列电视片、通过央视开展多样的线下活动等。江西旅游局还与中国国际广播电台、央视网建立了旅游宣传战略合作伙伴关系，中国国际广播电台用61种语言向200多个国家播出介绍江西经济社会发展和旅游资源的节目，组织"游在江西——CRI中外记者江西行"活动和"魅力江西"旅游知识竞赛，并邀请前10名获奖的外国游客代表来江西参观。①

（二）四两拨千斤：新媒体要大胆尝试

央视等大型媒体为品牌传播提供高空强力覆盖，而新媒体则为其提供了针对性沟通的平台。尤其是对于传播资金十分有限的后进省份而言，如果传播策略得当，新媒体的高性价比优势可以得到充分发挥。因此，新媒体平台是后进省份在开展旅游品牌传播中节省资金、回避与资金雄厚的旅游大省进行大规模正面竞争的有效传播路径。

1. 积极借用新形式

对新媒体的利用可以从易着手的角度切入。在旅游品牌传播的初期，大多省份对新媒体的利用还处于稚嫩的阶段，技术的运用和平台的掌控尚未成熟，因此通过将传统媒体的传播内容与新媒体的传播形式做简单的结合，未尝不是一个好的尝试。

江西于2005年打造了"中国（江西）红色旅游博览会"这一重要品牌，至2011年，红博会开始尝试通过网络平台的直播形式与公众见面，以新媒体重新包装传统旅游节事项目。2011年"首届网络红色博览会开幕式"通过江西卫视、央视网等五家重要网站和三大手机运营商直播，中央电视台《新闻联播》等国内外大量新闻媒体对开幕式进行了报道。此外，央视网开通的红色旅游频道长期保存，成为不落幕的红博会。江西省政府还围绕网络红博会在网络平台上设置了有奖竞答的活动，参与"抢答红色知识题，赢取新年江西游"竞赛活动答题的网友达到26.9万人次。红博会期间，网络访问的人次超过3.6亿。据不完全统计，通过百度搜索"2011中国红色旅游博览会"信息

---

① 黄升民：《星火何以燎原——江西旅游的品牌合力》，《中国市场品牌成长攻略Ⅲ》，现代出版社，2012。

达 151 万条，谷歌搜索相关信息达 235 万条，江西的红色旅游品牌在网络上实现了二次爆发，继续巩固了其红色旅游在全国的领跑地位。①

2. 不断开拓新技术

新媒体在广告主品牌传播中的分量越来越重，对新媒体平台的大胆尝试和不断实践同样是后进省份在打造旅游品牌时的必修课。在传统媒体借用新形式的初步实践之外，后进省份需要在新媒体技术的应用上、平台的挖掘上开拓旅游营销传播的新局面。

江西在 2011 年启动了"江西风景独好——沃 3G 传递行动"，利用联通、移动手机平台推广旅游品牌；② 省旅游局还在新浪、腾讯、搜狐、网易四大微博平台启用了"@江西风景独好"官方微博，截至 2012 年 8 月，"@江西风景独好"的新浪微博粉丝数量超过 32 万，腾讯微博粉丝数量超过 41 万。③ 此外，江西旅游局还计划启动与阿里巴巴合作的"江西智慧旅游"工程，强化移动互联网的应用，开发基于 3G 应用的"江西风景独好"手机客户端，使其兼具娱乐性、宣传性、服务性功能。江西正在力图建立全覆盖、立体式、全方位的旅游品牌传播网络。④

（三）重传播实效：线下活动强力渗透

务实的品牌传播路线不仅追求高性价比的媒体平台，还要求旅游品牌的传播活动能够直接助力旅游产品和业务在销售上的提升。能够直接接触目标游客的品牌传播活动最有效的就是各种线下活动。

1. 开发旅游节事实现落地

为充分配合并放大线上广告活动的传播效应，后进省份的旅游品牌传播可以发挥更大的主动性，通过自己创造、创新各种主题性的旅游节事活动，吸引更多游客，借势传播旅游景区，并且节事活动本身也能够极好地丰富其旅游品牌内涵。

---

① 数据来源：江西省旅游局《省旅游局 2011 年工作总结和 2012 年工作安排》。
② 资料来源：江西旅游局《省旅游局 2011 年工作总结和 2012 年工作安排》。
③ 数据来源："@江西风景独好"新浪、腾讯官方微博，2012 年 8 月 13 日。
④ 资料来源：江西旅游局《省旅游局 2011 年工作总结和 2012 年工作安排》。

例如，江西各旅游景区就开展了丰富的旅游节庆活动，有效地使品牌实现了落地。鄱阳湖国际龙舟大赛、井冈山国际杜鹃花节、宜春明月山月亮文化节、中国资溪大觉山生态旅游节、仙女湖"七夕情人节"活动、武功山国际帐篷节、婺源中国乡村旅游文化节等，各种活动充实了"江西风景独好"的品牌形象，做到了月月有活动、天天有声音。此外，红色博览会这一红色旅游节事品牌则堪称江西省最成功的节事品牌，从 2005 年首届举办至今已有 7 年，2011 年红博会从江西省的节事品牌升级成为全国性质的节事品牌，就能够充分说明江西在旅游节事品牌塑造上的成功。

2. 创新主题活动助力造势

节事一旦创立，就成为周期性举办的活动，更具长期规划性。而活动的创新远不止如此，各省可以充分发散思维，针对旅游景区开展多样性、即时性、灵活性的创意活动，在给游客更多选择的同时，为地方旅游品牌造名声。

江西通过积极开展各种创意活动推广其旅游品牌、拉动旅游销售。如2011 年 12 月的全省 71 景区免门票活动，直接大幅拉动了传统旅游淡季各景区门票以外的旅游收入。活动期间，江西共免票接待游客 1261 万人次，同比增长 82.06%，免票金额达 10 亿元，但拉动交通运输、酒店餐饮和娱乐等行业收入超过 60 亿元。[①]

3. 旅游展会推广促实效

与节事活动和创意活动吸引游客前来不同的是，行业盛会的积极参与是后进省份旅游团队积极"走出去"的途径之一。与其他产业不同，旅游业的行业盛会能够接触到十分广泛的、旅游消费需求旺盛的一线消费者。借力全国性及国际性旅游行业盛会提高知名度、积极拓展市场，是后进省份有效的旅游品牌传播路径。

江西从 2011 年开始积极参与行业盛会，借机拓展国际市场。在 2012 年江西省旅游局领导就带几十人的团队参加了海峡两岸的旅游行业联谊会，5 月 24

---

① 数据来源：江西旅游局长王晓峰：《在 2012 年全省旅游工作会议上的讲话》，2012 年 2 月 15 日。

日至 6 月 10 日，江西又组织了史上最大规模的境外旅游推介团赴台湾、香港全方位推介江西的好山好水。① 江西还计划以中日邦交 40 周年、中韩建交 20 周年和中俄互办旅游年为契机，在日、韩、俄等国举办以"中国欢乐健康游——江西风景独好"为主题的旅游推介活动，将其培育成江西入境游新的增长点。

四　结语

其实，旅游业的发展给一个地方带来的远不止旅游收入等短期、直接的经济利益。对于一个后进省份而言，旅游业的效能更重要的是促进信息交流、文化融合以及创造更多投资和商业机会。而外来的先进商业理念等信息以及消费意识等精神层面的碰撞和交流，会潜移默化地影响本土文化，革新旧有的观念，并促进地方文化与经济朝着更好的方向前进。而这些都是机器轰鸣的工业发展难以实现的。

因此，旅游业对地方经济、文化的影响更多是长期的、间接的，而意义也是更加深远的。后进省份发展旅游，需要深刻地理解旅游业与地方经济文化内在的、持久的关联，深谋远虑，站在全省战略的高度重视旅游业，以品牌战略的思维规划旅游业，以多元立体的策略推广旅游业。

---

① 黄升民：《星火何以燎原——江西旅游的品牌合力》，《中国市场品牌成长攻略Ⅲ》，现代出版社，2012。

B.22

报告二十二

成都城市形象传播策略研究

中国传媒大学广告主研究所

摘　要：

　　成都作为旅游文化名城，在城市形象方面虽然给大众以"熊猫故乡""休闲之都"的印象，但仍存在诸如城市旅游主题定位不准、城市形象认知模糊、"软件"配套逊色等问题。本文结合案例探究了成都在城市形象传播过程中所采取的事件营销、媒体联动等策略，并进一步提出成都应明确城市定位、创新宣传方式和提升"软件"质量的建议。

关键词：

　　城市形象　城市定位　媒体宣传

一　旅游业拉动成都城市形象"蒸蒸日上"，成绩背后隐忧仍在

　　成都市素有"西部之心""天府之都"的美誉，风景如画，名人骚客集聚，曾为西南古镇，是我国历史悠久的旅游文化名城。李白也曾吟诵道："九天开出一成都，万户千门入画图。"

　　成都之美，名动天下，虽然其得天独厚的先天资源优势功不可没，但后天全力建设城市形象也是不可或缺。城市形象是城市独一无二的"商标"，代表着一个城市的独特魅力。正如我们提到延安，想到的是一个曾经历经战争和政治重重考验的革命圣地。游客偏爱云南丽江，只因钟情于这座极具风情韵味的古城之美。打造城市品牌，在提升城市知名度和美誉度，拉动城市可持续发展

方面至关重要，然而城市形象建设绝非朝夕可成，它与城市的旅游、人文、经济、民俗等因素息息相关。其中，旅游业在推动城市形象建设方面表现尤为出色。

旅游业是城市建设的生力军，更是城市形象传播的"金字招牌"。国家旅游局局长邵琪伟曾表示，"发展旅游能够提升城市综合实力，打造城市文化品牌并改善城市人居环境"。① 例如，2012 年初，山东省第三届"好客山东贺年会"将自身优势资源和春节传统文化紧密结合，推出了"贺年福、贺年宴、贺年乐、贺年礼、贺年游"五大产品和六大地标文化旅游产品品牌（孔子在这里诞生——游三孔知天下；泰山在这里崛起——登泰山保平安；黄河在这里入海——赏奇观抒豪情；长城在这里始建——读齐鲁做好汉；运河在这里重现——品水城揽古今；奥运在这里扬帆——亲蓝海享休闲②），不仅为游客提供了一场舒适、愉悦、欢庆的"春节盛宴"，同时带动了经济创收和山东品牌形象的提升。这场别开生面的"贺年会"受到了国内外旅游者的追捧，"好客山东"形象也更加深入人心。数据统计，从元旦到元宵节，短短 37 天贺年会创意系列活动和产品，促进文化与旅游资源融合，营造更浓年味，拉动更旺消费，全省 17 市共接待游客 4012.7 万人次，同比增长 25.2%，旅游综合收入 375.5 亿元，同比增长 31.7%。③

成都城市形象传播也离不开旅游业的大力支持，两者之间可谓"唇亡齿寒"。2008 年，一场大地震重创了公众对成都的信心。成都城市形象一路大跌，迫使成都旅游业遭遇"寒冬"，旅游接待人数迅速下滑（见图 22 - 1）。

为重塑成都城市形象，成都市政府举办了"熊猫卡"系列推广活动，并通过《功夫熊猫 2》电影植入等创新传播方式，再一次重燃了人们对成都的信心和青睐，旅游业也随之蓬勃发展。根据成都 2008～2011 年成都旅游总收入情况显示，2009 年和 2011 年实现了约 38% 的增长。2012 年旅游总收入有望突破 1000 亿元。成都以丰富多元的旅游资源吸引游客，以振兴旅游业不断推进城市形象建设，努力将成都打造成一个"来了就不想离开的城市"（见图 22 - 2）。

① 《提升城市品位，云南推进旅游业与城市建设融合发展》，中国新闻网，2011 年 10 月。
② 《备好"年味餐"等客来，好客山东贺年会下月 1 日启动》，中华泰山网，2011 年 12 月。
③ 《好客山东贺年会每天拉动收益超 10 亿》，中国旅游网络媒体联盟，2012 年 2 月。

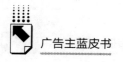

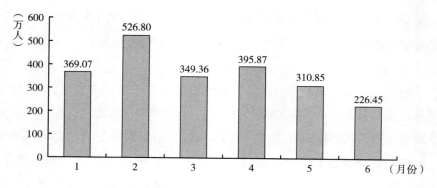

图 22 - 1   2008 年 1 ~ 6 月成都旅游接待人数

资料来源：成都旅游门户网《2008 年旅游公报》。

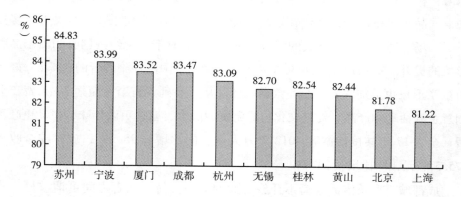

图 22 - 2   2011 年全年样本城市游客满意度排名

资料来源：中国旅游研究院。

旅游业推动成都城市形象传播的重要价值虽然不断受到肯定，但依然面临困难，主要表现为：城市旅游主题定位不准、传播媒介组合效果优势不明显、"软件"配套逊色、大地震带来重重挑战。

（一）城市旅游主题定位不准，城市形象认知模糊

众所周知，成都是四川省的省会，以厚重的历史文化底蕴、绮丽的自然风光、不可胜数的名胜古迹闻名于世。公众对成都城市形象的认知各异不得不"归功"于成都对城市定位的失误。根据《成都市城市总体规划（1995 ~ 2020)》的发展目标成都的城市性质被描述为："成都是四川省省会，全省政

治、经济、文化中心，我国西南地区重要的科技、金融、商贸中心和交通、通信枢纽，是重要的旅游中心城市和国家级历史文化名城。"① 这样的官方城市定位"求全求广"，也就理所当然失去了差异化特色。另外，近些年来，成都在推动旅游业和城市形象建设方面，不断给自己身上加上"响亮名头"，例如"天府之国""美食之都""娱乐第一城""东方伊甸园""熊猫故乡""休闲之都"等，看似噱头十足，细究下来，却有"以偏概全"之嫌。例如，成都政府较为认可的"休闲之都"定位，较之杭州的"东方休闲之都"、宁夏的"西部休闲之都"、内蒙古的"草原休闲之都"和开封的"中原休闲之都"，其差异化优势并不显著。同质化定位是城市品牌打造的弊端，不但浪费人力物力，而且有可能成为城市营销跃升的绊脚石，得不偿失。成都到底是怎样一个城市？成都没有说清楚，公众也不会认识清楚。

（二）传播媒介组合效果优势不明显，城市"出位"难度提升

媒介是城市形象传播的"宣传师"，对城市品牌建设和城市生存发展至关重要。善用传播媒介服务于城市形象的正面塑造，是每个城市的必然选择和必由之路。然而，媒介运用不是生搬硬套成功的传播模式，而是针对目标受众战略性地实施传播行为，力求将城市的独特魅力最大化地展示给公众。若是在传播过程中模仿成风，毫无特色可言，在公众心目中的形象也会大打折扣。随着公众需求升级，媒介接触习惯多样化，城市借助媒体进行形象传播必须不断创新、不断贴近公众。不同类型的媒体，目标受众不同，语言表达方式和内容呈现方式也各有差异，城市形象传播者必须充分认识各媒体的优劣势，进行有效组合，实现高效传播。在这一点上，成都城市形象推广媒体运用稍显稚嫩。

根据 CTR 媒介资讯显示，2010 年、2011 年 1～7 月旅游/区域形象广告媒介投放增幅中，城市形象传播的广告投放增幅集中在电视、杂志、户外。成都城市形象媒介传播也主要集中在电视、纸媒、户外，具体表现为拍摄城市形象宣传片登录电视媒体和视频网络、撰写旅游软文发表于报刊、举办成都旅游美食类电视节目、户外广告、电影植入等。综观全国城市形象传播媒体使用情

---

① 《成都市城市总体规划（1995～2020 年）》，搜狐焦点网，2005 年。

况，成都虽然在传统媒体和新媒体上都有所作为，但仍旧"多数中规中矩，偶尔略有创新"。

（三）"软件"配套逊色，拖累游客实地体验

成功的城市形象传播离不开优质"软件"配套，否则，就是"纸上谈兵"。"软件"配套主要包括服务人员专业素质和职业操守、旅游目的地当地人民的民风民俗、人文素养等。成都依托旅游业建设城市品牌，必须不断完善"软件设施"，向公众展示一个名副其实的"来了就不想离开的城市"风貌。可是，目前成都在软件方面并不令人满意。主要表现在：①旅游从业人员素质较低，服务质量不尽如人意。旅游从业人员是与旅客直接接触的人群，反映着一个城市的素养。然而，往往出现无证导游、强买强卖、欺骗消费者、景区门票随意定价、商贩欺诈哄抬物价、旅游市场秩序混乱等恶劣现象。成都市旅游局长白国欣在 2012 年的旅游大会上表示，成都市的"服务设施缺乏国际标准，管理服务国际化水平还需进一步提高"。[①] ②城市人文素养亟待加强。成都人给社会大众留下了一个刻板印象，即爱看热闹、欺生、不说普通话、街头常见随地乱扔垃圾之人。成都市民是成都城市形象的"代言人"，一旦这个"代言人"粗鄙之举较多，即使成都经济如何快速发展，都只是一种"暴发户"的表现。③旅游景点购物产品同质化程度高。我国的旅游购物一直是旅游业发展中的弱项。成都旅游景点周边产品往往同质化程度高、特色不突出，旅客购买欲望较低。

（四）大地震重创旅游业，城市形象重塑之路挑战重重

2008 年 5 月 12 日汶川大地震，针对特大灾情的大量报道使成都城市形象一路大跌，甚至很多国外媒体报道，中国西部一个特大型城市（成都）毁于一旦。更有戏语将成都比作"一个来了就走不了的城市！"地震给游客造成的心理阴影在相当大的程度上影响了成都旅游业发展。2008 年爆发的金融危机带来的连锁负面反应无疑使这种情形"雪上加霜"。2007～2008 年中国旅游业统计公报显

---

① 《成都旅游如何提升　成都市旅游系统大讨论座谈会举行》，《成都日报》2012 年 7 月 20 日。

示，成都入境接待人数直接下降了 36%（见图 22 - 3），在"内忧外患"的背景下，成都加紧震后城市营销，力求在最短时间内重塑成都城市形象。

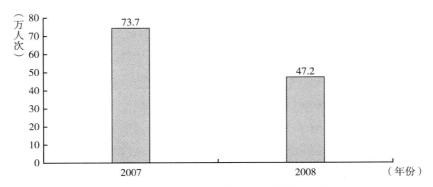

图 22 - 3　2007 ~ 2008 年成都入境旅游情况变化

资料来源：中国旅游业统计公报。

二　成都依托旅游业城市形象传播策略

（一）深挖先天资源价值，以事件营销积聚公众好感度

旅游资源是一座城市旅游业发达的前提条件，也是城市形象传播的载体之一。然而，旅游资源的开发和挖掘往往流于表面，没有充分发挥其差异化价值，旅游资源没有体现出其独一无二的价值。依托旅游业发展城市形象传播，必须深挖先天资源价值，以多元化传播手段吸引游客注意和喜爱，做到真正意义上满足消费者需求，从而提升城市想象美誉度。

成都是一座历史文化底蕴深厚、自然景观绮丽秀美的城市。令人心旷神怡的西岭雪山、历史悠久的锦里街和宽窄巷子、原生态大熊猫基地、富有商周故事的金沙遗址、人间仙境的九寨沟、千古卧龙的武侯祠、偏居一隅的杜甫草堂、川西第一道观的青羊宫、风味独特的洛带古镇等，无一不令人心驰向往。成都之美，名动天下，绝不仅仅限于美景如画。先天资源得天独厚是基础，后天全心耕耘城市形象传播才是关键。

深挖城市先天资源价值的关键之处在基于资源优势，开展公众喜欢的推广

活动，以具有话题性、趣味性的事件吸引公众主动参与，在提升旅游收入的同时，传递给游客成都独一无二的城市风貌，不断升级城市品牌。

成都在历史、人文、自然等方面积极挖掘资源优势，开展丰富多彩的活动。例如，一年一度的"洛带水龙节"以水龙舞为桥梁，将客家文化和洛带独特的地域特色紧密结合，不仅拉动了当地旅游业发展，也弘扬了客家文化，树立了洛带历史文化古镇形象。另外，成都举办的"书香龙泉·艺术洛带"读书节进一步彰显了洛带古镇的文化底蕴。作为成都标志性旅游景点之一的西岭雪山在 2012 年 6 月举办以"冰纷西岭·有氧一夏"为主题的避暑旅游节，将西岭雪山的原始森林、酷爽天气、绮丽的自然风光融入其中，配以露天电影会、2012 欧洲杯啤酒之夜等独具特色的系列活动，让游客迷醉在西岭雪山的独特魅力中。在金沙遗址博物馆举行的金沙太阳节，通过糖画、剪纸、竹编、捏泥人、捏糖人、扎风筝、金钱板、飞刀花鼓等民间绝活和抛绣球、迎亲等传统婚庆民俗，展现了老成都难能可贵的民俗风味（见图 22 - 4）。

图 22 - 4　成都旅游景点简图

（二）善用媒体组合，线上线下联动

媒体的作用不仅仅是告诉公众这座城市有什么，更为重要的是，告诉公众这座城市"不来就抱憾终身"的理由。媒介虽不能决定公众怎么想，却可以决定公众想什么。然而，不同类型的媒体特色各异，随着消费者媒介接触习惯多元化，单一媒体已经无法有效捕捉消费者注意力，通过媒介组合，可以有效渗入消费者生活圈，实现多角度、全方位捕捉，实现真正高效传播。成都在推动城市形象建设、塑造城市品牌方面虽创新不足，却也十分重视运用媒体组合，实现线上线下联动，主要表现如下。

1. 传统媒体"不离不弃"

电视媒体一直稳居强势媒体龙头地位，尽管受到新媒体冲击，但收视人群依然庞大。成都运用电视媒体进行城市形象建设主要表现在城市形象宣传片播出、都市生活频道或者旅游节目宣传。成都特意邀请张艺谋拍摄的《成都——座来了就不想离开的城市》宣传片，受到国内外的一致好评，吸引了众多海内外游客（见图 22 - 5）。成都公共频道推出的《吃喝玩乐成都全接触下午版》主要介绍成都风土人情、旅游景点、美食风味，将一个真实、富有魅力的成都展现无遗。成都在平面媒体上也对城市形象频繁报道。平面媒体在消费者心中的权威性和公信力仍在。《华西都市报》《西南旅游杂志》等知名刊物上刊登了成都各大旅游胜地和城市形象宣传相关报道。广播也是成都城市形象传播的重要宣传渠道，例如四川旅游频道、四川城市之音、成都新闻广播、成都文化休闲广播等。

2. 新媒体"大胆尝试"

新媒体在城市形象建设上发挥空间巨大，尤其是在旅游业宣传方面。峨眉山旅游营销总监杜辉表示，"旅游营销最需要与时俱进"。[①] 成都以互联网平台为核心，在微博、社区媒体、移动互联、数字户外、旅游网站上表现突出。目前，成都市旅游局官方微博粉丝数量已达到五六万人。

2008 年汶川地震以后，成都面临重塑城市形象的艰难任务，在困难中积

---

① 《旅游行业"淘宝式"推广管不管用》，中国旅行网。

图 22 – 5 《成都——一座来了就不想离开的城市》宣传片截图

极寻找突围机遇。2008 年 7 月 22 日，成都文旅集团就和谷歌公司正式签署了"全球在线营销成都城市形象和旅游品牌"合作协议，谷歌公司与文旅集团首次定位在线英文用户，将"支持四川灾后重建、参与成都文化旅游"的主题广告以及"亲临熊猫故乡、感受中国的中国——成都"等内容采用极具中国特色的图片广告方式投放到美国、澳大利亚、英国、新加坡等全球 12 个主要客源国家和地区的谷歌内容联盟精选网站中，如美国世界旅游指南网、澳洲孤独星球网、新加坡 360 网、英国 Bed&breakfast. com 等，辅之以英文、中文繁体、中文简体关键词搜索广告针对欧美主要客源国家以及我国的香港和台湾地区等亚洲国家和地区进行综合推广。①

3. 公关活动"如火如荼"，线上线下联动

城市开展公关活动有利于与公众直接沟通，传递城市人文气息和独特魅

---

① 《成都文旅集团携手谷歌，全球营销初见成效》，PChome. net，2008 年。

力。各种旅游公关活动在成都正开展得"如火如荼"。旅游节假日一直是城市旅游业爆发高峰期，也是城市形象建设的重要机遇期。成都不仅在节假日升级宣传力度，自身也开办各种主题旅游节，如"龙泉山桃花节""农家乐""梨花节""避暑旅游节""森林旅游节""啤酒节"，同时配合线上媒体交相呼应，扩大受众覆盖率，加强互动。

（三）因势利导，化"危"为机

2008 年汶川大地震在震惊国内外的同时，也让成都旅游业遭受重创，接踵而来的金融危机更是让成都"雪上加霜"。然而，成都并未气馁，反而化"危"为"机"，实施"地震营销"。基于自身旅游资源优势，运用恰当的营销手段吸引消费者，将地震带来的负面影响降到最低。同时，将世界对成都的关注转换为重要营销本钱。成都在"地震营销"中被人津津乐道的营销活动——熊猫卡城市营销、《功夫熊猫 2》零成本电影植入营销。

成都熊猫卡城市营销定位于"熊猫的故乡"，将熊猫资源作为差异化营销法宝，促进成都旅游业快速复苏，重振雄风。2009 年成都将向四川省外游客发放1500 万张熊猫金卡，向省内游客发放 500 万张熊猫银卡，共计 2000 万张。2009年 3 月 24 日~2009 年 12 月 31 日，成都市 11 个国有重点景区对持熊猫金卡及身份证的省外游客免除门票，对省内持熊猫银卡的游客实行门票半价优惠。成都熊猫卡在汶川大地震发生 10 个月之后隆重推出，市场定位于商务旅行，不断加深"熊猫的故乡在成都"的公众认知，重塑公众对成都的信心，拉动旅游经济快速增长。成都市假日办发布五一成都市假日旅游总体概述显示，据统计，2009 年五一期间，成都旅游接待游客 298 万人次，同比增长 15.2%；旅游总收入 11.2亿元，同比增长 22%。熊猫卡对旅游撬动作用明显，11 个国有重点景区接待持熊猫金卡的游客。2009 年 5 月 3 日携程旅行网发布了五一旅游人气城市排行榜，调查范围涉及中国 40 个主要城市，成都位居"人气最旺十大城市"第 7 位。

案例：《功夫熊猫 2》零成本电影植入营销

阶段 1

成都与《功夫熊猫 2》的"跨国联姻"起源于 2008 年 5 月 12 日的汶川大

地震。这场灾难震惊了国内海外，也动摇了人民对成都的信心和向往。尽管成都多数区域在震后一周基本恢复了平静，但外界对地震的恐惧深刻地影响着成都。就是在这样的背景下，成都市领导意识到必须将"成都是安全的"这一概念以最快的速度传播出去。（用好同情分、关注度）

2008 年 5 月下旬，"成都市城市形象提升协调小组"成立，该机构组织成分包括政府投资、旅游、地产等。谢文表示，"小组的使命就是成都城市形象的危机公关，向全球传递出成都是'安全'和'充满机遇'的两大特质"。（危机意识、营销意识）

2008 年 5 月 15 日，在第六十一届戛纳电影节全球首映式的新闻发布会上，梦工厂的 CEO 杰弗瑞·卡森伯格表示，"很关心发生在熊猫故乡的灾难，希望有机会去四川看看大熊猫。用电影给灾区的孩子们带去一些笑容"。（偶发点）

2008 年 6 月 20 日，"成都市城市形象提升协调小组"的成员看中了《功夫熊猫》的热议性质，也注意到杰弗瑞·卡森伯格在戛纳电影节上的发言。该小组继而决定邀请《功夫熊猫》剧组来成都采风。（策划）

阶段 2

2008 年 9 月初，成都市政府新闻办公室正式向《功夫熊猫》出品方美国梦工厂动画公司发出邀请函。邀请梦工厂 CEO 杰弗瑞·卡森伯格带领《功夫熊猫》续集的创作团队来成都参观。邮件中特别强调两点邀请理由：①"邀请续集创作团队来成都与熊猫亲密接触。在第一集创作过程中，梦工厂的创作团队事实上没有一个人见过真正的熊猫。"②"阿宝的爸爸为什么会是一只鸭子？我们觉得成都会给您一个答案。"（话题制造）

阶段 3

2008 年 10 月 21 日，杰弗瑞·卡森伯格带领梦工厂高层以及《功夫熊猫》续集团队来到成都，两天时间参观了成都大熊猫基地、青城山、金沙遗址、青羊宫、宽窄巷子等成都特色景点，并遍尝成都美食。（实施）

杰弗瑞·卡森伯主动表示将在《功夫熊猫 2》中植入成都元素。离开成都之前，卡森伯格对媒体公开宣布，"来成都就是希望解开'阿宝'的传奇身世之谜，我们会在 3 年后向全世界公布答案！"（悬念）

此后两年时间，成都与梦工厂之间进行了无数次对接沟通。成都专门成立

《功夫熊猫2》中方工作团队，负责协调沟通以及成都元素的创意设计。

阶段4

2011年5月28日，3D版《功夫熊猫2》在国内院线全面上映，票房三日过亿。另外，《功夫熊猫2》出现大量成都元素，例如青城山、宽窄巷子、担担面、四川火锅。谢文表示，"这是成都市精心酝酿的一个城市营销活动。通过在影片中大量植入成都元素，向全球观众推广成都的城市形象"。此后，成都乘胜追击，在《纽约时报》广场播放成都城市宣传片。（乘势而为，再营销）

案例评析

在本案例中，成都城市形象传播策略如下：①因势利导，转危为安。成都看准了《功夫熊猫2》的契机，借地震博取世界关注和同情，实现城市形象突围。②坐稳优势，友情相邀。熊猫的故乡在成都，这是成都得天独厚的优势，相邀梦工厂CEO和《功夫熊猫》续集制作团队信心和诚意十足。③文化动人，刺激灵感。两天时间，成都方负责人带着来访团队参观了成都大熊猫基地、青城山、金沙遗址、青羊宫、宽窄巷子等成都特色景点，并遍尝成都美食。《功夫熊猫2》中植入的成都元素正是来源于此。④组建团队，合力共赢。成都成立了《功夫熊猫2》中方工作团队，负责协调沟通以及成都元素创意设计。随时与《功夫熊猫2》制作团队保持联系和沟通。⑤借势宣传，乘胜追击。成都借《功夫熊猫2》高潮之势，以"典型中国，熊猫故乡"为主题的成都市城市形象宣传片登录美国《纽约时报》广场电子屏，进一步向全世界展示成都形象。

成都通过电影植入，将成都人文和风景"润物细无声"地传递给公众，让"一部美国大片成为成都的形象代言人"，成都这招"熊猫牌"打得让人叹为观止。在这场零成本植入电影的过程中，我们不得不承认这是一场"天时地利人和"的策划。如何邀请到梦工厂导演和《功夫熊猫》续集制作团队来成都采风？如何令续集团队愿意将成都元素植入《功夫熊猫2》？又如何借《功夫熊猫2》拓展成都风采？这与小组精密细致的策划和部署密不可分。城市形象传播不仅要求城市形象设计者了解并掌握城市资源特色，而且要把握公

众、市场、环境等发展态势。它要求因地制宜，因势利导，结合自身优势，策略性地宣传推广"城市产品"，进而形成全方位辐射效应，点面结合，提升城市形象，塑造城市品牌，增强城市综合竞争力。

三　成都城市形象传播建议

（一）明确城市定位，强化资源优势

城市形象定位必须涵盖这座城市的历史、文化、人文等精髓，正如提及延安时，所有人都想到了"革命圣地"，这是延安独一无二的城市名片。成都独一无二的魅力总是说不清道不明。明确统一的城市定位势在必行。因此，成都城市形象定位必须避免顾此失彼，"美食之都"的定位就是只针对特定层面特色而言，并不能代表成都主题形象；也必须避免"自卑""自恋"情结。成都一直流传着"少不入川，老不出蜀""家在中国，住在成都"的谚语，似乎有点自吹自擂之嫌。"东方伊甸园"的定位模仿西方文化，在外界眼中就显得有点"自卑"了。简单来说，城市形象定位就是在基于自身优势前提下，实事求是地向公众传递城市魅力，塑造城市品牌。

成都应该做到"知己知彼"，不仅要清楚了解自身资源独特优势，寻找独特资源之间的整合性，从而形成一条城市形象升级"资源整合链"，也需与同级城市形象传播之路进行对比，寻找差异化优势，努力获得目标人群的关注度和好感度。例如，成都在公众心目中的印象包括休闲城市、历史名城、熊猫故乡、美食城、宜居城市等，这些分散的印象能否按照某种方式形成整合链，化整为一，达到"1＋1＞2"的效果？

（二）城市形象宣传形式多样，不断吸引公众注意力

城市形象宣传离不开传播渠道和传播内容。传播渠道主要来源于传统媒体和新媒体的高效组合，传播内容则是基于城市形象宣传诉求点。两者必须有效组合，才能实现传播价值最优化。成都在这方面也算略有建树。自汶川大地震

之后，成都为重塑城市形象精心策划了一系列活动，例如同年 10 月推出"因为有你，成都更美好"系列广告，在电视和网络上频频亮相；之后邀请张艺谋拍摄《成都——一座来了就不想离开的城市》，同样人气爆棚。电影《功夫熊猫 2》的成功植入，使成都获得"2011 城市品牌卓越营销奖"。然而，成都这条城市形象传播之路不能止步于此。

　　新媒体迅速崛起，成为公众信息获取的重要渠道之一。成都必须充分认识到新媒体对城市形象建设的重要价值。成都依托旅游业吸引游客前来，必须清楚了解目标受众需求和媒介接触习惯。喜欢旅游的人士大多是微博、社会化媒体、移动互联网的粉丝，这类人群是城市旅游重点开发人群。成都应该积极利用新媒体与目标受众进行互动沟通，传递成都独特魅力。新媒体的价值绝非只是简单地充当着"信息发布者"，它应与线下活动形成联动，全方位、立体化地抓住消费者注意力。当然，媒体只是传播渠道，传播内容也甚为关键。成都应强化城市形象传播内容上的创新。同样以"熊猫"作为城市形象卖点，很显然，《功夫熊猫 2》中阿宝人性化的演绎，相较熊猫宣传片，更能吸引公众注意力，形成共鸣。

（三）提升"软件"质量，展现城市魅力

　　硬件设施的配套齐全能够真实地展现城市实力和竞争力，而"软件"质量的提升却能由内而外向公众展现整座城市的魅力和亲和力。人们来到一座城市，除了看到面前的建筑外，首先要接触到的便是当地的人，这些当地人就代表了整座城市的形象，其一言一行、一举一动都会给公众留下代表整座城市文化的印象。

　　成都作为一个旅游大市，当地人与外来游客的接触必不可少。旅游从业人员较低的素质以及成都人给社会大众留下的刻板印象会对成都的城市形象产生负面的影响。因此，要有意识地培养旅游从业人员的素质，更要着重提高旅游服务质量，让游客能够在旅游的同时体验到宾至如归的感觉。同时，要通过各种媒体加大对成都市民培养文明行为习惯的宣传，争做"文明市民"，向游客展现出成都人文明好客的一面，提升成都的城市魅力，美化成都的城市形象。

四 总结

　　成都一直致力于城市形象传播，在电视媒体、平面媒体上的宣传向来是不遗余力。然而，这条城市形象传播之路走得并不尽如人意。究其根本，成都始终未找准自己的定位，还处在全面撒网、跟风模仿的阶段。没有创新的东西，即使宣传铺天盖地，也是没有持久生命力的。成都想要在广大城市中脱颖而出，必须充分认识自身优势和劣势，找准城市定位，深挖优势资源价值，借助全媒体战略性组合宣传，打造国际化城市品牌。

B.23

报告二十三
洋河蓝色经典品牌传播研究报告

中国传媒大学广告主研究所

摘 要：

洋河蓝色经典可谓是白酒行业的后起之秀，其"造牌运动"颇为成功。通过差异化定位以及特有的媒介传播策略等，洋河创造了一股蓝色风潮。但是其"造牌运动"中遇到了困境，洋河受到的质疑声逐渐增多。本文针对洋河的"造牌"困境，提出相应的解决方法。

关键词：

洋河蓝色经典 造牌运动 品牌困境

洋河酒是一个有悠久历史的传统白酒品牌，新时期针对新的市场形势进行了一系列的品牌变革，以 2003 年洋河蓝色经典上市为界，主要划分为两个时期。前期以洋河大曲系列为主要产品，并初步形成了"绵柔"的独特风格；新时期针对不同市场推出了不同的产品系列，主要品种有洋河大曲系列、洋河蓝色经典系列、绵柔苏酒系列、敦煌系列等。洋河蓝色经典是江苏洋河酒厂于 2003 年 8 月推出的高端白酒系列，旗下有三种产品：海之蓝、天之蓝、梦之蓝，档次与价格从低到高。自洋河蓝色经典横空出世以来，其销售业绩连续几年以近 60% 的速度递增，其中的单品更是创造了每年以三位数高速增长的神话。2009 年，"洋河股份"成功通过 A 股首发审批，于 11 月 6 日在深圳证券交易所正式挂牌上市。洋河蓝色经典掀起了全国的"蓝色风暴"，聚焦了业内外关注的目光。其成功是白酒行业的奇迹，一个年轻的品牌用最短的时间占领了古老的白酒市场。

但是在这神话般的奇迹背后，我们应该理性分析"洋河现象"。洋河高速成长的背后，必定有其成功的品牌传播策略，这值得我们去学习。但是近来对洋河蓝色经典的质疑声越来越高，"散酒门"事件也不绝于耳。洋河蓝色经典的成功是不是空中楼阁，其"造牌运动"是不是整个白酒行业的缩影，这些问题需要我们理性地分析。

一 洋河"造牌运动"，实属被迫之选

（一）造牌：白酒品牌进入高端市场的必经之路

在我国，白酒行业是一个历史悠久的传统行业。根据行业生命周期理论，任何行业都会经过导入、成长、成熟和衰退的过程。白酒行业从新中国成立初到 1996 年是快速成长期，到目前基本上处于成熟期。在这一阶段竞争激烈，利润逐渐下降。另一方面，替代饮品的发展，主要是啤酒、葡萄酒和黄酒的发展也导致白酒行业竞争激烈。白酒与替代饮品是此消彼长的关系。后者的稳步增长在很大程度上抑制了白酒的扩张，挤占了白酒的市场。再加上近几年消费观念的变化，"喝酒喝健康"的观念深入人心，低度酒、葡萄酒和保健酒等逐渐受到青睐，这影响了白酒的销量。

在白酒行业充分竞争的背景下，两极分化逐渐严重，从表 23－1 的数据可以看出，低端市场竞争饱和，高端市场利润丰厚。高档白酒的品牌价值、定价权优势奠定了高档白酒在激烈的市场竞争中的强势地位。高端白酒的丰厚利润吸引了众多的白酒品牌纷纷进军高端市场。

表 23 －1　白酒行业产量与利润分布情况

单位：%

	低端白酒	中端白酒	高端白酒
产量	45	35	20
利润	15	35	50

资料来源：中国酿酒工业协会白酒分会：《中国白酒行业发展报告》。

但是白酒高端市场巨头盘踞，进入门槛很高。一方面，茅台、五粮液等传统强势品牌占领高位。茅台、五粮液的领跑地位难以撼动，二者是目前仅有的两个销售额突破百亿元的白酒企业。茅台和五粮液通过长期的发展，已经形成了相对规范的运营机制，对风险的抵抗力非常强。因此，茅台的国酒地位、五粮液的白酒大王宝座在短期内是很难撼动的，它们的领跑态势短期内很难改变。另一方面，水井坊、古井贡等依托外资雄厚势力也意欲抢夺高端市场。这些都说明，不管是靠自身还是外资的力量，进军高端市场逐渐成为一大趋势。想要让白酒产品本身打动消费者很难，因为高端路线主要靠品牌的溢价能力，因此造牌手段必不可少。

（二）产品同质化严重，通过造牌提升形象和产品溢价能力

在白酒市场，除却一些航母级企业有实力打造精品之外，大多中小酒类企业的产品放眼望去可用"审美疲劳"来形容，各种白酒的生产工艺越来越雷同，白酒市场的同质化危机越来越明显。

以白酒香型为例，近十几年来，白酒香型发展出现了严重的失衡，产品风格多样性逐渐弱化，浓香型白酒一枝独大，占据整个白酒市场近70%的市场份额。[①] 浓香型白酒的一枝独大造成白酒行业一定的同质化趋势和满足消费者个性化需求能力的不足。这一点能反映出白酒业竞争力有下降的趋势，存在一定的市场危机，即白酒品牌缺乏个性化身份特征，白酒市场缺少需求选择，消费者缺乏品牌认同感和品牌忠诚度。

在白酒香型单一、口感趋同、缺乏个性化身份等问题面前，造牌就成了白酒行业趋之若鹜的一种自救方式，即各大白酒产品急需通过造牌来提升形象和产品的溢价能力。白酒产品的"硬件"，如口味、香型等难以使其在激烈的市场中突围，只有在"软件"上进行产品的区隔，造牌手段必不可少。

（三）外资介入，本土产品亟须提升品牌以对抗

当今，中国市场的未来潜力不断受到外来投资的认可，企业中外合资、投

---

① 《浓香型白酒占据较大市场份额》，全球分析网，2012 年 5 月 2 日，http：//zx. qqfx. com. cn/news/90178. html。

资并购等现象已是稀松平常。早在 2006 年，国际烈性酒巨头帝亚吉欧就成为水井坊的第二大股东，经过 6 年的酝酿，2012 年 3 月终于得以"痛饮"水井坊。这次收购是水井坊走向高端和国际市场、打造国际品牌的重要一步。2007 年，古井贡酒 100％ 国有产权已于 4 月 10 日完全转让给了国际饮料控股有限公司（IBHL）。古井贡酒成为继水井坊之后，第二个转投外资"怀抱"的国内知名白酒品牌。[1]

外资介入白酒行业，对于白酒品牌来说是一把双刃剑。一方面，外资力量的介入，对于并购品牌来说是成长转型的重要机遇，是走向国际化道路的重要手段。外资的介入称得上白酒行业的一股"新式活水"，带来了新的理念、机制、营销模式等，促进了行业的优胜劣汰。尽管外资对中国国情和本土白酒行业状况了解不深，对品牌的改造之路有诸多理想化措施，但至少在消费者、经销商眼中，它的价值得到了提升。另一方面，这也加剧了白酒行业的激烈竞争，尤其是对三四线品牌的压力更为明显。在这样的背景下，本土企业亟须通过提升品牌来进行对抗，"造牌"手段必不可少。

（四）"造牌"已成为白酒行业的文化

"造牌运动"在白酒行业已是司空见惯之事，白酒行业常见的"造牌"切入点包括产品特点、目标市场、竞争对手、档次、口味、历史文化、情感、个性等。其中以文化为卖点进行"造牌运动"最为常见。

茅台以"文化酒"稳坐行业之巅，倚仗之一便是源远流长的文化底蕴。孔府家酒以"孔子文化""家文化"而稳占高端白酒市场一席之地。而洋河推出的"天之蓝""海之蓝""梦之蓝"三个中高档产品，以"绵柔"的蓝色文化抢占了消费者的注意力。白酒企业纷纷进行"造牌运动"，这也从侧面反映出消费者已渐渐不能满足简单的质量消费，而更看重情感享受和体验。"造牌"已经成为白酒品牌的共识，通过为品牌加入独有的文化内涵来提升产品的价值，从而提高产品的品牌竞争力和溢价能力。

---

[1] 陈未临：《泰国首富"喝下"古井贡》，全景网，2007 年 4 月 13 日，http：//www.p5w.net/stock/news/gsxw/200704/t891345.htm。

二　洋河蓝色经典品牌传播策略分析

（一）定位：围绕消费者需求，提供差异化利益点

通过对目标消费者口味和饮后舒适度测试的分析，洋河蓝色经典得出重要结论，即白酒在人们交际中发挥着重要作用。通过对目标消费者进行口味测试发现，有时单人的饮用量比较大，消费者饮用白酒后最大的不适感主要是头痛，其次是口干舌燥。因此，白酒消费市场急需开发"绵柔型"产品。

基于上述产品分析，洋河蓝色经典目标群体主要是政府机关、企事业单位以及成功人士，同时兼顾高档礼品酒市场。目标人群的工作交际较频繁，对白酒的需求量相对较大，但同时在社交场合要保持良好的形象，不能因饮酒而带来不适感，因此洋河的"绵柔"口感正是商务和政府人士所需要的。

同时，洋河在价格定位上也有不同。洋河蓝色经典有三种：42°洋河蓝色经典海之蓝、46°洋河蓝色经典天之蓝、52°洋河蓝色经典梦之蓝，档次与价格从低到高，覆盖整个招待及礼品酒市场，为消费者带来多种选择。另外，洋河在价格上还充分考虑渠道经营特征，留给经销商可观的毛利空间，从而提高经销商的积极性。

（二）造出"蓝色文化"和"男人情怀"

洋河蓝色经典在刚推出的时候，便掀起了一股"蓝色旋风"。洋河蓝色经典的"蓝色文化"可以总结为三个层次。首先，从包装设计上，延续了早期经典的蓝色风格，把"蓝色"作为形象色，与传统白酒包装主要以传统视觉文化的红、黄、土陶和瓷白色为主要色调形成对比。其次，在内涵上提出将蓝色与绵柔的一体化，突出蓝色的高雅，与绵柔型白酒的口感特点相呼应，突出开放、时尚、现代和品位的元素。最后，把这种形象符号化和视觉化，找出蓝色的代表——海洋和天空，发掘蓝色背后的意蕴。这样就把蓝色的高雅、绵柔的口感和宽广博大的胸怀完美结合。洋河的"蓝色文化"为消费者带来了全新的视觉体验，完成了对自己产品壁垒的构建。

洋河蓝色经典对品牌的诉求是"男人情怀",即从精神层面找到了与"现代生活"的最佳结合点,那就是"蓝色的博大"与"男人的情怀"的结合。在当代快节奏的社会背景下,洋河蓝色经典对普遍浮躁和缺失的男性心理进行了一次及时的梳理和矫正,"男人的情怀"诉求的是一种生活状态和品位,给人一种强烈的时代感,符合众多成功人士的心理需求。

(三)洋河蓝色经典媒介策略分析

1. 广告高覆盖,立体宣传形象

洋河蓝色经典的广告会在全国性媒体及地方性媒体上进行全面覆盖,比如央视,全国性报纸、杂志和门户网站,地方级电视、报纸和户外媒体等。其中特别注重凭借高媒体平台进行全国性的宣传。洋河蓝色经典95%以上的广告是投放在央视平台,在央视各个频道投放广告、冠名央视黄金强档节目等。据相关数据,2008年,洋河投入央视的广告费达8000万元;2009~2010年竟高达8亿元;2010年春晚,单是一个小品中蔡明手上提的洋河蓝色经典手提袋特写,就花费了将近600万元。[①]

洋河蓝色经典对户外广告同样很重视。整体策略是,长期大范围曝光与短期集中宣传相结合。首先,在各个重要城市之间的高速路上选择优质媒体(收费站、服务区、互通立交处)进行长期投放。而且针对高端消费者群,在全国主要的机场高速、重要城市中心、5A级景区、知名门户网站等媒体进行系统性的投放。其次,户外广告会呼应针对性的事件营销、假日营销。比如APEC"中国之夜"活动中,洋河集团经典名酒"梦之蓝"被选作宴会专用酒,洋河蓝色经典迅速将沪宁、京沪、南京绕城、南京机场、沿江高速等江苏省内主要地段的30个户外广告牌换成该主题。最后,洋河在户外广告创新上继续深入挖掘其价值。比如,量身定制洋河独有的户外广告新形式,采用如对牌、连牌、超大牌等创新的广告发布模式,进一步加深了受众对广告的印象。

2. 借助娱乐、体育等重大事件进行品牌传播

洋河蓝色经典一直热衷于对重大事件进行赞助、冠名,把每次重大活动当

---

① 路胜贞:《洋河蓝色经典,成功与过坎》,中华品牌管理网,2011年1月20日,http://www.cnbm.net.cn/article/ar296208953_3.html。

作难得的品牌传播机遇。在娱乐营销方面，2008 年开展"争金夺银，中国加油"活动，在央视广告的宣传配合下，洋河蓝色经典在全国各地展开了"品洋河酒，就有机会获得金块银块"的活动；2010 年开展"CCTV 青年歌手电视大奖赛"活动，推出"买洋河酒就有机会获得联想笔记本电脑"；曾赞助"宋祖英 2011 大型巡演"、举办"中国梦·梦之蓝"王菲南京专场演唱会、赞助开展 20 余场"中国梦·梦之蓝 TODES 现代芭蕾舞中国巡演"……洋河蓝色经典在各种娱乐事件上乐此不疲，展示了其作为一个时尚、年轻的白酒品牌的定位，拉近了与消费者的距离。

洋河蓝色经典在体育营销方面同样重视。2004 年 9 月，洋河蓝色经典梦之蓝被首选为希腊奥运会江苏籍体育健儿庆功用酒；2008 年相继成为奥运火炬首传城市指定用酒和世界屋脊珠穆朗玛峰摄制组用酒；2012 伦敦奥运会中国体育健儿壮行庆功专用白酒……洋河蓝色经典与体育结缘，向众人展示了其与"成功"的微妙关系，同时感到沉静的蓝色背后蕴藏着的无限激情。

3. 试水植入营销

洋河蓝色经典在 2010 年春晚小品的植入只是小试牛刀，其曾在热门影视剧、电影里进行植入营销。2010 年赞助的都市情感轻喜剧《老大的幸福》在中央电视台一套黄金时间段首播，洋河酒厂是此剧的白酒类产品唯一赞助商，剧中出现的白酒产品及品牌均为洋河产品，多处道具、场景、情节、台词中出现洋河蓝色经典、洋河大曲系列产品以及品牌形象。

此次植入营销比较成功，品牌与剧情内容的贴合度很高。该电视剧的主题与洋河蓝色经典的广告主题"比天空更博大的是男人的情怀"紧紧相扣。观众在欣赏跌宕起伏的剧情的同时，对洋河品牌的形象和诉求以及各系列产品留下深刻记忆和良好印象，从而达到提升品牌知名度和美誉度的目的。

三　洋河蓝色经典的"造牌"困境

洋河蓝色经典的品牌传播比较成功，使其在短时间内迅速红遍全国。但是我们同样应该看到这场轰轰烈烈的"造牌运动"背后的问题。"造牌运动"对于意在通过塑造品牌促进销售、提升形象的企业来说无可厚非，尤其是在新兴品牌

的崛起中它发挥着关键的作用。因此，"造牌运动"本身对于企业来说是利好的。而之所以我们将之称为"造牌运动的怪圈"，是因为对于一个售卖悠久历史文化积淀的行业来说，轰轰烈烈的"造牌运动"也为酒企埋下了诸多问题和危机的种子。而将洋河蓝色经典视为"造牌运动"的典型代表，是因为它从产品上市伊始就走了一条深度营销的路子，相比"酿酒"，更重视"卖酒"。

（一）大广告换市场的策略弊端初现

洋河蓝色经典深度营销模式最重要的表现之一就是它在广告上的大规模投入。根据洋河股份财报数据显示，2008～2010年，洋河股份在广告方面的支出分别为1.07亿元、1.43亿元、4.35亿元，年均复合增长率高达175%。公司不仅在央视和地方卫视各个频道投放广告、冠名黄金强档节目，参与大型赛事，而且通过广播、杂志、报纸和网络等媒介进行多渠道宣传。

持续大规模的广告投入对于洋河蓝色经典这一老字号下的新产品打开市场销路来说至关重要，但如果单纯以大广告换市场，采取广告崛起的路径，也为新品牌的长期发展埋下了隐患。洋河蓝色经典采取了大广告换市场的策略，并且形成强大的依赖性，一旦广告停滞，其品牌势能就会受到影响。

自上市以来，洋河蓝色经典在央视以及省级频道、电台、户外等传统媒体的广告投放连年高比例增长，并且在产品定位、包装以及诉求上走的都是品牌化的路线。除了这一高空覆盖的效应，加上洋河地面部队"1+1"分销模式的呼应，洋河蓝色经典实现了迅速崛起。

但是，当前白酒行业竞争异常激烈，经济大环境又处于下行走势，而更趋向选择红酒、啤酒的年轻消费群体正在崛起……单纯依靠广告与分销渠道助力销量着实风险很大。一旦洋河蓝色经典的大规模广告活动减少甚至停滞，其销售会失去重要支撑，品牌将经受极大的考验，而且通过广告崛起的路径，极易被竞争对手模仿和超越。

洋河股份的野心虽然很大，但对于品牌、广告、销售以及三者关系的理解似乎略有偏颇。大广告换市场也从侧面反映了其品牌观念的片面化，导致了洋河蓝色经典在依靠广告崛起的同时，品牌空心化的问题日益严重。纵然广告是构建白酒产品差异化的有效路径，但是过于依赖广告"造牌运动"实现崛起，白酒品牌的核心价值有所缺失，品牌积淀严重不足，难以形成独特的竞争优势。对一家白酒企业而言，原酒的品质、企业自身的生产能力等才是可持续发展的保证，是最为核心的竞争优势所在，品牌的动作属于锦上添花之举。如果产品本身没有领先于竞争者的优势特点，就等于给自己降低了竞争的壁垒，极易被后来者模仿甚至超越。如酒鬼酒从 2011 年开始加大在央视等媒体平台的广告投放，逐步复兴，走的同样是洋河大广告、深度营销的路子。

（二）遭遇品牌成长阈限的危险

品牌并不能无限度地成长，当成长到一定程度时其盈利能力反而下降，这在营销学上被称作成长阈限。洋河蓝色经典正面临这样的问题。

首先，营销费用大幅提高，增加了扩张风险。

虽然不能判定洋河蓝色经典的成长阈值在什么地方，但是营销费用的大幅提高，对洋河的全国扩张来说，风险也极高。在洋河蓝色经典猛投广告的同时，洋河股份的净利增速却在下滑，2010 年公司净利润同比增速为 75.86%，而根据最新业绩快报显示，2011 年度其净利同比增长约八成，与洋河上市前翻倍式增长的业绩相比，其业绩增幅明显滞缓。[1]

无独有偶，在营销与市场无限扩张上栽跟头的酒企还有很多。2007 年，红星、沱牌、西凤、衡水、汾酒、口子等区域强势品牌均在全国范围内大幅度扩张，但是最终均因水土不服以及成本太高一度陷入扩张泥潭。

其次，消费者认知发生改变，广告效果渐弱。

消费者越来越聪明了，他们逐渐认识到，"羊毛不会出在狗身上"，每一笔广告费都最终会摊派到每一件产品或服务上，如果企业拿消费者预期购买的成本、过度透支自己来维护品牌声誉，是不明智的。尤其是在一个新媒体激变的新时代，信息爆炸式增长，消费者意识崛起，他们对消息的屏蔽和过滤的时代已经到来，没有一个企业能够单纯依靠广告支撑其品牌走太久。因此，这不

---

① 赖智慧：《洋河股份被指重卖酒轻酿酒遭质疑 或成下个秦池》，2012 年 4 月 8 日，http：// finance. sina. com. cn/stock/s/20120408/235611771379. shtml。

仅是洋河蓝色经典在"造牌运动"中要面临的问题，更是像它一样在广告投入与品牌建设上不断付出努力的企业也要重视的关键。

（三）品牌定位面临新的挑战

总的来说，洋河蓝色经典的定位原则是围绕消费者需求，提供差异化利益点，在产品定位、品牌地位、市场定位和价格定位上都力求出新。

洋河的定位策略成功地与其他白酒产品形成了区隔。白酒的消费心理有一个巨大的特点，就是酒是老的香，中国乃至世界的名酒的形成无不遵循这样的规律。洋河蓝色经典的成功在短期内满足了消费者求新求异的心理。但是应该看到，消费品市场从来都是充满求新和变数的。未来是否会有其他品牌会以新的差异点来形成新的区别，目前尚不可知。

即便是在绵柔诉求上，蓝色经典也将受到巨大挑战，贵州醇、丰谷特曲和西凤均提出"低醉酒度"的概念，这其实与洋河蓝色经典有异曲同工之妙，如果这个概念成功，未来也必然威胁到洋河的绵柔定位。

（四）盲目造牌，忽视产能，"散酒门"等危机引发质疑

一方面，洋河在品牌投入与产能提升上有失均衡，导致后劲不足。

洋河目前名优基酒的产能就十几万吨，但从销售看，总量超 60 万吨，洋河的基酒缺口有多大可想而知。[①] 近几年不断有报道称，洋河股份在四川宜宾高县等地收购散装白酒，用于勾兑生产洋河白酒产品。这种状况不禁让人联想到当年"标王酒"山东秦池酒业，秦池曾入川大批购酒，最终因为外购酒量巨大，影响产品品质，成为白酒行业中的过眼云烟。

洋河盲目造牌，"野心"似乎很大，"不做中国白酒第一品牌，要成为中国白酒第一销量"，但是这种忽视自身实际产能的做法必然问题重重。洋河股份的基酒储量一直无法满足销售的增长，正因如此，洋河外购散装酒的需求迫切。大量外购基酒会让消费者对公司白酒产品产生信任危机。相关知情人士

---

① 《洋河股份曝出散酒门　大跃进背后行业差距仍存》，新浪财经，2012 年 5 月 2 日，http：// finance. sina. com. cn/chanjing/cyxw/20120502/171711969298. shtml。

说："淮阴（洋河酒厂所在地）本地人现在都不喝洋河酒，因为市场上已喝不到真正的洋河酒了。"[1] 洋河的"大跃进"行为暴露出其存在的硬伤，虽然洋河产品高端化、产能扩张等一系列表现引人注目，但实际上是洋河底子不够厚、太急功近利的另一种表现。

另一方面，单纯依靠广告建立的品牌极其脆弱，一旦危机爆发，品牌将不堪一击。

洋河在广告上的重金投入为其带来了极大的品牌知名度，但是这种依靠广告来建立的品牌极其脆弱，一旦爆发如"散酒门"这样的危机，品牌的打击就可能是致命的。秦池酒的衰败就是一个警钟，秦池酒虽然曾经是央视的两次"标王"，但是忽视了自身的实际产能，品牌的建立是空中楼阁，缺乏坚实的根基，"勾兑门"发生后给秦池酒品牌的打击就是致命的。秦池酒的模式有人归结为"疯狂的广告＋简单的勾兑"，实际产能跟不上品牌的快速扩张，这注定了其失败的命运。秦池酒的失败对洋河很具有警示意义。

四　对洋河蓝色经典"造牌运动"的反思

（一）"造牌"无对错，关键在过程和方法

白酒行业的"造牌运动"本身是无可非议的，这是企业重视品牌的一种表现，是企业打造软实力的努力，通过"造牌"来提升品牌的美誉度、忠诚度以及溢价能力。但是"造牌"应该注重建立品牌的方法和过程。

应该如何"造牌"？这是一个问题。在过程和方法中，有的企业会科学规划、合理实施、适时调整、长期坚持，而有的企业则会盲目决策、缺乏执行、照搬照抄、急功近利，这两种方法会带来两种截然不同的结果：前者会让消费者认同，后者会遭到消费者的批评。

白酒行业的很多品牌存在盲目决策、照搬照抄的现象，前文也提到了

---

① 《洋河股份外购基酒已存多年　专家称太急功近利》，网易财经，2012 年 5 月 4 日，http：// money. 163. com/12/0504/07/80L5BT9400251LJJ. html。

"造牌"中存在的同质化问题。洋河蓝色经典的"造牌运动"在前期还是比较成功的，品牌传播策略规划较合理，但是后期就出现了急功近利的心理。洋河股份的财报显示，2008～2010年，洋河投入的广告促销费用分别为1.07亿元、1.43亿元和4.35亿元。① 但是这种大幅增长的广告促销背后却存在着洋河底子不够厚的硬伤。

（二）"造牌"需要有长远品牌规划

首先，品牌核心价值需要强化与延展。洋河的产品定位是绵柔型白酒，品牌诉求是男人情怀，这样的差异化路线在短期内能够在同质化的白酒市场脱颖而出，但一成不变的品牌诉求无法应对市场变化，更无助于品牌内在价值的持续提升。因此，洋河应该逐步丰富产品体系，延展核心内涵，与时俱进，强化和延展品牌核心价值，避免品牌的空心化。

其次，要处理好单品牌与多品牌的发展路线。洋河旗下的产品群主要有洋河大曲系列、洋河敦煌系列和洋河蓝色经典系列。目前洋河的"造牌运动"主要是在打"洋河蓝色经典系列"，这只是洋河这个母品牌的一个产品系列，洋河造的这个名牌只是一个系列，但是消费者对洋河品牌的认知更多的是整个洋河品牌，系列产品与母品牌的关系没有处理好。子品牌与母品牌的品牌关系可以借鉴一下宝洁公司。宝洁公司一直实行多品牌战略，单一品牌不利于产品的延展和扩大，宝洁公司的名称P&G没有成为任何一种产品和商标，而是在细分市场的基础上分为洗发、护肤、口腔等几大类，每一大类以各自的品牌为中心运营。洋河这个母品牌旗下分为多种系列，蓝色经典是其主打的品牌，但是消费者对其关系似乎很难弄清楚。

而且，2010年洋河收购双沟酒业，成立苏酒集团，推出苏酒，同样是绵柔定位，同样高端，这很可能造成自家品牌的竞争，消费者品牌认知出现混乱，给自身的发展制造障碍。如何处理多品牌的关系是洋河必须要解决的问题。

---

① 《洋河股份被曝收购散酒 专家称洋河速度太急功近利》，中国财经首页，2012年5月3日，http://finance.china.com.cn/stock/special/yanghe/20120503/698595.shtml。

（三）"造牌"要有足够的风险意识

首先，要有应对迅速扩张的资金链的风险意识。正如前文所述，洋河的"打广告战"策略带来了销售量提升，销售量的提升反过来又促进了洋河广告的跟进。但是这种循环忽视了自身的实际情况，即产能跟不上品牌的扩张。"标王"秦池酒的悲剧就是这种模式的一个典型失败案例。秦池在 1995 年夺得"标王"桂冠后，几乎是一夜之间，"喝孔府宴酒，做天下文章"的央视广告让这家名不见经传的企业家喻户晓。尝到甜头的秦池酒在第二年再次夺得了"标王"，但是由于没有及时将经济效益转化为发展后劲，"勾兑事件"在 1997 年初遭媒体曝光后，对危机攻关的乏力使得秦池酒销售一落千丈。① 洋河的发展模式以及遭遇"散酒门"事件让人不禁联想到秦池酒的悲剧。

其次，品牌应与市场基础相协调。品牌的影响力是否与企业和产品的研发、产量、渠道、售后等营销环节相匹配？洋河蓝色经典被爆出"散酒门"事件后，被众人指责是"伪全国品牌"，虽然打造的品牌是全国性的，但是销售还是区域性的，在产量、渠道等营销环节上很难与全国性品牌的头衔挂钩。

最后，要有面对政策以及行业生态风险的意识。白酒行业在大的环境下受到了众多的挑战。一是外资品牌的强势介入，使原本就竞争激烈的市场更难有喘息之机。另外，央视广告的"限酒令"对众多白酒品牌来说是个坏消息，"限酒令"的出台会让企业在央视打广告付出很大的代价。央视招标时段的白酒广告中将选定 12 家实力较强的白酒企业，这 12 家企业可以在招标时段播出商业广告，而这 12 家企业之外的白酒企业在招标时段则只能播出形象广告，而且形象广告片中不得出现"酒瓶""酒杯"等字样。② 而且政府对"三公"消费的监管以及财政支出的紧盯也造成高端白酒市场前所未有的寒流。这些大环境的变化都有可能使白酒市场面临下行的风险，白酒行业面临产能调整、价格下滑的趋势。

---

① 《茅台央视争"标王"，是为拉动全国市场还是继续造价》，http：//www. cntjmh. cn/news/14251211. html。
② 《央视出台广告招商"限酒令"》，21 世纪网，2011 年 9 月 22 日，http：//www. 21cbh. com/HTML/2011 - 9 -22/wOMDcyXzM2NzQwOQ. html。

（四）"造牌"需要更灵活的品牌传播手法

根据尼尔森的相关数据，2011年白酒行业的媒体投放基本全部集中在电视、户外、广播等传统媒体上，很少涉及互联网以及其他相关数字新媒体，甚至连投放方式也乐于跟风模仿。洋河蓝色经典就曾经有90%以上的广告费投在了电视上。

消费者在改变，媒介环境在改变，白酒行业应重视传统媒体和新媒体的融合使用，尝试全媒体全方位营销。全媒体全方位营销是要实现多个媒体的有效联动进而达成精准传播，而落脚点则是选择与目标消费群体高度吻合的媒体形式，做到合适的时间、合适的地点、合适的人的有效传播沟通。洋河蓝色经典的品牌传播应该尝试更灵活的方式，改变过去对传统媒体特别是对电视媒体的过度依赖。洋河蓝色经典在户外广告方面做得比较好，覆盖面非常广。在互联网、移动数字媒体、数字户外等方面可以进行更大胆的尝试，传播方式的改变还可以为其品牌增加新的内涵。

总而言之，对洋河蓝色经典的品牌传播应该理性分析，既要看到其品牌策略成功的一面，也要正视其不足。洋河蓝色经典的成功崛起对其他白酒品牌是一个很好的借鉴，但是品牌要有根基，根扎得深，叶才能长得茂。同时，品牌也需要有后续的持久维护才能走得更远。

B.24

报告二十四

凌仕品牌传播策略研究

中国传媒大学广告主研究所

摘　要：

　　"凌仕效应"是近几年比较流行的名词，凌仕的香氛进入中国市场后凭借大胆前卫的品牌诉求一直备受舆论的关注。凌仕凭借个性化的品牌诉求和创意性的品牌策略在香氛市场表现出色。但是凌仕的品牌传播策略也存在诸多弊端，本文将逐一分析，并提出相应的解决方法。

关键词：

　　凌仕效应　性感诉求　创意性传播

凌仕是联合利华旗下的男士个人护理品牌，与香体走珠品牌舒耐，面部护理品牌旁氏，头发护理夏士莲、清扬与力士，身体护理品牌多芬与凡士林共同组成联合利华个人护理品牌体系。凌仕于1983年在法国诞生，向年轻男性提供满足其需求的产品，是全球最大的男士日用香氛品牌，也是最大的男士沐浴露品牌。此外，其产品线还覆盖洗发、造型类产品和面部护理产品等。凌仕在欧洲已经有近30年的历史，是欧洲男士品牌的销量之王。联合利华于2011年5月在中国推出凌仕，主要目标人群为18~35岁的在校大学生或职场新人，主要产品是沐浴露和香体喷雾。"凌仕效应"是联合利华为达到知名和销售目的而制造的名词。凌仕推向中国市场后，因其大胆、露骨的广告一直处在舆论的风口浪尖。但是销量是硬道理，上市不久后，凌仕在"天猫男士香水总销量排行榜"上已位列第三，销量已经大大超越了进入中国市场较早的阿迪达斯。

一 凌仕进军中国市场背景分析

（一）男士香氛需求正酣，市场潜力大

男士化妆品在很早就被认为是一片尚待开发的蓝海，是极具潜力的细分市场。近几年，男性护肤产品市场的异军突起让各大化妆品品牌开始试水男性护肤产品。据相关统计，2009 年，中国男士护肤品市场增长幅度为 27%，而 2010 年这一市场则以 40% 的速度增长，约为女士护肤品市场增长速度的 5 倍。2010 年，全国仅男士护肤品的市场容量就接近 40 亿元，如果包括男士洗护产品、男士香水、男士彩妆等商品，整个男士化妆品市场达到 80 亿元。由此看出，男性市场已经成为中国化妆品市场的最大惊喜之一。[①] 而且男性化妆品的产品线在逐渐丰富，从沐浴露到走珠香体液、止汗液和喷雾，男性化妆品市场正逐步走向成熟。

作为男士护理产品的"补充"——香氛，正逐步成为白领和时尚人士的必备品。香氛与香水是有区别的，香氛香味更淡，多用于止汗和遮蔽汗味，一般用于运动和非正式的场合，是低价位的香水。目前在高端男士香水市场，Calvin Klein、Hugo Boss、Burberry 这三个品牌是男士香水消费中的前三名。在上海、北京、深圳这些经济发达地区，一些个性化男士香水，如 Zegna、Dsquared 也广受欢迎。而在大众男士香氛市场，阿迪达斯是领先长久的老品牌，吉列、欧珀莱的俊士、联合利华的舒耐等都相继进入男士香氛市场。

凌仕在欧洲已经是一个很成熟的男士护理品牌，在欧洲众多市场保持占有率第一，是全球最大的男士日用香氛品牌。凌仕的沐浴露和香氛的性价比在男士护理同等产品中是最高的，其最大的竞争对手是阿迪达斯。旗下主要有五款香氛，分别是契合香氛、诱因香氛、拼动香氛、碰触香氛和信从香氛。从目前的市场表现看，凌仕的市场占有率已经超过阿迪达斯。

---

① 《男士护肤品市场未来前景不可限量》，商机网，2011 年 12 月 2 日，http：//www.28.com/mr/mrSPA/n－539307.html。

（二）凌仕进军中国，天时地利人和

凌仕进入中国市场比较晚，但属于"后起之秀"。凌仕进入中国时机很好，此时中国人的社会观念较之以前已经很开放，对大尺度的内容逐渐能够接受。而且男性消费者对自身的护理意识也逐步增强，使得男性化妆品市场潜力巨大。

1. 社会文化的表层变化催生进入契机

在凌仕之前，2004 年曾有品牌尝试过以"性暗示"作为男性护理产品的诉求点，但是在当时不仅未能被消费者接受，反而被强烈批驳，最终以失败告终。7 年之后，凌仕重新拾起与之相似的诉求，但此时中国的社会环境已经发生了巨大的变化。一方面，婚恋、情感、两性等话题开始由私人渐渐走向公开，另一方面，中国人对于"诱惑"等观念也开始持越来越开放的态度，这些变化从《非诚勿扰》等相亲节目的火爆程度也能看得出来。有人认为，中国人的恋爱婚姻态度越来越不严肃了。

凌仕在此时进入中国市场，并以性感暧昧的品牌诉求为传播内容，这已经在中国消费者的接受范围之内。尤其是其目标消费人群定位于年轻一代，更容易被接受。在商业广告演绎得越来越含蓄、越来越唯美的时候，凌仕效应扑面而来，反其道而行之，毫不掩饰借助"有点色情"的方式更触动消费者；而在女性经济呼喊得越来越强势、越来越霸道的时候，凌仕则异军突起主打"男权回归"。

2. 中国男性护理意识增强提供广大市场

中国男性护理产品市场尚未完全开发，具有庞大的潜在消费者，市场需求增长强劲，依据近年来男性化妆品领域销售总额快速增长，男性越来越重视自身保养等现象，有理由相信男性对于自身清洁护理产品的投入会加大。中国男性在面部清洁和护理、洗发、剃须等方面比欧洲男性更注意，每周使用人数都较多。但在香体止汗方面，由于西方男士的身体状况，香水可以说是日常必需品，这与东方男士的情况相差较大，但这也从另一方面说明香体喷雾市场很有开发潜力。

二 凌仕品牌传播手段解析

凌仕品牌形象的树立大体可以分为循序渐进的三个部分，即引导、引爆和催动。通过一步步精心的品牌策划，"凌仕效应"带来了一次次的话题效应。

（一）个性化的品牌诉求

凌仕品牌将"性感和诱惑"作为其全球一致的品牌诉求，在中国也不例外。在中国市场，凌仕推出"凌仕效应"的概念，目的就是快速吸引目标消费者的关注，进而提高产品知名度，迅速打开中国市场。

大多香氛产品基本的功能是止汗和遮蔽体味，而香味并不是核心的功能性特征，因此较少香氛产品品牌将香味当成品牌诉求的核心。比如凌氏的兄弟品牌舒耐就宣扬健康卫生、时尚、清新的生活方式，这种诉求也是基于其"止汗香体"的功能。但是同样主打香氛产品的凌仕，直接把重点放在"香味"上，凌仕产品的香氛可以激起异性荷尔蒙的增加，从而增加交友成功的概率。其他香氛产品的品牌诉求也会有"增加魅力"的内容，但不会像凌仕这样大胆地把性感作为诉求重点，并且赋予挑逗意味的表现，极大地吸引消费者的注意力。

（二）创意性的传播策略

凌仕在刚刚进入中国市场的时候，并没有马上亮明身份，而是通过悬念广告激起消费者的好奇心，再加上广告内容性感挑逗、极具话题性，激发了消费者的口碑传播。其传播策略可以分为三个阶段。

第一阶段始于2011年4月上旬。香港影视演员陈冠希在凌仕网络创意广告片中出现，他穿着白大褂，说着语速不快的普通话，以"陈老师"的身份教学，提醒人们："凡事有节制，原因你懂得"。[①] 由于代言人陈冠希本身的争议性以及传播内容的大胆，这条短片迅速使得"凌仕效应"被围观。这也带来了各大媒体娱乐版、生活版纷纷自发报道，"凌仕效应"成为当时轰动而神秘的话题。

---

① brand 2001：《凌仕效应视频营销引轰动，铂睿德营销策划》，2011 年 11 月 25 日，http：//www. brand2001. com/view/showview. asp？ id＝6。

与此同时,"凌仕效应"通过新浪微博平台以及人人网也出现在公众视野里。之后,凌仕在名为"凌仕效应"的微博里引发了"把妹"话题的热议,大力宣传把妹的重要性,为此,"凌仕效应"微博推出"把妹圣经",讲述如何把妹的经验,并且强调香味对于把妹的重要性。"凌仕效应"微博由于话题吸引人,并且经常发布一些具有挑逗性的关乎两性的言论,迅速获得了大量关注度,也让人们知道了"凌仕效应"的存在(见图24-1)。

图 24-1　凌仕"把妹圣经"节选

在土豆网上推出"马克把妹秘籍"系列视频。视频讲述了主人公马克在电影院、咖啡馆等不同场合成功把妹的故事,并在故事结尾处出现"凌仕效应"四个大字(见图24-2)。至此,"凌仕效应"席卷了整个网络,成功建立起凌仕与"把妹"之间的模糊联想,但因为处于"犹抱琵琶半遮面"的状态,人们尚不知凌仕究竟为何物。

图24-2 马克把妹秘籍之电影院篇

此外,土豆风尚频道人气栏目"咆哮侃时尚"还特别开了一期"凌仕效应"专题,提高了网友的参与度,提升了品牌印象,对凌仕作了软性的推广。凌仕品牌跟土豆风尚频道的软性内容合作,可以使"凌仕效应"对受众更有说服力。而且为了配合凌仕新产品在国内的上市,土豆网还对凌仕男士香氛LYNX新品发布会进行了线上直播,并通过拍摄AR虚拟实境活动,让众多网友一同见证了陈冠希和凌仕带来的男士魅动风潮。据相关统计,直播页面总PV超过105481次,最高同时5140人次在线观看了直播。① 这对产品的发布会做了充分的预热。

第二阶段,2011年6月1日,凌仕第一则电视广告发布,"凌仕效应"揭

---

① Admin:《凌仕效应病毒视频引轰动 土豆创意营销又添一笔》,融合网,2011年8月9日,http://dwrh.net/a/Internet/Video/2011/0809/74747.html。

秘。6 月 10 日，在上海举办新品推介派对，以五款香氛为主角，陈冠希、张馨予、葵犬、江若琳、小肥、刘羽琦等人在旁渲染，进一步揭秘"凌仕效应"。至此，"凌仕效应"逐渐明朗，即该产品可以利用香味刺激女性体内雌激素，引发幻想进而助力把妹，释放男性魅力，满足其对异性的征服欲和虚荣心。

　　第三阶段，凌氏推出系列公关活动与消费者互动。2011 年 7 月 16 日、17 日，"喷洒凌仕，自有妹来"——"凌仕辣妹虚拟实境"互动视频体验在上海淮海路商圈瑞安广场激情上演。凌仕为中国的消费者带来了技术领先的扩增现实视频互动体验。体验者站在大屏幕前，喷洒凌仕香氛后，屏幕中便会出现美女与你互动。这样的线下活动增强了"凌仕效应"的现实感，让消费者亲自感受凌仕的魅力（见图 24 - 3）。

图 24 - 3　喷洒凌仕后，体验者被美女环绕

凌仕的创意性传播策略可以总结为以下三个方面。

1. 大玩噱头，引发高关注

（1）吊人胃口的悬念

对于缺乏感情经验的男生来说，爱情是神秘的，悬念的设置也与产品有着

很好的契合度。"凌仕效应"虚拟出"马克"这样一个人物，在网络上传播其成功把妹的病毒视频，结尾仅仅呈现"凌仕效应"几个字，产品本身迟迟不露面，"凌仕效应"长达一个月的悬念铺设，吊足消费者胃口，促使消费者产生好奇心与渴望，主动寻找信息。

（2）寓教于乐的风格

"凌仕效应"对于年轻的单身男性心理把握较为准确，成功地在第一时间引发社会的关注与讨论。

"凌仕效应"首次出击的"把妹圣经"以及陈冠希主持的"陈老师课堂"将凌仕塑造成师者形象，自然而然地吸引了大批单纯无知渴求指点的男性粉丝，对想追女生却又无从下手之辈来讲，颇有借鉴意义。同时语言也很风趣幽默，富有时代气息，容易在年轻人心中引发共鸣。

（3）暗示性强烈，满足男性心理

在"凌仕效应"病毒视频以及电视广告中，凌仕多选择年轻貌美、穿着火辣的女性，广告语中多次出现"辣妹""把妹""诱惑""凡事要有节制，原因你懂得"等字眼，以及电梯间、车内、办公室等场景的应用多富含暗示性，具有挑逗意味，容易吸引男性的关注，并产生相关联想。

"女追男""被美女围观"的理念以及线下"辣妹袭男"活动很好地抓住了男性的虚荣心。试想走在大街上，突然被大群美女包围，当事人大多会将原因归结为自身的魅力。

2. 网络传播为先锋，制造口碑效应

任何信息都需要借助媒介进行传播，媒介是在传者与受者之间建立联系的桥梁。合适的媒介不仅可以更准确地到达受众，也会为信息带来附加值。"凌仕效应"在媒介选择上与目标受众的媒介使用习惯契合度较高，将网络作为媒介主线，同时辅以电视、户外等传统媒介，并进行互动参与程度高的人际传播。

首先，凌仕采用了与其目标消费者生活最为契合的网络平台，进行病毒式营销。凌仕主要的目标人群为18～35岁的在校大学生或职场新人，这类人群接触最多的媒体是互联网，因此以网络作为媒介先锋更容易触及目标消费者。而且目标人群处在对"爱情""两性"话题最敏感、最关注的年龄层，用"把妹"的话题自然能吸引他们的目光。凌仕首先通过"马克把妹秘籍"一系列的视频引爆话题，同时不去亮明身份，制造悬念。其次，在土豆网上的"马克把妹"活动如火如荼地开展的时候，凌仕在 SNS 平台上也趁机开始两场名为"把妹秘籍"和"谈毛恋爱"的活动，在社交网络上形成了病毒传播，形成了巨大的影响力。

在前期的系列网络活动中的噱头引起了一些反响之后，凌仕利用其代言人陈冠希拍摄了几条"凌仕实验室"的病毒视频，在网上大肆宣传，那一句出自陈冠希之口的"凡事要有节制，原因你懂得"红遍网络。凌仕也终于揭开了面纱，展示了它的产品，就是男士沐浴露和香氛，并且借视频内容灌输一种"使用了凌仕，把妹有优势"的思想。

在互联网传播成功之后，传统媒体龙头电视广告也开始紧锣密鼓地播出了。那一则车展的凌仕广告在各大卫视都有播出，一时间普通人似乎都知道了有一个叫凌仕的品牌，只是单从电视广告并不能十分明确这个品牌的产品到底是什么。但是电视广告的配合使得凌仕更加深入了寻常百姓家，而并不是局限于那些网络使用者。非目标消费人群也会对凌仕这个品牌产生兴趣，转而到网络了解相关的信息，这又扩大了凌仕的影响力。

同时，凌仕公交与地铁的移动电视广告覆盖面也很广，增加受众接触广告的机会，并强化已有的接触。凌仕的户外广告都是性感的嘴唇、美背等，极易引起人们的目光，曝光率非常高。

3. 线下活动强化效果

香氛产品营销对于消费者的亲身体验有较强依赖，如同衣服需要试穿以确定是否合体一样，香氛产品传播只有在消费者接触过味道之后才更有可能促成购买。因此，在线上活动获得较大成功之后，线下活动也随之展开。凌仕的虚拟实境技术使消费者能够切身感受男性魅力的释放。消费者在这种形式新颖、互动性强、有趣的线下体验活动之后，对凌仕的品牌认知会大大加深。与此同时，该活动还得到了媒体的自发报道，扩大了影响力。

三　凌仕品牌传播活动反思

（一）全球一致的品牌传播策略弊端初现

在诞生后的第三年，凌仕开始进入德国市场与英国市场，并随后发展成为强

势的欧洲男士护理品牌。2002 年,凌仕打开美国市场,迈出走向世界的重要一步(见图 24 -4)。2006 年,为凌仕做营销的 BBH 公司将自造口号"Bom Chicka Wah Wah"在全球进行大范围传播,并制定了全球化的品牌战略。2007 年,凌仕进入日本市场,使凌仕产品在美洲、亚洲、欧洲实现同步销售。截至 2011 年,凌仕已进入全球 75 个国家的护理产品市场中。一直以来,"凌仕效应"的广告创意在国外获得了非常好的商业效益,曾被《时代》杂志评选为 25 年里最成功的十大品牌之一。比如在英国,凌仕的广告和独特的品牌诉求方式还被 NIKE 当作员工教材。

图 24 -4　凌仕美国官网,仍主打"性感诉求"

凌仕在全球传达的品牌诉求一向大胆而惊人。例如在欧洲,它的定位是:"喷 AXE,搞上床。"其在传播过程中沟通点不外乎性感的美女、极富挑逗意味的肢体语言等,而且这种统一诉求的方式几乎不会因为目标国家不同而产生差异。凌仕进入中国市场也不例外,在中国的品牌诉求同样大胆而富于挑逗意味。"凌仕效应"目的就是提高产品知名度,打开中国市场。凌仕虽然赢得了大量的关注度,但是关注度不等于口碑,很多网友认为"凌仕实验室"系列广告很低俗,甚至有贬低女性的感觉,广告很容易引起女性的反感。凌仕对中国消费者的认识还是存在一定的偏差。

1. "男士用香"尚属少数人认同的新生观念

首先，接受西方文化之前，中国人习惯认为男人味就是无味。其次，东亚男性的体味较小，中国男性很少需要用香水遮盖体味。最后，香水多带有女性的阴柔美，与传统的男性刚毅的形象不符。因此，虽然说中国市场在男士香体喷雾方面尚属一片处女地，潜力很大，但是这样的潜力发掘是否具有可行性尚待确认。

此外，现代中国男士使用香水的习惯是从国外传入，消费者大多使用的是奢侈品牌的香水，档次较高。而使用者使用香水是为了体现身份、格调、品位、个性。男士用香大多是在特定的场合，并不像国外男士把香水作为生活必需品。

2. "把妹文化"剑走偏锋也易弄巧成拙

近年来，中国年轻人对于性不惮于讲也不惮于做是不争的事实，开放的性观念虽说充满争议，但在中国引发的反感是在减少的，甚至出现不少反对对性过分压抑、限制的言论。

但是，性开放不等于性放纵，家庭、爱、对伴侣忠诚仍是中国主流的价值观。凌仕和杜蕾斯在传播时同样都会涉及性话题，但是与杜蕾斯不同的是，凌仕将这一话题向前延伸到怎样让两个本无关系的人，甚至是完全不相识的陌生人如何立刻建立起关系这一话题。中国人虽然在性本身这件事上的观念有所开放，但并没有在基本的家庭、伦理观念上发生明显的变化。

（二）缺乏对意见领袖的培养，品牌传播后劲不足

格林伯格新闻扩散的J曲线模型表明，在公众中知晓有关事件的百分比小于50%的情况下，人际传播的作用高于媒体。正如格林伯格所说，对于一般人无关紧要而对少数人非常重要的事件，是需要先引起少数人中的某些人注意，然后再由他们进一步传播的。这里的某些人就是群体中的意见领袖。来自媒介的信息首先抵达意见领袖，然后由他们通过人际传播传递给受其影响的追随者。[①]

[①] 〔英〕丹尼斯·麦奎尔、〔瑞典〕斯文·温德尔：《大众传播模式论》，上海译文出版社，2008，第72页。

几乎毫无悬念，代言人陈冠希自然应该成为凌仕意见领袖的最佳选择，然而凌仕似乎并没有好好把握这一机会。观察发现，陈冠希在代言凌仕期间，其新浪粉丝量达到800多万，并以每天5万的数量不断上涨。但是纵观陈冠希的微博，与凌仕相关的仅有一条。除此之外，凌仕也没有充分利用微博的@和私信功能去从草根群体或其他名人中培养意见领袖。而在土豆网，病毒视频传播的一开始便从"马克把妹秘籍"这一话题设立了马克这样一个虚拟的形象，并且开设了马克V-blog，对受众引导和归群起到了一定的作用。但是后期也没有良好维护，综观马克的播客，已经有近5个月没有内容的更新，马克这一曾经存在过的领袖也逐渐走向销声匿迹。

（三）传播内容的价值低、信息超载以及传播时间判断有误

凌仕传播的内容一直充斥着娱乐化的基调，在引起噱头之后，凌仕并没有利用"味道"这一元素将"把妹"的话题和自身产品良好结合，特别到了后期，凌仕每天重复老黄历一样的内容，完全没有为人称道的传播价值。而且广告只注重抓住男士的眼球，完全忽视了其身边的女友。很多人尤其是女士对"凌仕效应"的广告十分排斥，广告中的女士举止太过，甚至低俗，因此女士不一定会希望自己的男友用凌仕产品。

除此之外，凌仕传播的信息量远远大于受众所能承受，大量无用的、冗余的信息也严重干扰了受众对于相关有用信息的准确分辨和判断。同时，凌仕也没有根据目标受众媒介使用的习惯选择正确的时间进行传播，而是采用了集中轰炸式的传播方式，这也必然降低传播效果。

四 "凌仕效应"品牌传播建议

（一）全球一致的品牌传播战略与中国本土化相结合

凌仕要将全球一致化品牌战略与中国本土化相结合。综观凌仕在中国的品牌活动，会发现与国外的品牌活动非常相似，甚至有的就是直接将国外的活动搬到了中国。凌仕是想在全球范围内保持其品牌形象的一致性，但是中国的文

化环境与西方的文化环境有很大的差异性，凌仕若想在中国市场长久发展，就必须考虑到中国文化的特殊性，不能将国外的模式强搬到中国，而是应该找到品牌全球一致性和中国本土化之间的平衡点。

凌仕应该对中国消费者进行真实、全面、深刻的洞察。中国社会正处于转型期，社会现象纷繁复杂，我们所看到的各种表象能否持久，是否是真正的发展趋势，都难以简单判断。但越是复杂，凌仕越要深入消费者内心，抓住消费者内心真正的、最核心的想法，只有这样，凌仕的品牌传播活动才会更有效，凌仕品牌才会有更长远的发展。

（二）改进传播内容，高关注不等于好口碑

从显著度来看，凌仕的品牌知名度很高，说明凌仕在消费者心中知晓度高；从功效来看，凌仕与其他品牌的最大差异点就是能够提升魅力、吸引异性，这使得凌仕与其他品牌有了一定的区分度；从形象来看，凌仕在广告和公关活动中一直以"把妹利器"的形象出现，消费者提起凌仕也能想到把妹。通过显著度、功效和形象这三方面的分析，可以得出凌仕已经拥有一定的品牌个性和品牌形象，但是通过分析，可以发现凌仕在消费者心中的形象并不理想，较难获得社会的认可。从功能诉求来看，一部分消费者认为凌仕过于夸大其对于异性的吸引力，因而有欺骗消费者的嫌疑；从情感诉求来看，大部分消费者认为它的性暗示太露骨，对它有一定的排斥感。由此可以看出，消费者对凌仕的态度有较强的负面倾向。虽然凌仕建立了鲜明的品牌个性、品牌形象，但这种个性与形象并没有被消费者完全认可。只有与消费者建立起积极的良性的关系，才有助于品牌长期的发展，而凌仕在与消费者关系这方面，显然还有许多需要改进的地方。

在传播内容方面，与凌仕效应有异曲同工之妙的杜蕾斯则更成功一些。杜蕾斯传播的内容不会让人反感，是在大众的伦理道德框架之内，用幽默诙谐的内容传达品牌的信息。而"凌仕效应"更多的是在传达一种性开放的价值观，在没有爱的基础上的性放纵，与中国社会的主流价值观是有出入的。虽然"凌仕效应"在短时间内可能会引起大众的关注，但是关注不等于心理上的认同，大部分的人只是会看看而已，并不想将其象征意义附加在自己身上，因此会避而远之。因此，"凌仕效应"在传播内容方面应该进行改进，

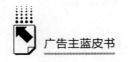

传递内容不能仅仅通过出位来吸引消费者，要更多地把握中国消费者的心态，与主流文化相融合。

（三）传播形式多元化，树立积极正面形象

凌仕目前主要的品牌传播方式是广告，其他传播方式比较少，相比竞争对手阿迪达斯稍稍逊色。阿迪达斯在原有的行业已经树立起强势的品牌和人气，由于思维惯性，跨行业进入男士香氛香水市场很容易取得消费者的认可。消费者很容易将这种跨行业的优势和品牌传播联系在一起。阿迪达斯作为顶级运动品牌，经常通过世界杯、NBA 等顶级体育赛事来进行体育营销，树立了高端、时尚、运动的品牌形象，这种品牌印象自然能够转移到阿迪达斯香水广告上。凌仕也应该进行多元化的传播，为品牌注入积极正面的文化信息，赢得消费者的好口碑。

从目前凌仕的品牌传播策略来看，个性化悬念策略已经引起了消费者的关注，做到了品牌的快速出位。但好的品牌需要持续性的传播和消费者沟通，才能沉淀品牌内涵，培育消费者忠诚度。在未来的传播中，凌仕可以通过赞助、植入、与其他高端品牌合作等方式提高品牌的知名度和美誉度，为品牌注入更多的正面信息，丰富品牌内涵。

总之，凌仕的品牌传播活动有其亮点和成功之处，"凌仕效应"个性化定位和独特的品牌传播策略收到了明显的效果。但是为了品牌的长远发展，凌仕的品牌传播策略需要"因地制宜"，制定出符合中国消费者习惯的传播内容，同时需要借助更多元的品牌传播形式来丰富品牌内涵。

B.25

报告二十五

碧浪 2011 年品牌
传播突围策略研究

中国传媒大学广告主研究所

摘 要：

近几年洗衣粉市场产品同质化问题日益突出，传统的"去污洁净"等品牌诉求已经很难使产品从众多的竞争者中脱颖而出。碧浪在 2011 年打响品牌突围战役，凭借着较为出色的品牌定位和品牌传播策略，让品牌与"时尚"结缘，使得2011 年的洗衣粉市场刮起了一股碧浪时尚旋风。

关键词：

碧浪 时尚定位 线上线下传播

碧浪是全球日化龙头宝洁公司旗下著名的洗涤品牌，主打中高端市场，并且得到了众多消费者的喜爱。碧浪洗衣粉于 1967 年在德国推出，是世界上第一款加酶洗衣粉，这也奠定了其强大的产品研发基础。碧浪一直坚持不断创新洁净技术，为消费者带来洁净如新的完美洗涤体验。但是随着技术的进步，洗衣粉市场同质化问题越来越明显，碧浪一直走的技术路线已经不能使其在众多的洗衣粉品牌中脱颖而出，洗衣粉品牌的替代性越来越强。因此在 2011 年，碧浪拉开了新的品牌突围战役。首先通过邀请时尚辣妈小 S 作为代言人，传递碧浪"洁净如新"的时尚定位；紧接着全线产品也全面升级，在外包装上用时尚、明亮的颜色以及更有冲击力的 logo 抢夺消费者眼球。同时，2011 年碧浪官方微博正式与粉丝见面，以"姐"称谓自居，与消费者进行深层次的互动、沟通，为品牌增添了"风趣幽默、有情有义"的品牌个

性。其线下品牌传播同样可圈可点，与线上活动相呼应，增强了品牌的时尚定位。在经历了漫长的品牌探索期后，碧浪在 2011 年凭借出色的品牌定位策略和一系列的品牌传播策略，树立了时尚的品牌形象，品牌转型颇为成功。

一 碧浪进军中国市场坎坷曲折

1993 年碧浪被宝洁带入中国市场，并在中国最先采用纤维护理酶技术，使其成为当时国内高端的洗涤品牌。碧浪定位中高端市场，和联合利华旗下的汰渍形成对比，后者主攻中低端市场。然而碧浪的这条中国之路走得并不如宝洁设想的这般顺利。

在很长时间里，汰渍是宝洁公司洗衣粉的代名词，销量也稳居洗衣粉行业第一，但是实际上，碧浪比汰渍早两年进入中国市场。相比兄弟品牌的市场表现，碧浪就显得"低调"很多。但是进行品牌突围并不容易，既要显出碧浪自身的特色，即与汰渍细分各自的市场，同时要抵御外部品牌的激烈竞争。尤其是近两年，中国洗衣粉市场同质化现象明显，碧浪受到众多品牌的包围，本土品牌有雕牌、立白、奇强、白猫等，国外品牌是劲敌奥妙。其中奥妙是联合利华旗下的洗衣粉品牌，也是碧浪最大的竞争对手，二者都定位中高端。本土中低端品牌的价格优势以及奥妙等高端品牌的强势竞争都是碧浪面临的挑战。

（一）产品同质化严重，替代品异军突起

洗衣粉产品的同质化问题一直很突出。随着技术的发达，产品间的质量差异不断被缩小，洗衣粉成分、功能等大同小异，同质化现象越来越严重。在大众化趋势的市场中，产品想要走高端差异化路线是品牌突围的一个手段，但是打造高端品牌需要很大的努力。洗衣粉的功效大同小异，消费者对价格敏感，高端产品能否真正满足消费者的需求是一个必须要解决的问题。

另外，洗衣液的出现是洗衣粉产品的又一挑战。蓝月亮洗衣液在大学生人群内已形成很好的品牌认知。以长远角度来看，大学生几年后就要成为洗衣粉

行业的消费群，这时，洗衣粉行业面临洗衣液这样一个替代品的威胁。此时碧浪就要面临另一个强势竞争品牌。

（二）市场竞争激烈，品牌突围挑战大

日化市场一直是竞争最为激烈的市场之一，在这个市场中，既有宝洁、联合利华等巨无霸外资企业，也有上海家化、纳爱斯等国内知名品牌，此外，还有更多的区域品牌坚守着各自的地盘。洗衣粉市场竞争十分激烈，各大品牌很牢固地占有市场——立白、汰渍、雕牌、奥妙，而且它们在洗衣粉市场上已形成各自的品牌形象，确保了自己的消费群，已经形成了一定的竞争壁垒，因此在这样防守重重的市场中新品牌很难打进去，已有的品牌很难有大的品牌突围。碧浪的市场占有率很小，也并不是一个成熟品牌，而且碧浪以高端洗衣粉为主，定价比较高，这会让价格敏感挑剔的女性消费者在购买产品时敬而远之。这些因素都是碧浪进行品牌突围的挑战。

由于碧浪在中国市场的高价位与诉求，其最主要的竞争对手就是奥妙。奥妙与碧浪在同一年进入中国市场。奥妙进入中国市场后，它始终以高姿态与碧浪争夺中国洗衣粉的中高端市场，在众多洗衣粉品牌中，销量居高不下，成为洗衣粉产品中最知名的品牌之一。根据相关调查表明，奥妙在品牌认知度、品牌忠诚度及其价值上都超越碧浪，是整个洗衣粉市场中的巨头。

而在 2011 年，奥妙并没有大型的品牌传播活动，而仅有的活动则多为店家促销，投放的电视广告也多为亲子主题。这为碧浪提供了一个较为简单的竞争环境，为其进行品牌突围创造了机会。

二　优秀的品牌定位策略助力碧浪站稳脚跟

2002 ~ 2008 年，是碧浪的品牌定位期。这一战略的转变是源于 2002 年碧浪推出的一款机洗洗衣粉，首次打开了中国的中高端市场。而通过对这个时期碧浪投放的广告进行分析也可以看出它对"机洗"这一特点的强调。当时女性白领阶层在洗涤时会更多地使用洗衣机，这区分了其他大多数洗衣粉都是家庭主妇手洗衣物的状态。可以说，当时的碧浪已经将自己的品牌定位于高端、

时尚的消费人群，逐渐找到了适合自己的道路。

而到了 2009 年，碧浪洗衣粉与海尔小天鹅洗衣机进行合作，拍摄了一系列的电视广告。这一举动在当时无论是对消费者还是在广告业界都引起了一阵热潮。这次合作使碧浪与海尔产生了直接的联系，也瞬间弥补了当时碧浪在市场竞争中的劣势，产品销量与品牌形象进一步提升。

（一）市场蕴藏机遇

宝洁是全球最大的日用品公司——宝洁公司旗下的品牌，一出世就具有强大的家庭背景。宝洁先进的研发机构是碧浪实现高品质的强大支撑力量，因此碧浪的产品有很好的质量保障。宝洁长期以来在营销活动上积累了不少经验，具备了强大的营销团队和丰富的营销技巧。碧浪可以借用这些经验进行营销活动。

碧浪在中国市场的产品主要有绿色装自然清香型专业去渍洗衣粉、洗衣液，蓝色装清雅茉莉香型专业去渍洗衣粉、洗衣液以及粉色亮洁柔香洗衣粉。碧浪洗涤产品最大的特色就是其超强的洁净能力，"污渍自溶技术"可以将污渍结构打碎分解，使其自动溶解，最大限度地保护衣物纤维，但同时价格也相对较高。强大的研发能力保证了其产品专业的品质，这也正是碧浪所有品牌资产的来源与保障。

另外，虽然碧浪的中高端定位会区隔对价格敏感的消费者，但是在细分市场上可以赢得特定消费者的品牌忠诚。洗衣粉市场还没有出现太多高端的洗衣粉，洗衣粉向来都是以廉价、实惠为主要营销战略，经常打价格战。在这种局势下，碧浪可以攻略高端市场，与竞争者形成差异，形成属于碧浪自己的特定消费群。

（二）时尚定位，华丽转身

洗衣粉作为日常生活不可或缺的一部分，消费者大多认为"洗得干净"是最重要的特性。目前市场的洗衣粉品牌众多，同质化严重，通过"洗得干净"的诉求已经很难在众多竞争品牌中获得消费者的注意力。碧浪营销方案的亮点就是在竞争激烈的洗涤剂市场中为自己找到了一块市场空缺。在洞察市场与竞争对手后，碧浪成功地为自己的品牌找到了一个比较稳固的落脚点，使品牌在众多的洗涤剂品牌中脱颖而出,成功地在消费者心目中塑造出独特的品牌个性。

2010 年,中国市场合成洗衣粉产量为 392.62 万吨,同比增长 3.3%。根据相关统计,世界人均洗衣粉年消耗量 7.4 公斤,而拥有 13 亿人口的中国人均洗衣粉年消耗量仅为 3 公斤。[①] 从中可以看出中国市场在消耗量上的明显差距,但也显示出中国洗涤用品市场的巨大发展空间。同时中国社会也出现了相当比例的富裕人群,高端洗涤产品成为这一人群的一大需求,尤其是都市的白领阶层等,由于对时尚潮流和高品质的生活要求较高,推动了中高端洗涤产品的发展。这些因素对碧浪而言是巨大的机遇。

因此,不像诸多大众化产品的品牌,碧浪的目标是进军中高端市场,针对的是年轻一代的消费群。碧浪的目标消费群主要集中于 25~35 岁的年轻一代消费群,特别是在外地上学或工作、独立生活的年轻人以及年轻辣妈。这群消费者的特征则可以描述为:追求自我、个性,自我意识强,喜欢时尚,紧跟潮流,对价格迟钝,倾向于受明星影响,喜欢娱乐,懂得享受生活等。

精确洞察消费者是这次营销成功的一大关键点。在大多数人看来,洗衣粉属于大众化的消费产品,大部分的洗涤品牌都会走"亲民路线",但碧浪要突围只能另辟蹊径,走一条与"亲民"相去甚远的"时尚"之路。碧浪精确地洞察了消费者,开发出"年轻、时尚、高端"的一群人作为它的目标消费者。结合微博营销等方式,碧浪在各种推广活动中积极拉拢这群人。通过洗衣便捷、不伤衣物等特性,碧浪很容易吸引工作忙碌但又对洗衣质量要求高的年轻白领一族的青睐。

与走同样高端路线的奥妙相比,碧浪塑造时尚、活力、年轻的品牌形象。提到奥妙就会联想到高端稳重、霸道的某一企业总裁的形象,而碧浪所要塑造的是潮流、充满激情、享受生活的年轻白领的形象。碧浪并不打价格战,反而以高价来提升自己的品牌定位,而且在高品质、高性能这一强力武器的支持下,赋予高端、个性、自我的品牌形象,从而达到品牌差异化。

这一点可以从二者的官方网站上明显感觉出来。碧浪的官方网站设计十分

---

① 刘晓云、谢园:《宝洁 Hesham Tohamy 右脑思考的营销人》,2012 年 1 月 11 日,http://www.vmarketing.cn/articlecontent_ 27562_ 3. html。

时尚、年轻化，小S的形象十分抢眼，与电视广告等形象相呼应；在"净辣新闻"内容里，收录了小S在《嘉人》《GOOD》等时尚杂志里的访谈，代言人小S鲜明的个性被展现得淋漓尽致，这种娱乐性的内容一方面能够吸引人来阅读，另一方面很容易把对小S的印象转嫁到品牌上，为品牌注入相同的时尚、个性等品牌内涵。而且网站与官方微博也是打通的，能随时关注到微博的最新动态，整个网站传递出鲜明一致的时尚主题（见图25-1）。

图25-1   碧浪官方网站页面——很有冲击力

与此相对，奥妙的官方网站就中规中矩，没有特别鲜明的品牌印象。碧浪年轻、时尚、激情的诉求很容易与竞争对手产生差异化的印象，从而塑造独特个性的品牌形象。

三   碧浪品牌传播活动解析

碧浪此次品牌传播活动主要是为了成功塑造年轻、活力、时尚、高端的品牌形象，进而提升品牌关注度和品牌形象，最终促进销售。碧浪此次的传播活动可以总结为，通过明星代言塑造时尚的品牌形象，再通过线上线下品牌传播活动的配合深化新的品牌定位。碧浪此次品牌传播活动中值得关注的一点是微博营销的运用。通过微博这个平台，碧浪与消费者进行了深度的沟通互动，成功地塑造了亲切、时尚、幽默的品牌个性。与消费者的互动是碧浪线上线下活动的最大亮点，不论是微博留言的及时回复、微活动的参与还是线下游戏的开展，碧浪与消费者在交流互动中建立了情感上的联系，树立了鲜明的品牌形象，加深了品牌定位。碧浪品牌传播媒介的选择是由碧浪的目标消费群体决定的，即目标消费人群热爱时尚、依赖网络、对最新科技潮流比较敏感。

（一）起用明星代言，塑造时尚品牌形象

2011 年，碧浪产品全面升级，同时邀请小 S 进行代言活动。这给碧浪带来了又一次的大革命。小 S 因主持综艺节目《康熙来了》而在年轻人中有很高的知名度，因其搞怪、大胆、幽默的主持风格而备受关注。小 S 又是时尚达人，对时尚有独到的见解和体会，被称为"时尚辣妈"，因此小 S 的形象很符合碧浪品牌时尚转型的要求。碧浪"洁净如新"的时尚新主张与小 S 鲜明的时尚态度非常吻合，作为代言人，能够使品牌与消费者结合得更加紧密。品牌个性依托于小 S 的明星形象而变得更为具体可感，这也促使碧浪发展进入了品牌成熟期，并从中获得了更稳定的市场与更清晰明确的品牌形象与个性——时尚、年轻、活力、幽默、睿智。

碧浪此次的品牌传播活动的主打工具是以小 S 为形象代言人的一系列碧浪电视广告。在碧浪的目标消费者——追求潮流和注重生活品质的年轻女性心中，小 S 的感染力和影响力很大；碧浪借用小 S 的时尚、年轻、充满活力、讲话幽默这些个性，使之与品牌建立联系。

碧浪选择小 S 做代言人，可以准确地反映市场定位，反映品牌产品的适用性别特征以及年龄特征，在细分市场中品牌形象鲜明，赢得了特定的消费者群体的青睐。

（二）线上传播，效果明显

1. 电视媒体为龙头，实现规模效应

碧浪首先选择了电视这一传统大众媒体，因为在新媒体来势汹汹的时代，电视这一传统大众媒体依然有其自身强大的影响力，它的受众目标广泛，有利

于品牌形象的大规模传播和碧浪品牌形象的整体塑造。

碧浪的电视广告模仿小S主持的综艺节目《康熙来了》的风格，以"小S来了"为噱头，广告风格有趣、活泼，展现了碧浪不伤害衣物纤维、"一样新"的品质。同时在电视广告中都有搜索新浪"碧浪"的提示，发起"新衣辨辨辨"活动等，这也为后期的微博营销奠定了基础（见图25-2）。

图 25 - 2　小 S 发起碧浪线上"新衣辨辨辨"活动

2. 微博营销，拉近与消费者距离

在电视媒体的前期预热下，碧浪的微博营销是其整合营销活动中的一大亮点。由于碧浪定位中高端路线以及打造时尚的品牌形象，这要求碧浪在传递产品和品牌信息时需要了解目标受众的媒体接触习惯，找到一致的平台。除了时尚杂志以外，现在的时尚人群大多习惯在微博上进行交流，同时获取最新的时尚动态。因此，微博成为碧浪与目标受众沟通的不二选择。了解目标消费者的喜好、明确自身产品的定位，用贴近消费者的语言风格与他们沟通，成为碧浪官方微博能够引发关注的重要原因。这次成功的微博营销帮助碧浪与消费者建立了良好的消费者关系，并使得这一关系得以维护。活泼生动的碧浪官方微博成为企业官方微博如何与消费者进行有效沟通的成功典范。

首先，根据之前碧浪自身品牌形象的定位，碧浪官方微博的专业运营团队为碧浪官方微博成功打造了品牌个性，并通过微博不断完善丰满其品牌个性。它通过特定的语气，以"姐"自称，模仿小 S 犀利的语言风格，用小 S 的口吻来发布一些内容泼辣幽默、睿智新鲜的内容，能够吸引碧浪的目标消费者。

其次，碧浪官方微博与消费者之间一对一的积极有效的互动，在真正意义上建立了双向对等的沟通平台。网友对碧浪的评论，碧浪会积极回复，并且其发布、回复的内容，大都贴近目标消费者的生活，这样就很自然地让消费者对碧浪官方微博产生亲近感，有效建立与消费者的亲密关系。

再次，与名人的互动，增加影响力。碧浪官方微博是以"调戏"名人庄雅婷走红的。碧浪官方微博以拟人化口吻与众多网友幽默风趣的互动，引来了《东方壹周》编辑总监、专栏作家庄雅婷的调侃，随后各大官方微博纷纷前往"调戏"庄雅婷。网友随后争相启动"调戏"模式，逗趣碧浪官方微博成为当日新浪微博的热门话题。碧浪官方微博粉丝数一日之间增长 6000 人次。在平时它也会在微博中与一些名人互动，而这些名人也是碧浪目标消费者群体的意见领袖。所以碧浪通过与这些时尚圈、媒体圈名人的互动来聚集人气，力图深化与巩固在目标消费者心中的品牌形象。

最后，微博内容紧扣碧浪自身品牌形象，在娱乐的同时并没有忘记营销活动的根本目的。它的内容当中"洗衣服""浪姐"等字眼是关键词。同时利用谐音营销，"洗"衣服的"洗"和中国传统中的"囍"发音相通，一语双关，能让消费者产生很多联想，这些内容的恰当结合，既符合品牌自身形象，也兼具娱乐功效。同时其日常发布的内容也涉及时装周等与碧浪相关的话题，总之这些话题都与碧浪自身品牌形象相关。

当今时代，营销超越了单纯以产品为基础和消费者为基础的时代，它要求企业用一种更为全面的眼光来看待顾客，把他们视为具有多维性、受价值驱动的人群，甚至是企业潜在的合作者。当今的顾客在进行消费选择时，注重的是那些能满足其创意性、群体性和理想性的产品和公司。企业意识也渐渐意识到，要取得营销活动的成功，它们就必须去面对这些自觉意识日益增强、善于利用高科技的消费者。从碧浪的整合营销传播活动来看，碧浪基本上把握了这一点，它一直在制造与消费者相关的话题，"力图与消费者共创价值"，这一点贯穿其营销活动的始终。

广告主蓝皮书

另一方面，在营销中"以情动人"比"以理服人"来得有效。尤其是在产品同质化程度严重的快消品行业中，只有在体验中让消费者产生对品牌的"爱"，才能为品牌带来忠诚度和提高销售量。碧浪2011年的"如何在微博营销中与消费者建立恋爱式的亲密关系"就是一个极好的案例。在碧浪2011年的微博营销中，由于营销人员准确地抓住了目标消费者的喜好，将其与产品巧妙地结合，展开了与消费者亲密互动的微博营销。

"姐是你最好的朋友，最亲密的闺蜜，知无不言言无不尽！姐会第一时间回复你们么么哒……姐无处不在！姐就是这么傲娇！"——这是碧浪微博对自己的简介。从碧浪的微博营销中可以提取几个关键词：平等、及时、亲近。与消费者处在平等的地位而不是高高在上的企业让消费者觉得亲切，并愿意关注企业的一举一动；及时的回复可以提高消费者与企业进行持续互动的兴趣；闲聊打趣式的回复可以让消费者感觉亲近（见图25 – 3）。

公告栏

连碧浪姐你都不认识？Not Fashion！——世界上最火辣的洗衣界天后！不仅教你玩美洗衣，还让你乐享生活！当然，最要紧的是，让你的衣物和你的爱情都时刻洁净如新！

补充说明：姐是你最好的朋友，最亲的闺蜜，知无不言言无不尽！姐会第一时间回复你们么么哒~想分享八卦？找#八卦碧浪姐#~想分享心事，情感疑难杂症？找#知心碧浪姐#~想提问洗衣小问题？找#先悦碧浪姐#！姐无处不在！姐就是这么傲娇！

图 25 – 3   碧浪微博个性风趣的介绍

碧浪的微博很有人情味，在网民面前以"碧浪姐"的形象自居，跟大家互动，让碧浪在人们心中不再只是一个抽象的品牌，而是你可以调侃、可以倾诉、可以分享，时尚却又俏皮的存在，真实可感，瞬间拉近消费者和品牌的距离；在微博制造噱头之后，紧随其后的线下营销活动不仅点子新颖，更邀到百位名人前来助阵，可谓阵容强大，加强了与时尚的关联度；请小S作为代言人更是和已然塑造出的"碧浪姐"形象完美贴合，广告深入人心。

（三）线下活动，紧扣时尚主题

碧浪线上活动如火如荼地开展，线下活动同样不逊色。碧浪线下活动也注重与年轻、时尚的主题紧密相连。

碧浪创造出一个"碧浪 Wii 游戏"，利用 Wii 游戏技术和用充满乐趣的巨型演示来展示碧浪是如何轻松去渍的（见图 25 - 4）。这个游戏有着很强的互动体验性和娱乐性，让消费者在感受碧浪强大清洁功效的同时，更好地体验洗衣过程的乐趣。碧浪在公共场所悬挂起 5 层楼高的巨大 T 恤，让途经的路人参与互动游戏，使用不同污渍瓶型的 Wii 手柄向 T 恤泼洒污渍，然后享受用碧浪洗衣液瓶型的 Wii 手柄清除污渍。该活动取得了很好的效果，活动首月销量提升 113%，品牌关注度提升 300%，国内各大报纸与杂志媒体刊登 143 篇报道，超过 800 万人通过互联网关注到活动，还获得了戛纳国际广告大奖。①

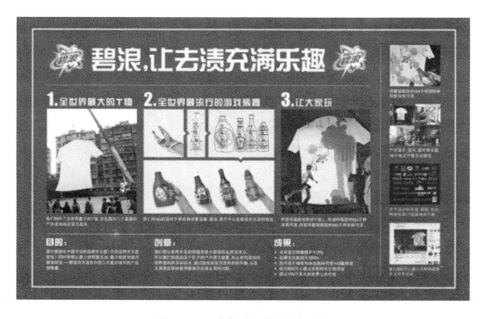

图 25 - 4　碧浪"Wii"游戏过程

---

① 刘晓云、谢园：《宝洁 Hesham Tohamy　右脑思考的营销人》，2012 年 1 月 11 日，http：//www. vmarketing. cn/articlecontent_ 27562_ 3. html。

2011 年 10 月，碧浪与中国上海时装周携手举办的"洁净如新——碧浪时尚夜主题派对"在上海复兴公园圆满落幕（见图 25 - 5）。在这次活动中，全球百位时尚人士齐聚一堂，大胆诠释自己对衣物护理理念的独到见解，碧浪成为 2012 年春夏上海时装周官方合作衣物洗护品牌。活动现场被打造成了一台绚丽的"时尚洗衣机"，完美地阐释了碧浪强大的洁净功效。通过与时尚界、媒体界人士互动，听时尚人士关于洗衣的心得和他们对碧浪多次洗涤之后衣服依然洁净如新的赞赏，使得碧浪定位的品牌形象和高品质生活以及女性时尚更好地结合，以此为碧浪品牌形象的塑造增光添彩。

图 25 - 5 "洁净如新"碧浪时尚夜开启仪式

此外，碧浪在现场还通过高科技手段展现其魔法般的洗涤技术。通过独一无二的 AR 设备，现场人员可以窥探碧浪除去衣物污渍、使衣物洁净如新的全过程。2011 年全新升级后的碧浪拥有更加杰出的衣物洁净功效，碧浪"污渍自溶技术"可以将污渍结构打碎分解，使其自动溶解，不需要用力搓洗便可以帮助消费者对抗任何顽固污渍，最大限度地保护衣物纤维，带来堪称完美的"洁净如新"衣物洗护效果，碧浪新产品的功效对工作繁忙的时尚人士再适合不过了。通过这种体验式的展示，可以将碧浪的洁净理念诠释得更好。

　　不管是自造有趣的"Wii 游戏"还是"借势"时尚夜主题派对，碧浪线下活动延续了线上活动的影响，主题与年轻、时尚紧紧相扣。线上活动和线下活动遥相呼应，很好地诠释了碧浪的时尚定位。

四　碧浪品牌传播建议

（一）产品质量是"硬件"，时尚是"软件"

　　碧浪"时尚"的定位很大程度上出自其产品的强去污力特征。碧浪的"污渍自溶技术"使得衣服不用大力揉搓也可洗得很干净，这样就保护了衣物的纤维，使得衣物洁净如新，这正好满足了时尚人士对衣物洗涤的要求。所以碧浪顺理成章地有了契合产品特征的定位。这样的定位好就好在和产品的契合上，但是一旦产品功能表现不尽如人意，那么产品的定位也就如空中楼阁，找不到存在的根基了。这样的定位要求企业产品长期保持高品质，这对一个企业来说是一种考验。

　　碧浪在央视播出的小 S 代言的整个广告大概转换画面 10 次左右，其中展现去污技术和过程的画面在左下角都出现了一行白色且细小的文字，随画面一闪而过，很难辨识清楚。这些文字想表述的是如下内容："结论基于宝洁内部研究——注释该品牌顽渍自溶技术"。"结论基于宝洁内部研究，不用搓特指顽渍自溶技术——注释'不用搓'"。"结论基于宝洁内部研究，与处理前相比目视无明显退色和可见损伤。——注释'不伤纤维和色彩'"。"效果呈现基于宝洁内部去污试验，针对常见顽渍（如食用蘸料渍和水果渍等）——注释洗后衣物'和新的一样'。"一条短短 15 秒的广告插入这么多注释，并且消费者不是很容易能看到，这会让消费者产生疑虑，即碧浪产品真正的洗涤效果是否真的像广告中展现的那么好。

　　碧浪的时尚定位固然能够吸引众多消费者的眼球，这也是碧浪成功的差异化品牌战略。但是应该清楚，消费者真正需要的是在好产品基础上的"时尚感"，因此产品质量是根本，"时尚"的诉求不能脱离这个基础，不然会给消

费者"华而不实"的印象。碧浪的广告内容应该注意这一点，不能过分追求吸引人的画面感，仍要清楚地展示产品的质量，不能让"时尚"的主题凌驾在产品本身之上，只有这样才会真正带来消费者的持久关注，而不是"看热闹"。

（二）品牌传播要有阶段性，逐渐深入

碧浪对时尚定位的传播大致分为两个阶段。首先，请合适的明星代言是最直接也最能体现品牌定位的方法。汰渍曾经选择郭冬临为代言人，后来选择"国民媳妇"海清，两人都是一种大众、亲民的形象，与汰渍的中低端品牌定位是一致的。碧浪选择小 S 为代言人，清晰地表明了品牌的差异化定位，目标人群是更年轻、时尚的一族。

其次，开展与时尚主题有关的活动，深化品牌形象。碧浪"洁净如新——碧浪时尚夜主题派对"活动与"时尚"主题十分吻合，众多明星的推荐以及洗衣心得让碧浪成为"时尚人士"的必需品，这对追求时尚的目标人群十分具有说服力。碧浪的"Wii"游戏同样充满了年轻、潮流的味道，可以赢得爱尝试、爱创新的年轻人的喜爱。

碧浪这两个层次的传播做得比较成功，但是对时尚的传播可以做得更细致深入。在第三个阶段，碧浪可以在终端上尝试"时尚变身"。在终端卖场，碧浪的销售人员、POP 广告、赠送的礼物等都可以进行"时尚"包装，让消费者亲身可感，在与消费者最近的一环上进行最后的"品牌突围"。经过这一系列连贯的"时尚"传播，消费者对碧浪的定位和理念就能获得更好的认知。

（三）品牌传播需要进一步整合

"整合营销传播之父"唐·E. 舒尔茨认为，"整合营销传播是一个业务战略过程，它是指制定、优化、执行并评价协调的、可测度的、有说服力的品牌传播计划，这些活动的受众包括消费者、顾客、潜在顾客、内部和外部受众及其他目标"①。舒尔茨对内容整合和资源整合也进行了不同的解释，其中内容

---

① 百度百科，整合营销传播，http://baike.baidu.com/view/178029.htm#4。

整合有一个关键点，即要建立一个突出的、整体的品牌个性，以便消费者能够区别该品牌与竞争品牌之不同，关键是"用一个声音来说话"。而资源整合应该发掘关键"接触点"，了解如何才能更有效地接触消费者，其传播手段包括广告、直销、公关、包装、商品展示、店面促销等，关键是"在什么时候使用什么传播手段"。

一方面，正如前文所说，碧浪可以在包装、产品展示、店面促销等环节进行"时尚"变身，与其他传播手段共同传达一个声音，使消费者能够清晰地区别碧浪与其他洗衣粉品牌的不同。

另一方面，碧浪需要深化品牌内涵。碧浪此次的品牌传播有点依赖小 S 的明星光环。但对小 S 的利用可谓是一把双刃剑。娱乐圈风起云涌，媒体和记者更喜欢明星的负面八卦新闻，一旦代言人出现公关危机，随之而来的便会是碧浪品牌形象的质疑浪潮。碧浪时尚的主题固然能够吸引消费者的目光，但是仅仅是"时尚"的诉求并不能成为赢得消费人群品牌忠诚度的"硬性条件"。碧浪应该在时尚的基础上赋予品牌更深刻的内涵。

目前碧浪的品牌传播活动主要是小 S 为形象代言人的一系列电视广告，对小 S 的明显效应还没有充分利用。碧浪可以把小 S 的影响延续到线下，开展多种形式的线下活动，比如慈善、赞助等，丰富品牌形象；碧浪还可以在公关、企业社会责任等方面加大宣传力度，树立负责任的企业形象，而不是仅把品牌与时尚结缘后而停滞不前。

在时尚定位的基础上，加深品牌文化、履行社会责任等，消费者对社会责任感强的企业有更高的品牌美誉度和忠诚度要求。如果仅仅是时尚，品牌的根基就很弱。在时尚主题的大前提下，深挖品牌内涵，不会让人感觉"华而不实"。中国时尚休闲男装左岸服饰有限公司 CEO 兼设计总监洪金山曾说过："如果要使品牌的核心竞争力达到一种境界，除了要将你的品牌当艺术来设计、当文化来传承、当情感来经营，更需要让你的品牌承载起时代赋予的社会责任。"① 这对同样是"时尚"定位的碧浪来说，很有

---

① 古北：《"让品牌承载时代赋予的社会责任"——左岸服饰 CEO 洪金山解析品牌时尚价值观》，《中国制衣》2011 年第 11 期。

启发价值。

　　总体来看，碧浪 2011 年的"时尚"品牌转型比较成功。通过其准确、差异性的市场定位，碧浪在年轻、时尚的目标消费人群当中有了较高的知名度。通过线下与时装会的跨界合作，碧浪加深了与"时尚"诉求的关联。但是碧浪的品牌传播也有不足之处，碧浪应重视在产品基础上的"时尚"诉求，不能给消费者"华而不实"的品牌印象，同时其整合营销的力度还需加强，深挖品牌内涵，夯实品牌根基。

权威报告　热点资讯　海量资源

当代中国与世界发展的高端智库平台

皮书数据库 www.pishu.com.cn

皮书数据库是专业的人文社会科学综合学术资源总库，以大型连续性图书——皮书系列为基础，整合国内外相关资讯构建而成。包含七大子库，涵盖两百多个主题，囊括了近十几年间中国与世界经济社会发展报告，覆盖经济、社会、政治、文化、教育、国际问题等多个领域。

皮书数据库以篇章为基本单位，方便用户对皮书内容的阅读需求。用户可进行全文检索，也可对文献题目、内容提要、作者名称、作者单位、关键字等基本信息进行检索，还可对检索到的篇章再作二次筛选，进行在线阅读或下载阅读。智能多维度导航，可使用户根据自己熟知的分类标准进行分类导航筛选，使查找和检索更高效、便捷。

权威的研究报告，独特的调研数据，前沿的热点资讯，皮书数据库已发展成为国内最具影响力的关于中国与世界现实问题研究的成果库和资讯库。

皮书俱乐部会员服务指南

1. 谁能成为皮书俱乐部会员？

- 皮书作者自动成为皮书俱乐部会员；
- 购买皮书产品（纸质图书、电子书、皮书数据库充值卡）的个人用户。

2. 会员可享受的增值服务：

- 免费获赠该纸质图书的电子书；
- 免费获赠皮书数据库100元充值卡；
- 免费定期获赠皮书电子期刊；
- 优先参与各类皮书学术活动；
- 优先享受皮书产品的最新优惠。

社会科学文献出版社 皮书系列
SOCIAL SCIENCES ACADEMIC PRESS (CHINA)

卡号：9058606708785460

密码：

（本卡为图书内容的一部分，不购书刮卡，视为盗书）

3. 如何享受皮书俱乐部会员服务？

（1）如何免费获得整本电子书？

购买纸质图书后，将购书信息特别是书后附赠的卡号和密码通过邮件形式发送到 pishu@188.com，我们将验证您的信息，通过验证并成功注册后即可获得该本皮书的电子书。

（2）如何获赠皮书数据库100元充值卡？

第1步：刮开附赠卡的密码涂层（左下）；

第2步：登录皮书数据库网站（www.pishu.com.cn），注册成为皮书数据库用户，注册时请提供您的真实信息，以便您获得皮书俱乐部会员服务；

第3步：注册成功后登录，点击进入"会员中心"；

第4步：点击"在线充值"，输入正确的卡号和密码即可使用。

皮书俱乐部会员可享受社会科学文献出版社其他相关免费增值服务
您有任何疑问，均可拨打服务电话：010-59367227　QQ:1924151860
欢迎登录社会科学文献出版社官网(www.ssap.com.cn)和中国皮书网（www.pishu.cn）了解更多信息

法 律 声 明

"皮书系列"（含蓝皮书、绿皮书、黄皮书）由社会科学文献出版社最早使用并对外推广，现已成为中国图书市场上流行的品牌，是社会科学文献出版社的品牌图书。社会科学文献出版社拥有该系列图书的专有出版权和网络传播权，其 LOGO（ ）与"经济蓝皮书"、"社会蓝皮书"等皮书名称已在中华人民共和国工商行政管理总局商标局登记注册，社会科学文献出版社合法拥有其商标专用权。

未经社会科学文献出版社的授权和许可，任何复制、模仿或以其他方式侵害"皮书系列"和 LOGO（ ）、"经济蓝皮书"、"社会蓝皮书"等皮书名称商标专用权的行为均属于侵权行为，社会科学文献出版社将采取法律手段追究其法律责任，维护合法权益。

欢迎社会各界人士对侵犯社会科学文献出版社上述权利的违法行为进行举报。电话：010 - 59367121，电子邮箱：fawubu@ssap.cn。

社会科学文献出版社